Kompendien
für Studium, Praxis und Fortbildung

Dr. Hansjochen Dürr | Carmen Seiler-Dürr

Baurecht
Rheinland-Pfalz

3. Auflage

Die Deutsche Nationalbibliothek verzeichnet diese Publikation in
der Deutschen Nationalbibliografie; detaillierte bibliografische
Daten sind im Internet über http://dnb.d-nb.de abrufbar.

ISBN 978-3-8487-2022-4

3. Auflage 2016
© Nomos Verlagsgesellschaft, Baden-Baden 2016. Printed in Germany. Alle Rechte, auch die
des Nachdrucks von Auszügen, der fotomechanischen Wiedergabe und der Übersetzung,
vorbehalten. Gedruckt auf alterungsbeständigem Papier.

Vorwort

Seit Erscheinen der Vorauflage hat sich das Baurecht erheblich fortentwickelt. Für das Bauplanungsrecht ist besonders die Bedeutung der Umweltprüfung bei der Aufstellung von Bebauungsplänen hervorzuheben. Im Bauordnungsrecht wurde die Landesbauordnung durch das Dritte Landesgesetz zur Änderung der Landesbauordnung Rheinland-Pfalz vom 15. Juni 2015 geändert.

Das besondere Anliegen des Kompendiums ist es, das öffentliche Baurecht für Studenten und Referendare in konzentrierter Form darzustellen. Es sollen daneben aber alle angesprochen werden, die sich mit dem öffentlichen Baurecht befassen. Das Werk soll ihnen über die Entwicklung des Baurechts Aufschluss geben und durch Nachweise aus Rechtsprechung und Literatur bei der Vertiefung des Rechtsstoffes helfen.

Neustadt, im Januar 2016
Carmen Seiler-Dürr

Inhaltsverzeichnis

I. Allgemeines	13
1. Funktion des Baurechts	13
2. Rechtsgrundlagen des Baurechts	13
3. Gesetzgebungszuständigkeit auf dem Gebiet des Baurechts	13
4. Abgrenzung Bauplanungsrecht - Bauordnungsrecht	15
II. Bauplanungsrecht	17
A. Bauleitplanung	17
1. Allgemeines	17
a) Funktion der Bauleitplanung	17
b) Planungshoheit der Gemeinde	19
2. Erforderlichkeit der Bauleitplanung	20
3. Gesetzliche Schranken der Bauleitplanung	23
a) Allgemeines	23
b) Ziele der Raumordnung und Landesplanung - § 1 Abs. 4 BauGB	24
c) Interkommunale Rücksichtnahme - § 2 Abs. 2 BauGB	26
d) Fachplanerische Vorgaben	27
e) Naturschutzrechtliche Eingriffsregelung - § 1a Abs. 3 BauGB; Natura 2000-Gebiete	28
f) Umweltprüfung - § 2 Abs. 4, § 2a BauGB	29
g) Abhängigkeit des Bebauungsplans vom Flächennutzungsplan	30
aa) Entwicklungsgebot - § 8 Abs. 2 Satz 1 BauGB	30
bb) selbstständiger Bebauungsplan - § 8 Abs. 2 Satz 2 BauGB	32
cc) vorzeitiger Bebauungsplan - § 8 Abs. 4 BauGB	32
h) Allgemeingültige Planungsprinzipien	33
aa) Gebot konkreter Planung	33
bb) Gebot äußerer Planungseinheit	34
cc) Gebot positiver Planung	34
dd) Bestimmtheitsgebot	35
4. Abwägung nach § 1 Abs. 6 bis 7 BauGB	35
a) Allgemeines	35
b) Abwägungsbereitschaft	37
c) Zusammenstellen und Bewertung des Abwägungsmaterials - § 2 Abs. 3 BauGB	38
d) Gebot der Rücksichtnahme	40
e) Gebot der Lastenverteilung	41
f) Gebot der Konfliktbewältigung	41
g) Gerichtliche Überprüfung der Abwägung	42
aa) Abwägungsausfall	43
bb) Abwägungsdefizit/Ermittlungsdefizit	43
cc) Abwägungsfehleinschätzung/Bewertungsdefizit	44
dd) Abwägungsdisproportionalität	44
5. Verfahren bei der Aufstellung von Bauleitplänen	46
a) Aufstellungsbeschluss - § 2 Abs. 1 BauGB	46
b) Planentwurf	47
c) Frühzeitige Beteiligung der Öffentlichkeit - § 3 Abs. 1 BauGB	47

d) Beteiligung der Behörden und Träger öffentlicher Belange - § 4 BauGB ... 47
e) Öffentliche Auslegung - § 3 Abs. 2, § 4a BauGB ... 48
f) Übertragung auf Private - § 4b BauGB ... 49
g) Satzungsbeschluss - § 10 BauGB ... 50
h) Ausfertigung ... 50
i) Genehmigung - §§ 6, 10 Abs. 2 BauGB ... 50
j) Bekanntmachung - § 10 Abs. 3 BauGB ... 51
k) Begründung ... 52
l) Vereinfachtes Verfahren - §§ 13, 13a BauGB ... 52
6. Außerkrafttreten von Bauleitplänen ... 53
7. Inhalt der Bauleitpläne ... 54
   a) Flächennutzungsplan - § 5 BauGB ... 54
   b) Bebauungsplan - § 9 BauGB ... 55
      aa) Art der baulichen Nutzung - §§ 1 - 15 BauNVO ... 55
      bb) Maß der baulichen Nutzung - §§ 16 – 21a BauNVO ... 57
      cc) Bauweise und überbaubare Grundstücksfläche - § 22, 23 BauNVO ... 58
      dd) Sonstige Festsetzungen im Bebauungsplan ... 58
8. Fehlerhafter Bebauungsplan ... 60
   a) Verfahrensfehler nach dem Baugesetzbuch - § 214 BauGB ... 60
   b) Kommunalrechtliche Fehler ... 61
   c) Materiell-rechtliche Fehler ... 62
   d) Fehlerbewältigung durch ergänzendes Verfahren ... 63

B. Bauplanungsrechtliche Zulässigkeit von Bauvorhaben ... 64
1. Bedeutung und System der §§ 29 ff. BauGB ... 64
2. Begriff der baulichen Anlage (§ 29 BauGB) ... 66
3. Bauvorhaben im beplanten Innenbereich - § 30 BauGB - Bedeutung der Baunutzungsverordnung ... 69
   a) Art der baulichen Nutzung - §§ 2-14 BauNVO ... 70
      aa) Reines Wohngebiet ... 70
      bb) Allgemeines Wohngebiet ... 71
      cc) Mischgebiet ... 72
      dd) Gewerbegebiet ... 72
      ee) Industriegebiet ... 73
      ff) Sondergebiete ... 73
      gg) Einkaufszentren ... 73
      hh) Vergnügungsstätten ... 74
      ii) Stellplätze und Garagen ... 75
      jj) Gebäude und Räume für freie Berufe ... 75
      kk) Nebenanlagen ... 75
   b) § 15 BauNVO ... 76
   c) Maß der baulichen Nutzung - §§ 16 - 21 a BauNVO ... 77
   d) Bauweise und überbaubare Grundstücksfläche - §§ 22, 23 BauNVO ... 78
4. Ausnahmen und Befreiungen - § 31 BauGB ... 79
5. Bauvorhaben im nicht beplanten Innenbereich - § 34 BauGB ... 83
   a) Abgrenzung Innenbereich - Außenbereich ... 83
   b) Einfügen in die nähere Umgebung ... 86
   c) § 34 Abs. 2 BauGB i. V. m. §§ 2-11 BauNVO ... 91

Inhaltsverzeichnis 9

      d) Sonderregelung für Gewerbebetriebe - § 34 Abs. 3a BauGB   91
      e) Entwicklungs- und Ergänzungssatzungen - § 34 Abs. 4 und 5 BauGB   92
   6. Bauvorhaben im Außenbereich - § 35 BauGB   93
      a) Privilegierte Vorhaben   94
      b) Nicht privilegierte Vorhaben   102
          aa) Darstellungen des Flächennutzungsplans   102
          bb) Schädliche Umwelteinwirkungen   102
          cc) Belange des Naturschutzes   103
          dd) Natürliche Eigenart der Landschaft   103
          ee) Entstehung, Verfestigung oder Erweiterung einer Splittersiedlung   104
          ff) Ziele der Raumordnung   105
          gg) Sonstige öffentliche Belange   105
      c) Bestandsschutz   105
      d) Begünstigte Vorhaben - § 35 Abs. 4 - 6 BauGB   107
      e) Außenbereichssatzung   109
   7. Bauen im Vorgriff auf einen Bebauungsplan – § 33 BauGB   110
   8. Einvernehmen nach § 36 BauGB   111
   9. Öffentliche Bauten - § 37 BauGB   114
   10. Erschließung des Bauvorhabens   114

C. Sicherung der Bauleitplanung   116

   1. Veränderungssperre/Zurückstellung - §§ 14 ff. BauGB   116
   2. Teilungsgenehmigung - §§ 19 BauGB   121
   3. Vorkaufsrecht - §§ 24 ff. BauGB   122

D. Zusammenarbeit mit Privaten - §§ 11, 12 BauGB   124

   1. Städtebauliche Verträge - § 11 BauGB   124
   2. Vorhabenbezogener Bebauungsplan - Vorhaben- und Erschließungsplan - § 12 BauGB   125

III. Bauordnungsrecht   127

A. Funktion des Bauordnungsrechts   127

B. Materiell-rechtliche Regelungen des Bauordnungsrechts   127

   1. Verunstaltungsverbot - § 5 LBauO   127
   2. Werbeanlagen - § 52 LBauO   130
   3. Abstandsregelungen - § 8 LBauO   131
      a) Bebauung von Grundstücken   131
      b) Abstandsfläche - § 8 LBauO   132
      c) Grenzgaragen und andere Grenzbauten - § 8 Abs. 9 LBauO   137
   4. Stellplätze und Garagen - § 47 LBauO   138
   5. Sonstige materiell-rechtliche Vorschriften des Bauordnungsrechts   143

C. Verfahrensvorschriften   145

   1. Zulassungsverfahren   145
      a) Baugenehmigungsbedürftige Anlagen - § 61 LBauO   145
      b) Baugenehmigungsfreie Vorhaben - § 62 LBauO   147
      c) Vereinfachtes Genehmigungsverfahren - § 66 LBauO   149
      d) Freistellungsverfahren - § 67 LBauO   152

  e) Zustimmungsbedürftige Vorhaben öffentlicher Bauherren - § 83 LBauO   153
  f) Der Bauaufsicht nicht unterliegende Vorhaben - § 84 LBauO   154
 2. Bauaufsichtsbehörde - § 58 LBauO   154
 3. Baugenehmigung - § 70 LBauO   155
  a) Voraussetzungen für die Erteilung der Baugenehmigung   155
  b) Abweichungen - § 69 LBauO   156
  c) Privatrechtliche Einwendungen gegen die Baugenehmigung   157
  d) Auflagen und Bedingungen   158
  e) Rechtswirkungen der Baugenehmigung   159
  f) Verhältnis der Baugenehmigung zu sonstigen Genehmigungen   161
   aa) § 144 Abs. 1 Nr. 1 BauGB   162
   bb) § 9 Abs. 1 FStrG   162
   cc) § 76 LWG i. V. m. § 36 WHG   163
   dd) Naturschutzrecht   163
   ee) Immissionsschutzrecht   164
   ff) Denkmalschutzrecht   165
   gg) Planfeststellungen   165
 4. Baugenehmigungsverfahren   165
 5. Aufhebung einer Baugenehmigung   168
  a) Rücknahme einer rechtswidrigen Baugenehmigung   168
  b) Widerruf einer rechtmäßigen Baugenehmigung   170
 6. Bauvorbescheid - § 72 LBauO   170
 7. Tektur- oder Nachtragsbaugenehmigung   171
 8. Teilbaugenehmigung - § 73 LBauO   172
 9. Typengenehmigung - § 75 LBauO   172
 10. Fliegende Bauten - § 76 LBauO   172
 11. Baulast - § 86 LBauO   173
 12. Beseitigungsverfügung - § 81 LBauO   174
  a) Voraussetzungen   174
  b) Verhältnismäßigkeit   178
  c) Gleichheitsgrundsatz   178
  d) Verwirkung   180
  e) Adressat einer Beseitigungsverfügung   181
 13. Nutzungsuntersagung - § 81 LBauO   183
 14. Baueinstellung - § 80 LBauO   184
 15. Maßnahmen nach § 59 LBauO   185
 16. Anforderungen nach § 85 LBauO   185

IV. Nachbarschutz   186
 1. Allgemeines   186
 2. Begriff des Nachbarn   187
 3. Geschützte Rechtsstellung des Nachbarn   189
 4. Nachbarschutz durch Verfahrensvorschriften   192
 5. Gebot der Rücksichtnahme   193
 6. Übersicht über die nachbarschützenden Normen   196
  a) §§ 30 - 33 BauGB   196
  b) § 34 BauGB   200
  c) § 35 BauGB   201
  d) Erschließung   202
  e) Bauordnungsrecht   202

Inhaltsverzeichnis

7. Verzicht und Verwirkung im Nachbarrecht	203
8. Anspruch auf Einschreiten der Bauaufsichtsbehörde	205
9. Nachbarschutz bei öffentlichen Einrichtungen	206

V. Rechtsschutz im Baurecht 209

A. Rechtsschutz gegen Bauleitpläne 209
   1. Flächennutzungsplan 209
   2. Bebauungsplan 209
   3. Vorläufiger Rechtsschutz 214
   4. Inzidentkontrolle 216
   5. Verfassungsbeschwerde 216

B. Rechtsschutz gegen baurechtliche Einzelentscheidungen 216
   1. Rechtsschutz zur Erlangung einer Baugenehmigung 217
      a) Klage auf Erteilung einer Baugenehmigung 217
      b) Vorläufiger Rechtsschutz zur Erlangung einer Baugenehmigung 217
   2. Rechtsschutz zur Feststellung der Genehmigungsfreiheit 218
      a) Klage auf Feststellung der Genehmigungsfreiheit 218
      b) Vorläufiger Rechtsschutz auf Feststellung der Genehmigungsfreiheit 218
   3. Rechtsschutz gegen die Aufhebung einer Baugenehmigung 219
      a) Klage gegen die Aufhebung einer Baugenehmigung 219
      b) Vorläufiger Rechtsschutz gegen die Aufhebung einer Baugenehmigung 219
   4. Rechtsschutz gegen die Zurückstellung eines Bauantrags 219
      a) Klage gegen die Zurückstellung eines Bauantrags 219
      b) Vorläufiger Rechtsschutz gegen die Zurückstellung eines Bauantrags 219
   5. Rechtsschutz gegen eine Beseitigungsverfügung 220
      a) Klage gegen eine Beseitigungsverfügung 220
      b) Vorläufiger Rechtsschutz gegen eine Beseitigungsverfügung 220

C. Nachbarklage 221
   1. Nachbarklage gegen eine Baugenehmigung 221
   2. Nachbarklage gegen einen Bauvorbescheid 222
   3. Nachbarklage auf Einschreiten der Bauaufsichtsbehörde 223
   4. Nachbarklage gegen öffentliche Bauvorhaben 223
   5. Vorläufiger Rechtsschutz 224
      a) Vorläufiger Rechtsschutz des Nachbarn gegen eine Baugenehmigung 224
      b) Vorläufiger Rechtsschutz des Nachbarn gegen ungenehmigte oder von der Genehmigung freigestellte Vorhaben 225

D. Rechtsschutz der Gemeinde 225

VI. Fälle 227

Literaturverzeichnis 240

Stichwortverzeichnis 241

I. Allgemeines

1. Funktion des Baurechts

Das öffentliche Baurecht dient dem **Interessenausgleich** zwischen der durch Art. 2 und 14 GG geschützten Baufreiheit des Grundstückseigentümers (BVerfGE 35, 263; BVerwGE 42, 115; BGHZ 60, 112) und dem häufig andersartigen Interesse der Allgemeinheit an einer möglichst sinnvollen Nutzung des im Bundesgebiet nur beschränkt vorhandenen Baugeländes (ausführlich BVerwG, NJW 1991, 3293). In einem so dicht besiedelten Gebiet kann nicht jeder bauen, wie er will und wo er will, vielmehr muss gewährleistet sein, dass hinreichend unbebauter Raum z. B. für Erholungszwecke, Verkehrsanlagen, Wasser- und Landschaftsschutzgebiete vorhanden ist. Dieser Interessenausgleich setzt zwingend eine gesetzliche Regelung des Bauens voraus. Eine unbeschränkte Baufreiheit würde innerhalb kürzester Zeit zu unerträglichen Missständen führen. Die baurechtlichen Vorschriften dienen daher dem Ausgleich zwischen der Privatnützigkeit des Eigentums und der Sozialpflichtigkeit des Eigentums (BVerwGE 101, 364).

1

2. Rechtsgrundlagen des Baurechts

Eine gesetzliche Regelung des Baurechts ist im Wesentlichen erst im letzten Jahrhundert durchgeführt worden. Zwar gab es schon im **19. Jahrhundert** vereinzelte baurechtliche Bestimmungen. Die ersten reichseinheitlichen baurechtlichen Vorschriften waren die Bauregelungsverordnung vom 15.2.1936 (RGBl. I, 104) sowie die Baugestaltungsverordnung vom 10.11.1936 (RGBl. I, 938).

2

Nach 1945 wurde allgemein ein Bedürfnis nach einer Planung des Wiederaufbaus der zerstörten Städte verspürt. Die Länder erließen 1948/1949 die sog. Trümmergesetze (Nachweise bei Ernst/Zinkahn/Bielenberg/Krautzberger, Einl. Rn. 47). In Rheinland-Pfalz wurde das Landesgesetz über den Aufbau in den Gemeinden - Aufbaugesetz - vom 01.08.1949 (GVBl. S. 317) erlassen.

3

Schon bald nach Gründung der Bundesrepublik Deutschland wurde die Schaffung eines bundeseinheitlichen Baurechts in Angriff genommen (Ernst/Zinkahn/Bielenberg/Krautzberger, Einl. Rn. 51f.). Da Zweifel über den Umfang der Gesetzgebungszuständigkeit des Bundes und der Länder entstanden, wurde nach dem damaligen § 97 BVerfGG (durch Gesetz vom 21.07.1956 aufgehoben) von der Bundesregierung in Übereinstimmung mit Bundestag und Bundesrat ein Rechtsgutachten des Bundesverfassungsgerichts über die Gesetzgebungszuständigkeiten auf dem Gebiet des Baurechts eingeholt.

3. Gesetzgebungszuständigkeit auf dem Gebiet des Baurechts

Das Bundesverfassungsgericht hat in dem Rechtsgutachten vom 16.06.1954 (BVerfGE 3, 407) folgende Abgrenzung zwischen Bundes- und Landeskompetenz vorgenommen:

4

Bundeskompetenz (Art. 74 Nr. 18 GG):
1. Städtebauliche Planung (§§ 1-44 u. 136-191 BauGB)
2. Baulandumlegung (§§ 45-122 BauGB)
3. Bodenbewertung (§§ 192-199 BauGB)
4. Bodenverkehrsrecht (§§ 19-28 BauGB)
5. Erschließungsrecht (§§ 123-126 BauGB)

Landeskompetenz: Bauordnungsrecht (Baupolizeirecht im überlieferten Sinn).

5 Auf der Grundlage dieses Gutachtens des Bundesverfassungsgerichts ist das **Bundesbaugesetz - BBauG - vom 23.06.1960** (BGBl. I, 341) ergangen, das durch Gesetz vom 18.08.1976 (BGBl. I, 2221) erheblich geändert wurde; eine weitere Änderung erfolgte durch die BauGB-Novelle vom 06.07.1979 (BGBl. I, 949). Ergänzend hierzu wurde ferner das **Städtebauförderungsgesetz vom 27.07.1971** (BGBl. I, 1225) erlassen.

Bundesbaugesetz und Städtebauförderungsgesetz wurden durch das **Baugesetzbuch - BauGB -** vom 08.12.1986 (BGBl. I, 2253) zu einem einheitlichen Gesetz zusammengefasst, wobei gleichzeitig auch beträchtliche inhaltliche Änderungen erfolgten (s. dazu Löhr, NVwZ 1987, 361; Krautzberger, NVwZ 1987, 449).

Zur Förderung des in den 1980er Jahren vernachlässigten Wohnungsbaus wurde 1990 das BauGB-Maßnahmegesetz erlassen. Die Sonderregelungen des BauGB-MaßnG wurden durch das BauROG 1998 teilweise in das Baugesetzbuch integriert, teilweise aber auch aufgegeben. Seit 01.01.1998 ist das gesamte Bauplanungsrecht wieder im BauGB enthalten (zum BauGB 1998 siehe Battis/Krautzberger/Löhr, NVwZ 1997, 1145; Luers, ZfBR 1997, 231 und 275; Stüer, DVBl 1997, 1201).

Am 30.04.2004 wurde das Europarechtsanpassungsgesetz Bau - **EAG-Bau-** erlassen (Finkelnburg, NVwZ 2004, 903; Upmeier, BauR 2004, 1382). Dieses Gesetz dient vor allem der Einführung der Richtlinie 2001/42/EG des Europäischen Parlaments und des Rates vom 27.06.2001 über die Prüfung der Umweltauswirkungen bestimmter Pläne und Programme - sog. Plan-UP-Richtlinie - (ABl. EG Nr. L 197, S. 30; BT-Drucks. 15/2250 S. 1) in nationales Recht und hat die Notwendigkeit einer Umweltprüfung bei den meisten Bebauungsplänen zur Folge (Dolde, NVwZ 2003, 297ff.). Das europaweit eingeführte Instrument der Umweltprüfung wird damit vollständig in die bestehenden Verfahrensschritte der Bauleitplanung integriert (vgl. § 2a BauGB), sie beansprucht als Regelverfahren grundsätzlich für alle Bauleitpläne Geltung und führt als einheitliches Trägerverfahren die bauplanungsrechtlich relevanten Umweltverfahren - Umweltverträglichkeitsprüfung, Verträglichkeitsprüfung nach der Fauna-Flora-Habitat-Richtlinie, naturschutzrechtliche Eingriffsregelung - zusammen.

Zum 01.01.2007 trat dann die BauGB-Novelle vom 21.12.2006 (BGBl. I, S. 3316) in Kraft, mit der die Innenentwicklung von Städten erleichtert werden soll (Battis/Krautzberger/Löhr, NVwZ 2007, 120 u. umfassend: Krautzberger, NVwZ 2010, 729). Eine weitere Änderung erfolgte durch das Gesetz zur Stärkung der Innenentwicklung in Städten und Gemeinden vom 11.06.2013 (BGBl. I, S. 1548). Die letzte Änderung erfolgte durch das Gesetz über Maßnahmen im Bauplanungsrecht zur Erleichterung der Unterbringung von Flüchtlingen vom 20.11.2014 (BGBl. I, S. 1748).

Das Baugesetzbuch wird ergänzt durch die **Baunutzungsverordnung - BauNVO -** vom 26.06.1962 (BGBl. I, 429), geändert durch die Novellen vom 26.11.1968 (BGBl. I, 1237), 15.09.1977 (BGBl. I, 1763), 19.12.1986 (BGBl. I, 2665) und vom 23.01.1990 (BGBl. I, 132 - s. dazu Lenz, Heintz und Fickert, BauR 1990, S. 157, 166, 263; Stock, NVwZ 1990, 518) und vom 11.06.2013 (BGBl. I S. 1548). Die Baunut-

I. Allgemeines

zungsverordnung hat vor allem Bedeutung für die Aufstellung von Bebauungsplänen und die Zulässigkeit von Bauvorhaben (s. dazu unten Rn. 79 ff.).

Zur Ausführung der Gesetzgebungskompetenz der Länder ist zunächst 1959 von einer Bund-Länder-Kommission die sog. **Musterbauordnung** entworfen worden (Schriftenreihe des Bundesministeriums für Wohnungsbau, Bd. 16), auf der die danach von den Ländern erlassenen Bauordnungen beruhten. Rheinland-Pfalz erließ 1961 die Landesbauordnung - LBauO - (GVBl. S. 229), die durch die Neufassung vom 27.02.1974 (GVBl. S. 53) beträchtlich geändert wurde. Eine weitere Änderung erfuhr die Landesbauordnung durch das Gesetz vom 20.07.1982 (GVBl. S. 264). **6**

1981 beschloss die Ministerkonferenz eine neue Musterbauordnung, die die Grundlage für die Neufassung der Landesbauordnung durch das Gesetz vom 28.11.1986 (GVBl. S. 307) war.

Die Musterbauordnungen von 1990 und 1993 bildeten die Basis für die weitere Novellierung der Landesbauordnung durch das Gesetz vom 08.03.1995 (GVBl. S. 19); eine vollständige Novellierung wurde mit Gesetz vom 24.11.1998 (GVBl. S. 365) vorgenommen. Die hauptsächliche Änderung liegt in der Einführung des sog. Freistellungsverfahrens nach § 67 LBauO für bestimmte Wohnbauvorhaben.

Am 08.11.2002 hat die 106. Bauministerkonferenz eine überarbeitete Fassung der Musterbauordnung verabschiedet, die die bisherige Fassung ersetzt (Jäde, Musterbauordnung 2002 - ein Überblick, NVwZ 2003, 668 ff.; Musterbauordnung unter www.is-argebau.de). Diese Musterbauordnung führt unter anderem die in den Landesbauordnungen enthaltene Vielfalt im Verfahrensrecht auf drei Grundtypen zurück: die Genehmigungsfreistellung (§ 62 MBO 2002), das vereinfachte Baugenehmigungsverfahren (§ 63 MBO 2002) und das Baugenehmigungsverfahren (§ 64 MBO 2002).

Die letzte Änderung der LBauO erfolgte durch das „Dritte Gesetz zur Änderung der Landesbauordnung Rheinland-Pfalz" vom 15. Juni 2015 (GVBl. S. 77).

4. Abgrenzung Bauplanungsrecht - Bauordnungsrecht

Die theoretische Abgrenzung der beiden Rechtsgebiete bereitet in der Regel keine Probleme. Das **Bauplanungsrecht** beschäftigt sich mit dem Einfügen von Bauvorhaben in ihre Umgebung, das **Bauordnungsrecht** stellt Anforderungen in gestalterischer und baukonstruktiver Hinsicht und regelt das Genehmigungsverfahren. Das Bauplanungsrecht stellt eine Konkretisierung der **Sozialbindung des Eigentums** nach Art. 14 Abs. 1 Satz 2 GG dar und schränkt die Baufreiheit zum Wohl der Allgemeinheit in einem dem Einzelnen zumutbaren Umfang ein (BVerwG, NJW 1984, 1768; NVwZ-RR 1997, 516). Das Bauordnungsrecht dient demgegenüber der Gefahrenabwehr, wie schon die frühere Bezeichnung „Baupolizeirecht" zeigt. **7**

Die theoretisch klare Abgrenzung zwischen Bauplanungsrecht und Bauordnungsrecht ist aber praktisch nicht immer durchführbar. Gewisse Überschneidungen sind unvermeidbar (Weyreuther, BauR 1972, 1; Ziegler, ZfBR 1980, 275). So ist z. B. die Frage des Abstands zwischen den Gebäuden sowohl einer bauplanungsrechtlichen Regelung durch Festsetzung der offenen Bauweise nach § 22 Abs. 1 und 2 BauNVO sowie seitlicher Baugrenzen nach § 23 BauNVO als auch einer bauordnungsrechtlichen Regelung zur Sicherung der Belichtung und Belüftung der Gebäude sowie der Brandbekämpfung (§§ 8, 30 LBauO) zugänglich (BVerwGE 88, 131; NVwZ 1994, 1008; Frey, BauR 1995, 303; Haaß, NVwZ 2008, 252). §§ 9 Abs. 1 Nr. 2a BauGB, 88

Abs. 1 Nr. 4 LBauO ermächtigen die Gemeinde, in einer Satzung (Bebauungsplan) von § 8 Abs. 6 LBauO abweichende Abstandsflächen festzusetzen.

Das gleiche gilt für die Zulässigkeit von großflächigen Werbetafeln (BVerwG, NVwZ 2008, 311). Diese sind bauplanungsrechtlich in Wohngebieten unzulässig, weil sie dem Gebietscharakter widersprechen (BVerwGE 40, 94). Dasselbe ergibt sich aber auch aus § 52 Abs. 4 LBauO. Die Verunstaltung spielt nicht nur bei der Generalklausel des § 5 LBauO eine Rolle, sie wird auch in § 35 Abs. 3 Satz 1 Nr. 5 BauGB erwähnt.

Auch die Eingriffskompetenzen überschneiden sich. So kann z. B. die Reparatur einer schadhaften Treppe oder eines unzureichenden Balkongeländers einerseits nach § 177 BauGB, andererseits nach § 59 LBauO angeordnet werden; die Beseitigung eines Gebäudes kann auf § 179 BauGB oder § 81 LBauO gestützt werden.

Derartige Kompetenzüberschneidungen sind verfassungsrechtlich unbedenklich, sofern sie auf Grenzbereiche beschränkt bleiben. Für die baurechtliche Praxis kann daher davon ausgegangen werden, dass gegen die Regelungen des Baugesetzbuches und der Landesbauordnung keine Bedenken hinsichtlich der jeweiligen Gesetzgebungskompetenz bestehen.

II. Bauplanungsrecht

A. Bauleitplanung

1. Allgemeines

a) Funktion der Bauleitplanung

Die **Bauleitplanung** ist das Kernstück des modernen Städtebaurechts (so Schmidt-Aßmann, BauR 1978, 99). Das Baugesetzbuch geht vom **Grundsatz der Planmäßigkeit** aus (BVerwG, NVwZ 2004, 220). Die bauliche Nutzung bisher unbebauter Grundstücke soll nicht allein dem Willen des jeweiligen Grundstückseigentümers überlassen werden, sondern zuvor soll eine sinnvolle Planung erfolgen, bei der alle Bedürfnisse der Allgemeinheit, insbesondere das Interesse an ruhigen Wohngebieten einerseits und Gewerbegebieten und Verkehrsanlagen sowie Sondergebieten wie Erholungsgebieten, Sportanlagen und Einkaufszentren andererseits berücksichtigt werden (BVerwGE 119, 25). Diese Aufgabe hat die Bauleitplanung zu bewältigen, die in § 1 Abs. 5 BauGB festgelegt ist. Die Bauleitpläne sollen eine geordnete städtebauliche Entwicklung und eine dem Wohl der Allgemeinheit entsprechende sozialgerechte Bodennutzung gewährleisten und dazu beitragen, eine menschenwürdige Umwelt zu sichern, die natürlichen Lebensgrundlagen zu schützen und zu entwickeln, auch in Verantwortung für den allgemeinen Klimaschutz, sowie die städtebauliche Gestalt und das Orts- und Landschaftsbild baukulturell zu erhalten und zu entwickeln. Diese Regelung wird zu Recht als „Präambel" der Bauleitplanung bezeichnet.

8

Die **Bauleitplanung** obliegt nach §§ 1 Abs. 3, 2 Abs. 1 BauGB den **Gemeinden**. Diese haben - jedenfalls dem Grundsatz nach - für ihr Gebiet eine umfassende Überplanung vorzunehmen, wobei nicht nur die spezifischen Belange einer baulichen Nutzung zu berücksichtigen sind, sondern alle öffentlichen und privaten Belange erfasst und planerisch bewältigt werden müssen.

Nach § 1 Abs. 1 BauGB ist es Aufgabe der Bauleitpläne, die bauliche und sonstige Nutzung der Grundstücke in der Gemeinde vorzubereiten und zu leiten.

Bsp.:

Ein Bebauungsplan ist nichtig, wenn er eine „städtebauliche Unordnung" schafft, indem inmitten eines neuen Baugebiets eine 150 m x 25 m große Wiese nicht in die Planung einbezogen wird, weil der Eigentümer nicht verkaufsbereit ist (BVerwG, NVwZ 1996, 888).

Dabei müssen die **Bauleitpläne** nach der Rechtsprechung des Bundesverwaltungsgerichts (BVerwGE 45, 309) in **objektiver Beziehung zur städtebaulichen Ordnung** stehen, auf die subjektiven Vorstellungen des Gemeinderats bei der Aufstellung des Bebauungsplans kommt es nicht an. Ein Bebauungsplan verstößt gegen § 1 Abs. 1 BauGB, wenn er bei objektiver Betrachtungsweise nicht städtebaulichen, sondern sonstigen Belangen dient, z. B. den privaten Interessen einzelner (BVerwG, NVwZ-RR 1994, 490; VGH Mannheim, NVwZ-RR 2002, 630), der Legalisierung rechtswidriger Bauwerke (OVG Koblenz, NVwZ 1986, 939) oder nur fiskalischen Zwecken, wie dem Verkauf gemeindeeigener Grundstücke als Bauland (VGH Mannheim, VBlBW 2012, 108). Unbedenklich ist es dagegen, wenn private Bauwünsche den Anstoß zu einem städtebaulich sinnvollen Bebauungsplan geben (BVerwG, NVwZ-RR 1994, 490; OVG Koblenz, BauR 2012, 1753; VGH Mannheim, NVwZ 1997, 684 u. NVwZ-RR 2005, 773).

9 Das Baugesetzbuch sieht ein **zweistufiges Planungsverfahren** vor. Die Gemeinde erstellt zunächst für das gesamte Gemeindegebiet den Flächennutzungsplan als vorbereitenden Bauleitplan und anschließend zur näheren Ausgestaltung des Flächennutzungsplans die Bebauungspläne für die einzelnen Baugebiete (§ 1 Abs. 2 BauGB). Durch diese Zweistufigkeit soll gewährleistet werden, dass die Gemeinde sich zunächst Gedanken machen muss über die grundsätzliche Nutzung des Gemeindegebiets und die räumliche Zuordnung der verschiedenen Nutzungsarten (z. B. Wohngebiete, Gewerbegebiete, Sportanlagen, Verkehrswege), bevor sie für einen bestimmten Bereich eine Detailplanung vornimmt. Nach der Terminologie des § 1 Abs. 2 BauGB gibt es nur einen Bebauungsplan, der sich in eine Vielzahl von Teilbebauungsplänen unterteilt. In der Praxis wird allerdings jeder dieser Teilbebauungspläne als Bebauungsplan bezeichnet.

10 Die Bauleitpläne stellen nicht die einzige Planungsentscheidung dar, die für die Ausgestaltung der Nutzung des Gebiets einer Gemeinde bedeutsam ist. Hinzu kommen Planungsentscheidungen nach den Fachplanungsgesetzen. Für die **Fachplanung** ist allerdings nicht die Gemeinde, sondern sind staatliche Behörden zuständig. Die Fachplanung bezieht sich aber jeweils nur auf eine bestimmte staatliche Aufgabe (z. B. Straßenbau, Abfallentsorgung) und soll nur diese Aufgabe lösen. Demgegenüber stellt die Bauleitplanung eine Gesamtplanung dar, die die Nutzung des Gemeindegebiets unter allen in Betracht kommenden Gesichtspunkten regeln soll.

Praktisch bedeutsam ist vor allem die Straßenplanung nach § 17 FStrG bzw. § 5 LStrG, die Festsetzung von Natur- und Landschaftsschutzgebieten nach §§ 23, 26 BNatSchG sowie von Wasserschutzgebieten nach § 51 WHG, § 54 LWG; in Betracht kommen ferner die Planung von Bahnanlagen nach § 18 AEG, Flugplätzen nach §§ 6, 8 LuftVG, Hochspannungsleitungen nach § 43 ff. EnWG sowie die Anlage und der Ausbau von Gewässern (§ 68 WHG). Alle diese Fachplanungen wirken sich auf die kommunale Bauleitplanung aus und müssen daher mit ihr abgestimmt werden. Deshalb sieht § 4 BauGB eine Beteiligung aller Fachplanungsträger im Verfahren zur Aufstellung eines Bauleitplans vor; bestehende fachplanerische Entscheidungen sollen nach § 5 Abs. 4 bzw. § 9 Abs. 6 BauGB nachrichtlich in den Flächennutzungsplan bzw. den Bebauungsplan aufgenommen werden. Der Träger einer Fachplanung ist nach § 7 BauGB an die Darstellungen des Flächennutzungsplans gebunden, soweit er ihnen nicht widersprochen hat (BVerwG, NVwZ 2012, 557; OVG Hamburg, UPR 2015, 154). Der Widerspruch kann nach § 7 Satz 3 u. 4 BauGB nachträglich erfolgen, sofern die Sachlage sich nach Inkrafttreten des Flächennutzungsplans geändert hat (BVerwG, NVwZ 2001, 1035 - neue Biotop-Kartierung). Ein Widerspruch ist allerdings entbehrlich, wenn die Gemeinde ihrerseits nicht mehr am Flächennutzungsplan festhält (VGH Mannheim, NVwZ-RR 1996, 17; VGH München, NVwZ-RR 2002, 117).

Bsp.:
Die Naturschutzbehörde beabsichtigt, einen aufgelassenen Steinbruch mit seltener Fauna und Flora als Naturschutzgebiet festzusetzen, obwohl er im Flächennutzungsplan als Gewerbefläche dargestellt ist; die Gemeinde stimmt zu (VGH Mannheim, NVwZ-RR 1996, 17).

Außerdem muss der Fachplanungsträger bei seinen Planungen die städtebaulichen Belange der Gemeinde, insbesondere die Auswirkungen des Vorhabens auf die vorhandenen Baugebiete berücksichtigen (BVerwG, NVwZ 2007, 459 u. 833; NVwZ 2006, 1290; Schmidt-Eichstaedt, NVwZ 2003, 129; OVG Lüneburg, BauR 2015, 1105). Damit dies geschieht, steht der Gemeinde unabhängig von den jeweiligen fachplanerischen Vorschriften ein sich aus Art. 28 Abs. 2 GG ergebender Anspruch

A. Bauleitplanung

auf Anhörung vor dem Erlass einer fachplanerischen Entscheidung zu (BVerfGE 56, 298).

b) Planungshoheit der Gemeinde

Die Bauleitplanung ist nach § 1 Abs. 3 BauGB **Aufgabe der Gemeinde**. Diese Regelung trägt der Planungshoheit der Gemeinde Rechnung. Denn die Frage, ob die Gemeinde in einem bestimmten Bereich die Gewerbeansiedlung fördern, Wohngebäude schaffen oder für Erholungs- und Freizeiträume sorgen will, ist eine primär kommunalpolitische Entscheidung, die ausschließlich der Gemeinderat zu fällen und zu verantworten hat.

Die Planungshoheit ist Bestandteil der durch **Art. 28 Abs. 2 GG** gewährleisteten kommunalen Selbstverwaltung. Ob sie zum Kernbereich dieser Garantie zählt, der auch vom Gesetzgeber nicht angetastet werden kann, hat das Bundesverfassungsgericht bisher offen gelassen (BVerfGE 103, 332; 95,1; 76, 107). Das Bundesverfassungsgericht hat aber klargestellt, dass die Planungshoheit der Gemeinde nur wegen überörtlicher Belange eingeschränkt werden kann, wenn also die Interessen des örtlichen Raums zurückstehen müssen hinter den Belangen eines größeren Bereichs (BVerfGE 103, 332; BVerwGE 141, 144). Das Bundesverwaltungsgericht geht hingegen davon aus, dass die Planungshoheit der Gemeinde durch Art. 28 Abs. 2 GG geschützt ist (BVerwGE 118, 181 = NVwZ 2003, 1263).

Bsp.:
1. Die Stadt Wilhelmshaven muss es hinnehmen, dass ca. ein Drittel ihrer Gemarkung durch ein Landesgesetz als Gebiet für die Ansiedlung von Großindustrie mit Anschluss an ein seeschifffahrtstiefes Fahrwasser vorgesehen wird, weil sie über den einzigen dafür geeigneten Hafen verfügt (BVerfGE 76, 107).
2. Die Anlage eines Militärflugplatzes ist auch dann zulässig, wenn dadurch die bauliche Nutzung des Gemeindegebiets eingeschränkt wird (BVerfGE 56, 298).
3. Die Anlage eines Truppenübungsplatzes der Bundeswehr kann eine zulässige Einschränkung der Planungshoheit der Gemeinde darstellen (BVerwGE 74, 124 = NJW 1986, 2447).
4. Das generelle Verbot von factory-outlet-center in Gemeinden mit weniger als 100.000 Einwohnern verstößt gegen Art. 28 Abs. 2 GG (VerfGH NRW, NVwZ 2009, 1287).

Die Gemeinden können sich nach § 205 Abs. 1 BauGB zu einem **Planungsverband** zusammenschließen, der anstelle der Gemeinden die Bauleitpläne aufstellt. Die Planungshoheit geht dann auf den Planungsverband über (Runkel in Ernst/Zinkahn/Bielenberg, BauGB § 205 Rn. 3; Quaas/von Heyl, VBlBW 2005, 128). Nach § 205 Abs. 2 BauGB kann ein Planungsverband auch zwangsweise geschaffen werden, wenn dies zum Wohle der Allgemeinheit dringend geboten ist (OVG Lüneburg, BRS 28 Nr. 16; zur Anwendbarkeit des Zweckverbandsgesetzes auf Planungsverbände gem. § 205 BauGB: OVG Koblenz, NVwZ-RR 2002, 102).

Ein solcher Planungsverband ist insbesondere bei Planungsmaßnahmen sinnvoll, die über das Gebiet einer Gemeinde hinausgehen. Die erforderliche Koordination kann aber auch durch eine interkommunale Abstimmung bei der Aufstellung verfahrensmäßig getrennter, aber inhaltlich übereinstimmender Bebauungspläne erfolgen.

Bsp.:
Durch zwei Bebauungspläne benachbarter Gemeinden wird eine Teststrecke für die Fa. Daimler-Benz geplant. Der VGH Mannheim hielt die Bildung eines Planungsverbands nicht für notwendig (VGH Mannheim, VBlBW 1983, 106).

Speziell für Rheinland-Pfalz ist zu beachten, dass die Aufstellung der vorbereitenden Bauleitpläne (Flächennutzungspläne) zu den Aufgaben einer **Verbandsgemeinde** gehört (§ 67 Abs. 2 GemO). Der endgültigen Entscheidung über den Flächennutzungsplan müssen die Ortsgemeinden zustimmen. Die Zustimmung gilt als erteilt, wenn mehr als die Hälfte der Ortsgemeinden zustimmt und in diesen Ortsgemeinden mehr als zwei Drittel der Einwohner der Verbandsgemeinde wohnen. In dieser Regelung liegt kein Verstoß gegen die zum Selbstverwaltungsrecht der Gemeinden (Art. 28 Abs. 2 GG) gehörende Planungshoheit. Denn die Aufstellung der Flächennutzungspläne erfordert in der Regel auch die Berücksichtigung überörtlicher Belange (zur vergleichbaren Regelung des § 61 Abs. 4 bad.-württ. GemO: StGH Bad.-Württ., NJW 1976, 2205 und 2209). Der StGH Bad.-Württ. hat allerdings § 61 Abs. 4 GemO BW einschränkend ausgelegt: Planungen gegen den Willen einer Mitgliedsgemeinde dürfen nur vorgenommen werden, wenn und soweit sie durch überörtliche Gesichtspunkte gerechtfertigt sind; den überörtlich nicht relevanten Planungswünschen der Gemeinde ist dagegen Folge zu leisten.

2. Erforderlichkeit der Bauleitplanung

14 Staatliche oder kommunale Planungen werden nicht um ihrer selbst willen vorgenommen, sondern zur Verfolgung bestimmter öffentlicher Aufgaben, die nicht isoliert wahrgenommen werden können, weil sie der Koordinierung mit anderen öffentlichen Belangen oder privaten Interessen bedürfen; insoweit gilt für die Bauleitplanung nichts anderes als für die verschiedenen Fachplanungen (BVerwGE 146, 137; OVG Berlin, BauR 2000, 1295). Für alle Planungsentscheidungen ist ein **dreistufiges Prüfungsschema** üblich; es ist zu prüfen, ob
1. das geplante Vorhaben erforderlich ist,
2. gesetzliche Planungsleitsätze oder Planungsschranken zu beachten sind,
3. das Abwägungsgebot beachtet worden ist.

Dieses Prüfungsschema bietet sich auch für die Bauleitplanung an.

15 Nach § 1 Abs. 3 BauGB haben die Gemeinden die Bauleitpläne aufzustellen, sobald und soweit es für die städtebauliche Entwicklung und Ordnung erforderlich ist (Weyreuther, DVBl 1981, 369; Söfker in Ernst/Zinkahn/Bielenberg, BauGB § 1 Rn. 28ff.). Daraus folgt zunächst, dass den Gemeinden ein Planungsermessen zusteht, das neben dem „Wie" (Auswahlermessen) auch das „Ob" und „Wann" (Entschließungsermessen) der planerischen Gestaltung umfasst, also ein Entschließungs- und Gestaltungsermessen darstellt. Der Gemeinde bleibt somit grundsätzlich die Entscheidung überlassen, ob sie einen Bebauungsplan aufstellt, ändert oder aufhebt. Maßgebend sind ihre eigenen städtebaulichen Vorstellungen (BVerwG, NVwZ-RR 2003, 7; BVerwGE 114, 301 ff.). Dies heißt aber nicht, dass das Aufstellen der Bauleitpläne in das freie Ermessen der Gemeinde gestellt ist, vielmehr besteht eine Rechtspflicht zur Bauleitplanung, sobald das Tatbestandsmerkmal der Erforderlichkeit vorliegt. Das planerische Ermessen der Gemeinde kann sich also aus städtebaulichen Gründen objektivrechtlich zu einer strikten Planungspflicht verdichten (BVerwGE 34, 301; NVwZ 2004, 220; Moench, DVBl. 2005, 676, Ingerowski, Jura 2009, 303). Eine Verdichtung des Planungsermessens im nicht beplanten Innenbereich zur strikten Planungspflicht ist anzunehmen, wenn qualifizierte städtebauliche Gründe von besonderem Gewicht vorliegen. Dies ist der Fall, wenn die Genehmigungspraxis auf der Grundlage des § 34 Abs. 1 und 2 BauGB städtebauliche Konflikte auslöst oder auszulösen droht, die eine Gesamtkoordination der widerstreitenden öffentlichen und privaten Belange in einem förmlichen Planungsverfahren dringend erfordern. Eine Planungspflicht ist demnach noch nicht gegeben, wenn ein planerisches Einschrei-

A. Bauleitplanung

ten einer geordneten städtebaulichen Entwicklung dienen würde und „vernünftigerweise geboten" wäre. Die Planungspflicht setzt besonders gewichtige Gründe voraus. Sie besitzt Ausnahmecharakter.

Bei dieser Pflicht handelt es sich nach der Terminologie der Gemeindeordnung von Rheinland-Pfalz um eine weisungsfreie Pflichtaufgabe der Gemeinden, also um eine Angelegenheit der Selbstverwaltung der Gemeinde.

Die **Erforderlichkeit** im Sinne des § 1 Abs. 3 BauGB ist ein **unbestimmter Rechtsbegriff**, der grundsätzlich der vollen gerichtlichen Kontrolle unterliegt (BVerwGE 34, 301). Dieser Grundsatz wird in der baurechtlichen Praxis aber dadurch relativiert, dass in die Erforderlichkeit zahlreiche Prognosen über die zukünftige Entwicklung, z. B. den Bedarf an Wohnungen, Gewerbeflächen, öffentlichen Einrichtungen oder Verkehrswegen einfließen und außerdem die Erforderlichkeit sich generell nach der planerischen Konzeption des Gemeinderats über die zukünftige Entwicklung der Gemeinde bestimmt (BVerwG, NJW 1995, 2572; NVwZ 2004, 220; VGH Mannheim, VBlBW 2006, 390 u. VBlBW 2012, 105).

Die **planerische Konzeption der Gemeinde** als solche ist gerichtlich nur eingeschränkt überprüfbar. Die städteplanerische Konzeption muss sich im Rahmen des nach der vorgegebenen Situation (Lage und bisherige Funktion der Gemeinde) Vertretbaren halten (BVerwGE 119, 25). Ein akutes Bedürfnis für neues Baugelände ist nicht erforderlich (OVG Koblenz, BRS 44 Nr. 15; BVerwG, NVwZ 2003, 749; VGH Mannheim, VBlBW 2014, 183; NuR 2014, 508). Das Gebot der Erforderlichkeit in § 1 Abs. 3 Satz 1 BauGB setzt der Bauleitplanung eine Schranke, die aber lediglich grobe und einigermaßen offensichtliche Missgriffe ausschließt (st. Rspr BVerwG, s. BVerwGE 146, 137). **16**

Die Erforderlichkeit eines Bauleitplans ist nicht nur dann gegeben, wenn öffentliche Belange ohne den Bauleitplan einen größeren Schaden erleiden würden. Es reicht aus, wenn es **vernünftigerweise geboten** ist, die bauliche Entwicklung durch die vorherige Planung zu ordnen (BVerwGE 92, 8; VGH Mannheim, NVwZ-RR 2002, 638 u. VBlBW 2006, 390). **17**

Die Gemeinde darf auch bereits eingeleitete Entwicklungen in geordnete Bahnen lenken.

Bsp.:
1. Die Stadt Konstanz weist eine Fläche am Ortsrand als landwirtschaftliche Nutzfläche aus, um sich anschließendes Ried zu schützen (VGH Mannheim, VBlBW 1993, 428 und VBlBW 1997, 137).
2. Die Gemeinde verlängert eine Straße, um ein bestehendes Wohngebiet auf dem kürzesten Weg an die Umgehungsstraße anzuschließen (VGH Mannheim, BauR 2005, 57).

Eine Bauleitplanung kann also auch dann geboten sein, wenn es nur darum geht, eine unerwünschte Veränderung des bestehenden Zustands zu verhindern.

Bsp.:
1. Erhaltung der bestehenden Grünflächen im Hangbereich einer Stadt, um die
2. Durchlüftung der Innenstadt zu gewährleisten (BVerwG, BauR 2012, 1067).
3. Änderung eines Bebauungsplans, um die unerwünschte Ansiedlung eines Einkaufszentrums zu verhindern (BVerwGE 68, 360).

Da das Baugesetzbuch von dem Grundsatz ausgeht, dass eine Bebauung nur aufgrund vorheriger Planung erfolgen soll (Grundsatz der Planmäßigkeit), ist eine Bauleitplanung nur dann nicht erforderlich, wenn sie auf keiner positiven planerischen Konzeption beruht und der Förderung von Zielen dient, für deren Verwirklichung die

Planungsinstrumente des Baugesetzbuchs nicht bestimmt sind (BVerwGE 119, 25 u. 146, 137).

Bsp.:
Die Gemeinde weist ein im Außenbereich gelegenes Gelände als landwirtschaftliches Gebiet aus, um sicherzustellen, dass die Gewinnung der dort vorkommenden Braunkohle nicht durch eine Bebauung erschwert wird. Der Bebauungsplan ist überflüssig, weil im Außenbereich auch ohne Bebauungsplan eine landwirtschaftliche Nutzung nach § 35 Abs. 1 Nr. 1 BauGB zulässig und eine Bebauung mit sonstigen Gebäuden unzulässig ist, so dass sich an der bauplanungsrechtlichen Situation durch den Bebauungsplan nichts ändert (BVerwGE 40, 258).

Bebauungspläne sind ferner nicht erforderlich, wenn sie nur dazu dienen, den begünstigten Grundstückseigentümern den Verkauf von Baugelände zu ermöglichen, obwohl die Gemeinde in diesem Bereich keine Bebauung wünscht (VGH Mannheim, ESVGH 16, 21), zur Förderung privater Interessen eine sonst unzulässige und städtebaulich verfehlte Bebauung ermöglicht werden soll - sog. Gefälligkeitsplanung (vgl. BVerwG, NVwZ-RR 1994, 490; BauR 1997, 263; NVwZ 1999, 1338; OVG Koblenz, Urt. v. 06.05.2015 - 8 C 10974/15 -, m. w. Nachw., juris), der Bebauungsplan nur den fiskalischen Interessen der Gemeinde dient (VGH Mannheim, VBlBW 2012, 108) oder wenn lediglich eine bauliche Fehlentwicklung im Interesse der Grundstückseigentümer „legalisiert" werden soll (OVG Koblenz, BauR 1986, 412; VGH Kassel, BRS 50 Nr. 7).

18 Die Erforderlichkeit eines Bebauungsplans kann aber nicht schon deswegen in Zweifel gezogen werden, weil seine Aufstellung auf **private Bauwünsche** zurückgeht. Es ist in der Praxis sogar fast die Regel, dass die Gemeinden nicht sozusagen ins Blaue hinein planen, sondern Bauinteressenten den Anstoß für eine Bauleitplanung geben. Dies ist unbedenklich, wenn die Gemeinde mit dem Bebauungsplan nicht ausschließlich private Bauwünsche fördern, sondern die städtebauliche Ordnung fortentwickeln will (BVerwG, BauR 2010, 569; VGH Mannheim, DÖV 2015, 388).

Bsp.:
1. Eine Stadt im Ruhrgebiet stellt auf Anregung eines Kaufhauskonzerns auf dem Gelände einer ehemaligen Kohlenzeche einen Bebauungsplan für ein Sondergebiet „Warenhaus" nach § 11 Abs. 3 BauNVO mit 16.000 m² Verkaufsfläche auf (OVG Münster, NVwZ 1999, 79).
2. Eine Gemeinde stellt für ein Gebiet neben einem bestehenden Werksgelände einen Bebauungsplan für ein Gewerbegebiet auf, um dem bestehenden Werk die Erweiterung zu ermöglichen („projektbezogene Angebotsplanung", VGH Mannheim, DÖV 2015, 388)
3. Die Gemeinde darf hinreichend gewichtige private Belange zum Anlass für die Aufstellung eines Bebauungsplans nehmen und sich dabei auch an den Wünschen des künftigen Vorhabenbetreibers orientieren, solange sie damit zugleich auch städtebauliche Belange und Zielsetzungen verfolgt (OVG Koblenz, BauR 2018, 1539).

Nicht erforderlich ist ein Bebauungsplan dann, wenn seine Festsetzungen sich aus tatsächlichen oder rechtlichen Gründen nicht verwirklichen lassen (BVerwGE 119, 25 u. 146, 137); hierzu zählen auch unüberwindbare finanzielle (BVerwG, NVwZ 2002, 1510) oder sonstige langfristige Hindernisse (BVerwG, NVwZ 2004, 856). Es ist aber auch der Fall, wenn der Vollzug des Bebauungsplans gegen Artenschutz-, Naturschutz- oder Immissionsschutzrecht verstoßen würde (BVerwGE 117, 351; VGH Mannheim, NuR 2011, 369).

Bsp.:
1. Grundstückseigentümer ist nicht bereit, die für den geplanten Marktplatz benötigte Fläche zu verkaufen (BVerwG, BRS 71 Nr. 3).

A. Bauleitplanung

2. Bebauungsplan kann erst nach 30 Jahren realisiert werden (VGH Mannheim, VBlBW 2002, 200, eb. BVerwGE 120, 239; VGH München, NVwZ-RR 2007, 161: die durch den Bebauungsplan festgesetzte Straße kann in den nächsten zehn Jahren nicht gebaut werden.)
3. Die Gemeinde stellt für einen unter Landschaftsschutz stehenden Bereich einen Bebauungsplan auf, der die Anlage eines Golfplatzes vorsieht. Der Golfplatz kann nicht angelegt werden, weil er gegen das Veränderungsverbot der Landschaftsschutzverordnung verstößt. Der Bebauungsplan ist daher unwirksam (BVerwG, NVwZ 1988, 728; ebenso VGH München, NVwZ 1995, 924 für einen Bebauungsplan in einem Wasserschutzgebiet mit Bauverbot).

Die Erforderlichkeit bezieht sich nicht nur auf den Bebauungsplan als solchen, sondern auch auf die einzelnen Festsetzungen (BVerwG, NVwZ 2004, 856; BauR 2009, 1245; VGH Mannheim, DVBl. 2015, 442). § 1 Abs. 3 BauGB meint die generelle Erforderlichkeit der Planung, während Einzelheiten der konkreten planerischen Lösung nach Maßgabe des Abwägungsgebots zu überprüfen sind (BVerwGE 146, 137). 19

Auch wenn die Aufstellung eines Bebauungsplans nach § 1 Abs. 3 BauGB erforderlich ist, kann nur die Rechtsaufsichtsbehörde nach §§ 117 ff. GemO die Gemeinde zur Aufstellung eines Bebauungsplans zwingen (BVerwG, NVwZ 2004, 220). Den an einer Bebauung ihrer Grundstücke interessierten Grundstückseigentümern steht dagegen nach § 1 Abs. 3 BauGB **kein Anspruch auf Aufstellung eines Bebauungsplans** zu und ebenso wenig auf Änderung eines bestehenden Bebauungsplans. Dieser Grundsatz gilt ausnahmslos (BVerwG, BauR 2012, 627; OVG Koblenz, Urt. v. 11.04.1996 - 1 A 12768/95.OVG -, bestätigt durch BVerwG, Beschl. v. 09.10.1996 - 4 B 180.96 -; BVerwG, BauR 2006, 802). Ein Anspruch auf Aufstellung eines Bauleitplans kann auch nicht durch Vertrag begründet werden (BVerwG, BRS 38 Nr. 5 u. 36 Nr. 30). Ebenso wenig gibt es einen Anspruch auf Fortbestand einer begonnenen Bauleitplanung (BVerwG, BauR 1997, 263) oder der bestehenden Bauleitplanung (BVerwG, NVwZ-RR 1997, 213; VGH Mannheim, VBlBW 2012, 421). Dies ergibt sich aus § 1 Abs. 8 BauGB. Die Gemeinde kann unter denselben Voraussetzungen, unter denen ein Bebauungsplan aufgestellt wird, auch einen bestehenden Bebauungsplan ändern. Wenn dadurch die bauliche Nutzung von Grundstücken im Bebauungsplangebiet eingeschränkt oder aufgehoben wird, entstehen allerdings Entschädigungsansprüche nach § 42 BauGB (hierzu Wahlhäuser, BauR 2003, 1488; Birk, NVwZ 1984, 1). 20

Schließlich erkennt die Rechtsprechung auch keinen Plangewährleistungsanspruch an, d. h. einen Anspruch auf Schaffung des durch den Bebauungsplan vorgesehenen Zustands (BVerwG, NVwZ-RR 1997, 213).

Bsp.:
Wenn der Bebauungsplan eine öffentliche Grünfläche ausweist, besteht weder ein Anspruch der Bewohner des Plangebiets auf Schaffung der Grünfläche noch auf ein Einschreiten der Bauaufsichtsbehörde gegen eine Zweckentfremdung der Grünfläche als Abstellplatz für Kraftfahrzeuge (VGH Mannheim, BRS 25 Nr. 1).

3. Gesetzliche Schranken der Bauleitplanung

a) Allgemeines

Die Gemeinde kann sich bei der Aufstellung der Bauleitpläne nicht auf „planerisch freiem Feld" betätigen, sondern unterliegt vielfältigen tatsächlichen und rechtlichen Bindungen. Das Bundesverwaltungsgericht (BVerwGE 45, 309 - Flachglasurteil) spricht daher zu Recht davon, dass häufig mehr Bindung als Freiheit bestehe. Dabei ist bei den rechtlichen Bindungen zu unterscheiden zwischen zwingenden gesetzli- 21 chen Anforderungen, die der Planungsentscheidung zugrunde zu legen sind, z. B. die Ziele der Landesplanung (§ 1 Abs. 4 BauGB), und sog. Optimierungsgeboten (**Abwägungsdirektiven**), bei denen nur eine möglichst optimale Lösung anzustreben ist (BVerwG, NVwZ 1991, 69; Hoppe, DVBl 1992, 854; Bartlsperger, DVBl 1996, 1), z. B. die Trennung von Wohngebieten und immissionsträchtigen Anlagen (§ 50 BImSchG) oder der sparsame Umgang mit Grund und Boden (§ 1a Abs. 2 BauGB) sowie Naturgütern (§ 1 Abs. 1 BNatSchG) oder der Schutz der Gewässer (§ 1 WHG).

Während die zwingenden gesetzlichen Schranken sozusagen vor die Klammer zu ziehen sind, also außerhalb der Abwägung stehen, muss bei Optimierungsgeboten im Wege der Abwägung eine dem gesetzlichen Auftrag entsprechende Lösung gefunden werden. Optimierungsgebote können anders als gesetzliche Schranken der Abwägung auch im Wege der Abwägung überwunden werden, also hinter andere öffentliche Belange zurückgestellt werden (BVerwGE 143, 24; VGH Mannheim, NuR 2014, 724). Das Bundesverwaltungsgericht spricht von einer Abwägungsdirektive (BVerwGE 108, 248 u. 128, 238). Dies stellt aber keinen Unterschied zum Optimierungsgebot dar (Paetow, NVwZ 2010, 1184).

b) Ziele der Raumordnung und Landesplanung - § 1 Abs. 4 BauGB

22 Nach **§ 1 Abs. 4 BauGB** sind die Bauleitpläne den Zielen der Raumordnung und Landesplanung anzupassen (BVerwGE 90, 329 u. 141,144). Ziele der Raumordnung sind nach § 3 Abs. 1 Nr. 2 ROG verbindliche Vorgaben in Raumordnungsplänen zur Entwicklung, Ordnung und Sicherung des Raums. Sie sind zu unterscheiden von den Grundsätzen der Raumordnung nach § 3 Abs. 1 Nr. 3 ROG, die nur die Funktion von Abwägungsdirektiven haben. Für die Unterscheidung ist der materielle Gehalt, nicht die Bezeichnung maßgeblich (BVerwGE 119, 54). Auch eine Soll-Vorschrift kann ein Ziel der Raumordnung und Landesplanung sein, wenn sie neben der Regel auch die Voraussetzungen der Ausnahme hinreichend bestimmt festgelegt (BVerwG, NVwZ 2011, 821; BVerwGE 138, 301). Die Ziele der Raumordnung und Landesplanung finden gemäß § 7 Landesplanungsgesetz - LPlG - ihren Niederschlag in dem Landesentwicklungsprogramm. Sein Inhalt besteht unter anderem aus der Festsetzung von Ober- und Mittelzentren (§ 7 Abs. 1 Nr. 1 LPlG). Neben dem Landesentwicklungsprogramm sieht das Landesplanungsgesetz noch regionale Raumordnungspläne (§ 9 LPlG) vor. Letztere werden nach §§ 10, 14 LPlG von den Planungsgemeinschaften, die von den kreisfreien Städten und Landkreisen gebildet werden, aufgestellt und geben unter anderem Grundzentren sowie Maßnahmen zur Verwirklichung der Ziele des Naturschutzes und der Landschaftspflege an.

Die angeführten Pläne stellen Ziele der Raumordnung und Landesplanung dar. Die Gemeinde muss deshalb bei der Aufstellung von Bauleitplänen gemäß **§ 1 Abs. 4 BauGB** von den Festsetzungen der Landesplanung ausgehen; diese sind als vorgegebene Beschränkung der Planungshoheit nicht Teil der Abwägung nach § 1 Abs. 7 BauGB (BVerwGE 90, 329 u. 117, 351; NVwZ 2004, 220). Die Bindung an die Landesplanungen darf allerdings nicht so weit gehen, dass der Gemeinde kein eigener Planungsfreiraum mehr verbleibt (BVerwGE 119, 25); einzelne detaillierte Festsetzungen sind aber zulässig (VGH Mannheim, VBlBW 2005, 473). Eine Bindung der Gemeinde an die Landesplanung setzt ferner voraus, dass die Gemeinde bei der Festlegung der Ziele der Landesplanung beteiligt wurde (BVerwGE 119, 25). Das bedeutet zwar nicht, dass die Gemeinde ihre Zustimmung erteilt haben muss, sie muss aber zumindest gehört worden sein, so dass ihre planerischen Vorstellungen in die landesplanerische Entscheidung einfließen konnten.

Die Landesplanung darf die kommunale Bauleitplanung nur insoweit einschränken, als dies zur Wahrung gewichtigerer überörtlicher Belange erforderlich ist (s. Rn. 10).

Die Vorschrift des § 1 Abs. 4 BauGB begründet demnach nicht nur die Pflicht, Bauleitpläne den Zielen der Raumordnung anzupassen, sondern verpflichtet die Gemeinden auch, bestehende Bauleitpläne zu ändern, aufzuheben (BVerwG, NVwZ 2004, 220) oder solche aufzustellen, sobald und soweit dies zur Verwirklichung der Ziele der Raumordnung erforderlich ist. Diese in § 1 Abs. 4 BauGB festgeschriebene gemeindliche Planungspflicht ist Folge des mehrstufigen und auf Kooperation angelegten Systems der räumlichen Gesamtplanung. In dem mehrstufigen Planungssystem ist die gemeindliche Bauleitplanung der Landes- und Regionalplanung nachgeordnet und steht auf der untersten Stufe in der Planungshierarchie. Aufgabe der Raumordnung ist die übergeordnete, überörtliche, überfachliche und zusammenfassende Planung und Ordnung des Raumes (§ 1 ROG; BVerfGE 3, 407, 425 f.). Im Interesse der räumlichen Gesamtentwicklung hat sie alle auftretenden Nutzungsansprüche an den Raum und alle raumbedeutsamen Belange zu koordinieren und unter anderem verbindliche Vorgaben für nachgeordnete Planungsstufen zu schaffen (§ 3 Nr. 2 ROG; BVerwGE 90, 329 ff. u. 118, 181). Die raumordnerischen Ziele bedürfen aber der planerischen Umsetzung und Konkretisierung durch nachgeordnete Planungsträger, um ihren Ordnungs- und Entwicklungsauftrag gegenüber dem einzelnen Raumnutzer erfüllen zu können. Das System der arbeitsteiligen räumlichen Gesamtplanung funktioniert nur dann, wenn die Entwicklung des gemeindlichen Raums mit der des größeren Raums in Einklang gebracht wird. Die raumordnerisch bedingte Planungspflicht der Gemeinde setzt daher dann ein, wenn bei Fortschreiten der planlosen städtebaulichen Entwicklung die Verwirklichung der raumordnerischen Ziele auf unüberwindbare tatsächliche oder rechtliche Hindernisse stoßen oder wesentlich erschwert würde (BVerwG, NVwZ 2004, 220).

Bsp.:
Die im Regionalplan als Unterzentrum ausgewiesene Stadt muss durch Aufstellung eines Bebauungsplans verhindern, dass mehrere großflächige Einzelhandelsbetriebe (§ 11 Abs. 3 BauNVO) in einem Gewerbegebiet nach § 34 BauGB zugelassen werden müssen, wenn nach dem Regionalplan großflächige Einzelhandelsbetriebe nur in Oberzentren errichtet werden sollen (BVerwG, NVwZ 2004, 220 u. NVwZ 2006, 932).

Das Bundesverwaltungsgericht spricht davon, zwischen der übergeordneten Landesplanung und der Bauleitplanung müsse eine „umfassende materielle Konkordanz" gewährleistet sein.

Außerdem können sich die Gemeinden nach dem durch das EAG eingeführten § 2 Abs. 2 Satz 2 BauGB auf die ihnen durch die Raumordnung - Landesentwicklungsprogramm, Regionaler Raumordnungsplan - zugewiesenen Funktionen berufen und sich gegen Planungen benachbarter Gemeinden zur Wehr setzen, die gegen landesplanerische Regelungen verstoßen (s. Sparwasser, NVwZ 2006, 264; Kment, NVwZ 2007, 996).

Bsp.:
Die im Landesentwicklungsplan als Mittelzentrum eingestufte Stadt S kann sich gegen ein in der benachbarten Gemeinde G geplantes Einkaufszentrum zur Wehr setzen, wenn nach dem Regionalplan Einkaufszentren nur in Ober- und Mittelzentren errichtet werden dürfen - sog. Konzentrationsgebot (VGH Mannheim, NVwZ-RR 2008, 369).

c) Interkommunale Rücksichtnahme - § 2 Abs. 2 BauGB

24 Die Gemeinden müssen bei der Aufstellung von Bauleitplänen auch die Planungen benachbarter Gemeinden sowie überörtlicher Planungsträger berücksichtigen (BVerwGE 117, 25; VGH Mannheim, VBlBW 2000, 479; Zierau, DVBl. 2009, 693; Hoffmann, NVwZ 2010, 738).

Nach § 2 Abs. 2 BauGB sollen die Bauleitpläne benachbarter Gemeinden aufeinander abgestimmt werden. Diese Vorschrift beinhaltet die **materielle Abstimmungspflicht** zwischen Gemeinden bei der Aufstellung von Bauleitplänen, d. h. die Verpflichtung, auf die Belange der Nachbargemeinde Rücksicht zu nehmen. Das Gebot der interkommunalen Rücksichtnahme ist vor allem bei der Planung von Einkaufszentren und großflächigen Einzelhandelsbetrieben nach § 11 BauNVO von Bedeutung. Die Auswirkungen auf zentrale Versorgungsbereiche der Nachbargemeinden sind zu berücksichtigen (VGH Mannheim, NVwZ-RR 2008, 369).

Die **formelle Abstimmungspflicht**, d. h. die Anhörung der Nachbargemeinde bei der Aufstellung eines Bauleitplans, ist demgegenüber in § 4 BauGB geregelt. Das Bundesverwaltungsgericht (BVerwGE 40, 323 u. 64, 209) begründet dies mit dem Hinweis auf § 7 BauGB. Wäre nämlich die Nachbargemeinde nicht beteiligte Behörde nach § 4 BauGB, dann wäre sie an den Flächennutzungsplan nicht gebunden; dieses Ergebnis kann nicht richtig sein. Wenn aber § 4 BauGB die formelle Abstimmungspflicht regelt, dann muss § 2 Abs. 2 BauGB sich auf die materielle Abstimmung beziehen.

§ 2 Abs. 2 BauGB geht § 1 Abs. 5 BauGB als lex specialis vor, soweit es um die Berücksichtigung der Belange der Nachbargemeinde geht. Das interkommunale Abstimmungsgebot ist eine gesetzliche Ausformung des in Art. 28 Abs. 2 Satz 1 GG gewährleisteten kommunalen Selbstverwaltungsrechts, deren Bestandteil auch die Planungshoheit ist. Die Planungshoheit steht danach unter dem nachbarrechtlichen Vorbehalt des Gebots wechselseitiger kommunaler Rücksichtnahme. Keine Gemeinde soll ihre jeweilige örtliche Planungshoheit rücksichtslos zum Nachteil einer benachbarten in einer Konkurrenzlage befindlichen Gemeinde ausnutzen können. Dieses Rücksichtnahmegebot wurde durch § 2 Abs. 2 BauGB in ein Gesetz umgesetzt. Nach § 2 Abs. 2 Satz 2 BauGB 2004 bezieht sich das interkommunale Abstimmungsgebot aber nicht nur auf städtebauliche, sondern auch auf raumordnerische Aspekte. Die Ziele der Raumordnung haben eine begünstigende, aber auch eine belastende Wirkung und zwar sowohl für die einzelnen Gemeinden, als auch im Verhältnis der Gemeinden untereinander. Soweit also Ziele der Raumordnung einer Gemeinde eine bestimmte, den Standortwettbewerb mit anderen Gemeinden begünstigende Funktion (z. B. Oberzentrum) zuweisen, handelt es sich um eine verteidigungsfähige Position (siehe hierzu auch BVerwGE 117, 25 „Factory Outlet Center Zweibrücken" und BVerwGE 119, 25). Aber nicht alle Bauleitpläne einer Gemeinde müssen mit der Nachbargemeinde abgestimmt werden, sondern nur diejenigen, bei denen unmittelbare Auswirkungen gewichtiger Art auf die Nachbargemeinde zu erwarten sind.

Bsp.:

1. Die Pflicht zur interkommunalen Rücksichtnahme ist verletzt, wenn eine Gemeinde unmittelbar an der Gemeindegrenze im Anschluss an die Bebauung auf der Nachbargemarkung ein neues Wohngebiet ausweist, obwohl dieses Wohngebiet von dem bebauten Gebiet der planenden Gemeinde mehrere Kilometer entfernt liegt. Das Bundesverwaltungsgericht verlangt, dass vor der Aufstellung eines solchen Bebauungsplans mit der Nachbargemeinde eine Vereinbarung über die sog. Folgelasten (Schule, kulturelle und soziale Einrichtungen, Erschließungsanlagen) geschlossen wird, weil die Bewohner des neuen Baugebiets erfah-

A. Bauleitplanung

rungsgemäß die Einrichtungen der Nachbargemeinde benutzen werden; nach der Realisierung des Projekts befindet sich die Nachbargemeinde aber in einer unzumutbaren Verhandlungsposition über einen eventuellen finanziellen Ausgleich (BVerwGE 40, 323).
2. Die Ausweisung eines Sondergebiets „Einkaufszentrum" - Massa-Markt - verstößt in der Regel nicht gegen das Gebot der interkommunalen Rücksichtnahme, auch wenn dadurch wirtschaftliche Nachteile für die Nachbargemeinde entstehen können. Denn das Gebot der Rücksichtnahme verlangt von der planenden Gemeinde nicht, die eigene wirtschaftliche Entwicklung zurückzustellen, um die Nachbargemeinde zu schonen (VGH Mannheim, NJW 1977, 1465; VGH München, NVwZ-RR 2000, 822; OVG Münster, NVwZ-RR 2006, 450; OVG Lüneburg, NVwZ-RR 2006, 453; VGH Mannheim, NVwZ-RR 2008, 369; Hoffmann, NVwZ 2010, 738).
3. Es verstößt gegen § 2 Abs. 2 BauGB, wenn die Gemeinde unmittelbar an der Grenze in der Nachbarschaft eines Wohngebiets der Nachbargemeinde einen Schlachthof plant (BVerwG, NVwZ 1990, 464; das gleiche gilt für eine Windkraftanlage: OVG Lüneburg, NVwZ 2001, 452).

Die Pflicht zur interkommunalen Rücksichtnahme ist nicht nur dann gegeben, wenn die Nachbargemeinde bereits ihre Planungsvorstellungen verwirklicht hat oder aber diese Planungsabsichten zumindest hinreichend konkretisiert worden sind oder gemeindliche Einrichtungen erheblich beeinträchtigt werden (BVerwGE 84, 209; NVwZ 2003, 86; VGH Mannheim, VBlBW 2007, 310). Denn die Gemeinde muss nach § 2 Abs. 2 BauGB nicht nur auf die Planungen der Nachbargemeinde Rücksicht nehmen, sondern auch auf sonstige Belange der Nachbargemeinden. Ausdrücklich erwähnt werden in § 2 Abs. 2 Satz 2 BauGB die Auswirkungen auf zentrale Versorgungsbereiche der Nachbargemeinde. Mit zunehmender Konkretisierung der Planung einer Nachbargemeinde steigt deren Schutzwürdigkeit (BVerwG, NVwZ 2010, 1026).

Auch wenn nach § 2 Abs. 2 BauGB eine Verpflichtung zur interkommunalen Rücksichtnahme besteht, bedeutet dies nicht einen Vorrang der Belange der Nachbargemeinde. Dies ist erst der Fall, wenn es zu einer unzumutbaren Beeinträchtigung der Nachbargemeinde kommt. So wird bei der Planung großflächiger Einzelhandelsbetriebe ein Abstimmungsbedarf nach § 2 Abs. 2 BauGB bereits bei einer Kaufkraftverlagerung von etwa 10% angenommen, unzumutbare Auswirkungen auf die Nachbargemeinde setzen dagegen eine Kaufkraftverlagerung von mindestens 20% voraus (s. Uechtritz, DVBl. 2006, 799; Bunzel, ZfBR 2008, 132; Spannowsky/Uechtritz, § 2 Rn. 48). Bei diesen Prozentzahlen handelt es sich aber nur um Faustformeln, letztlich kommt es auf den konkreten Einzelfall an (BVerwG, NVwZ 2010, 587 u. 590; OVG Münster, BauR 2009, 1701 u. 2010, 1189).

d) Fachplanerische Vorgaben

Die Bauleitplanung der Gemeinde kann sich schließlich auch nicht über die Fachplanungen anderer Planungsträger (Straßenbau, Wasserschutz, Naturschutz, Abfallbeseitigung u. a.) hinwegsetzen. Das Verhältnis der Bauleitplanung zur Fachplanung bereitet erhebliche rechtliche Schwierigkeiten (s. dazu BVerwGE 100, 388 u. 79, 318; NVwZ-RR 1991, 118; VGH Mannheim, VBlBW 2008, 143; Schmidt-Eichstaedt, NVwZ 2003, 129). Die normativen Regelungen zur Lösung von Konflikten zwischen Bauleitplanung und Fachplanung sind unzureichend (s. Rn. 9 u. 92).

e) Naturschutzrechtliche Eingriffsregelung - § 1a Abs. 3 BauGB; Natura 2000-Gebiete

26 Nach §§ 1a Abs. 3 BauGB, 18 Abs. 1 BNatSchG ist bei der Bauleitplanung auch die Vermeidung und der Ausgleich der zu erwartenden Eingriffe in Natur und Landschaft (Eingriffsregelung nach §§ 13ff. BNatSchG) zu berücksichtigen (s. Scheidler, ZfBR 2011, 228; Mitschang, BauR 2011, 33). Ein **Eingriff in Natur und Landschaft** nach § 14 Abs. 1 BNatSchG ist bei allen erheblichen Beeinträchtigungen des Naturhaushalts oder des Landschaftsbilds gegeben, was praktisch bei allen größeren Bauvorhaben in einem bisher baulich nicht genutzten Bereich der Fall ist (BVerwG, NVwZ 1991, 364 u. 2001, 560).

Bsp.:
1. Anlage einer Freileitung der Elektrizitätsversorgung (VGH Mannheim, Nur 2000, 455)
2. Windkraftanlage (BVerwG, BauR 2002, 751)
3. Sport- und Freizeitanlage (VGH Mannheim, RdL 2013, 332)

Obwohl in allen diesen Fällen der eigentliche Eingriff erst durch die Verwirklichung und nicht bereits durch den Erlass des Bebauungsplans erfolgt, schreibt § 1a Abs. 3 Satz 1 BauGB vor, dass die naturschutzrechtliche Eingriffsregelung bereits bei der Aufstellung der Bauleitpläne „abzuarbeiten" ist. Denn der Grundstückseigentümer hat nach Inkrafttreten des Bebauungsplans gemäß § 30 BauGB einen Anspruch auf Erteilung einer Baugenehmigung, wobei §§ 15ff. BNatSchG nicht mehr zu prüfen sind (§ 18 Abs. 2 Satz 1 BNatSchG).

27 § 15 Abs. 1 BNatSchG verlangt, dass eine vermeidbare Beeinträchtigung von Natur und Landschaft unterlassen wird. Die Vorschrift spricht von der **Vermeidbarkeit der Beeinträchtigung** und nicht von der Vermeidbarkeit der eingreifenden Maßnahme. Denn jeder Eingriff kann dadurch vermieden werden, dass er unterlassen wird (BVerwG, NVwZ 1997, 914). Es kommt also darauf an, ob die Maßnahme an der vorgesehenen Stelle auch ohne eine Beeinträchtigung von Natur und Landschaft verwirklicht oder ob die Beeinträchtigung zumindest minimiert werden kann. Ist eine Beeinträchtigung in diesem Sinne unvermeidbar, schreibt § 15 Abs. 2 BNatSchG einen Ausgleich oder eine Ersetzung durch Maßnahmen zugunsten der Natur vor.

Bsp.:
1. 50 m breite Wildbrücke über eine Autobahn (BVerwG, NVwZ 2002, 1103)
2. Ersetzung einer alten Feldhecke durch eine doppelt so große neue Feldhecke (OVG Schleswig, NuR 2004, 56)
3. Renaturierung einer Kiesgrube (VGH Mannheim, BRS 4 Nr. 227)

Ein Ausgleich bedeutet nach § 15 Abs. 2 BNatSchG die Wiederherstellung der früheren Funktion des Naturhaushalts oder eine Ersetzung durch die Herstellung eines ökologisch gleichwertigen Zustands des Naturhaushalts; die Abgrenzung ist im Detail zwar schwierig, aber wegen § 200a BauGB praktisch nicht von Bedeutung. Ist ein Ausgleich oder eine Ersetzung nicht möglich, kann das Vorhaben gleichwohl verwirklicht werden, wenn dafür überwiegende sonstige öffentliche Belange sprechen (§ 15 Abs. 5 BNatSchG).

28 Die Frage, ob die Verpflichtung der Gemeinde, in der Abwägung über einen Ausgleich zu entscheiden, eine zwingende Verpflichtung im Sinne eines Planungsleitsatzes darstellt oder aber der Ausgleich im Rahmen der Abwägung auch „wegabgewogen" werden kann, wurde durch § 1a Abs. 2 Nr. 2 BauGB 1998 (nunmehr § 1a Abs. 3 BauGB 2004) im letzteren Sinn entschieden. Wenn dort von „berücksichtigen" ge-

A. Bauleitplanung

sprochen wird, so bedeutet dies, dass die Gemeinde sich Gedanken über einen Ausgleich machen muss (BVerwGE 104, 68; NVwZ 2008, 216).

Die Gemeinde kann im Rahmen der Abwägung sich auch für einen Verzicht auf einen Ausgleich entscheiden, wenn dieser sehr kostenaufwändig ist oder ökologisch nur eine geringfügige Verbesserung bringt. Es stellt sogar einen Abwägungsfehler dar, wenn die Gemeinde sich zu einem 100%igen Ausgleich verpflichtet fühlt, obwohl eine ökologisch relevante Verbesserung nicht zu erreichen ist (VGH Mannheim, NVwZ-RR 2002,9).

§ 1a Abs. 3 Satz 3 BauGB ermöglicht **Kompensationsmaßnahmen** auch an anderer Stelle als der des Eingriffs. Die Festsetzung solcher Maßnahmen kann nach § 9 Abs. 1a BauGB auch in einem eigenständigen Bebauungsplan außerhalb des Plangebiets des Bebauungsplans, der den Eingriff vorsieht, enthalten sein (BVerwG, BauR 2004, 40). Außerdem kann nach §§ 1a Abs. 3, 11 Abs. 1 Nr. 2 BauGB der Ausgleich für Eingriffe in Natur und Landschaft in einem städtebaulichen Vertrag geregelt werden (BVerwG, NVwZ 1997, 1216; OVG Koblenz, NVwZ-RR 2003, 629) oder auf sonstige Weise erfolgen. 29

Die im Bebauungsplan vorgesehenen Ausgleichs- und Ersatzmaßnahmen sind nach § 135a BauGB entweder vom Bauherrn selbst oder aber - was in der Regel sinnvoller ist - von der Gemeinde im Wege des sog. **Sammelausgleichs** zu verwirklichen (s. Quaas, NVwZ 1995, 840; Kluge, BauR 1995, 289). Die Gemeinde kann die ihr entstandenen Kosten nach § 135a Abs. 2 - 4 BauGB auf die Grundstückseigentümer umlegen (s. BVerwG, NVwZ 2007, 223; Mitschang, ZfBR 2005, 644). 30

Nach § 1a Abs. 4, § 1 Abs. 6 Nr. 7b BauGB, §§ 31ff. BNatSchG müssen im Rahmen der Abwägung auch die Natura 2000 Gebiete, also die Schutzgebiete nach der Fauna-Flora-Habitat-Richtlinie (FFH-RL 92/43/EWG) und die Vogelschutzrichtlinie (RL 2009/147/EG, bis 15.02.2010 RL 79/409/EWG) berücksichtigt werden (s. Halama, BauR 2001, 500; Reidt, NVwZ 2010, 9). Ihre Vorgaben sind bindend und können anders als bei der Eingriffsregelung nicht weggewogen werden, da die europäischen Anforderungen nicht zur Disposition des bundesdeutschen Gesetzgebers stehen. Dementsprechend bestimmt § 33 Abs. 1 BNatSchG, dass erhebliche Störungen und Veränderungen von FFH-Gebieten und Vogelschutzgebieten grundsätzlich unzulässig sind. Ausnahmen hiervon können nur unter den engen Voraussetzungen des § 34 Abs. 3 und 4 BNatSchG zugelassen werden (BVerwG, NVwZ 2003, 485 u. 2002, 1243). Bebauungspläne, die diese Vorgaben missachten, sind vollzugsunfähig und wegen Verstoßes gegen § 1 Abs. 3 Satz 1 BauGB unwirksam (s. Rn. 15). Schließlich erhalten auch die Vorschriften über den **Artenschutz** - §§ 37ff. BNatSchG - bindende Vorgaben für die Bauleitplanung (s. Stüer, BauR 2010, 174; Mitschang/Wagner, DVBl. 2010, 1457). 31

f) Umweltprüfung - § 2 Abs. 4, § 2a BauGB

Die Neufassung des BauGB durch das EAG-Bau vom 30.04.2004 hat zu einer erheblichen Ausweitung der Umweltprüfung - UP - in der Bauleitplanung geführt. Bei der Aufstellung eines Bauleitplans ist grundsätzlich eine Umweltprüfung durchzuführen. Sie ist kein eigenständiges Verfahren, sie erfolgt im Rahmen des Verfahrens zur Aufstellung des Bauleitplans. Ihr Ergebnis ist im Umweltbericht zusammenzufassen, der Teil der Begründung des Bauleitplans ist (§ 2a Satz 2 Nr. 2, Satz 3 BauGB). Das Programm der Umweltprüfung und der notwendige Inhalt des Umweltberichts erge- 32 ben sich aus der Anlage 1 zu § 2 Abs. 4 und § 2a BauGB (s. auch § 1 Abs. 6 Nr. 7, § 1a BauGB). Das Ergebnis der Umweltprüfung ist in der Abwägung zu berücksichtigen (§ 2 Abs. 4 Satz 4 BauGB).

Die Umweltprüfung tritt an die Stelle der früheren Umweltverträglichkeitsprüfung (vgl. § 17 UVPG; s. Spannowsky/Uechtritz, § 2 Rn. 65ff.). Während zuvor nur bei wenigen Großprojekten, insbesondere Feriendörfern, Hotelkomplexen, Einkaufszentren und großflächigen Einzelhandelsbetrieben ab 5.000 m² Verkaufsfläche sowie Anlagen zur Massentierhaltung, eine Umweltverträglichkeitsprüfung - UVP - notwendig war, schreibt § 2 Abs. 4 BauGB für alle Bauleitpläne eine Umweltprüfung vor (s. dazu Krautzberger/Stüer BauR 2003, 1301; Upmeier, BauR 2004, 1382; Uechtritz, BauR 2005, 1859; Schwarz, NuR 2011, 545); ausgenommen sind allerdings nach § 13 Abs. 3 BauGB Bebauungspläne, die die Grundzüge der Planung nicht berühren und daher im vereinfachten Verfahren nach § 13 Abs. 1 BauGB erstellt werden können sowie Bebauungspläne, die im beschleunigten Verfahren nach § 13a BauGB aufgestellt werden. Die Umweltprüfung stellt kein eigenständiges Verfahren dar, sondern erfolgt im Rahmen des Verfahrens zur Aufstellung der Bauleitpläne (s. Rn. 60). Die Umweltprüfung ist vor allem deshalb bedeutsam, weil sie zu einer systematischen Erfassung aller Umweltauswirkungen führt.

Ein fehlender oder in wesentlichen Punkten unvollständiger Umweltbericht ist stets beachtlich. Von den Umständen des Einzelfalls hängt es ab, welche Punkte wesentlich sind. Auch Angaben zu den Maßnahmen nach § 4c BauGB zur Überwachung der Auswirkungen des Bebauungsplans auf die Umwelt („Monitoring"; vgl. Uechtritz, BauR 2005, 1859; Rautenberg, NVwZ 2005, 1009) können wesentlich sein (BVerwG, BauR 2010, 569; UPR 2016, 37).

g) Abhängigkeit des Bebauungsplans vom Flächennutzungsplan

aa) Entwicklungsgebot - § 8 Abs. 2 Satz 1 BauGB

33 Nach § 1 Abs. 2 BauGB unterteilt sich der Oberbegriff „Bauleitplan" in den Flächennutzungsplan (vorbereitender Bauleitplan) und den Bebauungsplan (verbindlicher Bauleitplan).

Während der Bebauungsplan nach § 10 BauGB als Satzung beschlossen wird, enthält das Baugesetzbuch keine Aussage über die **Rechtsnatur des Flächennutzungsplans**. Der Flächennutzungsplan ist nach der Ausgestaltung, die er in §§ 5 ff. BauGB gefunden hat, keine Satzung (BVerwGE 128, 382 u. 124, 132), denn er wirkt nach § 7 BauGB nur gegenüber Behörden, nicht aber gegenüber dem Bürger. Eine mittelbare Außenwirkung entfaltet der Flächennutzungsplan allerdings über § 35 Abs. 3 Satz 1 Nr. 1 u. Satz 3 BauGB (BVerwGE 146, 40). Da der Flächennutzungsplan nicht in das herkömmliche System der verwaltungsrechtlichen Institutionen passt, wird er überwiegend als **hoheitliche Maßnahme eigener Art** bezeichnet (VGH Mannheim, BWVBl. 1974, 186; Battis/Krautzberger/Löhr, § 5 Rn. 45). Wegen § 35 Abs. 3 BauGB spricht Stüer (BauR 2007, 1495) davon, der Flächennutzungsplan befinde sich „auf der Wanderschaft zur Rechtsnorm" (vgl. auch BVerwG, NVwZ 2007, 1081).

Der Flächennutzungsplan erstreckt sich nach § 5 Abs. 1 BauGB über das gesamte Gemeindegebiet. Er enthält die **grobmaschige Planung** (BVerwGE 26, 287 u. 48, 70; NVwZ 2006, 87). Im Flächennutzungsplan werden deshalb nach §§ 5 Abs. 2 BauGB, 1 Abs. 1 BauNVO in der Regel nur Bauflächen, nicht aber bereits einzelne

A. Bauleitplanung

Baugebiete dargestellt, ferner finden nur die überörtlichen Verkehrswege sowie die innerörtlichen Hauptverkehrszüge, nicht dagegen sonstige Straßen Berücksichtigung.

Eine Besonderheit stellt der Teilflächennutzungsplan nach § 5 Abs. 2b BauGB dar, der für die Zwecke des § 35 Abs. 3 Satz 3 BauGB, zur Steuerung nach § 35 Abs. 1 Nr. 2 bis 6 BauGB privilegierter Vorhaben im Außenbereich, für Teile des Gemeindegebiets aufgestellt werden kann.

Auf der Basis dieser grobmaschigen Planung (BVerwGE 48, 70 spricht von grobem Raster) des Flächennutzungsplans ist nach § 8 Abs. 2 BauGB der Bebauungsplan aufzustellen. Der Bebauungsplan muss allerdings dem Flächennutzungsplan nicht in allen Einzelheiten entsprechen, vielmehr ist der Bebauungsplan aus dem Flächennutzungsplan zu **entwickeln**, d. h. die Planungskonzeption des Flächennutzungsplans ist **fortzuschreiben**, darf aber in den Grundentscheidungen nicht verändert werden (BVerwGE 48, 70 u. 70, 171; NVwZ 2000, 197; NVwZ 2006, 87). **34**

Bsp.:
1. Ein Bebauungsplan ist nicht aus dem Flächennutzungsplan entwickelt, wenn er in einem als landwirtschaftliche Nutzfläche dargestellten Gebiet im Anschluss an ein Kleinsiedlungsgebiet ein Hochhaus mit über 300 Wohneinheiten vorsieht. Dies muss vor allem dann gelten, wenn eine Darstellung dieser Fläche als Baugebiet bei der Aufstellung oder Änderung des Flächennutzungsplans bewusst unterblieb (OVG Koblenz, AS RP-SL 15, 60).
2. Wenn der Flächennutzungsplan Gelände als Grünland ausweist, darf die Gemeinde keinen Bebauungsplan für Wohnbaugebiete oder Gewerbegebiete aufstellen (BVerwGE 48, 70; VGH Kassel, BRS 46 Nr. 9).
3. Wenn der Flächennutzungsplan Wohnbauflächen vorsieht, dann kann im Bebauungsplan ein Kleinsiedlungsgebiet (OVG Münster, BRS 28 Nr. 10), ein Mischgebiet (VGH Kassel, NVwZ-RR 1989, 346) oder ein Kerngebiet (VGH Mannheim, BRS 32 Nr. 9) ausgewiesen werden, nicht aber eine Gemeinbedarfsfläche (VGH Kassel, NVwZ-RR 1989, 609) oder eine Hauptverkehrsstraße (VGH Kassel, DÖV 2005, 968).
4. Unbedeutende Änderungen der Grenzen des bebauten Gebiets gegenüber dem Außenbereich verstoßen nicht gegen § 8 Abs. 2 BauGB (BVerwG, NVwZ 2000, 197); das gleiche gilt für unbedeutende Abweichungen vom Flächennutzungsplan im Innenbereich (BVerwG, BRS 35 Nr. 20; VGH Mannheim, DÖV 2003, 342: geringfügige Erweiterung einer Grünfläche). Eine Fläche von 2,2 ha kann aber nicht mehr als unbedeutend angesehen werden (BVerwG, NVwZ 2000, 197).
5. Kein Entwickeln im Sinne des § 8 Abs. 2 BauGB, wenn statt einer Mischbaufläche ein Industriegebiet ausgewiesen wird (VGH Mannheim, BRS 27 Nr. 1).

Allerdings können, soweit es erforderlich ist, im Flächennutzungsplan bereits gemäß § 1 Abs. 2 BauNVO konkrete Baugebiete dargestellt werden (BVerwGE 124, 132). Soweit der Flächennutzungsplan derartig konkrete Festsetzungen enthält, bleibt für den Bebauungsplan kaum noch ein eigener Gestaltungsspielraum.

Wenn der Bebauungsplan nicht aus dem Flächennutzungsplan entwickelt wird, also entweder ohne vorherigen Flächennutzungsplan aufgestellt oder aber die Grundkonzeption des Flächennutzungsplans nicht beachtet wird, ist der Bebauungsplan nichtig (BVerwGE 48, 70).

Ein Verstoß gegen das Entwicklungsgebot ist allerdings nach **§ 214 Abs. 2 Nr. 2 BauGB** unbeachtlich, wenn der Bebauungsplan die sich aus dem Flächennutzungsplan ergebende geordnete städtebauliche Entwicklung nicht beeinträchtigt (OVG Münster, NVwZ-RR 2000, 574). Es ist dabei auf das gesamte Gemeindegebiet abzustellen (BVerwG, NVwZ 2000, 197). **35**

Will die Gemeinde einen Bebauungsplan erlassen, der vom Flächennutzungsplan abweicht, dann kann sie nach § 8 Abs. 3 BauGB im sog. **Parallelverfahren** zugleich mit der Aufstellung des Bebauungsplans den Flächennutzungsplan ändern. **36**

Parallelverfahren bedeutet eine zeitliche und inhaltliche Übereinstimmung zwischen Bebauungsplan und Flächennutzungsplan (BVerwGE 70, 171). Der Bebauungsplan darf vor dem geänderten Flächennutzungsplan in Kraft gesetzt werden, wenn abzusehen ist, dass die Übereinstimmung zwischen Flächennutzungsplan und Bebauungsplan gewahrt wird (§ 8 Abs. 3 Satz 2 BauGB). Ein Parallelverfahren liegt nicht mehr vor, wenn mit dem Verfahren zur Änderung des Flächennutzungsplans erst begonnen wird, nachdem der Bebauungsplan bereits in Kraft getreten ist (BVerwGE 70, 171). Ein Verstoß gegen § 8 Abs. 3 BauGB berührt nach § 214 Abs. 2 Nr. 4 BauGB nicht die Wirksamkeit des Bebauungsplans, sofern die geordnete städtebauliche Entwicklung nicht beeinträchtigt wird.

Der Grundsatz, dass der Bebauungsplan aus dem Flächennutzungsplan zu entwickeln ist, hat in § 8 Abs. 2 Satz 2 und Abs. 4 BauGB zwei bedeutsame **Ausnahmen** erfahren:

bb) selbstständiger Bebauungsplan - § 8 Abs. 2 Satz 2 BauGB

37 Ein Flächennutzungsplan ist einmal dann nicht erforderlich, wenn der Bebauungsplan wegen der geringen Bautätigkeit in der Gemeinde zur Gewährleistung der städtebaulichen Ordnung ausreicht (OVG Koblenz, BRS 36 Nr. 15; OVG Saarlouis, BRS 35 Nr. 18); dies wird allenfalls in kleinen Gemeinden der Fall sein - abstrakte Betrachtungsweise (VGH Mannheim, BauR 1983, 222; VBlBW 1985, 21).

Ein Flächennutzungsplan ist des Weiteren dann entbehrlich, wenn die praktische Bedeutung des Bebauungsplans so unbedeutend ist, dass die Grundkonzeption der Planung von ihm nicht berührt wird - konkrete Betrachtungsweise (VGH Mannheim, BauR 1983, 222; VBlBW 1985, 21; NVwZ-RR 2006, 522).

Bsp.:
1. Der Bebauungsplan umfasst nur ein 1,6 ha großes, bereits weitgehend bebautes Gebiet (VGH Mannheim, VBlBW 1985, 21).
2. Der Bebauungsplan regelt nur den Standort von zwei Windkraftanlagen im Außenbereich (VGH Mannheim, NVwZ-RR 2006, 522).

Wegen der Bedeutung eines Verstoßes gegen § 8 Abs. 2 Satz 2 BauGB s. unten Rn. 88.

cc) vorzeitiger Bebauungsplan - § 8 Abs. 4 BauGB

38 Hat die Gemeinde keinen wirksamen Flächennutzungsplan, kann sie nach § 8 Abs. 4 BauGB trotzdem einen Bebauungsplan aufstellen, wenn dringende Gründe dies erfordern und der Bebauungsplan der beabsichtigten städtebaulichen Entwicklung nicht entgegensteht (BVerwG, NVwZ 2000, 197). Dringende Gründe sind anzunehmen, wenn die Gründe, die für eine sofortige Aufstellung des Bebauungsplans sprechen, erheblich gewichtiger sind als das Festhalten an dem in § 8 BauGB vorgesehenen Verfahren, dass nämlich der Bebauungsplan aus dem Flächennutzungsplan entwickelt werden muss. Auf die Frage, ob die Gemeinde diese Umstände zu vertreten hat, kommt es nicht an (BVerwG, NVwZ 1985, 745).

A. Bauleitplanung 33

Bsp.:
1. Zur Beseitigung der Wohnungsnot ist dringend die Schaffung weiterer Baugebiete erforderlich (BVerwG, NVwZ 1985, 745).
2. Eine Gemeinde stellt einen Bebauungsplan auf, um die Errichtung eines unerwünschten großen Appartementhauses zu verhindern (VGH Mannheim, BRS 38 Nr. 108; s. auch OVG Weimar, BauR 2012, 611).
3. Eine Stadt benötigt zur Altstadtsanierung dringend die Ansiedlung eines Kaufhauses (VGH Mannheim, VBlBW 1982, 229).

Die Gemeinde ist unter den in § 8 Abs. 4 BauGB angeführten Voraussetzungen zwar **39** berechtigt, einen Bebauungsplan aufzustellen, ohne dass ein Flächennutzungsplan besteht. Das Entwicklungsgebot des § 8 Abs. 2 BauGB verlangt aber, dass die Gemeinde in einem solchen Fall wenigstens nachträglich einen Flächennutzungsplan aufstellt, der die Festsetzungen des Bebauungsplans übernimmt.

§ 8 Abs. 4 BauGB findet auch Anwendung, wenn die Gemeinde zwar einen Flächennutzungsplan aufgestellt hat, dieser aber nichtig ist (BVerwG, DVBl 1992, 574; VGH Mannheim, NVwZ-RR 2006, 552).

Wenn die Gemeinde die Zulässigkeit eines selbstständigen oder vorzeitigen Bebau- **40** ungsplans unrichtig beurteilt, dann ist dies nach **§ 214 Abs. 2 Nr. 1 BauGB** unbeachtlich. Diese Vorschrift findet aber nur Anwendung, wenn sich die Gemeinde bewusst ist, dass ein vorzeitiger Bebauungsplan aufgestellt wird, sie infolge fehlerhafter Auslegung des § 8 Abs. 2 oder 4 BauGB die Voraussetzungen dieser Vorschriften für gegeben hält oder sie aus Unkenntnis nicht beachtet. Setzt sich die Gemeinde dagegen vorsätzlich über das Entwicklungsgebot hinweg, dann ist der Bebauungsplan nichtig (BVerwG, NVwZ 1985, 745; NVwZ 2000, 197).

h) Allgemeingültige Planungsprinzipien

Die Gemeinde muss bei der Bauleitplanung auch die allgemeingültigen Planungsleit- **41** sätze beachten, die zwar nicht gesetzlich geregelt sind, aber jeder Planung immanent sind und letztlich aus dem **Rechtsstaatsprinzip** abgeleitet werden (vgl. hierzu Schmidt-Aßmann, Grundsätze der Bauleitplanung, BauR 1978, 99). Die Nichtbeachtung dieser Prinzipien führt dazu, dass der Bebauungsplan wegen eines Verstoßes gegen § 1 BauGB nichtig ist.

aa) Gebot konkreter Planung

Der Bebauungsplan wird nach § 10 BauGB als **Satzung** erlassen; damit ist die frü- **42** here Streitfrage normativ gelöst, ob ein Bebauungsplan seiner Rechtsnatur nach eine Rechtsnorm oder ein Verwaltungsakt ist (s. dazu Brügelmann/Gierke, § 10 Rn. 20 ff). Während eine Rechtsnorm begrifflich eine abstrakt-generelle Regelung ist, muss der Bebauungsplan konkrete Einzelausweisungen über die zulässige Bebauung oder sonstige Nutzung der von ihm erfassten Grundstücke enthalten. Er ist damit ein Gesetz im materiellen Sinn, das Inhalt und Schranken des Grundeigentums bestimmt (Art. 14 Abs. 1 Satz 2 GG; vgl. BVerfG, NVwZ 2003, 727).

Bsp.:
Die Stadt Frankfurt erlässt einen Begrünungsplan, nach dem im ganzen bebauten Gebiet Freiflächen zu bepflanzen sind und für das Fällen großer Bäume eine Genehmigung erforderlich ist. Das Bundesverwaltungsgericht hält den Bebauungsplan für nichtig, weil er nicht konkrete Regelungen für ein begrenztes Gebiet enthält, sondern wie ein Gesetz eine abstrakte Regelung

für eine unbeschränkte Vielzahl von Fällen in einem mit fortschreitender Bebauung sich ausdehnenden Gebiet zum Inhalt hat (BVerwGE 50, 114).

bb) Gebot äußerer Planungseinheit

43 Für ein Gebiet darf nur ein Bebauungsplan existieren; unschädlich ist nach BVerwGE 50, 114 allerdings, wenn ein späterer Plan einen früheren ergänzt.

cc) Gebot positiver Planung

44 Der Bebauungsplan muss Festsetzungen enthalten, die positiv bestimmen, welche bauliche oder sonstige Nutzung zulässig ist. Eine reine Verhinderungsplanung darf ebenso wenig betrieben werden wie eine „Feigenblattplanung" (BVerwGE 122, 109).

Bsp.:
1. Die bauliche Nutzung bestimmter Grundstücke in einem als Industriegebiet ausgewiesenen Bereich wird ersatzlos aufgehoben, um Einsprüche der Eigentümer dieser Grundstücke gegen ein in diesem Bereich geplantes Eros-Center zu verhindern. Der VGH Mannheim hält dies für unzulässig, da ein Bebauungsplan einen positiven Inhalt haben muss. Eine rein negative Planung kann nicht der städtebaulichen Ordnung dienen, weil dann ein „planloser" Zustand entsteht (VGH Mannheim, BauR 1975, 42).
2. Die Gemeinde stellt im Flächennutzungsplan zur Errichtung von Windkraftanlagen lediglich eine dafür nicht geeignete Fläche dar, um Windkraftanlagen auf dem Gemeindegebiet generell zu verhindern; das Bundesverwaltungsgericht spricht von einer „Feigenblattplanung" (BVerwG, NVwZ 2005, 211).

Eine **unzulässige „Negativplanung"** liegt aber dann nicht vor, wenn die Gemeinde durch die Aufstellung oder Änderung eines Bebauungsplans eine bauliche Fehlentwicklung verhindern will und bestimmte städtebaulich relevante Nutzungen verhindert werden sollen. Eine unzulässige „Negativplanung" liegt hingegen vor, wenn die Festsetzungen nicht dem planerischen Willen der Gemeinde entsprechen, sondern nur vorgeschoben sind, um eine andere Nutzung zu verhindern (BVerwG, NVwZ 2004, 477 ff.).

Bsp.:
1. Die Gemeinde ändert einen Bebauungsplan, um die unerwünschte Ansiedlung eines Einkaufszentrums zu verhindern (BVerwGE 68, 360).
2. Die Gemeinde weist eine Außenbereichsfläche als landwirtschaftliche Nutzfläche aus, um den Kiesabbau in einem landschaftlich reizvollen Bereich zu verhindern (BVerwG, BauR 1991, 167 - Verhinderung von Gipsabbau).
3. Eine Stadt erlässt einen Bebauungsplan, der eine Bebauung vorhandener Grünanlagen im Hangbereich der Innenstadt untersagt, um die Durchlüftung der Innenstadt zu sichern (BVerwG, BauR 2012, 1067).

Das Bundesverwaltungsgericht betont dabei, die Gemeinde könne durch Festsetzung einer landwirtschaftlichen Nutzfläche (BVerwG, BauR 1991, 167), durch Festsetzungen für Maßnahmen zum Schutz der Natur gemäß § 9 Abs. 1 Nr. 20 BauGB (BVerwG, NVwZ 1991, 62) oder einer Grünfläche gemäß § 9 Abs. 1 Nr. 15 BauGB (BVerwG, NVwZ 1989, 655) eine **„Auffangplanung"** zur Erhaltung des Status quo betreiben, wenn sie aus städtebaulichen Erwägungen, insbesondere des Naturschutzes und der Landschaftspflege, geboten erscheint. Dagegen reicht das allgemeine Interesse an der Freihaltung von Planungsmöglichkeiten - sog. Freihaltebelang - als planerische Rechtfertigung nicht aus (BVerwG, NVwZ 1991, 161).

A. Bauleitplanung

dd) Bestimmtheitsgebot

Der Bebauungsplan muss als Rechtsnorm, die grundrechtsrelevant ist, bestimmt 45 sein. Dies gilt zunächst für das äußere Erscheinungsbild des Bebauungsplans; er darf z. B. nicht durch Übermalungen oder sonstige Korrekturen missverständlich sein (BVerwG, BRS 56 Nr. 33; OVG Münster, BRS 50 Nr. 5). Der Bebauungsplan muss aber auch inhaltlich so bestimmt sein, dass die Betroffenen erkennen können, welchen Beschränkungen ihr Grundstück unterworfen bzw. welchen Belastungen es - insbesondere durch Immissionen - ausgesetzt sein wird (BVerwG, BauR 2011, 1118). Hierzu kann die Begründung des Plans herangezogen werden (BVerwGE 120, 239).

Bsp.:
1. Festsetzung einer Fläche für den Gemeinbedarf ohne jede nähere Konkretisierung ist zu unbestimmt (BVerwG, NVwZ 1995, 692).
2. Eine Festsetzung der Geländehöhe auf „ca. 7,5 m" ist zu unbestimmt (VGH Mannheim, BRS 35 Nr. 8).
3. Nichtig wegen fehlender Bestimmtheit sind ferner widersprüchliche Festsetzungen - eine identische Fläche wird zugleich als Gewerbegebiet und als Fläche für den Gemeinbedarf ausgewiesen (OVG Münster, NVwZ 1984, 452).
4. Eine fehlende Abgrenzung verschiedener Baugebiete führt zur Nichtigkeit wegen mangelnder Bestimmtheit (OVG Münster, BRS 50 Nr. 18).
5. Ein Bebauungsplan ist nichtig, wenn in zwei ausgefertigten Planexemplaren die Grenzen des Baugebiets unterschiedlich eingezeichnet sind (VGH Mannheim, VBlBW 1997, 283).
6. Festsetzung eines Erholungsgebiets ohne weitere Konkretisierung der Zweckbestimmung ist zu unbestimmt (VGH Mannheim, BRS 42 Nr. 14).

Für das Bestimmtheitsgebot gilt allerdings derselbe Grundsatz wie für das Gebot der Konfliktbewältigung (s. dazu Rn. 54), dass nämlich nicht alles geregelt werden muss, was geregelt werden kann - Grundsatz der planerischen Zurückhaltung - (BVerwG, NVwZ 1998, 1179). Der Grundsatz der Bestimmtheit ist erst dann verletzt, wenn der Inhalt der Festsetzungen des Bebauungsplans sich auch nicht durch die Heranziehung der Begründung konkretisieren lässt (OVG Koblenz, NVwZ-RR 2013, 254) und die Ungewissheit über die zukünftige Bebauung gemäß den Festsetzungen des Bebauungsplans für die Planbetroffenen nicht mehr zumutbar ist.

Bsp.:
1. Ein Bebauungsplan, der ein Leitungsrecht über ein fremdes Grundstück festlegt, muss nicht bestimmen, in welcher Tiefe die Leitung zu verlegen ist (BVerwG, BRS 47 Nr. 4).
2. Die Festsetzung einer Grünfläche ohne nähere Konkretisierung ist zwar nicht mangels Bestimmtheit nichtig, lässt aber nur die Anlage einer begrünten Fläche, nicht aber z. B. von Sportanlagen oder Kinderspielplätzen zu (BVerwGE 42, 5; OVG Koblenz, BRS 23 Nr. 15; Spoerr/Parmentier, BauR 2000, 189).
3. Die Festsetzung eines Sportplatzes erfüllt die Anforderungen an die Bestimmtheit, auch wenn die Sportart nicht angegeben wird (BVerwGE 81, 179; OVG Münster, NVwZ RR 1995, 435).

4. Abwägung nach § 1 Abs. 6 bis 7 BauGB

a) Allgemeines

Die **Abwägung** öffentlicher und privater Belange nach § 1 Abs. 6 und 7 BauGB stellt 46 das Zentralproblem der Bauleitplanung dar (grundlegend BVerwGE 34, 30 u. 45, 309; OVG Koblenz, BRS 42 Nr. 11; VGH Mannheim, NVwZ-RR 2009, 146; Happ, NVwZ 2007, 304; Stüer, UPR 2010, 288). Dabei ist zu unterscheiden zwischen der

Auslegung der dort genannten privaten und öffentlichen Belange und der Abwägung der zutreffend erkannten privaten und öffentlichen Belange.

Die Auslegung der in § 1 Abs. 6 BauGB aufgeführten unbestimmten Rechtsbegriffe, z. B. die allgemeinen Anforderungen an gesunde Wohn- und Arbeitsverhältnisse, soziale und kulturelle Bedürfnisse der Bevölkerung, Belange des Bildungswesens, ist gerichtlich voll überprüfbar, da es sich hierbei um unbestimmte Rechtsbegriffe handelt (BVerwGE 34, 301 u. 45, 309; BGHZ 66, 322).

Demgegenüber ist mit dem Abwägungsgebot zwangsläufig ein **planerischer Freiraum** verbunden (BVerfGE 95,1; BVerwGE 98, 339). Während nämlich verwaltungsrechtliche Normen in der Regel dem sog. Wenn-dann-Schema folgen (wenn bestimmte Voraussetzungen gegeben sind, dann kann die Behörde bestimmte Maßnahmen ergreifen), stellt der Abwägungsvorgang ein so genanntes Finalprogramm dar, das durch ein Mittel-Zweck-Schema gekennzeichnet ist. Der Zweck der Planung muss die dabei eingesetzten Mittel, nämlich eine Zurücksetzung öffentlicher oder privater Belange, rechtfertigen. Ein Finalprogramm ist daher in starkem Maße abhängig von einer Bewertung des gewollten Planungsziels einerseits, der dadurch positiv oder negativ betroffenen öffentlichen oder privaten Belange andererseits.

Aus der Fassung des § 1 Abs. 7 BauGB ergibt sich eindeutig, dass der Gesetzgeber weder den öffentlichen noch den privaten Belangen den Vorrang einräumen wollte (BVerwGE 34, 301; 47, 144), vielmehr muss die Gemeinde im Einzelfall entscheiden, welche Belange so gewichtig sind, dass andere Belange zurücktreten müssen.

Der Grundsatz der **Gleichgewichtigkeit aller Belange** erfährt allerdings eine Ausnahme durch die sog. Abwägungsdirektiven (Optimierungsgebote) (s. Rn. 21). Es handelt sich dabei um gesetzliche Vorrangregelungen, die der Gemeinderat möglichst beachten soll; sie können aber gleichwohl im Einzelfall im Wege der Abwägung mit anderen - auch nicht zu optimierenden - öffentlichen oder privaten Belangen zurückgestellt werden (s. dazu Finkelnburg/Ortloff/Kment, Öffentl. BauR I § 5 Rn. 56).

47 Das Gebot gerechter Abwägung der von der Bauleitplanung betroffenen öffentlichen und privaten Belange ergibt sich nach der Rechtsprechung des Bundesverwaltungsgerichts (BVerwGE 41, 67 u. 56, 110) nicht nur aus § 1 Abs. 7 BauGB, es ist vielmehr Ausdruck des in Art. 20 Abs. 3 GG verankerten **Rechtsstaatsprinzips**. Die verfassungsrechtliche Verankerung des Abwägungsgebots (s. BVerfGE 95, 1; BVerwGE 64, 33) ist vor allem deshalb bedeutsam, weil der Gesetzgeber dadurch gehindert ist, das Abwägungsgebot einzuschränken und z. B. einen regelmäßigen Vorrang öffentlicher Belange gegenüber privaten Interessen zu statuieren.

Die Abwägung zwischen den verschiedenen miteinander in Widerstreit stehenden oder sich ergänzenden öffentlichen und privaten Belangen ist das eigentliche Betätigungsfeld gemeindlicher **Planungshoheit** (s. Rn. 10).

Die Gemeinde ist bei der Abwägung der widerstreitenden öffentlichen und privaten Belange jedoch nicht völlig frei. Sie muss die Planungsleitsätze beachten (s. Rn. 21), muss aber auch der Eigentumsgarantie des Art. 14 GG Rechnung tragen. Denn Bebauungspläne bestimmen den Inhalt und die Schranken des Eigentums im Sinne von Art. 14 Abs. 1 Satz 2 GG. Sie sind auch dann Inhalts- und Schrankenbestimmung, wenn sie die bisherige Rechtslage zum Nachteil bestimmter Grundeigentümer ändern (BVerfG, NVwZ 1999, 979; BVerwGE 47, 144). Die Gemeinde hat aber entsprechend dem Grundsatz der Verhältnismäßigkeit, die schutzwürdigen Interessen der Eigentümer und die Belange des Gemeinwohls in einen gerechten Ausgleich und ein ausgewogenes Verhältnis zu bringen. Die für die Planung sprechenden Interessen müssen umso gewichtiger sein, je stärker die Festsetzungen eines Bebauungsplans die Privatnützigkeit der betroffenen Grundstücke beschränken oder sogar ausschließen (BVerwG, NVwZ 1988, 727).

Des Weiteren muss die Gemeinde die allgemein gültigen Abwägungsgrundsätze beachten. Es handelt sich dabei vor allem um folgende Prinzipien (s. Ernst/Zinkahn/ Bielenberg/Krautzberger, § 1 Rn. 186):

b) Abwägungsbereitschaft

Die Gemeinde muss bei der Planung für alle in Betracht kommenden Planungsvarianten offen sein, d. h. sie darf nicht von vornherein auf eine bestimmte Planung festgelegt sein. Das **Gebot der Abwägungsbereitschaft** wird z. B. verletzt, wenn die Gemeinde alternative Planungsmöglichkeiten nicht in ihre Erwägungen einbezieht (OVG Koblenz, BauR 2011, 1127; VGH Mannheim, DÖV 2015, 388), weil etwa die Planung von vornherein auf ein bestimmtes Ergebnis fixiert ist. **48**

Das Gebot der Abwägungsbereitschaft gerät in der kommunalen Praxis nicht selten in Widerstreit zu der Notwendigkeit, bereits bei der Bauleitplanung auf die Bedürfnisse und Wünsche derjenigen einzugehen, die im Bebauungsplangebiet Gebäude errichten oder gewerbliche Anlagen schaffen wollen.

Bsp.:
Die Gemeinde stellt einen Bebauungsplan für eine Auto-Teststrecke auf, der von der Fa. Daimler-Benz zuvor in allen Einzelheiten entsprechend den Bedürfnissen des Unternehmens entworfen worden war (VGH Mannheim, VBlBW 1983, 106).

Das Bundesverwaltungsgericht (BVerwGE 45, 309) hat hierzu festgestellt, die Vorstellung, die Bauleitplanung müsse frei von jeder Bindung erfolgen, sei lebensfremd; gerade bei größeren Objekten, wie einer Industrieansiedlung, oder der Planung eines ganz neuen Stadtteils sei häufig mehr Bindung als planerische Freiheit vorhanden. Dem ist grundsätzlich zuzustimmen. Denn ein Industriegebiet lässt sich häufig nur dann sinnvoll planen, wenn die Bedürfnisse der einzelnen Industrieunternehmen an die Verkehrswege oder die Notwendigkeit von Immissionsschutzmaßnahmen vorher abgesprochen werden (OVG Münster, NVwZ-RR 2001, 635); das gleiche gilt für andere Großobjekte wie Krankenhäuser, Universitäten, Sportanlagen für olympische Spiele oder Weltmeisterschaften (Gelzer, BauR 1975, 149). Es wäre völlig lebensfremd, auch hier jegliche Vorabentscheidung und Bindung der Gemeinde vor Aufstellung des Bebauungsplans für unzulässig zu halten. **49**

Andererseits darf nicht verkannt werden, dass das Baugesetzbuch grundsätzlich von der planerischen Freiheit der Gemeinde ausgeht, und zwar bis zur Entscheidung des Gemeinderats nach Anhörung der betroffenen Bevölkerung (§ 3 BauGB) sowie der betroffenen Fachbehörden (§ 4 BauGB). Dieser Grundsatz darf nicht durch eine überflüssige Festlegung der Gemeinde in Frage gestellt werden. Das Bundesverwaltungsgericht (BVerwGE 45, 309) hat deshalb strenge Anforderungen an eine **Vorabbindung** bezüglich der Aufstellung von Bauleitplänen gestellt:
1. Die Vorwegnahme der Entscheidung muss sachlich gerechtfertigt sein.
2. Bei der Vorwegnahme muss die planungsrechtliche Zuständigkeitsordnung gewahrt bleiben, d. h. es muss, soweit die Planung dem Gemeinderat obliegt, dessen Mitwirkung an den Vorentscheidungen in einer Weise gesichert werden, die es gestattet, die Vorentscheidungen auch dem Rat zuzurechnen.

3. Die vorgezogene Entscheidung darf inhaltlich nicht zu beanstanden sein. Sie muss insbesondere den Anforderungen genügen, denen sie genügen müsste, wenn sie als Bestandteil des abschließenden Abwägungsvorgangs getroffen würde.

50 Diese letzte Voraussetzung einer Vorabentscheidung der Gemeinde bei der Aufstellung von Bebauungsplänen ist so selbstverständlich, dass sie eigentlich keiner gesonderten Erwähnung bedurft hätte. Es liegt auf der Hand, dass ein gegen § 1 Abs. 6, 7 BauGB verstoßender Bebauungsplan auch dann unwirksam ist, wenn er auf einer Vorabbindung der Gemeinde beruht.

Aus der zitierten Entscheidung des Bundesverwaltungsgerichts (BVerwGE 45, 309) darf aber nicht der Schluss gezogen werden, dass die Gemeinde sich, sofern die angeführten Voraussetzungen vorliegen, gegenüber einem Bauinteressenten durch eine **Zusage** oder einen öffentlich-rechtlichen **Vertrag** zur Aufstellung eines Bebauungsplans verbindlich verpflichten kann. Dem steht der allgemeine Grundsatz entgegen, dass es zwischen dem Gesetzgeber und dem der Gesetzgebung unterworfenen Bürger keine koordinationsrechtlichen Vereinbarungen gibt; Rechtsetzung ist begrifflich der einseitige Erlass von Hoheitsakten.

Für die Bauleitplanung stellt § 1 Abs. 3 Satz 2 BauGB ausdrücklich fest, dass ein **Anspruch** auf Aufstellung eines Bebauungsplans durch Vertrag nicht begründet werden kann (BVerwG, BRS 67 Nr. 55; BGHZ 76, 116 u. NVwZ 2006, 1207). Die Gemeinde nimmt nämlich bei der Bauleitplanung eine öffentliche Aufgabe wahr, die ihr im Interesse der Allgemeinheit obliegt. Sie hat sich daher nicht von individuellen Interessen Einzelner, sondern vom Interesse an der städtebaulichen Entwicklung und Ordnung leiten zu lassen. Das gleiche gilt auch für eine Zusage der Gemeinde, einen Bebauungsplan aufzustellen (BVerwG, BauR 2012, 627). Auch eine vertragliche Absprache mit einer anderen Gemeinde, in der eine oder beide Gemeinden sich zur Aufstellung eines Bebauungsplans verpflichten, ist unzulässig (BVerwG, NVwZ 2006, 458).

Auch wenn somit eine Zusage bzw. ein öffentlich-rechtlicher Vertrag die Gemeinde nicht zur Aufstellung eines Bebauungsplans verpflichten kann, können sich hieraus ausnahmsweise Ansprüche auf Schadensersatz aus culpa in contrahendo ergeben, wenn die Gemeinde beim Vertragspartner trotz ihrer Befugnis zur Änderung der Bauleitplanung durch ein Verhalten außerhalb der Bauleitplanung, z. B. durch den Verkauf eines Grundstücks als Baugelände, einen Vertrauenstatbestand geschaffen hat, dass ein Bebauungsplan aufgestellt werden wird (so BGHZ 71, 386 u. NVwZ 2006, 1207).

c) Zusammenstellen und Bewertung des Abwägungsmaterials - § 2 Abs. 3 BauGB

51 Die Gemeinde kann nur dann eine dem rechtsstaatlichen Abwägungsgebot entsprechende Planungsentscheidung treffen, wenn sie alle von der Planung betroffenen öffentlichen und privaten Belange in die Abwägung einstellt. Sie muss hierzu die abwägungserheblichen Belange ermitteln und bewerten (§ 2 Abs. 3 BauGB). In der Praxis bereitet gerade das **Zusammenstellen des Abwägungsmaterials** Schwierigkeiten und kann zu Abwägungsfehlern mit der Folge der Unwirksamkeit des Bebauungsplans führen.

A. Bauleitplanung

Grundsätzlich müssen alle Belange berücksichtigt werden, die „**nach Lage der Dinge**" (so BVerwGE 34, 301 u. 59, 87) betroffen sind. Dies sind jedenfalls die Belange, deren Betroffenheit offensichtlich ist und sich aufdrängt (vgl. BVerwG; BauR 2013, 456), aber auch die geltend gemachten Belange. Die Gemeinde muss aber diejenigen öffentlichen oder privaten Belange berücksichtigen, deren Betroffenheit ihr bekannt ist oder zumindest hätte bekannt sein müssen (vgl. BVerwGE 34, 301 u. 107, 215; NVwZ-RR 1994, 490). Natürlich kann die Gemeinde bei ihrer Bauleitplanung „nicht alles sehen" (so BVerwGE 59, 87 u. NVwZ 2008, 899). Es ist gerade der Zweck der Beteiligung der Bürger und der Träger öffentlicher Belange nach §§ 3, 4 BauGB, der Gemeinde die Kenntnis der Betroffenheit der verschiedenen öffentlichen und privaten Belange zu vermitteln (§ 4a Abs. 1 BauGB).

Bsp.:
Die Gemeinde muss bei der Änderung eines Bebauungsplans, der eine Erhöhung der Dächer vorsieht, nicht von sich aus und ohne Rüge eines Grundstückseigentümers berücksichtigen, dass dadurch eine optimale Minimierung des Energieverbrauchs erschwert wird (VGH Mannheim, VBlBW 1996, 376).

Soweit eine Fachbehörde eine Stellungnahme abgegeben hat, kann die Gemeinde grundsätzlich davon ausgehen, dass diese die ihr anvertrauten öffentlichen Belange zutreffend anführt und muss insoweit keine weiteren Ermittlungen mehr anstellen (BVerwG, BauR 2013, 456; DVBl 1989, 1105). Im Übrigen wird die Gemeinde häufig gezwungen sein, zur Ermittlung des notwendigen Abwägungsmaterials Sachverständige einzuschalten.

Bsp.:
Die von einer geplanten Sportanlage ausgehende Lärmbelastung kann in der Regel nur von einem Sachverständigen ermittelt werden (OVG Lüneburg, BauR 1987, 176; OVG Koblenz, NVwZ 1998, 387 für die Planung eines Wohngebiets neben emittierenden Gewerbebetrieben; OVG Lüneburg, NVwZ-RR 2001, 499 für neues Gewerbegebiet neben einem Wohngebiet; OVG Münster, BauR 2014, 1430).

Da § 1 Abs. 7 BauGB von privaten Belangen und nicht von privaten Rechten spricht, müssen auch Interessen in die Abwägung eingestellt werden, die kein subjektives Recht darstellen (BVerwGE 107, 215). Auch die Interessen von Pächtern und Mietern von Grundstücken können abwägungsrelevant sein (BVerwG, BauR 2002, 1199), auch wenn sie außerhalb des Plangebiets wohnen.

Bsp.:
1. Beeinträchtigung der Aussicht durch ein neues Gewerbegebiet in der bisher freien Landschaft (BVerwG, NVwZ 1995, 895; a. M. noch VGH Mannheim, NVwZ-RR 1990, 394; VGH Kassel, NVwZ 1987, 514)
2. Die Beeinträchtigung durch eine Steigerung des Verkehrslärms ist auch dann abwägungsrelevant, wenn die Zumutbarkeitsgrenze der VerkehrslärmschutzVO nicht überschritten wird (BVerwG, NJW 1992, 2884; NVwZ 1994, 683; BauR 2007, 1365 u. 2041; VGH München, NVwZ-RR 2007, 161 - lesenswert).
3. Das Interesse eines Landwirts an einer Betriebserweiterung ist abwägungsrelevant, auch wenn weder Art. 14 GG noch der Bestandsschutz einen Anspruch auf eine Betriebserweiterung einräumen (OVG Münster, Beschl. v. 14.07.2010 - 2 B 637/10.NE -, juris)

Nicht in die Abwägung einzustellen sind allerdings rein wirtschaftliche Belange, insbesondere das Interesse an der Erhaltung einer günstigen Marktlage; das Bauplanungsrecht ist wettbewerbsrechtlich neutral.

Bsp.:
Das Interesse eines vorhandenen Einzelhandelsgeschäfts an der Verhinderung der Ansiedlung eines Einkaufszentrums ist bei der Abwägung nicht zu berücksichtigen (BVerwG, NVwZ 1990, 555; 1991, 980; 1994, 683).

Objektiv geringwertige oder nicht schutzwürdige Belange sind nicht abwägungsrelevant (st. Rspr. BVerwGE 59, 87; NVwZ 2004, 1120).

Bsp.:

Das Interesse, von planbedingtem Verkehrslärm verschont zu bleiben, ist nur dann abwägungsrelevant, wenn es über die Bagatellgrenze hinaus betroffen ist (BVerwG, BauR 2012, 76).

d) Gebot der Rücksichtnahme

52 Das Gebot gerechter Abwägung beinhaltet auch das Gebot der Rücksichtnahme (BVerwGE 107, 215; OVG Hamburg, BauR 2013, 438). Das Gebot der Rücksichtnahme, das von Weyreuther (BauR 1975, 1; s. auch Voßkuhle/Kaufhold, JuS 2010, 497) entwickelt worden ist, bedeutet inhaltlich, dass jedes Bauvorhaben auf die Umgebung Rücksicht nehmen und Auswirkungen vermeiden muss, die zu einer unzumutbaren Beeinträchtigung anderer Grundstücke führen. Andererseits verlangt das Gebot der Rücksichtnahme nicht, sich aus der Grundstückssituation ergebende Nutzungsmöglichkeiten zu unterlassen oder einzuschränken, nur weil dadurch die Nachbarschaft betroffen wird. Es hat vielmehr eine **Abwägung der Belange** aller betroffenen Grundstücke sowie aller sonstigen rechtlich geschützten Interessen zu erfolgen.

Das Gebot der Rücksichtnahme wurde vom Bundesverwaltungsgericht vor allem im Rahmen des Nachbarschutzes herangezogen (s. Rn. 323). Es ist aber in seinem objektiv-rechtlichen Gehalt (vgl. BVerwGE 52, 122) auch bei der Aufstellung von Bauleitplänen zu beachten (OVG Koblenz, BRS 40 Nr. 33). So ist der vom Bundesverwaltungsgericht im sog. Flachglasurteil (BVerwGE 45, 309) entwickelte Grundsatz, dass Wohnbebauung und immissionsträchtige gewerbliche Nutzung räumlich zu trennen sind (s. auch § 50 BImSchG u. BVerwG, BauR 1992, 344), letztlich auf das Gebot der Rücksichtnahme zurückzuführen. Ein Bebauungsplan, der in unmittelbarer Nachbarschaft eines Wohngebiets ein großes Industrieunternehmen vorsieht, verstößt deshalb gegen das Gebot der Rücksichtnahme und ist nichtig. Ebenso wird das Gebot der Rücksichtnahme verletzt, wenn in unmittelbarer Nachbarschaft eines immissionsträchtigen Gewerbebetriebs ein Wohngebiet (VGH München, NJW 1983, 297) oder umgekehrt eine Schuhfabrik für 900 Beschäftigte neben einem vorhandenen Wohngebiet (VGH Mannheim, ZfBR 1979, 122), neben einem Wohngebiet ein Kurhaus (OVG Lüneburg, NJW 1982, 843), ein Bolzplatz (OVG Münster, BRS 46 Nr. 28), ein Tennisplatz (OVG Lüneburg, BRS 46 Nr. 26) oder ein großer öffentlicher Parkplatz (VGH Kassel, BRS 57 Nr. 16) geplant wird.

Der sich aus dem Gebot der Abwägung der öffentlichen und privaten Interessen ergebenden Verpflichtung zur Trennung von Wohngebieten und gewerblicher Nutzung (s. § 50 BImSchG; BVerwGE 143, 24) kann zum einen dadurch entsprochen werden, dass zwischen einer reinen Wohnbebauung und einem Gewerbe- oder Industriegebiet ein hinreichend großer Abstand gewahrt wird, wobei das dazwischen liegende Gelände z. B. als Mischgebiet ausgewiesen werden kann. Zur Bewältigung immissionsschutzrechtlicher Nutzungskonflikte kommt also die räumliche Trennung von Gebieten in Betracht, aber auch eine Gliederung der Gewerbegebiete derart, dass in der Nachbarschaft des Wohngebiets nur emissionsarme Betriebe errichtet werden dürfen (sog. Eingeschränkte Gewerbegebiete - GEe) oder in einem Gewerbegebiet nach § 1 Abs. 4 Satz 1 Nr. 2 BauNVO flächenbezogene Schallleistungspegel (sog. Lärmemissionskontingente, S. BVerwG, BauR 2014, 59) festgelegt werden. Zum an-

A. Bauleitplanung

dern kann der erforderliche Schutz des Wohngebiets vor Immissionen durch besondere Vorkehrungen (Lärmschutzwälle o.ä.) gewährleistet werden (OVG Hamburg, BauR 1987, 657).

Die prinzipiell gebotene Trennung von Wohnnutzung und gewerblicher Nutzung lässt sich aber in einem bereits bebauten Gebiet häufig nicht in der gewünschten Weise verwirklichen. Das Bundesverwaltungsgericht (BVerwG, BRS 36 Nr. 5; eb. Dolde, NJW 1982, 1789) hat zu Recht darauf hingewiesen, dass in einer bereits vorhandenen Gemengelage von Handwerk und Wohnbebauung eine zusätzliche gewerbliche Nutzung nicht zu beanstanden ist (zum Problem der Gemengelage s. Ziegert, BauR 1984, 14 u. 138; Menke, DVBl. 1985, 200; Drosdzol, NVwZ 1985, 785; Dolderer, DÖV 1998, 414).

e) Gebot der Lastenverteilung

Wenn der Bebauungsplan, etwa für die Anlage von öffentlichen Verkehrsflächen oder die Schaffung öffentlicher Einrichtungen, die Inanspruchnahme oder Beeinträchtigung von Privatgrundstücken verlangt, dann müssen die dadurch entstehenden Belastungen möglichst gleichmäßig auf alle Grundstückseigentümer verteilt werden (BVerwG, NVwZ-RR 2000, 533; NVwZ 2002, 1506). Ausreichend ist, wenn dem **Gebot der Lastenverteilung** durch ein Umlegungsverfahren (§§ 45ff. BauGB) Rechnung getragen wird (BVerfG, BauR 2003, 1338; VGH Mannheim, VBlBW 2009, 186).

53

Privates Gelände darf für öffentliche Zwecke nur herangezogen werden, wenn keine geeignete Fläche im Eigentum der öffentlichen Hand zur Verfügung steht (BVerfG, NVwZ 2003, 727 u. 2009, 1283; BVerwG, NVwZ 2005, 324; VGH Mannheim, VBlBW 2015, 37). Nach der zitierten Entscheidung des Bundesverfassungsgerichts verlangt Art. 14 Abs. 1 GG, dass die Privatnützigkeit des Eigentums an einem Grundstück möglichst erhalten bleibt.

f) Gebot der Konfliktbewältigung

Der Bebauungsplan muss zumindest diejenigen Festsetzungen enthalten, die zur Bewältigung der vorhandenen oder durch die vorgesehene Bodennutzung neu entstehenden städtebaulichen Konflikte notwendig sind; hierfür hat sich die Bezeichnung „**Gebot der Problembewältigung bzw. Konfliktbewältigung**" eingebürgert (s. dazu BVerwGE 147, 379; Steidle, VBlBW 2012, 81; Stüer, BayVBl 2000, 257).

54

Das Gebot der Problembewältigung, das vom Bundesverwaltungsgericht bei der Planfeststellung nach §§ 17 ff. FStrG entwickelt worden ist (BVerwGE 61, 295), ist auch für die Bauleitplanung heranzuziehen (BVerwG, NVwZ 1999, 414; NVwZ-RR 2000, 146; NVwZ 2004, 329; VGH Mannheim, VBlBW 2009, 143). Es darf kein lösungsbedürftiges Problem, etwa die Fortführung einer Straße, die aus dem Plangebiet herausführt (OVG Berlin, NJW 1980, 1121), oder die Bewältigung immissionsschutzrechtlicher Fragen infolge der Nachbarschaft von Wohnbebauung und gewerblicher Nutzung, ausgeklammert werden (OVG Berlin NVwZ 1984, 188; OVG Lüneburg BauR 1987, 174). Das Bundesverwaltungsgericht (BVerwGE 69,30; NVwZ 1999, 414; BauR 1988, 448) hat aber klargestellt, dass bei der Bauleitplanung nicht bereits alle möglicherweise auftretenden Konflikte gelöst werden müssten (so das OVG Berlin, a.a.O.), sondern die Konfliktbewältigung dem nachfolgenden Baugenehmigungsverfahren oder - so in dem in BVerwGE 69, 30 entschiedenen Fall - dem immissionsschutzrechtlichen Genehmigungsverfahren überlassen bleiben kann. Der Grundsatz der Problembewältigung verlangt für die Bauleitplanung aber zumindest, dass die Frage geklärt wird, ob überhaupt im Rahmen des Genehmigungsverfahrens eine Konfliktbewältigung möglich ist.

Bsp.:
1. Für den Bau einer Auto-Teststrecke werden landwirtschaftlich genutzte Grundstücke benötigt. Der VGH hat es gebilligt, dass die Gemeinde bei der Aufstellung des Bebauungsplans nicht der Frage nachgegangen ist, ob Enteignungen zulässig sind, weil dieses im nachfolgenden Enteignungsverfahren geklärt werden könne und notfalls im Flurbereinigungsverfahren Ersatzgelände bereitgestellt werden könnte (VGH Mannheim, VBlBW 1983, 106; s. dazu nunmehr BVerfGE 74, 264).
2. Ein Bebauungsplan, der eine Fläche für eine Schule vorsieht, braucht nicht bereits festzulegen, wo die für den Nachbarn besonders störenden Sportanlagen der Schule errichtet werden sollen (BVerwG, BauR 1988, 448).
3. Bei der Aufstellung eines Bebauungsplans für einen großen Hotelkomplex kann die Frage von Lärmschutzmaßnahmen zugunsten der Nachbarschaft dem Baugenehmigungsverfahren vorbehalten bleiben (VGH Mannheim, VBlBW 1991, 19).
4. Der Bebauungsplan sieht ein neues Gewerbegebiet vor, obwohl unklar ist, ob die als Erschließungsstraße vorgesehene Landesstraße in dem erforderlichen Umfang ausgebaut wird (BVerwG, NVwZ-RR 1995, 130).
5. Drohende Kellerüberschwemmung durch Flächenversiegelung muss verhindert werden (BVerwGE 116, 144).
6. Bautechnische Fragen müssen nicht im Bebauungsplan gelöst werden, wenn feststeht, dass sie lösbar sind (VGH Mannheim, NVwZ-RR 2005, 157).

Das Bundesverwaltungsgericht spricht in diesem Zusammenhang von **planerischer Zurückhaltung.** Nicht alles, was zulässigerweise geregelt werden könne, müsse auch in jedem Fall geregelt werden (BVerwGE 119, 45). Es reicht nach Ansicht des Bundesverwaltungsgerichts aus, wenn nachträgliche Schutzmaßnahmen verlangt werden können (so BVerwG, NVwZ 1988, 351 für Lärmbelästigungen durch eine Straße). Diese Rechtsprechung führt im Ergebnis dazu, dass ein Bebauungsplan nur dann wegen unterbliebener Konfliktbewältigung unwirksam ist, wenn eine nachträgliche Problemlösung nicht mehr möglich ist (BVerwG, NVwZ 2012, 1339), etwa die Immissionsbelastung durch eine Straße oder eine Industrieanlage so hoch ist, dass sie auch durch Schallschutzmaßnahmen nicht auf ein zumutbares Maß reduziert werden kann.

g) Gerichtliche Überprüfung der Abwägung

55 Das Problem der Überprüfung von Planungsentscheidungen durch die Aufsichtsbehörde und auch die Verwaltungsgerichte hat durch das Bundesverwaltungsgericht (BVerwGE 34, 301) eine abschließende Lösung erfahren. Das Bundesverwaltungsgericht hat in dieser Entscheidung ausgeführt:

„Das Gebot gerechter Abwägung ist verletzt, wenn eine sachgerechte Abwägung überhaupt nicht stattfindet. Es ist verletzt, wenn in die Abwägung an Belangen nicht eingestellt wird, was nach Lage der Dinge in sie eingestellt werden muss. Es ist ferner verletzt, wenn die Bedeutung der betroffenen privaten Belange verkannt, oder wenn der Ausgleich zwischen den von der Planung berührten öffentlichen Belangen in einer Weise vorgenommen wird, die zur objektiven Gewichtung einzelner Belange außer Verhältnis steht. Innerhalb des so gezogenen Rahmens wird das Abwägungsgebot jedoch nicht verletzt, wenn sich die zur Planung berufene Gemeinde in der

A. Bauleitplanung

Kollision zwischen verschiedenen Belangen für die Bevorzugung des einen und damit notwendig für die Zurückstellung des anderen entscheidet."

Diese Grundsätze werden von den Verwaltungsgerichten seitdem in ständiger Rechtsprechung bei der Überprüfung von Bebauungsplänen herangezogen. In der baurechtlichen Literatur wird von Abwägungsausfall, Abwägungsdefizit, Abwägungsfehleinschätzung und Abwägungsdisproportionalität gesprochen (Martini/Finkenzeller, JuS 2012, 126; v. Komorowski/Kupfer, VBlBW 2003, 1ff., 49ff., 100ff. - lesenswert).

Nach § 214 Abs. 1 Nr. 1 und Abs. 3 Satz 2 Hs. 1 BauGB werden Fehler bei der Ermittlung oder Bewertung des Abwägungsmaterials (§ 2 Abs. 3 BauGB) als Verfahrensfehler eingestuft. Die vom Gesetzgeber vorgenommene Einstufung der Fehler bei der Ermittlung oder Bewertung der abwägungsrelevanten Belange als Verfahrensfehler (Fehler im Abwägungsvorgang) führt zu beträchtlichen Auslegungsschwierigkeiten (s. Quaas/Kukk, BauR 2004, 1541; Uechtritz, ZfBR 2005, 11). Die Bewertung der Belange ist zugleich ein Bestandteil der Abwägungsentscheidung; ohne eine Bewertung (Gewichtung) der verschiedenen Belange ist eine ordnungsgemäße Abwägung nicht möglich. Die Bewertung ist also einerseits eine Verfahrenshandlung, hat aber andererseits auch eine materiell-rechtliche Komponente.

Maßgeblich für die Beurteilung der Abwägung ist die Sach- und Rechtslage im Zeitpunkt der Beschlussfassung über den Plan (§ 214 Abs. 3 Satz 1 BauGB).

aa) Abwägungsausfall

Ein solcher liegt vor, wenn die Gemeinde aufgrund von außerhalb des Planungsverfahrens getroffenen Entscheidungen derart festgelegt ist, dass eine Abwägung innerhalb des Planungsvorgangs tatsächlich nicht mehr stattfindet.

Bsp.:
Die Stadt R. schließt mit einem großen Kaufhaus-Konzern einen Vertrag über die Schaffung einer Filiale in R. und verpflichtet sich, den hierfür erforderlichen Bebauungsplan aufzustellen. Der Gemeinderat hält sich bei der Abwägung der verschiedenen Belange für an diese - in Wirklichkeit nichtige - Vereinbarung gebunden (VGH Mannheim, BRS 33 Nr. 6).

bb) Abwägungsdefizit/Ermittlungsdefizit

Hier stellt die Gemeinde nicht alle Belange in die Abwägung ein, die nach Lage der Dinge in sie einzustellen sind.

Bsp.:
1. Der Gemeinderat beschließt die Ausweisung eines allgemeinen Wohngebiets in der Nachbarschaft einer Hautleimfabrik, ohne sich über die von dieser Fabrik ausgehenden Geruchsemissionen zu informieren (VGH Mannheim, VBlBW 1980, 24).
2. Bei der Aufstellung eines Bebauungsplans wird einem Verdacht, der Boden enthalte Altlasten, nicht weiter nachgegangen. Nach Ansicht des OVG Koblenz muss die Gemeinde zwar nicht von sich aus Ermittlungen über Altlasten anstellen, aber einem auftauchenden Verdacht nachgehen (OVG Koblenz, NVwZ 1992, 190).
3. Der Gemeinderat übersieht, dass das neue Baugebiet im Geltungsbereich einer Landschaftsschutzverordnung liegt (VGH Kassel, NVwZ-RR 1995, 73).
4. Der Gemeinderat lässt bei der Planung eines neuen Wohngebiets den Verkehrslärm einer daran vorbeiführenden Straße außer Betracht bzw. geht von einem zu niedrigen Verkehrsaufkommen aus (OVG Lüneburg, NVwZ-RR 2001, 499 u. 2002, 732).

cc) Abwägungsfehleinschätzung/Bewertungsdefizit

Die Gemeinde verkennt die betroffenen privaten Belange.

Bsp.:
1. Der Gemeinderat geht zu Unrecht davon aus, dass bei einem Abstand von 100 m zwischen einem großen Kuhstall und einer Wohnbebauung nicht mit Geruchsbelästigungen zu rechnen sei (OVG Koblenz, BauR 1988, 179).
2. Der Gemeinderat „verharmlost" die Gesundheitsgefahr durch eine Schwermetall-Verunreinigung des Erdbodens (OVG Münster, BauR 1993, 691).
3. Der Gemeinderat stuft ein reines Wohngebiet wegen der Immissionen durch eine wieder eröffnete Bahnlinie zu einem allgemeinen Wohngebiet ab und verkennt dabei, dass für beide Gebiete dieselben Immissionswerte gelten (VGH Mannheim, NVwZ RR 1997, 684).
4. Bei der Festsetzung einer zur Verkehrsberuhigung bestimmten Pflasterung einer innerörtlichen Straße wurden die für die Anwohner unzumutbaren Lärmbelästigungen nicht richtig erkannt (OVG Koblenz, BRS 49 Nr. 17).
5. Der Gemeinderat nimmt zu Unrecht an, der betroffene Grundstückeigentümer sei mit der Ausweisung als Grünfläche einverstanden (VGH Mannheim, VBlBW 2002, 203).

dd) Abwägungsdisproportionalität

Die Gemeinde hat den Ausgleich zwischen den von der Planung berührten öffentlichen Belangen in einer Weise vorgenommen, die zur objektiven Gewichtung einzelner Belange außer Verhältnis steht.

Bsp.:
1. Der Bebauungsplan ist abwägungsfehlerhaft, wenn die verkehrstechnisch optimale Gestaltung eines Buswendeplatzes dazu führt, dass ein Landwirtschaftsbetrieb räumlich so eingeengt wird, dass seine Existenzfähigkeit gefährdet ist (OVG Lüneburg, BRS 47 Nr. 16).
2. Der Gemeinderat beschließt einen Bebauungsplan, der unmittelbar neben einem großen Wohngebiet in einem unter Landschaftsschutz stehenden Gelände ein Industriegebiet (Flachglas-Fabrik) vorsieht, um neue Arbeitsplätze zu schaffen. Hierin liegt jedenfalls dann ein Verstoß gegen das Abwägungsgebot, wenn auch ein anderes, weniger schutzwürdiges Gelände für die Industrieansiedlung zur Verfügung steht (BVerwGE 45, 309).
3. Der Gemeinderat geht bei der Planung eines neuen Fußballstadions von einer zu niedrigen Zahl der erforderlichen Parkplätze aus (OVG Münster, BauR 2006, 306).

56 Die **Bedeutung von Abwägungsfehlern** hat durch § 214 Abs. 1 Nr. 1 und Abs. 3 Satz 2 BauGB eine bedeutsame Einschränkung erfahren (s. dazu Happ, NVwZ 2007, 304). Nach diesen Vorschriften sind **Mängel im Abwägungsvorgang** (Ausfall, Defizit) nur erheblich, wenn sie offensichtlich und auf das Abwägungsergebnis von Einfluss gewesen sind (BVerwG, BauR 2013, 240; VGH Mannheim, VBlBW 2012, 108 u. 2013, 25). **Mängel im Abwägungsergebnis** führen demgegenüber stets zur Unwirksamkeit des Bebauungsplans (BVerwG, NVwZ 2010, 1246). Die Regelung in § 214 Abs. 3 Satz 2 Hs. 1 BauGB, wonach die in § 214 Abs. 1 Nr. 1 BauGB angeführten Mängel der Bewertung nicht als Mängel der Abwägung geltend gemacht werden können, steht dem nicht entgegen. Mängel der Abwägung nach § 214 Abs. 3 Satz 2, Hs. 1 BauGB sind nur solche im Abwägungsvorgang (vgl. BT-Drucks. 15/2250 S. 65).

§ 214 Abs. 1 Nr. 1 und Abs. 3 Satz 2 BauGB, die wie die gesamte Regelung der §§ 214-216 BauGB heftig kritisiert worden ist, gehen von der Unterscheidung zwischen der Abwägung als Vorgang und dem dabei herauskommenden Planungsergebnis aus. Ersteres bedeutet nach § 2 Abs. 3 BauGB das Ermitteln und Bewerten des Abwägungsmaterials (BVerwGE 48, 56; NVwZ 2008, 899), d. h. die Gewinnung der notwendigen tatsächlichen und rechtlichen Erkenntnisse für die zu treffende Planungsentscheidung. Das Abwägungsergebnis bezieht sich demgegenüber auf die

A. Bauleitplanung

Gewichtung des Abwägungsmaterials und die darauf beruhende Entscheidung zugunsten bestimmter öffentlicher oder privater Belange. Eine exakte Abgrenzung zwischen Bewertung im Abwägungsvorgang und Gewichtung im Abwägungsergebnis ist schwierig und bisher in Rechtsprechung und Literatur noch nicht bewältigt worden. Entscheidend für die Praxis ist, dass das Abwägungsergebnis erst dann zu beanstanden ist, wenn eine fehlerfreie Nachholung der erforderlichen Abwägung schlechterdings nicht zum selben Ergebnis führen könnte (BVerwGE 138, 12).

Der Gesetzgeber will durch § 214 BauGB verhindern, dass Bebauungspläne, die sich inhaltlich im Rahmen der Planungshoheit der Gemeinde halten, im Wege des Normenkontrollverfahrens nach § 47 VwGO oder einer verwaltungsgerichtlichen Inzidentkontrolle bei baurechtlichen Streitigkeiten für nichtig befunden werden, weil dem Gemeinderat bei dem Abwägungsvorgang ein Fehler unterlaufen ist.

Das Bundesverwaltungsgericht (BVerwGE 64, 33; BauR 2013, 440) hält im Hinblick darauf, dass das Abwägungsgebot verfassungsrechtlich in Art. 20 Abs. 3 GG verankert ist und Art. 19 Abs. 4 GG auch gegenüber Bebauungsplänen einen effektiven Rechtsschutz garantiert, eine **einschränkende Auslegung des § 214 Abs. 1 Nr. 1 und Abs. 3 Satz 2 BauGB** für geboten. **Offensichtlich** sind nach Ansicht des Bundesverwaltungsgerichts nicht nur solche Abwägungsmängel, die sofort erkennbar sind (vgl. den ähnlichen Begriff der Offenkundigkeit in § 44 Abs. 1 VwVfG), sondern alle Mängel, die sich objektiv eindeutig, z. B. mit Hilfe von Akten, Gemeinderatsprotokollen oder sonstigen Beweismitteln, nachweisen lassen (VGH Mannheim, VBlBW 2012, 108). § 214 Abs. 1 Nr. 1 und Abs. 3 Satz 2 BauGB soll und kann nach Ansicht des Bundesverwaltungsgerichts lediglich verhindern, dass Beweis über die subjektiven Vorstellungen des Gemeinderats oder einzelner Gemeinderatsmitglieder erhoben wird (BVerwG, NVwZ-RR 2003, 171). Das Bundesverwaltungsgericht spricht dabei von der äußeren, d. h. objektiv nachweisbaren, und der inneren Seite des Abwägungsvorgangs, also der subjektiven Erwägung des einzelnen Gemeinderats; letztere ist für die Gültigkeit eines Bebauungsplans nicht von Bedeutung.

57

Ein Mangel bei der Abwägung ist allerdings dann nicht offensichtlich, wenn er nicht positiv feststellbar ist, sondern sich nur aus dem Fehlen entsprechender Erwägungen im Gemeinderatsprotokoll ergeben könnte (BVerwG, NVwZ 1992, 663; VGH Mannheim, NVwZ 1994, 797 u. VBlBW 2012, 108).

Bsp.:
1. Es ist nicht offensichtlich, dass die privaten Belange eines Grundstückseigentümers bei der Festsetzung eines „Dorfplatzes" nicht berücksichtigt worden sind, wenn sich dazu keine Angaben in den Gemeinderatsprotokollen finden; das Bundesverwaltungsgericht verlangt insoweit den positiven Nachweis, dass abwägungsrelevante Belange außer Acht gelassen wurden (BVerwG, BauR 1996, 63).
2. Ein offensichtlicher Abwägungsfehler liegt vor, wenn der Gemeinderat annimmt, eine gewerbliche Nutzung sei aufgegeben worden und daher ein Wohngebiet festsetzt, während in Wirklichkeit die bisherige gewerbliche Nutzung nur durch eine andere gewerbliche Nutzung ersetzt wurde (OVG Lüneburg, NVwZ-RR 1998, 19).

Für die Offensichtlichkeit eines Abwägungsfehlers kommt es dabei nur auf die tatsächlichen Verhältnisse, nicht auf die rechtliche Bewertung an. Ein Fehler kann daher auch dann offensichtlich sein, wenn die rechtliche Einordnung der tatsächlichen Verhältnisse erhebliche Schwierigkeiten bereitet (BVerwG, NVwZ 1998, 956; Dolde/Menke NJW 1999, 1076).

Die in § 214 Abs. 3 Satz 2, Halbsatz 2 BauGB verlangte **Kausalität** zwischen dem Fehler im Abwägungsvorgang und dem Abwägungsergebnis ist nach Ansicht des Bundesverwaltungsgerichts (BVerwGE 64, 33; BauR 2004, 1130) dann gegeben, wenn die konkrete Möglichkeit besteht, dass der Gemeinderat eine andere Planungsentscheidung getroffen hätte, falls er den Fehler im Abwägungsvorgang vermieden hätte.

Bsp.:
1. Der Gemeinderat nimmt zu Unrecht an, ein nach seiner Lage für eine Wohnbebauung geeignetes Grundstück liege noch im Landschaftsschutzgebiet, und weist es deshalb im Bebauungsplan nicht als Baugelände aus (BVerwGE 64, 333 = NJW 1982, 591; vgl. auch BVerwG, NVwZ 1992, 692; BauR 1992, 344; NVwZ 1995, 692).
2. Der Gemeinderat verkennt, dass für die Anlage eines Windparks eine Umweltprüfung erforderlich ist (BVerwG, NVwZ 2009, 1289).

Diese Rechtsprechung bedeutet im Ergebnis, dass nachweisbare Fehler im Abwägungsvorgang nur dann beachtlich sind, wenn eine andere Planung ernsthaft in Betracht kam.

58 Mängel im Abwägungsvorgang, die nach § 214 Abs. 1 Nr. 1 oder nach § 214 Abs. 3 Satz 2 BauGB beachtlich sind, müssen gemäß § 215 Abs. 1 Nr. 1 bzw. Nr. 3 BauGB **innerhalb eines Jahres** nach Bekanntmachung des Bebauungsplans **gerügt werden**. Bei der Bekanntmachung des Plans ist darauf hinzuweisen (§ 215 Abs. 2 BauGB). Die Rüge muss schriftlich gegenüber der Gemeinde erfolgen. Unterbleibt die Rüge oder wird die Rüge verspätet erhoben, wird der Bebauungsplan mit Ablauf der Jahresfrist trotz des Fehlers im Abwägungsvorgang wirksam. Fehler im Abwägungsergebnis (Fehleinschätzung, Disproportionalität - vgl. Rn. 56) führen stets zur Unwirksamkeit des Bebauungsplans und können zeitlich unbegrenzt gerügt werden (BVerwG, NVwZ 2010, 1246).

5. Verfahren bei der Aufstellung von Bauleitplänen

59 Bauleitpläne können nur gemäß dem Verfahren nach §§ 2 ff. BauGB entstehen. Ein Bebauungsplan kann nicht durch Gewohnheitsrecht geschaffen werden, selbst wenn ein aus formellen Gründen nichtiger Bebauungsplan jahrelang als wirksam angesehen wurde und die Grundlage für alle baurechtlichen Entscheidungen in seinem Geltungsbereich bildete (BVerwGE 55, 369).

a) Aufstellungsbeschluss - § 2 Abs. 1 BauGB

60 Der Gemeinderat beschließt, für ein bestimmtes Gebiet einen Bauleitplan aufzustellen (§ 2 Abs. 1 BauGB). Dieser Beschluss ist nach § 2 Abs. 1 Satz 2 BauGB ortsüblich öffentlich bekannt zu machen. Ein Verstoß gegen § 2 Abs. 1 BauGB ist nach § 214 Abs. 1 Nr. 2 BauGB unbeachtlich (vgl. auch BVerwG, NVwZ 1988, 916). Erforderlich ist ein Aufstellungsbeschluss aber, wenn die Gemeinde ihre Planung durch eine Veränderungssperre nach § 14 BauGB oder Zurückstellung von Baugesuchen nach § 15 BauGB sichern will. Außerdem ist der Aufstellungsbeschluss Voraussetzung für die Erteilung einer Baugenehmigung nach § 33 BauGB (s. dazu Rn. 178).

Der Aufstellungsbeschluss hat nach § 2 Abs. 4 BauGB zur Folge, dass eine Umweltprüfung durchgeführt werden muss. Die Umweltprüfung stellt aber lediglich fest, welche Alternative unter Umweltgesichtspunkten die beste ist. Sie schließt nicht aus, dass der Gemeinderat sich nach einer Würdigung aller betroffenen Belange für eine andere Lösung entscheidet (BVerwG, NVwZ 1999, 989 u. 2000, 555; Wickel/Müller, NVwZ 2001, 1133).

A. Bauleitplanung

b) Planentwurf

Die Gemeinde selbst oder ein von ihr beauftragtes Planungsbüro fertigen einen Planentwurf. Diesem Planentwurf muss nach § 2a Abs. 1 Satz 1 BauGB eine Begründung beigefügt werden. Die Begründung muss nach § 2a Satz 2 Nr. 2, Satz 3 BauGB einen Umweltbericht enthalten. Fehlt die Begründung bei der öffentlichen Auslegung ist dies nach § 214 Abs. 1 Satz 1 Nr. 3 BauGB beachtlich, wird aber unbeachtlich, wenn innerhalb eines Jahres nach Bekanntmachung keine entsprechende Rüge erhoben wird (§ 215 Abs. 1 Satz 1 Nr. 1 BauGB). Eine lediglich unvollständige Begründung ist demgegenüber nach § 214 Abs. 1 Nr. 3 BauGB unschädlich. Der Bebauungsplan ist ferner nichtig, wenn der Umweltbericht fehlt (BVerwG, NVwZ 2009, 1289). Fehlen beim Umweltbericht nur unwesentliche Punkte, ist dies unbeachtlich.

61

c) Frühzeitige Beteiligung der Öffentlichkeit - § 3 Abs. 1 BauGB

Das **Beteiligungsverfahren** nach § 3 Abs. 1 BauGB dient der möglichst frühzeitigen Erörterung des Planentwurfs mit der Öffentlichkeit, damit diese noch vor einer De-facto-Festlegung des Gemeinderats Einfluss auf die Bauleitplanung nehmen kann.

62

Wie die Anhörung ausgestaltet sein muss, ist in § 3 Abs. 1 BauGB nicht detailliert geregelt. Es ist lediglich eine öffentliche Darlegung und Anhörung in geeigneter Weise vorgeschrieben, in der nicht nur Gelegenheit zur Äußerung, sondern auch zur Erörterung der Planung besteht (Vgl. Battis/Krautzberger/Löhr, § 3 Rn. 7). Bei Bebauungsplänen, die nur unbedeutende Auswirkungen haben, kann von einer Erörterung nach § 3 Abs. 1 BauGB abgesehen werden. Auch im vereinfachten und beschleunigten Verfahren kann davon abgesehen werden (§ 13 Abs. 2 Satz 1 Nr. 1, § 13a Abs. 2 Nr. 1 BauGB; s. Rn. 73ff.).

Verfahrensfehler bei der Anhörung sind nach § 214 Abs. 1 BauGB unbeachtlich (BVerwG, NVwZ 2012, 1339).

d) Beteiligung der Behörden und Träger öffentlicher Belange - § 4 BauGB

Nach **§ 4 BauGB** sollen Behörden und sonstige Träger öffentlicher Belange unterrichtet und ihnen Gelegenheit zu einer Stellungnahme gegeben werden. In Betracht kommen Behörden der Länder, insoweit vor allem die Kreisverwaltung, Straßenbauamt, Forstamt, Naturschutzbehörde, Gewerbeaufsichtsamt sowie die benachbarten Gemeinden, und Behörden des Bundes, z. B. Bundeseisenbahnamt, Bundeswehr, Bundesgrenzschutz. Institutionen, die keine öffentlichen Aufgaben wahrnehmen, gehören nicht zu den zu beteiligenden Trägern öffentlicher Belange (z. B. Naturschutzverein, auch wenn er nach § 29 BNatSchG behördlich anerkannt ist), sie können ihre Belange im Rahmen der Beteiligung der Öffentlichkeit in das Planverfahren einbringen.

63

Das BauGB 2004 hat ein **zweistufiges Verfahren** der Beteiligung der Träger öffentlicher Belange eingeführt. Nach der frühzeitigen ersten Information und der Aufforderung zur Äußerung auch zu Umfang und Detaillierungsgrad der Umweltprüfung nach § 4 Abs. 1 BauGB (sog. Scoping, vgl. Art. 5 Abs. 4 Plan-UP-RL) folgt die förmliche Beteiligung der Träger öffentlicher Belange nach § 4 Abs. 2 BauGB. Die Behörden haben ihre Stellungnahme nach § 4 Abs. 2 Satz 2 BauGB grundsätzlich innerhalb eines Monats abzugeben, die **Frist** kann nach § 4 Abs. 2 Satz 2 BauGB verlängert werden. Bei Fristüberschreitung können die Stellungnahmen der Träger öffentlicher Belange nach § 4a Abs. 6 BauGB unberücksichtigt bleiben. Dies gilt aber dann nicht, wenn ihre Bedenken der Gemeinde ohnehin bekannt sind bzw. hätten bekannt sein müssen oder sie für die Rechtmäßigkeit der Abwägung von Bedeutung sind. Eine Präklusion, die nur eingreift, wenn die Einwendungen nicht von Bedeutung sind, ist allerdings sinnlos.

Ein Verstoß gegen § 4 Abs. 1 BauGB hat nach § 214 Abs. 1 Nr. 2 BauGB keine Auswirkungen auf die Wirksamkeit des Bauleitplans. Ein Verstoß gegen § 4 Abs. 2 BauGB ist dagegen beachtlich, es sei denn, nur einzelne Träger öffentlicher Belange sind nicht beteiligt worden und die entsprechenden Belange waren unerheblich oder sind berücksichtigt worden (§ 214 Abs. 1 Satz 1 Nr. 2 BauGB).

e) Öffentliche Auslegung - § 3 Abs. 2, § 4a BauGB

64 Den wichtigsten Teil der Beteiligung der Öffentlichkeit an der Bauleitplanung stellt die öffentliche Auslegung nach § 3 Abs. 2 BauGB dar. Zunächst ist Ort und Dauer der Auslegung sowie Angaben zu den verfügbaren Arten umweltbezogener Informationen nach § 3 Abs. 2 Satz 2 BauGB mindestens eine Woche vorher ortsüblich bekannt zu machen (s. Dusch, NVwZ 2013, 1581). Die Stelle, bei der die Pläne eingesehen werden können, muss genau bezeichnet werden. Unschädlich ist es, wenn das konkrete Dienstzimmer nicht angegeben wird (BVerwG, NVwZ 2009, 1103).

Die bekannt gemachte Bezeichnung des Bebauungsplans muss so gewählt sein, dass sie die sog. **Anstoßfunktion** erfüllt, also der betroffene Grundstückseigentümer erkennt, dass sein Grundstück im Geltungsbereich des Bebauungsplans liegt (BVerwGE 55, 369; 69, 344). Hierfür reicht eine schlagwortartige geographische Bezeichnung, nicht aber eine bloße Nummer aus (BVerwG, NVwZ 2001, 203). Die Entwürfe der Bauleitpläne sind gemäß § 3 Abs. 2 Satz 1 BauGB mit der Begründung und den nach Einschätzung der Gemeinde wesentlichen, bereits vorliegenden umweltbezogenen Stellungnahmen öffentlich auszulegen. § 3 Abs. 2 Satz 2 Hs. 1 BauGB beinhaltet das Erfordernis, die in den vorhandenen Stellungnahmen und Unterlagen behandelten Umweltthemen nach Themenblöcken zusammenzufassen und diese in der ortsüblichen Bekanntmachung schlagwortartig zu charakterisieren (BVerwG, NVwZ 2015, 232; OVG Münster, Beschl. v. 29.07.2015 - 7 D 84/14.NE -, juris; vgl. Dusch, BauR 2015, 433; Schink, UPR 2014, 3;).

Die **Auslegung** dauert einen Monat. Die Frist berechnet sich nach § 187 Abs. 2 BGB (Gemeinsamer Senat der obersten Bundesgerichte, NJW 1972, 2035). Ausgelegt werden müssen der Plan mit Begründung einschließlich Umweltbericht und den nach Einschätzung der Gemeinde wesentlichen umweltbezogenen Stellungnahmen (§ 3 Abs. 1 Satz 1 BauGB; VGH Mannheim, NuR 2011, 369). Die Auslegung muss so erfolgen, dass die Pläne ohne Schwierigkeiten eingesehen werden können. Unzulässig ist es, die Pläne zu verwahren und sie nur auf Frage herauszugeben (archivmäßige Verwahrung - VGH Mannheim, NVwZ-RR 2003, 331). Ausreichend ist es aber, den Planentwurf nur während der sog. Verkehrsstunden (Sprechzeiten 8-12 Uhr) auszulegen (BVerwG, NJW 1981, 594; VGH Mannheim, VBlBW 2001, 58).

65 Innerhalb der Monatsfrist kann jedermann schriftlich oder zur Niederschrift der Gemeinde eine Stellungnahme abgeben (BVerwG, NVwZ-RR 1997, 514). Die Einwendungen müssen so konkret ein, dass der Gemeinderat erkennen kann, in welcher Hinsicht eventuell noch weitere Ermittlungen erforderlich sind (BVerwGE 138, 84).

A. Bauleitplanung

Ein Versäumnis der Frist zur Stellungnahme hat zur Folge, dass die Gemeinde nach §§ 3 Abs. 2 Satz 4, 4a Abs. 6 BauGB die Stellungnahme nicht zu prüfen und die Entscheidung hierüber nicht mitzuteilen braucht. Wird gleichwohl ein Normenkontrollantrag gestellt, so ist dieser nach § 47 Abs. 2a VwGO unzulässig, sofern die Bekanntmachung der Auslegung einen entsprechenden ordnungsgemäßen Hinweis enthielt.

Der Gemeinderat muss allerdings bei der Abwägung inhaltlich nach § 4a Abs. 6 BauGB auch verspätete Einwendungen berücksichtigen, soweit er die geltend gemachten Belange kannte oder hätte kennen müssen oder die Einwendungen für die Rechtmäßigkeit des Bebauungsplans von Bedeutung sind.

Die fristgerecht eingereichten Stellungnahmen müssen dem Gemeinderat bekannt gegeben und von diesem geprüft werden (hierzu im Einzelnen: BVerwG, NVwZ 2000, 676); über das Ergebnis ist der Einwender zu informieren. Bei mehr als 50 Einwendern können diese nach § 3 Abs. 2 Satz 5 BauGB auf die Einsichtnahme in den öffentlich ausgelegten Gemeinderatsbeschluss verwiesen werden.

Wird der Bebauungsplan allerdings wegen der von den Betroffenen vorgebrachten Anregungen und Bedenken inhaltlich geändert, dann ist eine erneute Auslegung notwendig (§ 4a Abs. 3 Satz 1 BauGB), erst hieran kann sich dann der Satzungsbeschluss nach § 10 BauGB anschließen. Eine Ausnahme hiervon ist nach § 4a Abs. 3 Satz 3 BauGB bei unwesentlichen Änderungen zu machen. Es genügt dann, dass die Gemeinde den betroffenen Grundstückseigentümern und den Trägern öffentlicher Belange Gelegenheit zur Stellungnahme gibt (BVerwG, NVwZ 2009, 1103 u. 2010, 1026). Eine erneute Planauslegung ist ferner dann entbehrlich, wenn die Abweichung von den ausgelegten Plänen für alle Betroffenen nur günstige Auswirkungen hat bzw. nur den vorgebrachten Anregungen Rechnung trägt (VGH Mannheim, VBlBW 1997, 22).

Ein Verstoß gegen § 3 Abs. 2 und § 4a Abs. 3 BauGB führt stets zur Unwirksamkeit des Bebauungsplans, sofern der Fehler innerhalb der Jahresfrist des § 215 Abs. 1 BauGB gerügt wird, ansonsten wird er unbeachtlich. Da ein Bebauungsplan eine Satzung und damit eine Rechtsnorm ist, kommt es nicht darauf an, ob der Verfahrensfehler wesentlich ist; anders ist es nur, wenn der Verfahrensfehler sich denknotwendig nicht auf den Bebauungsplan ausgewirkt haben kann, z. B. bei unterbliebener Benachrichtigung der Einsprecher nach § 3 Abs. 2 Satz 4 BauGB (VGH Mannheim, NVwZ-RR 1997, 684). Sind nur einzelne Personen oder Träger öffentlicher Belange nicht beteiligt worden, dann ist dies nach § 214 Abs. 2 BauGB unschädlich, wenn ihre Belange für die Abwägung keine Bedeutung haben konnten (VGH Mannheim, VBlBW 2012, 421).

f) Übertragung auf Private - § 4b BauGB

Nach § 4b BauGB kann die Gemeinde zur Beschleunigung des Verfahrens sowohl die Bürgerbeteiligung nach § 3 BauGB als auch die Beteiligung der Träger öffentlicher Belange nach § 4 BauGB einem Dritten übertragen. In der Regel handelt es sich bei dem Dritten um einen Bauträger, der an der möglichst schnellen Ausweisung eines neuen Baugebiets interessiert ist.

g) Satzungsbeschluss - § 10 BauGB

67 Nach Abschluss des Auslegungsverfahrens beschließt der Gemeinderat endgültig über die Bauleitplanung. Soweit es um die Aufstellung eines Bebauungsplans geht, ist dieser Beschluss nach § 10 BauGB in Form einer Satzung zu fassen.

Dieser **Satzungsbeschluss** ist auch dann erforderlich, wenn die Auslegung nach § 3 Abs. 2 BauGB keine Anregungen und Bedenken gebracht und der Gemeinderat deshalb keine Veranlassung hatte, von dem bereits beschlossenen Bebauungsplanentwurf abzuweichen (VGH Mannheim, BWVBl. 1974, 185).

h) Ausfertigung

68 Der Bebauungsplan muss in seiner endgültigen Fassung **ausgefertigt**, d. h. vom Bürgermeister mit Namen und Amtsbezeichnung unterschrieben werden. Die Ausfertigung ist zwar nicht gesetzlich vorgeschrieben, ergibt sich aber aus dem Rechtsstaatsprinzip (BVerwG, NVwZ 1988, 916 u. 2011, 61). Durch die Ausfertigung wird die Authentizität des Bebauungsplans beurkundet; damit steht verbindlich fest, was Inhalt des Bebauungsplans ist. Ferner wird durch die Ausfertigung der ordnungsgemäße Ablauf des Verfahrens bestätigt.

Das bundesrechtliche Rechtsstaatsprinzip verlangt lediglich, dass überhaupt eine Ausfertigung erfolgt, die Art und Weise der Ausfertigung richtet sich nach Landesrecht (BVerwG, BauR 1991, 563; OVG Koblenz, BRS 49 Nr. 20 und 28). Hierzu hat der VGH Mannheim (VBlBW 1991, 19) entschieden, es reiche aus, wenn die Satzung nach § 10 BauGB ausgefertigt werde und die dazu erlassenen Pläne in der Satzung so eindeutig bezeichnet werden, dass eine Verwechslung ausgeschlossen ist. Da die Ausfertigung auch den ordnungsgemäßen Verfahrensablauf bestätigen soll, muss sie nach dem Satzungsbeschluss, aber vor der Bekanntmachung des Bebauungsplans erfolgen (BVerwG, NVwZ 1999, 878; OVG Koblenz, Urt. v. 27.02.1991 - 10 C 56/89 -, esovgrp).

i) Genehmigung - §§ 6, 10 Abs. 2 BauGB

69 Der **Flächennutzungsplan** bedarf für seine Wirksamkeit der Genehmigung nach § 6 BauGB. Das gleiche gilt nach § 10 Abs. 2 BauGB für **Bebauungspläne** nach § 8 Abs. 2 Satz 2, Abs. 3 Satz 2 und Abs. 4 BauGB, d. h. solche Bebauungspläne, die ohne vorherigen Flächennutzungsplan aufgestellt worden sind. Ein Bebauungsplan, der gemäß § 8 Abs. 2 BauGB aus einem Flächennutzungsplan entwickelt worden ist, bedarf keiner Mitwirkung der Aufsichtsbehörde, sondern kann von der Gemeinde sofort nach dem Satzungsbeschluss in Kraft gesetzt werden (§ 10 Abs. 3 BauGB). Die Aufsichtsbehörde kann allerdings ein Inkrafttreten eines Bebauungsplans, den sie für rechtswidrig hält, durch eine kommunalaufsichtliche Beanstandung nach § 117 GemO verhindern.

Die Genehmigungsbehörde (Kreisverwaltung, soweit nicht Entscheidungen kreisfreier oder großer kreisangehöriger Städte betroffen sind, LVO über die Zuständigkeiten nach dem Baugesetzbuch vom 06.01.1998 - GVBl. S. 5, geändert durch VO v. 10.02.1998 - GVBl. S. 28 -) hat die **Genehmigung** zu erteilen, wenn der Bauleitplan ordnungsgemäß zustande gekommen und inhaltlich rechtmäßig ist. Die Genehmigungsbehörde ist hinsichtlich der Kontrolle des Bauleitplans ebenso beschränkt wie das Verwaltungsgericht (BVerwGE 34, 301; s. aber § 216 BauGB).

Die Genehmigung ist nach §§ 6 Abs. 4, 10 Abs. 2 BauGB innerhalb von drei Monaten zu erteilen; die Frist kann aus wichtigem Grund um weitere drei Monate verlängert werden. Wird diese Frist des § 6 Abs. 4 BauGB jedoch versäumt, gilt die Genehmigung als erteilt (VG Dessau, Urt. v. 31.05.2000 - 1 A 464/99.DE -, juris; VGH München, BayVBl. 1995, 662).

Die Genehmigung kann nach § 48 VwVfG zurückgenommen werden, wenn der Bauleitplan inhaltlich rechtswidrig ist; dies gilt auch für die fiktive Genehmigung nach § 6 Abs. 4 BauGB (VGH Mannheim, VBlBW 1984, 380; Steiner, DVBl 1987, 484). Aus Gründen der Rechtssicherheit kann eine Rücknahme der Genehmigung nur bis zur Bekanntmachung des Bauleitplans erfolgen (BVerwG, BauR 1987, 171).

Lehnt die Genehmigungsbehörde die Genehmigung ab, kann die Gemeinde Verpflichtungsklage erheben (BVerwGE 34, 301). Denn die Genehmigung ist ihr gegenüber ein Verwaltungsakt. Durch die Ablehnung wird in die Planungshoheit der Gemeinde eingegriffen.

Die Genehmigung muss mit **Maßgaben** versehen werden, wenn damit Versagungsgründe ausgeräumt werden können (BVerwG, NVwZ 2007, 87 u. 2010, 1026). Bedingungen sind aber unzulässig (VGH München, BauR 1976, 404; OVG Münster, DÖV 1983, 824). 70

Solche Maßgaben sind unbedenklich, solange sie sich nur auf formelle Angelegenheiten beziehen, z. B. zeichnerische Darstellungen im Bebauungsplan (BVerwG, NVwZ 1991, 673; BRS 49 Nr. 22), oder nur redaktioneller Natur sind (VGH Kassel, NVwZ 1993, 906). Bei materiell-rechtlichen Auflagen sind eine erneute Planauslegung und Beteiligung der Träger öffentlicher Belange sowie ein neuer Satzungsbeschluss erforderlich (BVerwGE 75, 262; NVwZ 1991, 673; NVwZ 1997, 896 u. 2010, 1026).

Kommt die Gemeinde der Maßgabe nach, ist eine nochmalige Genehmigung deshalb nicht erforderlich - sog. **antizipierte Genehmigung** (BVerwG, NVwZ 1997, 896).

j) Bekanntmachung - § 10 Abs. 3 BauGB

Die Genehmigung des Bebauungsplans bzw. der Satzungsbeschluss ist nach § 6 Abs. 5 bzw. § 10 Abs. 3 BauGB ortsüblich bekannt zu machen und zugleich ist der Bebauungsplan zur Einsicht bereit zu halten (OVG Koblenz, AS RP-SL 16, 305 u. 22, 380; BVerwG, BauR 2010, 1733; BauR 2014, 503). Der Bebauungsplan selbst wird nicht bekannt gemacht. Das Bundesverfassungsgericht (BVerfGE 65, 283) hat entschieden, dass das Rechtsstaatsprinzip keine bestimmte Form der Bekanntmachung vorschreibt, sondern lediglich verlangt, dass sich jeder Betroffene verlässlich Kenntnis vom Inhalt der Rechtsnorm verschaffen können muss. Dies ist durch die Regelung des § 10 Abs. 3 BauGB gewährleistet. § 10 Abs. 4 BauGB verlangt außerdem, dass dem Bebauungsplan eine Erklärung über die Berücksichtigung der Umweltbelange, die Ergebnisse der Behörden- und Öffentlichkeitsbeteiligung sowie eine Auseinandersetzung mit alternativen Planungsmöglichkeiten beigefügt wird. Unterbleibt die Bekanntmachung wird der Flächennutzungsplan nach § 6 Abs. 5 Satz 2 BauGB nicht wirksam und der Bebauungsplan tritt nach § 10 Abs. 3 Satz 4 BauGB nicht in Kraft. Verfehlt die Bekanntmachung ihren Hinweiszweck, ist dieser 71

Fehler dauerhaft beachtlich (§ 214 Abs. 1 Satz 1 Nr. 4 BauGB; BVerwG, BauR 2010, 1733).

In Rheinland-Pfalz werden Satzungen der jeweiligen Gebietskörperschaft in der von dieser festgelegten Form verkündet (vgl. § 3 Verkündungsgesetz vom 03.12.1973, GVBl. S. 375, geändert durch Art. 23 des Ersten Rechtsvereinfachungsgesetzes vom 07.02.1983, GVBl. S. 17).

k) Begründung

72 Dem Flächennutzungsplan und dem Bebauungsplan sind jeweils eine Begründung mit den Angaben nach § 2a BauGB beizufügen - § 5 Abs. 5 BauGB für den Flächennutzungsplan und § 9 Abs. 8 BauGB für den Bebauungsplan. Da die Begründung nur beizufügen ist, wird sie nicht Teil des Flächennutzungs- bzw. des Bebauungsplans (BVerwG, NVwZ 2004, 856 u. 2010, 1561). Sie ist lediglich eine Auslegungshilfe (BVerwGE 137, 74).

Bebauungspläne ohne Begründung sind unwirksam. Eine unvollständige Begründung ist nach § 214 Abs. 1 Satz 1 Nr. 3 BauGB unschädlich. Ist die Begründung aber inhaltlich völlig unergiebig, weil sie z. B. nur gesetzliche Vorschriften wiedergibt oder den Planinhalt beschreibt, ist dies einer fehlerhaften Begründung gleichzusetzen (BVerwGE 74, 47). Unwirksam ist der Bebauungsplan auch, wenn der Umweltbericht in wesentlichen Punkten unvollständig ist (s. § 214 Abs. 1 Satz 1 Nr. 3 letzter Hs BauGB). Ein Verstoß gegen die Begründungspflicht ist nach § 215 Abs. 1 Satz 1 Nr. 1 BauGB nur beachtlich, wenn er innerhalb eines Jahres nach Bekanntmachung gerügt wird.

l) Vereinfachtes Verfahren - §§ 13, 13a BauGB

73 Nach § 13 BauGB kann die Änderung und Ergänzung eines Bebauungsplans in einem vereinfachten Verfahren durchgeführt werden, sofern die Grundzüge des Bebauungsplans nicht berührt werden oder im nicht beplanten Innenbereich (§ 34 BauGB) bei der Aufstellung eines Bebauungsplans von der bestehenden baurechtlichen Situation nicht wesentlich abgewichen wird. Die Grundzüge der Planung werden nicht berührt, wenn die städtebauliche Situation, die sich aus dem bestehenden Bebauungsplan oder der vorhandenen Bebauung ergibt, im Grundsatz erhalten bleibt (BVerwG, NVwZ-RR 2006, 729 u. 2009, 1289). Die Grundzüge der Planung werden in der Regel berührt, wenn der Baugebietstypus geändert wird (BVerwG, NVwZ 2009, 1289). Voraussetzung ist in allen Fällen, dass durch die Planung keine UVP-pflichtigen Vorhaben zulässig werden und keine Anhaltspunkte für eine Beeinträchtigung von FFH-Gebieten oder Vogelschutzgebieten bestehen, § 13 Abs. 2 BauGB.

Die Verfahrensvereinfachung besteht vor allem darin, dass nach § 13 Abs. 4 BauGB keine Umweltprüfung mit Umweltbericht durchgeführt werden muss und eine Planauslegung entfallen kann, sofern die betroffenen Bürger und Träger öffentlicher Belange Gelegenheit zu einer Stellungnahme erhalten (§ 13 Abs. 2 BauGB). Verkennt die Gemeinde die Voraussetzungen für die Durchführung des vereinfachten Verfahrens und erstellt sie keinen Umweltbericht, ist dies für die Wirksamkeit des Plans dann unbeachtlich, wenn die Umweltprüfung gemeinschaftsrechtlich nicht geboten war (§ 214 Abs. 1 Satz 1 Nr. 2 BauGB entspr.; BVerwGE 134, 264).

A. Bauleitplanung

§ 13a BauGB erlaubt die Aufstellung von Bebauungsplänen im nicht beplanten In- 74
nenbereich - sog. **Bebauungspläne der Innenentwicklung** -, ohne dass eine Umweltprüfung und eine Öffentlichkeitsbeteiligung durchgeführt werden muss. Diese Innenentwicklung erfasst nicht nur Planungen im Innenbereich nach § 34 BauGB, sondern auch „Außenbereichsinseln", die von allen Seiten von Bebauung umgeben sind (VGH Mannheim, BauR 2015, 783; NVwZ-RR 2014, 171).

Voraussetzung für das beschleunigte Verfahren ist aber, dass Umweltbelange nicht erheblich beeinträchtigt werden, so dass keine Anhaltspunkte für eine Beeinträchtigung von FFH-Gebieten oder Vogelschutzgebieten bestehen und auch sonst nicht die Notwendigkeit einer Umweltprüfung besteht. Dies wird unterstellt bei Bebauungsplänen, die lediglich eine Grundfläche der zulässigen Bauvorhaben von weniger als 20.000 m² vorsehen. Bei Bebauungsplänen mit einer Grundfläche zwischen 20.000 m² und 70.000 m² ist zu prüfen, ob der Bebauungsplan erhebliche Umweltauswirkungen haben wird. Bei noch größeren Bebauungsplänen wird dies unterstellt, so dass ein Bebauungsplan im vereinfachten Verfahren nicht aufgestellt werden kann (s. § 13a Abs. 1 Satz 2 BauGB).

Das Absehen von der Umweltprüfung ist ortsüblich bekanntzumachen, in den Fällen des § 13a Abs. 2 Satz 2 Nr. 2 BauGB einschließlich der wesentlichen Gründe dafür, § 13a Abs. 3 Satz 1 Nr. 1 BauGB. Für die Fälle des § 13a Abs. 2 Satz 2 Nr. 1 BauGB folgt aus Art. 3 Abs. 7 Plan-UP-RL, dass die Gründe für das Absehen von der Umweltprüfung der Öffentlichkeit zugänglich zu machen sind (BVerwG, NVwZ 2015, 161).

Für Bebauungspläne der Innenentwicklung enthält § 214 Abs. 2a BauGB zusätzliche 75
Regelungen zur Unbeachtlichkeit von Verfahrensfehlern, die teilweise allerdings mit Blick auf die Vorgaben der Plan-UP-RL einschränkend auszulegen sind (BVerwG, NVwZ 2015, 161; EuGH, DVBl. 2013, 777; VGH Mannheim, NVwZ-RR 2013, 833).

6. Außerkrafttreten von Bauleitplänen

Die Geltungsdauer von Bauleitplänen ist nicht von Gesetzes wegen begrenzt. Bau- 76
leitpläne sind grundsätzlich wirksam, solange sie nicht geändert oder aufgehoben werden. Hierfür gelten nach § 1 Abs. 8 BauGB die Vorschriften über die Aufstellung von Bauleitplänen entsprechend. Eine Ausnahme hiervon macht § 13 BauGB. Danach kann ein Bebauungsplan ohne Anhörung geändert werden, wenn die Grundzüge der Planung nicht berührt werden (BVerwG, NVwZ-RR 2000, 759; NVwZ 2009, 1289).

Bebauungspläne können ferner dadurch außer Kraft treten, dass sie über einen langen Zeitraum hinweg nicht angewandt werden, weil sie entweder in Vergessenheit geraten sind, was wohl nur bei Plänen aus der Zeit vor Inkrafttreten des Bundesbaugesetzes denkbar ist, oder aber nach allgemeiner Ansicht für unwirksam gehalten werden - **gewohnheitsrechtliche Derogation** (BVerwGE 26, 282 u. 54, 5). Außerdem kann ein Bebauungsplan **obsolet** und damit unwirksam werden, wenn seine Festsetzungen wegen einer **völlig andersartigen Entwicklung** gegenstandslos geworden sind und damit das Vertrauen auf seine Fortgeltung nicht mehr schutzwürdig ist (BVerwGE 54, 5 u. 122, 307; VGH Mannheim, VBlBW 2011, 103; Erhardt, NVwZ 2006, 1362; Troidl, BauR 2010, 1511).

Bsp.:
1. Ein Bebauungsplan weist eine Zubringerstraße für eine Stadtautobahn aus; die Absicht, diese Autobahn zu bauen, wird später jedoch endgültig aufgegeben (OVG Berlin, NJW 1980, 1121; eb. OVG Münster, BauR 2010, 1543).
2. Der Bebauungsplan weist eine größere Fläche als Spielplatz aus. Ein Großteil dieser Fläche wird zur Errichtung eines Parkplatzes verwendet (VGH Mannheim, VBlBW 1983, 371).
3. Ein im Jahr 1878 aufgestellter Bebauungsplan für ein Wohngebiet ist obsolet, wenn er über 100 Jahre lang nicht verwirklicht wird, sondern stattdessen der betroffene Bereich unter Landschaftsschutz gestellt wird (VGH Mannheim, BRS 49 Nr. 4).
4. Die Festsetzung eines Dorfgebietes in einem Bebauungsplan wird wegen Funktionslosigkeit unwirksam, wenn in dem maßgeblichen Bereich nur noch Wohnhäuser und keine Wirtschaftsstellen land- und forstwirtschaftlicher Betriebe (mehr) vorhanden sind und auch mit ihrer Errichtung in absehbarer Zeit nicht zu rechnen ist, weil es keine Flächen mehr gibt, auf der sich eine solche Wirtschaftsstelle sinnvoll realisieren ließe (BVerwG, NVwZ 2001, 1055; VGH Mannheim, NVwZ-RR 2003, 407).
5. Ein Bebauungsplan wird unwirksam, wenn er aus wirtschaftlichen Gründen auf unabsehbare Zeit nicht verwirklicht werden kann (VGH München, NVwZ-RR 2005, 776).

Das Bundesverwaltungsgericht stellt an das Obsolet-Werden aber strenge Anforderungen. Es reicht nicht aus, dass die Gemeinde ihre städtebauliche Konzeption geändert hat (BVerwG, NVwZ-R 1997, 513) oder die Verwirklichung des Bebauungsplans derzeit nicht möglich ist, sofern dieser Hinderungsgrund nicht von Dauer ist (BVerwG, NVwZ-RR 1998, 415) oder die andersartige Entwicklung sich auf einen Teilbereich beschränkt (BVerwG, NVwZ-RR 2000, 411).

Bsp.:
1. In einem durch Bebauungsplan festgesetzten Sondergebiet Campingplatz errichtet ein Schwarzstorchen-Paar ein Nest, so dass der Anlage des Campingplatzes § 20f Abs. 1 Nr. 3 BNatSchG entgegensteht; nach dieser Vorschrift dürfen die Brutstätten wildlebender Tiere der besonders geschützten Arten nicht gestört werden (OVG Lüneburg, NVwZ-RR 1995, 439).
2. Ein Bebauungsplan, der ein Gewerbegebiet ausweist, wird nicht dadurch funktionslos, dass auf einer Teilfläche eine singuläre planwidrige Nutzung (Einrichtungshaus mit einer Verkaufsfläche von 13.000 m²) entstanden ist (BVerwG, NVwZ-RR 2000, 411).

7. Inhalt der Bauleitpläne

a) Flächennutzungsplan - § 5 BauGB

77 Der **Inhalt des Flächennutzungsplans** ergibt sich aus § 5 BauGB. Danach ist die städtebauliche Entwicklung der Gemeinde in den Grundzügen darzustellen. Dies betrifft insbesondere die Bauflächen (vgl. § 5 Abs. 2 Nr. 1 BauGB, § 1 Abs. 1 BauNVO), die Hauptverkehrswege (§ 5 Abs. 2 Nr. 3 BauGB), die Hauptversorgungsanlagen (§ 5 Abs. 2 Nr. 4 BauGB), die Grünflächen (§ 5 Abs. 2 Nr. 5 BauGB) sowie die Flächen für naturschutzrechtliche Ausgleichsmaßnahmen (§ 5 Abs. 2a BauGB). Die Einzelheiten sollen in der Regel erst später in den Bebauungsplänen geregelt werden. Der Flächennutzungsplan ist das „**grobmaschige Raster**", aus dem nach § 8 Abs. 2 BauGB die Bebauungspläne zu entwickeln sind (BVerwGE 48, 70 u. 124, 132 - vgl. Rn. 33, 34). Dies schließt aber nicht aus, dass der Flächennutzungsplan im Einzelfall bereits sehr konkrete Darstellungen enthält. Zur Terminologie: Der Flächennutzungsplan enthält, da er keine Rechtsnorm ist, keine Festsetzungen oder Ausweisungen wie ein Bebauungsplan, sondern lediglich Darstellungen - vgl. § 5 Abs. 1 Satz 1 BauGB.

A. Bauleitplanung

b) Bebauungsplan - § 9 BauGB

Der **Inhalt des Bebauungsplans** ist in § 9 BauGB geregelt. Diese Vorschrift enthält eine abschließende Regelung, die Gemeinde hat also kein Festsetzungserfindungsrecht (BVerwGE 92, 56 u. 94, 151). Ein Vergleich mit § 5 BauGB zeigt, dass der Bebauungsplan wesentlich mehr ins Detail geht als der Flächennutzungsplan. Enthält der Bebauungsplan Festsetzungen über die Art und das Maß der baulichen Nutzung, die überbaubaren Grundstücksflächen und die örtlichen Verkehrsflächen handelt es sich um einen qualifizierten Bebauungsplan nach § 30 Abs. 1 BauGB, fehlen derartige Festsetzungen ist es ein einfacher Bebauungsplan nach § 30 Abs. 3 BauGB.

78

Besondere Formen des einfachen Bebauungsplans sind die in § 9 Abs. 2a und Abs. 2b BauGB geregelten Pläne zur Erhaltung und Entwicklung zentraler Versorgungsbereiche (vgl. BVerwG, BauR 2013, 1991; VGH Mannheim, VBIBW 2013, 297) und zur Zulassung von Vergnügungsstätten, die der Gemeinde im unbeplanten Innenbereich ohne Festsetzung eines Baugebiets die Steuerung der Ansiedlung von Einzelhandel und Vergnügungsstätten ermöglichen sollen.

Bedeutsam sind vor allem § 9 Abs. 1 Nr. 1 und 2 BauGB, wonach Art und Maß der baulichen Nutzung sowie Bauweise, überbaubare Grundstücksflächen und Stellung der baulichen Anlagen festgesetzt werden können. Zur Konkretisierung dieser Regelung ist die Baunutzungsverordnung heranzuziehen.

Die **Baunutzungsverordnung** ist eine aufgrund von § 9a BauGB ergangene Rechtsverordnung vom 26.06.1962 (BGBl. I, 429), neugefasst durch die Bekanntmachung vom 26.11.1968 (BGBl. I, 1237), vom 15.09.1977 (BGBl. I, 1763), vom 19.12.1986 (BGBl. I, 2665), vom 23.01.1990 (BGBl. I, 132 - s. dazu Lenz und Heintz, BauR 1990, 157 und 166) und vom 11.06.2013 (BGBl. I, 1548; s. zur Rechtsprechung zur BauNVO: Stüer, DVBl. 2010, 543).

aa) Art der baulichen Nutzung - §§ 1 - 15 BauNVO

Die Baunutzungsverordnung enthält in §§ 2-9 einen Katalog von Baugebieten. Dieser Katalog ist für die Gemeinden bindend. Zusätzliche Baugebiete können von ihr nicht geschaffen werden (BVerwG, BauR 2012, 466). Hierfür besteht auch im Hinblick auf die Variationsmöglichkeiten des § 1 Abs. 4 - 10 BauNVO in der Regel kein Bedürfnis. Lediglich für Sondergebiete nach §§ 10, 11 BauNVO gibt es keine abschließende Typisierung. Sondergebiete müssen sich aber durch ihre Eigenart deutlich von den Baugebieten nach §§ 2-9 BauNVO unterscheiden (BVerwG, BRS 40 Nr. 64; NVwZ 1985, 338 u. 2010, 40).

79

Die **§§ 2- 9 BauNVO** sind jeweils so aufgebaut, dass in Absatz 1 der Vorschriften die Eigenart der Baugebiete definiert wird, während in Absatz 2 bestimmte bauliche Anlagen als regelmäßig zulässig festgesetzt werden und Absatz 3 diejenigen Anlagen anführt, die im Wege einer Ausnahme nach § 31 Abs. 1 BauGB zugelassen werden können. Diese Regelungen der Baunutzungsverordnung sind nach § 1 Abs. 3 Satz 2 BauNVO ohne besondere Übernahme Bestandteil eines Bebauungsplans.

Die Gemeinden können allerdings nach **§ 1 Abs. 4-6 BauNVO** abweichende Regelungen treffen, indem sie bestimmte zulässige Nutzungen ausschließen oder das Regel-Ausnahme-Verhältnis anders gestalten. Eine solche abweichende Gestaltung darf aber nicht dazu führen, dass der Gebietscharakter als solcher verloren geht (BVerwG, NVwZ 2005, 324).

Bsp.:
1. In einem Mischgebiet darf die gewerbliche Nutzung nicht so weit eingeschränkt werden, dass das Gebiet praktisch zu einem allgemeinen Wohngebiet wird; ebenso darf aber in einem Mischgebiet auch nicht die Errichtung von Wohngebäuden ausgeschlossen werden, weil dadurch faktisch ein Gewerbegebiet geschaffen würde (OVG Lüneburg, BauR 1981, 454; VGH Mannheim, VBlBW 1997, 139).
2. Im Dorfgebiet darf landwirtschaftliche Nutzung nicht ausgeschlossen werden (VGH München, BauR 1987, 285; VGH Mannheim, VBlBW 1992, 303).
3. In einem Mischgebiet darf die Zulässigkeit einer chemischen Reinigung, die nicht mit dem sog. Nassreinigungsverfahren arbeitet, ausgeschlossen werden, wenn besondere städtebauliche Gründe - dichte Bebauung mit Wohnungen, Gastronomiebetrieben und Lebensmittelverkaufsstellen sowie die Nachbarschaft eines Kindergartens - vorliegen (OVG Saarlouis, BRS 58 Nr. 31).
4. Im allgemeinen Wohngebiet darf nicht jede andere Nutzung außer Wohnen ausgeschlossen werden, weil dadurch ein reines Wohngebiet entsteht (BVerwG, NVwZ 1999, 1341).

Die Abweichung von den §§ 2 ff. BauNVO muss ferner aus städtebaulichen Gründen, d. h. solchen, die nach § 1 Abs. 7 BauGB im Rahmen der Abwägung zu beachten sind, erfolgen.

Bsp.:
Der Ausschluss von Vergnügungsstätten in einem Kerngebiet ist unzulässig, wenn dadurch der Jugend „die heile Welt" erhalten werden soll. Dieses Ziel ist nicht mit Hilfe des § 1 BauNVO, sondern mit Hilfe des Jugendschutzgesetzes zu verfolgen (BVerwGE 77, 308; NVwZ 1991, 264).

Die Abweichung muss sich an das System der BauNVO halten, die bei der Art der Nutzung vorhabenbezogen typisiert (BVerwGE 131, 86).

80 Die Gemeinde kann im Bebauungsplan nach **§ 1 Abs. 7-9 BauNVO** auch sehr detaillierte Regelungen treffen, wenn dies durch besondere städtebauliche Gründe gerechtfertigt wird. Die allgemeine planerische Rechtfertigung nach § 1 Abs. 3 BauGB genügt hierfür aber nicht.

Bsp.:
1. In einem Sondergebiet für Beherbergungsbetriebe kann die Anlage von Küchen in Zuordnung zu einzelnen Zimmern untersagt werden, um zu verhindern, dass Beherbergungsbetriebe in Zweitwohnungsanlagen umgewandelt werden können (BVerwG, NVwZ 1985, 338).
2. Die Festsetzung einer unterschiedlichen Nutzung für einzelne Geschosse bedarf einer besonderen städtebaulichen Rechtfertigung (BVerwG, NVwZ 1992, 373).
3. Eine Festsetzung des Inhalts im Bebauungsplan, dass Schank- und Speisewirtschaften aus dem Bereich der "Full-Service-Gastronomie" allgemein zulässig, solche aus dem Bereich der "Quick-Service-Gastronomie" hingegen ausgeschlossen sind, ist als Art der baulichen Nutzung wirksam (OVG Koblenz, NVwZ-RR 2015, 92).

Als Regelungsinstrumente sieht **§ 1 Abs. 7 BauNVO** zunächst vor, dass für einzelne Geschosse oder Etagen bestimmte Nutzungsarten vorgeschrieben werden, sog. **vertikale Gliederung** (BVerwG, NVwZ 1992, 373). Von dieser Möglichkeit wird häufig bei der Ausweisung von Kerngebieten Gebrauch gemacht, wo das Erdgeschoss für Ladengeschäfte, das Obergeschoss für sonstige gewerbliche Nutzungen (Arztpraxen, Versicherungsbüros o.a.) und die darüber liegenden Geschosse für Wohnzwecke vorgesehen sind. Nicht zulässig ist hingegen die Festsetzung unterschiedlicher Gebietsarten in den einzelnen Stockwerken der Gebäude (OVG Koblenz, BauR 2003, 1340). Ferner kann die Gemeinde nach § 1 Abs. 8 BauNVO auch für Teilbereiche eines Bebauungsplans Sonderbestimmungen treffen (s. dazu VGH Mannheim, NVwZ-RR 2012, 11).

A. Bauleitplanung

Eine **sog, horizontale Gliederung** eines Baugebiets oder mehrerer Gewerbe- oder Industriegebiete im Verhältnis zueinander nach der Art der zulässigen Nutzung oder der Betriebe und Analgen sieht § 1 Abs. 4 BauNVO vor.

Nach **§ 1 Abs. 5 u. 9 BauNVO** können für bestimmte Arten einer baulichen Nutzung Sonderregelungen getroffen werden (BVerwG, BauR 2008, 325; OVG Münster, BauR 2012, 750; VGH Mannheim, NVwZ-RR 2002, 556).

Der Unterschied zwischen § 1 Abs. 5 BauNVO und § 1 Abs. 9 BauNVO, nach denen jeweils bestimmte Arten der baulichen Nutzung ausgeschlossen werden können, besteht darin, dass § 1 Abs. 5 BauNVO nur den Ausschluss einer der in §§ 2 ff. BauNVO ausdrücklich genannten Arten der baulichen Nutzung zulässt, also z. B. die in § 7 Abs. 2 Nr. 2 BauNVO genannten Vergnügungsstätten, während § 1 Abs. 9 BauNVO auch den Ausschluss von speziellen Unterarten ermöglicht, also z. B. aus der Nutzungsart „Vergnügungsstätten" die Unterart „Diskothek" oder „Spielhalle" (BVerwGE 77, 308 u. 77, 317; VGH Mannheim, NVwZ-RR 2012, 11).

Die Vorschrift des § 1 Abs. 10 BauNVO ermöglicht es der Gemeinde, im Bebauungsplan zu bestimmen, dass vorhandene bauliche Anlagen auch dann geändert, erweitert oder erneuert werden können, wenn dies nach den Festsetzungen des Bebauungsplans sonst unzulässig wäre (s. dazu BVerwG, NVwZ 2008, 214; VGH Mannheim, DÖV 2015, 388). Die Vorschrift ist speziell auf **Gemengelagen** ausgerichtet und soll verhindern, dass aufgrund der Festsetzung eines neuen oder geänderten Bebauungsplans einseitig die eine Nutzungsart zulässig, die andere Nutzungsart aber unzulässig ist; es soll die Fortentwicklung des vorhandenen Baubestands gewährleistet sein (BVerwG, NVwZ 2008, 214 u. 2012, 318; OVG Lüneburg, BauR 2002, 906).

§§ 12-14 BauNVO regeln für alle Baugebiete die Zulässigkeit von Garagen und Stellplätzen, freien Berufen und Nebenanlagen (s. dazu Rn. 105-107).

bb) Maß der baulichen Nutzung - §§ 16 – 21a BauNVO

Der Gemeinderat kann ferner nach §§ 16 ff. BauNVO das Maß der baulichen Nutzung bestimmen, indem er die Grundflächen- und Geschossflächenzahl, die Geschosszahl sowie die Gebäudehöhe festlegt.

Die **Grundflächenzahl** ergibt sich nach § 19 BauNVO aus dem Verhältnis zwischen überbaubarer Grundstücksfläche (Grundriss des Gebäudes) und Grundstücksfläche. Im Bebauungsplan muss nach § 16 Abs. 3 BauNVO stets die überbaubare Grundstückfläche festgesetzt werden. Ist dies unterblieben, ist der Bebauungsplan unwirksam (BVerwG, NVwZ 1996, 894).

Die **Geschossflächenzahl** ist nach § 20 Abs. 2 BauNVO das Verhältnis der Fläche aller Vollgeschosse zur Grundstücksfläche. Dabei können Aufenthaltsräume im Unter- oder Dachgeschoss nach § 20 Abs. 3 Satz 2 BauNVO mitgezählt werden, nicht aber die Fläche von Nebenanlagen und Garagen (§ 20 Abs. 4 BauNVO).

Was ein **Vollgeschoss** ist, richtet sich gemäß § 20 BauNVO nach den landesrechtlichen Bestimmungen, also § 2 Abs. 4 LBauO (VGH Mannheim, NVwZ-RR 1999, 558: statische Verweisung).

Die **Gebäudehöhe** (§ 18 Abs. 1 BauNVO) richtet sich entweder nach der Firsthöhe (Gesamthöhe) oder der Traufhöhe (Schnittpunkt von Außenwand und Dach).

Die Gemeinde ist dabei an die Höchstwerte der Tabelle in § 17 Abs. 1 BauNVO gebunden. Sie kann also z. B. nicht in einem Wohngebiet eine Grundflächenzahl von 0,5 festsetzen. Eine Ausnahme hiervon ist nach § 17 Abs. 2 BauNVO nur zulässig, wenn städtebauliche Gründe dies rechtfertigen. Voraussetzung hierfür ist, dass die Anforderungen an gesunde Wohn- und Arbeitsverhältnisse gewahrt bleiben und nachteilige Umweltauswirkungen vermieden werden.

cc) Bauweise und überbaubare Grundstücksfläche - § 22, 23 BauNVO

82 Der Bebauungsplan kann nach § 22 BauNVO die offene oder die geschlossene Bauweise festsetzen. **Offene Bauweise** bedeutet, dass die Gebäude einen Abstand aufweisen müssen, während sie bei geschlossener Bauweise an das Nachbargebäude angebaut werden müssen (§ 22 Abs. 2, 3 BauNVO). Offene Bauweise bedeutet aber nicht, dass die Gebäude zur Grundstücksgrenze einen Abstand einhalten müssen. Wie § 22 Abs. 2 BauNVO zeigt, können auch Doppelhäuser und sogar Reihenhäuser bis zu 50 m Länge in offener Bauweise errichtet werden, auch wenn sich Doppelhäuser und insbesondere Reihenhäuser über mehrere Grundstücke erstrecken. Nach der Rechtsprechung des BVerwG (NVwZ 2015, 1769) setzt ein **Doppelhaus** begrifflich voraus, dass die beiden Haushälften auf jeweils getrennten Grundstücken stehen, aber das Gebäude gleichwohl als bauliche Einheit in Erscheinung tritt (BVerwG, BauR 2012, 1218; OVG Koblenz, BauR 2015, 239 u. Urt. v. 06.05.2015 - 8 C 10974/14 -, juris). Nach § 22 Abs. 4 BauNVO kann im Bebauungsplan auch eine andere als die offene oder geschlossene Bauweise festgesetzt werden. In der Praxis spielt vor allem die sog. halboffene Bauweise eine Rolle, bei der die Grundstücke nur einseitig bis an die Grenze bebaut werden, so dass Doppelhäuser mit großen, zusammenhängenden Gartenflächen entstehen.

Während die bauliche Nutzung der Grundstücke im Geltungsbereich eines Bebauungsplans durch die Festsetzung von Grund- und Geschossflächenzahlen nur abstrakt, d. h. nicht auf das einzelne Grundstück bezogen, geregelt wird, kann die Gemeinde durch die Festsetzung von **Baulinien und Baugrenzen nach § 23 BauNVO** bis ins Detail die Bebauung jedes einzelnen Grundstücks festlegen. Baulinien zwingen nach § 23 Abs. 2 BauNVO den Bauherrn dazu, exakt an dieser Linie zu bauen. Baugrenzen dürfen nach § 23 Abs. 3 BauNVO nicht überschritten werden, das Bauvorhaben darf aber dahinter zurückbleiben. Durch die Festsetzung eines sog. **Baufensters**, d. h. Baulinien auf allen vier Seiten, kann die Gemeinde genau den Grundriss und den Standort des Gebäudes festlegen. Demgegenüber sind die häufig im Bebauungsplan eingezeichneten Gebäudegrundrisse - sog. Bauschemata - rechtlich unbeachtlich, soweit sie nicht durch Baugrenzen oder Baulinien fixiert sind. Baulinien und Baugrenzen gelten nicht nur für Gebäude, sondern für alle baulichen Anlagen (BVerwG, NVwZ 2002, 90 für eine Werbeanlage). Sie gelten gemäß § 23 Abs. 5 BauNVO nicht für Nebenanlagen im Sinne des § 14 BauNVO (BVerwG, NVwZ 2013, 1014) und für die nach § 8 Abs. 9 LBauO zulässigen Anlagen.

dd) Sonstige Festsetzungen im Bebauungsplan

83 Neben diesen in fast allen Bebauungsplänen anzutreffenden Regelungen lässt **§ 9 Abs. 1 BauGB** noch eine Vielzahl anderer Regelungen zu, die hier nicht im Einzelnen dargestellt werden können. Zu erwähnen sind vor allem folgende mögliche Festset-

A. Bauleitplanung

zungen: höchstzulässige Zahl der Wohnungen in Wohngebäuden (BVerwG, DVBl. 1999, 238; Beschl. v. 26.01.2005 - 4 BN 4/05 -, juris; OVG Lüneburg, BauR 2015, 452), Flächen für den Gemeinbedarf (Nr. 5), Verkehrsflächen (Nr. 11), Versorgungsflächen (Nr. 12), öffentliche und private Grünflächen (Nr. 15), Flächen für Gemeinschaftsanlagen (Nr. 22), Flächen für Lärmschutzwälle und ähnliche Einrichtungen zum Schutz gegen Immissionen (Nr. 24). Auslegungsschwierigkeiten bereiten vor allem die Nr. 11 und 24.

§ 9 Abs. 1 Nr. 11 BauGB erlaubt nicht nur die Planung von Verkehrswegen bei der Festsetzung von Baugebieten (s. VGH Mannheim, DVBl. 2015, 442), sondern auch die sog. isolierte Straßenplanung, d. h. die Aufstellung eines Bebauungsplans, der nur die Festsetzung einer Straße enthält (BVerwGE 72, 172 u. 117, 58). Die Planungsbefugnis ist dabei nicht auf Gemeindestraßen beschränkt, sondern erfasst auch, wie z. B. § 17b Abs. 2 FStrG, § 5 Abs. 2 LStrG zeigen, klassifizierte Straßen (BVerwGE 94,100). Ferner können nach § 9 Abs. 1 Nr. 11 BauGB Verkehrsflächen mit besonderer Zweckbestimmung (Fußwege, Radwege, Fußgängerzonen) festgesetzt werden (VGH Mannheim, BauR 2006, 1271). Unzulässig sind dagegen rein verkehrsrechtliche Anordnungen, wie Einbahnstraßenregelungen oder Geschwindigkeitsbegrenzungen, weil hierfür die Straßenverkehrsbehörde zuständig ist (vgl. auch BVerwG, NVwZ 1995, 165).

§ 9 Abs. 1 Nr. 24 BauGB lässt Anordnungen zum Schutz vor schädlichen Umwelteinwirkungen zu. In der Praxis betrifft dies vor allem den Verkehrs- und Gewerbelärm. In Betracht kommt zunächst die Festsetzung von Lärmschutzwällen oder Lärmwänden bzw. die Verpflichtung zum Einbau von Schallschutzfenstern (BVerwG, NJW 1995, 2572; VGH München, BayVBl 1995, 399). Ist eine solche Festsetzung getroffen worden, haben die dadurch begünstigten Personen einen Anspruch auf die Verwirklichung der Festsetzungen (BVerwG, DVBl 1988, 1167; OVG Lüneburg, BauR 1993, 456). Es muss sich aber um technische Vorkehrungen handeln (BVerwG, NVwZ 1994, 1009). Die Festsetzung von Emissionsgrenzwerten oder von „Emissionsquoten" für einzelne Grundstücke ist unzulässig (BVerwG, NVwZ 1994, 1009; BauR 2007, 856). Bei Gewerbegebieten ist aber eine Gliederung nach Emissionswerten gemäß § 1 Abs. 4 BauNVO zulässig (BVerwG, NVwZ-RR 1997, 522; NVwZ 1998, 1067; BVerwGE 110, 193).

Nach **§ 9 Abs. 2 BauGB** können die Festsetzungen auch zeitlich befristet werden, die danach anschließende Nutzung soll aber ebenfalls festgesetzt werden (Schieferdecker, BauR 2005, 320; Stüer, NVwZ 2006, 512). Dies ist insbesondere bei einem Bebauungsplan für die Gewinnung von Bodenschätzen sinnvoll, wenn bereits der Zeitpunkt der Erschöpfung des Bodenschatzes vorsehbar ist und auch feststeht, wie dieser Bereich danach genutzt werden soll.

Nach **§ 9 Abs. 2a BauGB** kann eine Gemeinde ferner durch einen Bebauungsplan für den nicht beplanten Innenbereich im Sinne des § 34 BauGB festsetzen, dass nur bestimmte Einzelhandelsbetriebe zulässig oder unzulässig sind, um eine verbrauchernahe Versorgung der Bevölkerung zu gewährleisten (Klinge, BauR 2008, 770; Schmidt-Eichstaedt, BauR 2009, 41).

§ 9 Abs. 2b BauGB lässt Bebauungspläne zur Regelung der Zulässigkeit von Vergnügungsstätten im nicht beplanten Innenbereich zu.

Nach **§ 9 Abs. 4 BauGB** können auch bauordnungsrechtliche Bestimmungen in den Bebauungsplan aufgenommen werden (vgl. dazu § 88 Abs. 6 LBauO). Derartige bauordnungsrechtliche Regelungen werden in den meisten Bebauungsplänen getroffen,

z. B. nähere Bestimmungen über die Dachneigung, die Gestaltung der Außenfläche oder die Höhe der Einfriedungen. Voraussetzung für derartige bauordnungsrechtliche Festsetzungen ist, dass sie sich "im Rahmen des Gesetzes" halten, d. h. bauordnungsrechtlichen Zielen dienen (OVG Koblenz, BRS 73 Nr. 139; NVwZ-RR 2011, 419; BauR 2013, 1265; VGH Kassel, NVwZ-RR 2007, 746; VGH Mannheim, DVBl. 2015, 442).

Festsetzungen nach anderen Vorschriften, z. B. Wasserschutz- oder Landschaftsschutzgebiete, Planfeststellungsbeschlüsse für den Bau von Straßen, Eisenbahnen oder sonstigen Verkehrsanlagen sowie eingetragene Kulturdenkmäler können gemäß § 9 Abs. 6 BauGB nachrichtlich übernommen werden. Diese nachrichtliche Übernahme hat aber keine rechtsbegründende Wirkung, sondern dient nur der Information über sonstige Regelungen, die für die Zulässigkeit von Bauvorhaben von Bedeutung sind.

8. Fehlerhafter Bebauungsplan

84 Rechtsfolge von formellen und materiellen Fehlern beim Erlass einer Rechtsnorm ist nach allgemeinen Grundsätzen die Nichtigkeit der Norm. Hiervon machen §§ 214-216 BauGB in beträchtlichem Umfang Ausnahmen (s. Quaas/Kukk, BauR 2004, 1541; Uechtritz, ZfBR 2005, 11). Der Gesetzgeber hat im Interesse der „Bestandskraft von Bebauungsplänen" (BT-Drs. 10/4630, 51, 54 und 156 - diese Bezeichnung ist terminologisch ungenau, da eine Rechtsnorm nicht bestandskräftig werden kann) bzw. der Planerhaltung (BVerwG, NVwZ 2003, 171) die sonst allgemeingültigen Regeln über die Rechtsfolgen von Fehlern bei Rechtsnormen durchbrochen und ein recht kompliziertes System von unbeachtlichen, innerhalb einer bestimmten Frist (§ 215 Abs. 1 BauGB) beachtlichen und auch ohne Rüge stets beachtlichen Fehlern ersetzt. Dies führt dazu, dass es neben den herkömmlichen Instituten der rechtmäßigen und wirksamen Norm sowie der rechtswidrigen und unwirksamen Norm nunmehr auch die zwar rechtswidrige, aber gleichwohl wirksame Norm - bei nach § 214 Abs. 1 BauGB unbeachtlichen Fehlern sowie bei Verstreichen der Frist des § 215 Abs. 1 BauGB -, sowie die schwebend unwirksame Norm - innerhalb der Frist des § 215 Abs. 1 BauGB - gibt.

§ 214 Abs. 4 BauGB hat die nachteiligen Folgen der Fehlerhaftigkeit eines Bebauungsplans weiter eingeschränkt. Nach dieser Vorschrift kann der Fehler häufig durch ein Planergänzungsverfahren bereinigt werden (s. Rn. 89).

§§ 214, 215 BauGB gelten nach **§ 216 BauGB** nicht für das Genehmigungsverfahren. Die Genehmigungsbehörde muss also die Genehmigung versagen, wenn bei der Aufstellung des Bebauungsplans gegen die Vorschriften des Baugesetzbuchs verstoßen worden ist.

a) Verfahrensfehler nach dem Baugesetzbuch - § 214 BauGB

85 Nach § 214 Abs. 1 BauGB 2004 (BVerwGE 131, 100) sind **Verfahrensfehler** nur beachtlich, wenn die von der Planung berührten Belange nicht zutreffend ermittelt oder bewertet worden sind (Nr. 1), die Vorschriften über die Öffentlichkeits- oder die Behördenbeteiligung im regulären wie auch im vereinfachten oder beschleunigten Verfahren nach § 13 Abs. 2 (BVerwG, BauR 2009, 1862) oder § 13a BauGB (Nr. 2), die

A. Bauleitplanung

Begründung des Bebauungsplans (Nr. 3) nicht eingehalten sind oder (Satzungs)Beschluss oder die Genehmigung oder die Bekanntmachung (Nr. 4) fehlt.

Die nach § 214 Abs. 1 Nr. 1-3 BauGB beachtlichen Form- und Verfahrensfehler müssen innerhalb eines Jahres schriftlich gegenüber der Gemeinde gerügt werden (§ 215 Abs. 1 Nr. 1 BauGB), sonst sind sie unbeachtlich. Hierfür ist es ausreichend, dass irgendjemand sich auf einen Verfahrensfehler beruft (BVerwGE 67, 334). Nicht ausreichend ist es hingegen, dass im Rahmen der Planauslegung nach § 3 Abs. 2 BauGB Einwendungen erhoben worden sind (VGH Mannheim, VBlBW 2009, 186). Die Rüge eines Bekanntmachungsfehlers ist dagegen nicht befristet.

Die **Rüge** muss nach der Bekanntmachung des Bebauungsplans schriftlich gegenüber der Gemeinde erfolgen (BGH, NJW 1980, 1751; BVerwG, DVBl 1982, 1095), dabei ist der maßgebende Sachverhalt darzulegen. Eine pauschale Rüge ist damit ausgeschlossen. Denn die Rüge soll die Gemeinde in die Lage versetzen, festzustellen, ob Anlass zur Fehlerbehebung besteht (BVerwG, BauR 2013, 55). Ausreichend ist es, dass sie in einem Prozess erhoben wird, an dem die Gemeinde beteiligt ist (BVerwG, NVwZ 1983, 347; VGH Mannheim, BauR 2015, 1089). Eine fristgerechte Rüge wirkt für und gegen jedermann (BVerwG, BauR 2001, 1888).

Vor Ablauf der Frist sind alle Verfahrensfehler von Amts wegen von den Gerichten zu beachten; danach nur noch die in § 214 Abs. 1 Nr. 4 BauGB angeführten Fehler. Insoweit kommt eine Beschränkung der Rechtsfolgen eines Verfahrensfehlers nicht in Betracht, weil es sich dabei um die rechtsstaatlich unverzichtbaren Mindestanforderungen an eine Normsetzung handelt.

Unberührt von der Heilung nach §§ 214, 215 BauGB bleiben die kommunalrechtlichen Rügen (OVG Koblenz, NVwZ 1982, 124 zu § 214 BauGB); insoweit enthält aber § 24 Abs. 6 GemO eine vergleichbare Heilungsregelung.

b) Kommunalrechtliche Fehler

Einen Verstoß gegen **Vorschriften der Gemeindeordnung** stellt insbesondere die Beteiligung von **befangenen Gemeinderäten** bei dem Satzungsbeschluss nach § 10 BauGB dar. Die Mitwirkung eines befangenen Gemeinderates führt zur Nichtigkeit des Bebauungsplans (VGH Mannheim, BauR 1973, 368), wobei es gleichgültig ist, ob dieser befangene Gemeinderat Einfluss auf die Entscheidung über den Bebauungsplan genommen hat. Das OVG Koblenz (NVwZ-RR 2000, 198; BVerwG, NVwZ 1988, 916) stellt nur darauf ab, ob der befangene Gemeinderat beim Satzungsbeschluss nach § 10 BauGB mitgewirkt hat; eine Teilnahme an vorausgegangenen Gemeinderatssitzungen soll unschädlich sein, weil der Gemeinderat mit dem Satzungsbeschluss zugleich konkludent alle zuvor getroffenen Entscheidungen bestätige. Die Gegenmeinung wendet ein, dass die maßgeblichen Entscheidungen häufig bereits beim Aufstellungsbeschluss nach § 2 Abs. 1 BauGB, zumindest aber beim Beschluss über die Anregungen nach § 3 Abs. 2 BauGB getroffen werden; aus diesem Grund führe jegliche Mitwirkung eines befangenen Gemeinderats bei der Aufstellung des Bebauungsplans zu seiner Nichtigkeit (so OVG Münster, NVwZ-RR 1996, 220; OVG Lüneburg, NVwZ 1982, 200).

86

Bsp. für Befangenheit:
1. Ein Gemeinderat war bis zum Beschluss, einen Bebauungsplan aufzustellen, Eigentümer eines Grundstücks im Bebauungsplangebiet (OVG Koblenz, DVP 1998, 433).

2. Ein Gemeinderat ist Eigentümer eines Grundstücks im Bebauungsplangebiet (VGH Mannheim, NVwZ-RR 1993. 97); das gleiche gilt für die Mieter einer Wohnung im Plangebiet (VGH Mannheim, NVwZ-RR 1997, 183).
3. Ein Gemeinderat ist Eigentümer eines Grundstücks, das zwar außerhalb des Bebauungsplangebiets liegt, aber durch die Verwirklichung des Bebauungsplans unmittelbar betroffen würde (VGH Kassel, NVwZ-RR 1993, 156).
4. Ein Gemeinderat ist befangen, wenn er beruflich, z. B. als Architekt ein Interesse an der Verwirklichung des Bebauungsplans hat (VGH Mannheim, BRS 35 Nr. 22). Dabei reicht allerdings nicht das allgemeine Interesse an möglichen Aufträgen aus, vielmehr muss bereits eine konkrete Aussicht auf einen Auftrag bestehen (VGH Mannheim, BRS 40 Nr. 30).
5. Der Inhaber des einzigen Baumarkts am Ort ist bei der Ausweisung eines Sondergebiets „Baumarkt" befangen (VGH Mannheim, VBlBW 1987, 27).

87 Außer in den angeführten Fällen ist Befangenheit stets anzunehmen, wenn der Gemeinderat am Bebauungsplan ein **Sonderinteresse** hat, weil er selbst oder eine ihm nahestehende Person (Ehegatte, Verwandte, Arbeitgeber) einen Vor- oder Nachteil zu erwarten hat (BVerwG, NVwZ 1988, 916). Dabei soll zwar bereits „der böse Schein" vermieden werden (VGH Mannheim, NVwZ-RR 2005, 773), aber andererseits reichen ganz entfernt liegende Möglichkeiten einer Befangenheit nicht aus, weil sonst die Arbeit des Gemeinderats blockiert würde (OVG Münster, BauR 1979, 477; VGH Mannheim, BauR 2005, 57). Bei im öffentlichen Dienst stehenden Gemeinderäten ist eine Befangenheit nicht schon deshalb anzunehmen, wenn der Dienstherr (Bund oder Land) ein Grundstück im Bebauungsplangebiet besitzt, sondern erst dann, wenn die dienstlichen Aufgaben des Beamten oder seiner Behörde unmittelbar betroffen werden (OVG Koblenz, NVwZ 1984, 6).

Bei der Aufstellung eines Flächennutzungsplans scheidet ein Ausschluss eines Gemeinderats wegen Befangenheit aus, weil der Flächennutzungsplan sich über das ganze Gemeindegebiet erstreckt, so dass in der Regel die meisten Gemeinderäte bei Anwendung der Befangenheitsgrundsätze nicht mitwirken könnten (OVG Münster, BauR 1979, 477; Creutz, BauR 1979, 470; Krebs, VerwArch 1980, 181).

Die Mitwirkung eines befangenen Gemeinderats ist aber nur dann beachtlich, wenn dieser Fehler innerhalb eines Jahres seit Inkrafttreten des Bebauungsplans geltend gemacht wird (§ 22 GemO).

Ein weiterer wesentlicher kommunalrechtlicher Verfahrensfehler liegt vor, wenn die Vorschriften über die **Öffentlichkeit der Sitzungen des Gemeinderats** (§ 35 GemO) nicht beachtet werden (VGH Mannheim, BRS 17 Nr. 25); insoweit ist eine Heilung nicht möglich.

c) Materiell-rechtliche Fehler

88 Das Rechtsstaatsprinzip, wonach Eingriffe in Freiheit und Eigentum nur aufgrund eines Gesetzes möglich sind, hat normalerweise zur Folge, dass untergesetzliche Rechtsnormen nichtig sind, wenn sie gegen gesetzliche Vorschriften verstoßen. Auch insoweit weicht das Bauplanungsrecht teilweise von den allgemeinen Rechtsgrundsätzen ab.

§ 214 Abs. 2, § 215 Abs. 1 Satz 1 Nr. 2 BauGB enthalten **Unbeachtlichkeitsregelungen** wegen materiell-rechtlicher Fehler des Bebauungsplans im Hinblick auf sein Verhältnis zum Flächennutzungsplan (s. Rn. 33 ff.).

Im Übrigen sind materiell-rechtliche Fehler des Bebauungsplans aber beachtlich; für sie gibt es keine Rügefrist (zu Abwägungsfehlern, s. Rn. 56)

A. Bauleitplanung

d) Fehlerbewältigung durch ergänzendes Verfahren

Nach § 214 Abs. 4 BauGB können Mängel des Bebauungsplans durch ein ergänzendes Verfahren behoben werden. Der fehlerfreie Bebauungsplan kann auch **rückwirkend** in Kraft gesetzt werden (BVerwG, BauR 2010, 1894). Die Vorschrift findet sowohl auf Verfahrensfehler als auch auf materiell-rechtliche Fehler Anwendung (BVerwGE 119, 54; Finkelnburg, NVwZ 2004, 897; Dolde, NVwZ 2001, 976).

89

Alle **Verfahrensfehler**, auch solche des Kommunalrechts, können nach § 214 Abs. 4 BauGB durch Wiederholung des Verfahrens vom Stadium des Verfahrensfehlers ab geheilt werden (BVerwGE 110, 118 u. 119, 25). Hierfür ist nur dann ein Gemeinderatsbeschluss erforderlich, wenn der Satzungsbeschluss oder ein vorheriger Verfahrensabschnitt fehlerhaft war (BVerwG, NVwZ 1997, 893 u. 2001, 203). Eine unterbliebene Ausfertigung kann danach vom Bürgermeister ohne Beteiligung des Gemeinderats nachgeholt und der Bebauungsplan dann in Kraft gesetzt werden (BVerwG, NVwZ-RR 1997, 515). Ein rückwirkendes Inkrafttreten des Bebauungsplans scheidet aber aus, wenn sich zwischenzeitlich die Planungsgrundlagen so geändert haben, dass eine neue Abwägung nach § 1 Abs. 7 BauGB erforderlich ist (BVerwG, NVwZ 2004, 226; 2001, 203 u. 431 u. 2002, 83 u. 1385).

Bei **materiell-rechtlichen Fehlern** ist eine Fehlerheilung durch ein ergänzendes Verfahren unproblematisch, soweit es sich lediglich um eine Planergänzung handelt, also z. B. der bei der Neuplanung oder der wesentlichen Änderung einer Straße nach § 41 BImSchG i. V. m. §§ 1, 2 der 16. BImSchV erforderliche Lärmschutz durch die Festsetzung eines Lärmschutzwalls nach § 9 Abs. 1 Nr. 24 BauGB nachgeholt wird.

Die Ergänzung kann im Verfahren nach § 13 BauGB erfolgen und der ergänzende Bebauungsplan nach § 214 Abs. 4 BauGB 2004 auch mit rückwirkender Wirkung in Kraft gesetzt werden (Krautzberger/Stüer, BauR 2003, 1307).

Eine Behebung eines Abwägungsfehlers durch ein ergänzendes Verfahren ist nur dann zulässig, wenn dadurch die **Grundzüge der Planung** nicht berührt werden (BVerwG, NVwZ 2000, 1053; 2003, 1385 u. 2004, 226). Es wäre z. B. nicht zulässig, im Wege eines ergänzenden Verfahrens den Baugebietscharakter grundlegend zu verändern, also aus einem Wohngebiet ein Mischgebiet zu machen. Die nachträgliche „Planreparatur" (so Stüer/Rude, DVBl 2000, 322) ist nur möglich bei punktuellen Nachbesserungen im Rahmen einer ansonsten ordnungsgemäßen Gesamtplanung (VGH München, GewArch 1999, 432). Bei einer gewichtigen Planänderung würde es sich nicht um ein ergänzendes Verfahren, sondern faktisch um die Neuaufstellung des Bebauungsplans handeln (VGH Mannheim, BauR 2002, 738 - Verlegung einer Straße). Auch die Gesetzesmaterialien (BT-Drs. 13/6392 S. 74) sprechen nur von der Bereinigung von Fehlern, die das „Grundgerüst der Abwägung" nicht betreffen.

Bsp.:
1. Anordnung von Ausgleichsmaßnahmen nach §§ 1a Abs. 3, 9 Abs. 1a BauGB (BVerwG, NVwZ 2000, 1953)
2. Immissionsschutzmaßnahmen nach § 9 Abs. 1 Nr. 24 BauGB (OVG Lüneburg, NVwZ-RR 2002, 172)
3. Mangelnde Bestimmtheit einzelner Festsetzungen (BVerwG, NVwZ 2002, 1385)
4. Umwandlung eines reinen Wohngebiets in ein allgemeines Wohngebiet berührt nicht die Grundzüge der Planung (BVerwG, BauR 2009, 1862).

B. Bauplanungsrechtliche Zulässigkeit von Bauvorhaben

1. Bedeutung und System der §§ 29 ff. BauGB

90 §§ 29 ff. BauGB haben die bauplanungsrechtliche Zulässigkeit von Einzelbauvorhaben zum Inhalt. Die städtebauliche Ordnung wird nach den Vorstellungen des Gesetzgebers zunächst durch die Aufstellung von Bauleitplänen gewährleistet. Im Geltungsbereich eines Bebauungsplans sind Bauvorhaben gemäß § 30 Abs. 1 BauGB nur zulässig, wenn sie dem Bebauungsplan nicht widersprechen. Es muss aber auch in Gebieten, für die kein Bebauungsplan existiert, für eine geordnete städtebauliche Entwicklung gesorgt werden. Dies ist die Aufgabe von § 34 - nicht beplanter Innenbereich - und § 35 - Außenbereich - BauGB. Ferner muss überall dort, wo kein Bebauungsplan besteht, der Planungshoheit der Gemeinde Rechnung getragen werden Dies gewährleistet § 36 BauGB.

Die Geltung der §§ 29 ff. BauGB hängt nicht davon ab, ob ein Bauvorhaben baugenehmigungspflichtig ist. Auch bei baugenehmigungsfreien Vorhaben muss der Bauherr nach § 62 Abs. 3 LBauO die §§ 29-35 BauGB beachten.

91 Die §§ 30-37 BauGB finden nicht nur bei der Errichtung einer baulichen Anlage, sondern auch bei der baulichen Änderung oder Nutzungsänderung einer solchen Anlage Anwendung, sofern die Maßnahme eine städtebauliche Relevanz haben (BVerwGE 91, 234). Eine **Änderung** ist der städtebaulich relevante Umbau bzw. die Erweiterung oder sonstige bauliche Veränderung einer baulichen Anlage (BVerwG, NVwZ 1994, 294). Eine **städtebauliche Relevanz** ist anzunehmen, wenn die baulichen Maßnahmen Auswirkungen auf die bauplanungsrechtliche Zulässigkeit des geänderten Bauvorhabens haben können.

Bsp.:
Der nachträgliche Einbau von Dachgauben hat keine planungsrechtliche Relevanz für ein Bauvorhaben nach § 34 BauGB, weil es insoweit nur auf die in § 34 Abs. 1 BauGB angeführten Kriterien ankommt (BVerwG, NVwZ 1994, 1010).

Eine städtebauliche Relevanz ist bei einer Erhöhung des Maßes der baulichen Nutzung (§ 16 BauNVO) sowie bei Baumaßnahmen, die die Identität des Gebäudes berühren oder hinsichtlich des Aufwands an einen Neubau heranreichen, zu bejahen (BVerwG, NVwZ 2000, 1047). Bei der Prüfung der Zulässigkeit einer solchen Maßnahme ist das gesamte Gebäude in der geänderten Form zu berücksichtigen, nicht nur die geänderten Teile (BVerwG, NVwZ 2002, 1118 u. 2011, 748).

Bsp.:
1. Wird ein Ladengeschäft mit einer Verkaufsfläche von knapp 800 m² auf eine Verkaufsfläche von 840 m² erweitert, dann wird aus dem Ladengeschäft ein großflächiges Einzelhandelsgeschäft i. S. d. § 11 Abs. 3 BauNVO, auch wenn die zusätzlichen 40 m² Verkaufsfläche bei isolierter Betrachtungsweise sicher nicht die in § 11 Abs. 3 BauNVO angesprochenen negativen Auswirkungen haben werden (BVerwG, NVwZ 1987, 1076; s. dazu unten Rn. 101).
2. Die Umwandlung des als Abstellraum genutzten Kellers einer Kirche in eine Krypta kann nicht isoliert beurteilt werden (BVerwG, NVwZ 2011, 748).

Dieser Grundsatz gilt allerdings nicht, wenn die Baumaßnahme in Bezug auf ihre Zulässigkeit isoliert, also ohne Einbeziehung des gesamten Gebäudes beurteilt werden

B. Bauplanungsrechtliche Zulässigkeit von Bauvorhaben 65

kann, weil sie keine Auswirkung auf die Zulässigkeit des gesamten Gebäudes haben kann (BVerwG, NVwZ 2011, 748).

Bsp.:
Bei einer nachträglichen Veränderung des Daches ist nur die Zulässigkeit dieser Maßnahme, nicht die Zulässigkeit des bereits genehmigten Gesamtgebäudes zu prüfen (BVerwG, NVwZ 2000, 1047).

Eine **Nutzungsänderung** im Sinne des § 29 BauGB ist dann anzunehmen, wenn die Funktion der Anlage in einer Weise geändert wird, die zu einer anderen baurechtlichen Beurteilung führen kann, sich also die Genehmigungsfrage neu stellt (BVerwGE 47, 185 u. NVwZ 2011, 748; VGH Mannheim, NVwZ-RR 2014, 753). Wird z. B. ein Schreibwarengeschäft in ein Eisenwarengeschäft umgewandelt, dann stellt dies keine baurechtlich relevante Nutzungsänderung dar, weil für beide Geschäfte dieselben baurechtlichen Grundsätze gelten. Dagegen ist die Umwandlung eines Großhandelsbetriebs in ein Einkaufszentrum (BVerwG, NJW 1984, 1771) eine Nutzungsänderung, weil Einkaufszentren nach § 11 Abs. 3 BauNVO nur in Kern- und Sondergebieten zulässig sind. Ebenso ist die Änderung einer Schank- und Speisewirtschaft in eine Diskothek (VGH Kassel, NVwZ 1990, 583; OVG Münster, NVwZ 1983, 685), ein Nachtlokal mit Striptease (VGH München, BauR 2000, 81), eine Spielhalle (VGH Mannheim, VBlBW 1986, 109; 1992, 101) oder einen Swinger-Club (VGH Mannheim, BauR 2007, 669) sowie eines Kinos in eine Spielhalle (BVerwG, BauR 1989, 308) eine bauplanungsrechtlich relevante Nutzungsänderung, selbst wenn keinerlei bauliche Veränderungen vorgenommen werden.

Bsp:
Umwandlung eines Lehrlingsheims in eine Asylbewerberunterkunft (VGH Mannheim, NVwZ-RR 2014, 753)

Das gleiche gilt, wenn ein bisher einem landwirtschaftlichen Betrieb dienendes Gebäude einem Nichtlandwirt überlassen wird (BVerwGE 47, 185), eine Werkswohnung an betriebsfremde Personen vermietet wird (OVG Münster, BauR 2008, 1114), ein Wochenendhaus als Dauerwohnung genutzt wird (BVerwG, NVwZ 1984, 510), ein Hotel in ein Altenheim umgewandelt wird (BVerwG, BauR 1988, 569), eine Skihütte auf eine ganzjährige Bewirtung umgestellt wird (BVerwG, NVwZ 2000, 678), eine Lagerhalle als Verkaufsraum dient (BVerwG, BauR 1990, 569), ein Pkw-Stellplatz als Dauerabstellplatz für einen Wohnwagen genutzt wird (BVerwG, BauR 1993, 300) oder ein Rinderstall in einen Schweinestall - mit wesentlich stärkeren Geruchsemissionen - umgewandelt wird (BVerwG, NVwZ 1993, 445). Eine Nutzungsänderung liegt aber nicht vor, wenn sich ohne Mitwirkung des Eigentümers der Kreis der Benutzer ändert; eine Nutzungsintensivierung ist keine Nutzungsänderung.

Bsp.:
Eine zunächst nur von Besuchern aus der Nachbarschaft aufgesuchte Gaststätte mit Kegelbahn (§ 4 Abs. 2 Nr. 2 BauNVO) wird zunehmend auch von auswärtigen Gästen aufgesucht und ist daher in einem allgemeinen Wohngebiet eigentlich nicht zulässig. Das BVerwG hat gleichwohl eine Nutzungsänderung verneint, weil der Inhaber für die Veränderung des Besucherkreises nicht verantwortlich sei (BVerwG, NVwZ 1999, 417).

Die Vorschriften der §§ 30 ff. BauGB gelten nach **§ 38 BauGB** nicht für Vorhaben von 92 überörtlicher Bedeutung (BVerwG, NVwZ 2001, 90; BauR 2013, 440), die der **Planfeststellung** oder einer die Planfeststellung ersetzenden Zulassung bedürfen, ferner nicht für öffentlich zugängliche Abfallbeseitigungsanlagen. Derartige Vorhaben können aufgrund der für alle Planfeststellungsverfahren erforderlichen Abwägung der öffentlichen und privaten Belange auch dann zugelassen werden, wenn sie bei isolierter baurechtlicher Betrachtungsweise unzulässig wären (BVerwGE 70, 242; NVwZ 2004, 1240; Schmidt-Eichstaedt, NVwZ 2003, 129; Breuer, NVwZ 2007, 3). § 38 BauGB normiert insoweit einen Vorrang des Fachplanungsrechts (BVerwG, BauR 2013, 440). Die städtebaulichen Belange sind aber im Rahmen der Abwägung angemessen zu berücksichtigen (BVerwGE 100, 388; VGH Mannheim, BauR 2003, 355; Kirchberg/Boll/Schütz, NVwZ 2002, 550). Der Vorrang des Fachplanungsrechts bedeutet aber nicht, dass der Fachplanungsträger bestehende Bauleitpläne der Gemeinde einfach ignorieren oder sich zumindest im Wege der Abwägung über sie hinwegsetzen kann. Dies folgt schon aus dem Verweis auf § 7 BauGB in § 38 Satz 2 BauGB. Maßgeblich sind vor allem das Gewicht der beiderseitigen Belange sowie der Grundsatz der Priorität (BVerwG, NVwZ-RR 1998, 290; VGH Mannheim, BauR 2003, 355).

Besondere Probleme entstehen im Zusammenhang mit Bahnhöfen, nachdem die Bahn AG zunehmend dazu übergeht, im Bahnhofsbereich auch völlig bahnfremde Nutzungen zuzulassen (VGH München, BauR 2011, 801; Stüer, NVwZ 2006, 512; Ronellenfitsch, VerwArch 1999, 467: Warenhäuser mit Gleisanschluss). Da die **Bahnanlagen** einschließlich der Bahnhöfe aufgrund von Planfeststellungsbeschlüssen erstellt wurden, wird ein Vorrang der Fachplanung angenommen, d. h. die Bahnanlagen sind der kommunalen Bauleitplanung entzogen. Anders ist es aber, wenn die Bahnanlagen aufgegeben werden, was allerdings eine förmliche „Freigabeerklärung" durch die Bahn AG voraussetzt (BVerwG, NVwZ 1989, 655; NVwZ 2010, 1159), oder aber die Nutzung eines Teils des Bahnhofs für bahnfremde Zwecke die bestimmungsmäßige Nutzung des Bahnhofs nicht beeinträchtigt (BVerwG, NVwZ RR 1990, 292; OVG Lüneburg, BauR 1997, 101 für eine Bahnhofsdrogerie).

2. Begriff der baulichen Anlage (§ 29 BauGB)

93 § 29 Satz 1 BauGB verlangt für die Anwendung der §§ 30 ff. BauGB, dass es sich um eine **bauliche Anlage** handelt. Der Begriff der baulichen Anlage ist nicht im Baugesetzbuch, sondern wird in § 2 Abs. 1 LBauO wie folgt definiert:

Bauliche Anlagen sind mit dem Erdboden verbundene, aus Bauprodukten hergestellte Anlagen. Nach § 2 Abs. 1 Satz 2 LBauO besteht eine Verbindung mit dem Erdboden auch dann, wenn die Anlage durch eigene Schwere auf dem Boden ruht oder wenn sie nach ihrem Verwendungszweck dazu bestimmt ist, überwiegend ortsfest benutzt zu werden

Bsp.:
Eine im Garten aufgestellte Oldtimer-Lokomotive eines Eisenbahn-Fans ist eine bauliche Anlage (VGH Mannheim, VBlBW 1993, 431).

Für fahrbare Anlagen wie Wohnwagen (vgl. BVerwGE 44, 59) oder Verkaufsstände (OVG Lüneburg, BauR 1993, 454; OVG Saarlouis, BRS 54 Nr. 141) ist darauf abzustellen, ob die Anlage überwiegend ortsfest benutzt wird. Dabei kommt es nicht darauf an, ob die ortsfeste Benutzung zeitlich überwiegt; maßgebend ist allein, ob die Anlage als Ersatz für ein Gebäude dient.

Bsp.:
1. Ein Schiff, das ortsfest über einen Steg zu erreichen ist und als Gaststätte benutzt wird, ist eine bauliche Anlage (VGH Kassel, BauR 1987, 183).
2. Ein mit Werbeaufschriften versehener Kfz-Anhänger, der stets an demselben Standort geparkt wird, stellt einen Ersatz für ein Werbeschild dar und ist daher eine bauliche Anlage (OVG Münster, BauR 2004, 67).

B. Bauplanungsrechtliche Zulässigkeit von Bauvorhaben

Der Begriff der baulichen Anlage im Sinne des § 29 BauGB ist nach BVerwGE 39, 154 und 44, 59 nicht identisch mit dem bauordnungsrechtlichen Begriff der baulichen Anlage im Sinne des § 2 Abs. 1 LBauO. Denn die §§ 29 ff. BauGB dienen städtebaulichen Belangen, während für § 2 LBauO bauordnungsrechtliche Belange - Gefahrenabwehr - maßgebend sind (BVerwG, BauR 2000, 1312; NVwZ 2001, 1046). Es kommt hinzu, dass der Begriff der baulichen Anlage in den einzelnen Landesbauordnungen zum Teil unterschiedlich definiert wird (vgl. Ernst/Zinkahn/Bielenberg, § 29 Rn. 2), während der bundesrechtliche Begriff der baulichen Anlage im Sinne des § 29 BauGB zwangsläufig im ganzen Bundesgebiet einheitlich ausgelegt werden muss.

Nach BVerwGE 44, 59 - Wohnfloß - (eb. BVerwG, NJW 1977, 2090 - Tragluftschwimmhalle) setzt sich der Begriff der baulichen Anlage im Sinne des § 29 BauGB zusammen aus dem verhältnismäßig weiten Merkmal des Bauens und dem einengenden Merkmal bodenrechtlicher Relevanz der Anlage (s. dazu BVerwGE 91, 234; NVwZ 2001, 1046).

Unter **Bauen** versteht das Bundesverwaltungsgericht das Schaffen einer künstlichen Anlage, die auf Dauer mit dem Erdboden verbunden ist; auch hier reicht aber die Verbindung kraft eigener Schwere aus (BVerwG, BRS 15 Nr. 87; DÖV 1971, 638). Dabei werden an das Bauen nur geringe Anforderungen gestellt (BVerwG, BauR 1993, 300 - geschotterter Stellplatz = bauliche Anlage; anders aber BVerwG, NVwZ 1994, 293 für einen Splittaufschüttung sowie BVerwG, BauR 1996, 362 für einen unbefestigten Lagerplatz; OVG Hamburg, BauR 2005, 849 - Sonnenschutz aus Stoff). Das **Merkmal der Dauer** ist auch erfüllt, wenn die Anlage regelmäßig auf- und abgebaut wird (BVerwG, BauR 1977, 109; OVG Saarlouis, BauR 1993, 453; a. A. OVG Münster, BauR 2011, 1799 - für Biergarten). Entscheidend ist auch insoweit, ob die Anlage als Ersatz für ein festes Bauwerk dienen soll (BVerwGE 44, 59; BauR 1975, 108). Bauplanungsrechtlich kommt es auf die unmittelbare Verbindung mit dem Erdboden nicht an (BVerwG, NVwZ 1993, 983 u. 1995, 897; BauR 1995, 508), so dass Werbeanlagen an Gebäuden als bauliche Anlagen gelten (Rspr.-Nachw., s. Rn. 94); das gleiche gilt für Mobilfunkanlagen auf einem Dach (OVG Münster, NVwZ-RR 2003, 637; VGH Mannheim, NVwZ-RR 2003, 637; VGH Kassel, BauR 2005, 963 - s. dazu Gehrken, NVwZ 2006, 977).

Der demnach sehr weite Begriff des Bauens ist einzuschränken durch das weitere **Merkmal der bodenrechtlichen Relevanz**. Die bodenrechtliche Relevanz ist nach der Rechtsprechung des Bundesverwaltungsgerichts (BVerwGE 91, 234; NVwZ 2001, 1046) gegeben, wenn das Vorhaben „ein Bedürfnis nach Planung hervorruft". Dabei kommt es nicht auf das einzelne Vorhaben an, sondern auf eine „das einzelne Objekt verallgemeinernde Betrachtungsweise". Maßgeblich ist, ob derartige Vorhaben generell ohne Beachtung bauplanungsrechtlicher Vorschriften und damit letztlich beliebig errichtet werden können. Die Belange des § 1 Abs. 6 BauGB müssen durch die Anlage berührt werden können, was bei ganz unbedeutenden Bauwerken nicht der Fall ist (OVG Münster, BauR 1986, 544 - Zigarettenautomat; OVG Koblenz, NVwZ-RR 2001, 289 - Gerätehütte von 10 m³). Die bodenrechtliche - bauplanungsrechtliche - Relevanz ist dann nicht gegeben, wenn das Bauvorhaben nicht Gegenstand von Festsetzungen in einem Bebauungsplan sein könnte.

Bsp.:
1. Die Errichtung von Dachgauben hat keine bauplanungsrechtliche Relevanz, weil die Festsetzung von Dachgauben in einem Bebauungsplan nicht vorgesehen ist (BVerwG, NVwZ 1994, 1919).
2. Die Umwandlung eines Flachdachs in ein Satteldach hat keine bauplanungsrechtliche Relevanz, da weder § 9 BauGB noch §§ 16 ff. BauNVO Festsetzungen über die Dachform er-

lauben; derartige Festsetzungen beruhen auf einer bauordnungsrechtlichen Ermächtigung (vgl. § 88 Abs. 1 Nr. 1 LBauO; VGH Mannheim, VBlBW 1995, 69; OVG Münster, DÖV 1992, 366; OVG Lüneburg, DÖV 1993, 258).

Beispiele für bauliche Anlagen:

94 1. **Werbeanlagen** (s. dazu Friedrich, BauR 1996, 504) sind bauliche Anlagen, wenn sie aus Baustoffen (Holz, Metall, Plastik, Glas o. ä.) hergestellt sind und im Hinblick auf ihre Größe planungsrechtliche Relevanz haben, weil sie sich auf die Umgebung auswirken. Es kommt dabei nicht darauf an, ob sie selbst unmittelbar mit dem Erdboden verbunden sind (z. B. Anschlagtafeln) oder an bzw. auf anderen Anlagen angebracht sind (BVerwGE 91,324; NVwZ 1995, 987; BauR 1995, 508; OVG Hamburg, NVwZ-RR 2002, 562; VGH Mannheim, VBlBW 2009, 466). Keine baulichen Anlagen sind daher zum einen kleine Werbeanlagen z. B. das Praxisschild eines Rechtsanwalts (VGH Mannheim, BauR 1992, 352; VGH Kassel, BRS 42 Nr. 152), zum anderen bloße Bemalungen, Beschriftungen u. ä.(VGH Mannheim, BauR 1995, 226); eine Werbung mittels Himmelsstrahler ist mangels baulicher Tätigkeit keine bauliche Anlage (OVG Koblenz, NuR 2003, 701; VG Stuttgart, NVwZ-RR 2000, 14). Auch Werbeanlagen, die keine baulichen Anlagen sind, bedürfen aber nach § 61 LBauO einer Baugenehmigung, sofern sie nicht nach § 62 Abs. 1 Nr. 8 LBO baugenehmigungsfrei sind.
2. **Automaten** sind bauliche Anlagen, wenn sie selbst unmittelbar mit dem Erdboden verbunden sind (OVG Münster, BauR 1986, 544) oder wegen ihrer Größe planungsrechtliche Bedeutung haben; es gelten insoweit die gleichen Grundsätze wie bei Werbeanlagen.
3. **Wohnwagen** und Wohnflöße werden als bauliche Anlagen angesehen, wenn sie als Ersatz für ein festes Gebäude - Wochenendhaus - dienen (BVerwGE 44, 59; NVwZ 1988, 144; VGH Mannheim, BRS 23 Nr. 69; VGH Kassel, NVwZ 1988, 165; OVG Saarlouis, NVwZ 1989, 1082; BRS 54 Nr. 141).
4. **Einfriedungen** sind nur bauliche Anlagen, wenn sie aus Baustoffen - Steine, Holz, Eisen, Kunststoff - hergestellt sind; Hecken sind demnach keine baulichen Anlagen im Sinne des § 29 BauGB (OVG Koblenz, NVwZ-RR 2005, 527).
5. **Campingplätze** sind als solche keine baulichen Anlagen, sie werden aber hinsichtlich der gesamten Anlage zur baulichen Anlage, wenn sie feste Bauwerke (Wasch- und Toilettengebäude, Kiosk) aufweisen (BVerwG, BauR 1975, 108; NJW 1975, 2114).
6. Für **Sport- und Tennisplätze** gilt das gleiche wie für Campingplätze; ausreichend für eine Qualifikation als bauliche Anlage ist bereits, dass sie über eine Einzäunung verfügen (VGH München, BauR 1982, 141; VGH Kassel, BauR 1982, 143; OVG Münster, BauR 2000, 81) oder einen festen Bodenbelag bzw. Spielgeräte (Tore) aufweisen (VGH Mannheim, VBlBW 1984, 222 und 1987, 464; OVG Saarlouis, NVwZ 1985, 770); Flugplatz für Modellflugzeuge (OVG Lüneburg, NVwZ-RR 1995, 556).
7. **Verkaufsstände und Verkaufswagen** sind bauliche Anlagen, wenn sie als Ersatz für eine ortsfeste Anlage dienen, auch wenn sie nicht ständig aufgestellt werden (VGH Mannheim, BWVBl. 1973, 141; BRS 39 Nr. 143; OVG Lüneburg, BauR 1993, 454; OVG Saarlouis, BRS 54 Nr. 141: Hähnchen-Grillstation; OVG Saarlouis, BRS 44 Nr. 137: fahrbarer Imbissstand; OVG Saarlouis, BRS 48 Nr. 128; mobile Feldküche: VG Dessau, LKV 2002, 589).
8. **Kfz-Abstellplätze und Lagerplätze** werden als bauliche Anlagen im Sinne von § 29 BauGB angesehen, soweit sie über einen betonierten, asphaltierten oder ähnlich befestigten Untergrund verfügen (BVerwG, BauR 1993, 300); Ausstel-

B. Bauplanungsrechtliche Zulässigkeit von Bauvorhaben

lungsfläche für Landmaschinen als bauliche Anlage (BVerwG, NVwZ-RR 1999, 623); eine Befestigung des Untergrunds durch bloßes Walzen oder Stampfen oder Aufbringen einer Kiesaufschüttung ist demgegenüber nicht ausreichend (BVerwG, BauR 1996, 362).

Hinweis:

Auch wenn der Begriff der baulichen Anlage im Sinne des § 29 BauGB unabhängig von der landesrechtlichen Definition dieses Begriffs ist, bleibt doch festzuhalten, dass jedenfalls Anlagen nach § 2 Abs. 1 LBauO regelmäßig unter § 29 BauGB fallen. Eine Auseinandersetzung mit dem unterschiedlichen Inhalt des Begriffs der baulichen Anlage in § 29 BauGB und § 2 Abs. 1 LBauO ist deshalb nur in Ausnahmefällen erforderlich (Ortloff, NVwZ 1989, 616).

Durch § 29 Satz 3 BauGB werden ferner **Aufschüttungen und Abgrabungen** größeren Umfangs sowie Lagerstätten den §§ 30 - 36 BauGB unterworfen, auch soweit sie nach der obigen Definition keine baulichen Anlagen sind. Als Lagerstätten sind auch Lagerplätze anzusehen (BVerwG, DÖV 1980, 175; OVG Lüneburg, BauR 2006, 1442: 4,5 m hoher Stapel von Heuballen ist bauliche Anlage, VGH München, NVwZ-RR 2008, 688 - Motocross-Anlage mit Sprunghügeln); des Weiteren fallen hierunter Ausstellungsflächen, da es auf den Zweck der Lagerung nicht ankommt (BVerwG, NVwZ-RR 1999, 623).

3. Bauvorhaben im beplanten Innenbereich - § 30 BauGB - Bedeutung der Baunutzungsverordnung

§ 30 Abs. 1 BauGB gilt nur für Bauvorhaben im Geltungsbereich sog. **qualifizierter** 95 **Bebauungspläne**, d. h. von Plänen, die mindestens Art und Maß der baulichen Nutzung, die überbaubare Grundstücksfläche und die örtlichen Verkehrsflächen regeln. Bebauungspläne, die diesen Mindestanforderungen nicht entsprechen, z. B. nur eine Baugrenze entlang einer Straße ausweisen, sind nach § 30 Abs. 3 BauGB bei der Erteilung der Baugenehmigung allerdings ebenfalls zu beachten. Die bauplanungsrechtliche Zulässigkeit bestimmt sich aber im Übrigen nicht nach § 30 BauGB, sondern nach § 34 oder § 35 BauGB.

Nach § 30 Abs. 1 BauGB ist die Genehmigung für das Bauvorhaben zu erteilen, wenn die Errichtung des Bauwerks oder die Nutzungsänderung **nicht dem Bebauungsplan widerspricht**. Ob das der Fall ist, regelt sich vor allem nach der Baunutzungsverordnung, die nach § 1 Abs. 3 BauNVO Bestandteil des Bebauungsplans ist; außerdem sind natürlich auch die sonstigen Festsetzungen nach § 9 Abs. 1 BauGB zu beachten.

Um das Verständnis der Festsetzungen des Bebauungsplans zu erleichtern, sind die Gemeinden verpflichtet, die in der Planzeichenverordnung vom 18.12. 1990 (BGBl I 1991 S. 58) angeführten Symbole und Zeichen zu verwenden. Soweit der Bebauungsplan keine Legende enthält, erschließt sich der Inhalt eines Bebauungsplans also durch die Heranziehung der Planzeichenverordnung.

a) Art der baulichen Nutzung - §§ 2-14 BauNVO

96 Die Baunutzungsverordnung enthält in §§ 2 ff. zunächst Regelungen über die Art der baulichen Nutzung. Die in einem Baugebiet generell zulässigen Vorhaben sind jeweils in Absatz 2, die nur als Ausnahme nach § 31 Abs. 1 BauGB zulässigen Vorhaben sind jeweils in Absatz 3 angeführt. Die Gemeinden haben allerdings nach § 1 Abs. 4 - 10 BauNVO (s. Rn. 79 f.) die Möglichkeit, diese **Systematik** im Bebauungsplan im Einzelnen beträchtlich zu ändern.

Hinweis:

Nach § 1 Abs. 3 BauNVO sind die §§ 2 ff. BauNVO Bestandteil des Bebauungsplans. Da der Gemeinderat nur die jeweils geltende Fassung der Baunutzungsverordnung in seine Planungsentscheidung einbeziehen konnte, gilt die Baunutzungsverordnung in der Fassung, die bei Aufstellung des Bebauungsplans in Kraft war (BVerwG, BauR 1992, 472; NVwZ 2000, 1054). Bei älteren Bebauungsplänen ist also die Baunutzungsverordnung 1962, 1968 und 1977 heranzuziehen (§§ 25 a-c BauNVO). Die inhaltlichen Änderungen der §§ 2-11 BauNVO durch die Novellen 1968, 1977, 1986 und 1990 (s. dazu Lenz, BauR 1990, 157) sind allerdings nicht sehr weitgehend.

Beispiele für zulässige Bauvorhaben in verschiedenen Baugebieten:

Dabei ist regelmäßig auf die typische Erscheinungsform einer baulichen Anlage oder eines Gewerbebetriebs abzustellen - typisierende Betrachtungsweise - (BVerwGE 68, 207 u. 342). Auf den konkreten Betrieb kann nur abgestellt werden, wenn dieser durch betriebsbezogene objektive, also nicht verhaltensabhängige Besonderheiten, etwa nicht zu öffnende Fenster mit Klimaanlage, vom typischen Erscheinungsbild eines solchen Betriebs abweicht (vgl. BVerwG, NVwZ 1993, 987; VGH Mannheim, NVwZ 1999, 439; VBlBW 2000, 78). Das Bundesverwaltungsgericht hat ferner als UNGESCHRIEBENES TATBESTANDSMERKMAL der §§ 2-9 BauNVO verlangt, dass das Vorhaben BAUGEBIETSVERTRÄGLICH ist. Das bedeutet, dass es der Eigenart des jeweiligen Baugebiets entsprechen muss (BVerwG, NVwZ 2008, 786).

Bsp.:

Ein Friedhof einer christlichen Sekte ist in einem Industriegebiet nicht zulässig, obwohl Anlagen für kirchliche Zwecke nach § 9 Abs. 3 Nr. 2 BauNVO im Industriegebiet als Ausnahme zugelassen werden können (VGH Mannheim, VBlBW 2010, 155). Denn Friedhöfe sind in Industriegebieten grundsätzlich fehl am Platz (eb. BVerwG, NVwZ 2012, 825 für Krematorium im Gewerbegebiet).

aa) Reines Wohngebiet

97 Das reine Wohngebiet dient nach § 3 Abs. 1 BauNVO dem Wohnen. Dem Begriff des Wohnens ist eine auf gewisse Dauer angelegte, eigenständige Gestaltung häuslichen Lebens eigen und er umfasst die Gesamtheit der mit der Führung eines häuslichen Lebens und des Haushalts verbundenen Tätigkeiten, wobei allerdings ein Mindestmaß an freier häuslicher Gestaltungsmöglichkeit ausreichend ist.

Zulässig: Studentenwohnheim (OVG Lüneburg, BRS 47 Nr. 40), Personalheim (OVG Saarlouis, BRS 27 Nr. 33), Altenpflegeheim (VGH Mannheim, NVwZ 1990, 1202), kleines Büro für eine freiberufliche Tätigkeit (BVerwG, BRS 23 Nr. 36, anders aber bei größerem Büro mit zahlreichen Beschäftigten VGH Mannheim, BRS 32 Nr. 64), herkömmlicher Spielplatz (BVerwG, BRS 28 Nr. 138; VGH Mannheim, BauR 1985, 535), Asylbewerberunterkunft als soziale Anlage (VGH Mannheim, NVwZ 2015, 1781)

B. Bauplanungsrechtliche Zulässigkeit von Bauvorhaben   71

Unzulässig: großes Büro einer Versicherungsgesellschaft (VGH Mannheim, BRS 27 Nr. 31), Hundezwinger (OVG Münster, BRS 30 Nr. 29), Gastwirtschaft (BVerwG, BBauBl 1964, 355; OVG Münster, BRS 17 Nr. 23), Warenautomat (OVG Münster, BauR 1986, 544), Einzelhandelsgeschäft mit weiterem Einzugsgebiet (VGH Mannheim, BRS 35, Nr. 33), Kegelbahn (OVG Münster, BRS 39 Nr. 65), Bräunungsstudio (VGH Mannheim, BWVPr 1986, 39), Werbeanlage für Fremdwerbung (BVerwG, BauR 1993, 315), Praxisgebäude für Physiotherapie (VG Schleswig, Beschluss v. 16.07.2003 - 5 B 28/03 -, juris); ambulanter Pflegedienst (BVerwG, BauR 2009, 1556).

bb) Allgemeines Wohngebiet

Allgemeine Wohngebiete dienen nach § 4 Abs. 1 BauNVO vorwiegend dem Wohnen. **98** Hier ist das Wohnen nicht die ausschließlich zulässige Nutzungsart, sie steht aber im Vordergrund. Daneben sind Anlagen zulässig, die den materiellen, kulturellen oder sozialen Bedürfnissen des Gebietes dienen. Nach § 4 Abs. 2 Nr. 2 BauNVO sind die der Versorgung des Gebiets dienenden Läden sowie Schank- und Speisewirtschaften zulässig. Die Frage der Zulässigkeit dieser Anlagen kann erhebliche Schwierigkeiten bereiten. Nach der Entscheidung des Bundesverwaltungsgerichts vom 29. 10.1998 - 4 C 9.97 - (DVBl. 1999, 244 mit Anm. Schmaltz; BVerwG, UPR 1999, 72) ist für die Qualifizierung einer Anlage als gebietsbezogene maßgeblich auf objektive Kriterien abzustellen.

Zulässig: Vereinsheim eines Gesangsvereins (OVG Koblenz, BauR 2003, 1187), Krankenhaus (OVG Saarlouis, Urt. v. 29.08.1995 - 2 F 107/95 -, juris), Bestattungsinstitut (OVG Weimar, UPR 2003, 451),

Ladengeschäfte sowie Schank- und Speisewirtschaft für die Bewohner des Gebiets (VGH Mannheim, BRS 25 Nr. 29 und BauR 1987, 50): Ob diese der Versorgung des Baugebiets dienen, richtet sich nach objektiven Kriterien, nicht nach den Angaben des Bauherrn. Der Betrieb dient jedenfalls dann auch der örtlichen Versorgung, wenn ein nicht nur unerheblicher Teil der Bewohner des Ortes in diesem Ladengeschäft einkauft (BVerwG, NVwZ 1999, 184 u. 417; VGH Mannheim, NVwZ-RR 2000, 413).

Zulässig sind Pizzeria mit 20-30 Sitzplätzen (OVG Münster, BRS 64 Nr. 69), Bäckerei (VGH Mannheim, NVwZ-RR 2000, 413), Tankstelle mit Waschanlage (OVG Münster, NVwZ-RR 1997, 16),) Jugendheim (VGH München, BauR 1982, 239), Aussiedler-Wohnheim (VGH Mannheim, NVwZ 1992, 995), nichtstörende Kfz-Werkstatt (VGH Mannheim, VBlBW 1982, 48), Bolzplatz (BVerwG, NVwZ 1992, 884), Hotel (VGH Mannheim, BauR 1987, 50; a.M. OVG Berlin, NVwZ-RR 1993, 458), Hundezwinger für zwei Dackel (VGH Mannheim, BauR 1991, 571), Mobilfunkanlage (VGH München, BauR 2008, 1108; a. A. OVG Münster, NVwZ-RR 2003, 637), Bolzplatz (BVerwG, NVwZ 1992, 884; VGH Mannheim, VBlBW 2015, 81), .

Unzulässig: Bordell- und Wohnungsprostitution (OVG Koblenz, DÖV 2004, 395), Hundezwinger für zwei Schäferhunde (VGH Mannheim, NVwZ-RR 1990, 64), Pferdezucht bis zu vier Pferden (VGH Mannheim, BauR 2004, 544; s. Stüer, DVBl. 2010, 543), Tischlerwerkstatt (BVerwG, DVBl 1971, 759), Discountladen (OVG Lüneburg, DÖV 1968, 235), Minigolfanlage (OVG Münster, BRS 18 Nr. 155), Streetballfeld (VG Gelsenkirchen, BRS 62 Nr. 88), Speditionsunternehmen (VGH Kassel, BRS 18 Nr. 19), Schwertransport- und Kranbetriebe (BVerwG, NJW 1977, 1932), Kegelbahn

(VGH Mannheim, BRS 32 Nr. 31), LKW-Abstellplatz (VGH Mannheim, BRS 39 Nr. 61), Schnellimbiss (OVG Saarlouis, NVwZ-RR 1993, 460), Gaststätte ohne Bezug zu Baugebiet (BVerwG, NVwZ 1993, 455), Beherbergungsbetrieb (VGH Mannheim, BRS 65 Nr. 62), großer Lagerplatz (VGH Mannheim, VBlBW 1996, 25), großflächiger Gartenbaubetrieb (BVerwG, BauR 1996, 816), Ärztehaus (BVerwG, BauR 1997, 490), Haltung von Reitpferden (OVG Saarlouis, BauR 2009, 1185; s. Stüer, DVBl. 2010, 543), ALDI-Markt (OVG Münster, NVwZ-RR 2004, 245), islamisches Gebetshaus bei nächtlichem Zufahrtsverkehr (OVG Lüneburg, BauR 2010, 433), Swinger-Club (VGH Mannheim, BauR 2007, 669)

cc) Mischgebiet

99 Das Mischgebiet dient nach § 6 Abs. 1 BauNVO dem Wohnen und der Unterbringung von Gewerbebetrieben, die das Wohnen nicht wesentlich stören. Dieses Gebiet vereinigt damit zwei gleichrangig nebeneinander stehende Hauptnutzungen (BVerwG, NVwZ-RR 1997, 463).

Zulässig: Autowaschanlage (OVG Münster, BauR 1977, 112), geräuscharme Kfz-Werkstatt (BVerwG, BauR 1975, 396; ZfBR 1986, 148), SB-Waschsalon (VGH Mannheim, VBlBW 1993, 61), Pizza-Dienst (VGH Mannheim, VBlBW 1995, 27), Heroin-Ambulanz (VGH Kassel, Beschl. v. 12.03.2003 - 3 TG 3259/02 -, juris), Moschee (VG Frankfurt, NVwZ-RR 2002, 175), Blockheizkraftwerk (OVG Schleswig, Beschl. v. 16.02.2001 - 1 L 35/01 -, juris), Einzelhandels-Discounter (VGH Mannheim, BRS 46 Nr. 49).

Unzulässig: Anlagen nach §§ 4 ff. BImSchG (BVerwG, BRS 28 Nr. 27), Einkaufszentren (VGH Mannheim, BRS 32 Nr. 32), Fleischwarenfabrik (OVG Saarlouis, BRS 63 Nr. 78), lärmintensive Kfz-Werkstatt (BVerwG, BauR 1975, 296), Pferdestall (OVG Lüneburg, BauR 1989, 63), Wohnungsprostitution (VGH Mannheim, NVwZ 1997, 601), bordellartiger Betrieb (VGH Mannheim, GewArch 2003, 496), Schnellrestaurant mit Autoschalter (OVG Hamburg, Beschl. v. 12.02.2002 - 2 Bs 384/01 -, juris).

dd) Gewerbegebiet

100 Das Gewerbegebiet dient nach § 8 Abs. 1 BauNVO vorwiegend der Unterbringung von nicht erheblich belästigenden Gewerbebetrieben (BVerwGE 90, 140; BVerwG, NVwZ-RR 1996, 84).

Zulässig: Wohnräume für Betriebsleiter und Bereitschafts- oder Aufsichtspersonal (BVerwG, BauR 1983, 443; s. auch OVG Münster, BauR 2008, 1114: bei Aufgabe des Betriebs entfällt Baugenehmigung), Bordell (BVerwG, NJW 1984, 1574) - das aber im Einzelfall nach § 15 BauNVO oder § 3 LBauO unzulässig sein kann (OVG Koblenz, DVBl. 2009, 1395; OVG Hamburg, BauR 2009, 1867), Beherbergungsbetrieb (BVerwG, VBlBW 1993, 49), nicht erheblich störende Anlagen nach § 4 BImSchG (BVerwG, NVwZ 1993, 987), Cash- und Carry-Markt (VGH Kassel, UPR 2001, 120 u. juris), Convenience-Store bis 400 m² (VGH Kassel, Urt. v. 08.06.2004 - 3 N 1239/03 -, juris), Go-Cart-Bahn (OVG Schleswig, GewArch 1997, 168).

Unzulässig: Wohngebäude (OVG Schleswig, BauR 1991, 731), Wohnheim für Asylbewerber (VGH Mannheim, VBlBW 2013, 384- s. dazu § 246 Abs. 10 BauGB), Bau-

B. Bauplanungsrechtliche Zulässigkeit von Bauvorhaben 73

stoffrecycling-Anlage (VGH Mannheim, VBlBW 2000, 78), Wohnung für freie Berufe (VGH München, BauR 2008, 649).

ee) Industriegebiet

Das Industriegebiet dient nach § 9 Abs. 1 BauNVO ausschließlich der Unterbringung **101** von Gewerbebetrieben, und zwar vorwiegend solcher Betriebe, die in anderen Baugebieten unzulässig sind.

Zulässig: Sonderabfall-Zwischenlager (OVG Koblenz, UPR 1996, 200)

Unzulässig: Zwischenlager für atomare Brennstoffe (OVG Münster, NJW 1985, 590); Diskothek (BVerwG, NVwZ 2000, 1054); Asylbewerberunterkunft (OVG Münster, NVwZ-RR 2004, 247), großflächige Einzelhandelsbetriebe (BVerwG, BRS 42 Nr. 60)

ff) Sondergebiete

Nach §§ 10, 11 BauNVO können in einem Bebauungsplan „sonstige Sondergebiete" **102** festgesetzt werden. Die Festsetzung von Sondergebieten ist nur zulässig, wenn die vorgesehene Bebauung sich so deutlich von den Baugebieten nach §§ 2-9 BauNVO unterscheidet, dass die vorgesehene Bebauung in einem solchen Baugebiet nicht verwirklicht werden kann (BVerwG, NVwZ 2010, 40; NVwZ 2014, 73).

Bsp.:
1. Ein Sondergebiet „Wohnen mit Pferden" ist zulässig (OVG Lüneburg, BauR 2009, 1550).
2. Sondergebiet Altenwohnheim ist unzulässig, da ein Altenwohnheim in Wohngebieten nach §§ 3, 4 BauNVO errichtet werden kann (OVG Lüneburg, NVwZ 2002, 109).

Als Sondergebiete, die der Erholung dienen - § 10 BauNVO -, können insbesondere Wochenendhausgebiete, Ferienhausgebiete oder Campingplatzgebiete ausgewiesen werden. Der Bebauungsplan muss nach § 10 Abs. 2 BauNVO die Art der Nutzung konkret festlegen. Die Ausweisung „Erholungsgebiet" ist mangels Bestimmtheit nichtig (BVerwG, BauR 1983, 433).

Nach § 11 BauNVO können auch **sonstige Sondergebiete** festgesetzt werden; Absatz 2 nennt als Beispiele Kurgebiete, Ladengebiete, Einkaufszentren und großflächige Handelsbetriebe, Ausstellungsgebiete, Hochschulgebiete (BVerwG, UPR 1999, 73), Klinikgebiete; auch insoweit muss aber die Zweckbestimmung eindeutig festgesetzt sein (BVerwG, NJW 1983, 2713; OVG Saarlouis, BRS 55 Nr. 189; VGH Mannheim, NVwZ-RR 2001,716 - Sondergebiet Technologie-Park).

gg) Einkaufszentren

§ 11 Abs. 3 BauNVO enthält eine Sonderregelung für **Einkaufszentren** (s. dazu **103** BVerwG, BauR 2013, 557 u. 2014, 58; BVerwGE 117, 25) sowie **großflächige Einzelhandelsbetriebe** (BVerwGE 68, 243 ff. - insgesamt vier Entscheidungen - sowie Birk, VBlBW 2006, 289; Schröer, NJW 2009, 1729; Schmidt-Eichstaedt, BauR 2009, 41). Großflächig ist ein Betrieb bei mehr als 800 m^2 Verkaufsfläche (BVerwG, NVwZ 2006, 452). Solche Betriebe sind nach § 11 Abs. 3 BauNVO nur in Sondergebieten oder Kerngebieten zulässig, wenn sie Auswirkungen auf die Ziele der Raumordnung (VGH Mannheim, VBlBW 2010, 357), die Infrastruktur des Ortes oder der Nachbargemeinden, den Verkehr auf den Zufahrtsstraßen sowie auf die Immissionssituation der Umgebung haben können (zum Rechtsschutz der Nachbargemeinden: BVerwG, BauR 2010, 268; OVG Koblenz, NVwZ-RR 2001, 638; VGH Mannheim, NVwZ-RR 2008, 369; Hoffmann, NVwZ 2010, 738). Derartige Auswirkungen werden nach § 11 Abs. 3 Satz 3 BauNVO vermutet, wenn die Geschossfläche mehr als 1.200 m² beträgt (BVerwG, NVwZ 2006, 452).

Ein viel diskutiertes Problem stellen die sog. Factory-Outlet-Center - FOC - dar (BVerwG, NVwZ 2003, 86 u. 2006, 932; OVG Koblenz, BauR 1999, 367; Erbguth NVwZ 2000, 969). Es handelt sich dabei um außerordentlich großflächige Verkaufsstellen von mehreren Produzenten, die Waren mit geringfügigen Fehlern oder aus der auslaufenden Kollektion zu äußerst günstigen Preisen direkt an die Verbraucher abgeben und dadurch Käufer aus einem größeren Umkreis anlocken. Die FOC stellen eine besondere Form der Einkaufszentren dar, deren Zulässigkeit sich nach § 11 Abs. 3 BauNVO richtet (Dolde/Menke, NJW 1999, 2152; Reidt, NVwZ 1999, 45). Es liegt auf der Hand, dass derartige großdimensionierte Einrichtungen schwerwiegende Einwirkungen auf die Infrastruktur der benachbarten Gemeinden haben können.

Die Vermutung des § 11 Abs. 3 BauNVO, dass großflächige Einzelhandelsbetriebe derartige Auswirkungen haben, ist aber bei besonderer Geschäftsgestaltung widerlegbar, z. B. bei einer Beschränkung auf wenige flächenbeanspruchende Produkte wie Möbel, Baumaterialien u. ä. In derartigen Ausnahmefällen können großflächige Einzelhandelsbetriebe auch in Gewerbe- und Industriegebieten errichtet werden (so BVerwGE 68, 360; NVwZ 2006, 452; OVG Münster, NVwZ-RR 2014, 453). Zu beachten ist, dass § 11 Abs. 3 BauNVO erst durch die BauNVO-Novelle 1968 geschaffen worden ist. Daraus folgt, dass diese Vorschrift auf bereits zuvor erlassene Bebauungspläne keine Anwendung findet mit der Folge, dass großflächige Einzelhandelsbetriebe und Einkaufszentren auch in Gewerbe- und Industriegebieten zulässig sind, soweit diese durch vor 1968 aufgestellte Bebauungspläne festgesetzt worden sind (BVerwGE 68, 352; BauR 2004, 43).

hh) Vergnügungsstätten

104 Die BauNVO 1990 hat eine sehr differenzierte Regelung für die Zulässigkeit von Vergnügungsstätten eingeführt (s. Stüer, DVBl. 2010, 544; Stübler, BauR 2013, 685); die frühere Rechtsprechung ist damit z. T. gegenstandslos geworden.

§ 4a Abs. 3 Nr. 2 BauNVO begründet den Typus der sog. kerngebietstypischen Vergnügungsstätte. Dabei handelt es sich um Einrichtungen, die für ein allgemeines Publikum aus einem größeren Einzugsbereich vorgesehen sind und daher regelmäßig nur in Kerngebieten - § 7 Abs. 2 Nr. 2 BauNVO - sowie ausnahmsweise in Gewerbegebieten - § 8 Abs. 3 Nr. 3 BauNVO - zulässig sind. Als kerngebietstypisch werden z. B. Spielhallen mit mehr als 100 m² Nutzfläche (VGH Mannheim, VBlBW 1992, 101; NVwZ 1990, 86; OVG Lüneburg, NVwZ-RR 1994, 486; Lieber, VBlBW 2011, 6; vgl. auch BVerwG, NVwZ 1991, 264; Worms, NVwZ 2012, 280), großflächige Diskotheken, Nachtlokale und ähnliche Einrichtungen angesehen. Sonstige - also nicht kerngebietstypische - Vergnügungsstätten können außerdem in Mischgebieten - § 6 Abs. 2 Nr. 8 und Abs. 3 BauNVO - und besonderen Wohngebieten - § 4a Abs. 3 Nr. 2 BauNVO - eingerichtet werden. In allen anderen Baugebieten sind Vergnügungsstätten generell unzulässig und zwar auch dann, wenn von ihnen keine Störung der Nachtruhe ausgeht (BVerwG, NVwZ 1991, 266; BauR 2000, 264 - Diskothek in Industriegebiet).

Der durch die BauGB-Novelle 2013 eingeführte § 9 Abs. 2b BauGB ermächtigt die Gemeinde zur Aufstellung von Bebauungsplänen, die für den bisher nicht beplanten Bereich (§ 34 BauGB) die Zulässigkeit von Vergnügungsstätten generell oder auch nur bestimmter Arten von Vergnügungsstätten regeln. Die Vorschrift soll vor allem dazu dienen, die Zulässigkeit von Spielhallen einzuschränken.

ii) Stellplätze und Garagen

In allen Baugebieten dürfen nach § 12 BauNVO Stellplätze und Garagen angelegt werden. In Wohngebieten beschränkt § 12 Abs. 2 BauNVO die Zahl der Stellplätze und Garagen im Interesse der Wohnruhe auf den durch die zugelassene Nutzung verursachten Bedarf (s. dazu Dürr, BauR 1997, 7). **105**

jj) Gebäude und Räume für freie Berufe

Nach § 13 BauNVO dürfen freiberuflich Tätige in Wohngebieten Räume - nicht aber ganze Gebäude - zur Ausübung ihres Berufs nutzen. In anderen Baugebieten können ganze Gebäude für diesen Zweck genutzt werden. Diese Vorschrift trägt dem Umstand Rechnung, dass durch eine freiberufliche Tätigkeit in der Regel keine wesentliche Störung des Wohnens verursacht wird. Freiberuflich tätig im Sinne des § 13 BauNVO sind Personen, welche persönliche Dienstleistungen erbringen, die auf individueller geistiger Leistung oder sonstiger persönlicher Fertigkeit beruhen (BVerwG, BauR 1984, 237; NVwZ 2001, 1284), z. B. Ärzte, Rechtsanwälte, Architekten, Krankengymnasten, Handels- und Versicherungsvertreter, Makler u. ä. Nach Ansicht des Bundesverwaltungsgerichts fällt eine handwerkliche oder kaufmännische Tätigkeit grundsätzlich nicht unter § 13 BauNVO, selbst wenn sie keine Störungen der Umgebung bewirkt, wie dies z. B. bei einer Schneiderwerkstatt der Fall wäre (eb. VGH Mannheim, BauR 1986, 39 - Bräunungsstudio; OVG Lüneburg, NVwZ-RR 1994, 487 - Herstellung von Software; OVG Münster, BauR 2012, 59 - Fußpfleger). Damit der Wohncharakter von Wohngebieten nicht beeinträchtigt wird, verlangt das Bundesverwaltungsgericht (BVerwGE 68, 324; NVwZ 2001, 1284), dass weniger als die Hälfte des Gebäudes für freiberufliche Zwecke genutzt wird. Zu berücksichtigen sind dabei nur die Flächen von Räumen, die als Aufenthaltsräume - s. § 2 Abs. 5 LBauO - genutzt werden können (OVG Lüneburg, NVwZ-RR 2008, 22). **106**

Daraus folgt, dass z. B. ein „Ärztehaus" in einem allgemeinen Wohngebiet nicht nach § 13 BauNVO zugelassen werden kann (BVerwG, VBlBW 1997, 215 mit Anm. Dürr).

kk) Nebenanlagen

Nach § 14 BauNVO dürfen in allen Baugebieten außer den jeweils zulässigen Bauvorhaben auch Nebenanlagen errichtet werden. Dies sind Anlagen, die gegenüber dem Hauptgebäude sowohl im Hinblick auf die Größenverhältnisse als auch im Hinblick auf ihre Funktion eine untergeordnete Bedeutung haben (BVerwG, NVwZ 2000, 680 u. 2004, 1244). **107**

Bsp.:
1. Eine Traglufthalle für ein privates Schwimmbad ist eine Nebenanlage zu einem Wohnhaus (BVerwG, NJW 1977, 2090; eb. OVG Lüneburg, BauR 2003, 218 für eine Schwimmhalle).

2. Ein privater Tennisplatz ist eine Nebenanlage zu einer großen Villa (BVerwG, NJW 1986, 393; s. aber auch VGH Mannheim, NVwZ 1985, 767: Privatsportplatz ist keine Nebenanlage zu Wohnhaus).
3. Ein kleines Gebäude zur Unterbringung von Brieftauben ist eine Nebenanlage zum Wohnhaus (BVerwG, BauR 2000, 73).
4. Eine Mobilfunkanlage ist keine Nebenanlage, da sie nicht nur das jeweilige Gebäude versorgt (BVerwG, NVwZ 2000, 680).

Die Nebenanlage darf aber dem Charakter des Baugebiets nicht widersprechen (s. dazu BVerwG, NJW 1983, 2713 - Windenergieanlage in Wohngebieten; BVerwG, NVwZ-RR 1994, 309: Ozelot-Haltung in Wohngebiet; VGH Mannheim, BauR 1989, 697: Hundezwinger im Wohngebiet).

Soweit eine Nebenanlage nicht die Voraussetzungen des § 14 BauNVO erfüllt, ist zu prüfen, ob sie nach der für das Baugebiet maßgeblichen Vorschrift zugelassen werden kann (BVerwG, BauR 1993, 315 - Werbeanlage an Wohnhaus).

b) § 15 BauNVO

108 Die Baunutzungsverordnung bedient sich bei der Bestimmung der Nutzungen, die nach den §§ 2-9 BauNVO in den verschiedenen Baugebieten zulässig sind, einer typisierenden Betrachtungsweise. Denn in einer Rechtsnorm kann nicht auf die Besonderheiten des Einzelfalls abgestellt werden (BVerwGE 68, 207; NVwZ 2008, 786). Dies kann bei atypischer Fallgestaltung zu unangemessenen Ergebnissen führen, die ein Abweichen von den Bestimmungen der Baunutzungsverordnung verlangen. Zugunsten des Bauherrn kommt in einem solchen Fall eine Befreiung nach § 31 Abs. 2 BauGB in Betracht. Zum Schutz der Umgebung oder sonstiger öffentlicher Belange schreibt **§ 15 Abs. 1 BauNVO** vor, dass nach §§ 2-14 BauNVO grundsätzlich zulässige Anlagen im Einzelfall unzulässig sind, wenn sie der **Eigenart des Baugebiets widersprechen** oder **unzumutbare Störungen der Umgebung** hervorrufen bzw. selbst solchen Störungen ausgesetzt sind (BVerwG, UPR 1999, 74: Wertstoffcontainer im Wohngebiet).

§ 15 Abs. 1 BauNVO ergänzt damit den sich aus §§ 2-9 BauNVO - jeweils Abs. 1 - ergebenden **Baugebietswahrungs-** bzw. **Baugebietserhaltungsanspruch** (BVerwGE 116, 155; BauR 2012, 825; Stühler, BauR 2011, 1576). Eine genaue Abgrenzung dieses Rechtsinstituts zu § 15 BauNVO ist kaum möglich (s. Stühler, BauR 2011, 1576) und in der baurechtlichen Praxis auch nicht erforderlich. Sowohl ein Verstoß gegen den Baugebietserhaltungsanspruch als auch gegen § 15 BauNVO führen zur Unzulässigkeit des Bauvorhabens. Die Eigenart des Baugebiets ergibt sich aus der vorhandenen Bebauung im Baugebiet (BVerwGE 79, 308; VGH Mannheim, NVwZ-RR 2010, 45; OVG Hamburg, BauR 2009, 1556), insbesondere der Größe der Gebäude (VGH München, BauR 2008, 1556: großes Hotel in einem durch kleine Wohngebäude und Fremdenbeherbergungsbetriebe geprägten Mischgebiet).

1. Ein Bordell kann wegen § 15 BauNVO im Gewerbegebiet unzulässig sein (BVerwG, NJW 1985, 1575).
2. Ein Einzelhandelsgeschäft kann nach § 15 BauNVO in einem Mischgebiet unzulässig sein, wenn dadurch der Anteil der gewerblichen Nutzung in dem Baugebiet auf 85 % erhöht wird und damit der Gebietscharakter als Mischgebiet in Frage gestellt ist (BVerwG, NJW 1988, 3168).

Zur Ermittlung der nicht mehr zumutbaren Störungen kann auf die immissionsschutzrechtlichen Regelungen, insbesondere die TA-Lärm, zurückgegriffen werden, die als normkonkretisierende Vorschriften für Behörden und Gerichte verbindlich

B. Bauplanungsrechtliche Zulässigkeit von Bauvorhaben

sind (BVerwG, BauR 2000, 234; NVwZ 2013, 372). § 15 BauNVO ist letztlich eine gesetzliche Ausgestaltung des baurechtlichen Rücksichtnahmegebots (BVerwGE 98, 235; BauR 2000, 234 - zum Rücksichtnahmegebot s. Rn. 323 ff.).

Bsp.:
Ein in einem allgemeinen Wohngebiet als Nebenanlage nach § 14 BauNVO grundsätzlich zulässiger Altglas-Container kann im Einzelfall wegen der Störung der Wohnruhe unzulässig sein (BVerwG, NVwZ 1999, 298).

§ 15 BauNVO ist als **Feinkorrektur des Bebauungsplans** bestimmt, kann also die Festsetzungen nur ergänzen. Dagegen ist die Vorschrift kein Mittel, um eine planerische Fehlentscheidung zu korrigieren (BVerwG, NVwZ 1993, 987).

Bsp.:
Ein Bebauungsplan, der unter Missachtung des Rücksichtnahmegebots neben einer vorhandenen Wohnbebauung einen großen Hotelkomplex mit Parkhaus vorsieht, kann nicht dadurch „gerettet" werden, dass die Genehmigung des Parkhauses gestützt auf § 15 BauNVO abgelehnt wird (BVerwG, BauR 1989,306).

§ 15 BauNVO bezieht sich nur auf §§ 2 ff. BauNVO, nicht auf §§ 16 ff. BauNVO, auch wenn in Absatz 1 vom Umfang des Bauvorhabens die Rede ist (BVerwG, NVwZ 1995, 899). Damit wird lediglich darauf abgestellt, dass bei einigen Vorhaben, z. B. Vergnügungsstätten auch die Größe für die Zulässigkeit in bestimmten Baugebieten maßgeblich ist.

c) Maß der baulichen Nutzung - §§ 16 - 21 a BauNVO

Während die §§ 2 ff. BauNVO durch die Festsetzung von Baugebieten die Art der **109** baulichen Nutzung unmittelbar bestimmen, wenden sich die §§ 16 ff. BauNVO (s. dazu Heintz, BauR 1990, 166) mit ihren Regelungen über das zulässige Maß der baulichen Nutzung zunächst an den Bebauungsplan-Normgeber, also den Gemeinderat. Dieser kann nach § 16 Abs. 2 BauNVO durch die Festsetzung der Gebäudehöhe, der Zahl der Vollgeschosse, der Grundflächenzahl und der Geschossflächenzahl sowie - nur in Industriegebieten - der Baumassenzahl die bauliche Nutzung der Grundstücke im Geltungsbereich eines Bebauungsplans beschränken. Dabei schreibt § 16 Abs. 3 Nr. 1 BauNVO zwingend vor, dass die Grundfläche des Gebäudes festgelegt wird (BVerwG, NVwZ 1996, 894; VGH München, NVwZ 1997, 1016). Das gleiche gilt nach Nr. 2 für die Gebäudehöhe, soweit ohne eine solche Festsetzung das Orts- oder Landschaftsbild beeinträchtigt wird (s. dazu Fickert/Fieseler, BauNVO § 16 Rn. 42 ff.).

Die **Gebäudehöhe** kann als Firsthöhe - Höhe des Daches - oder Traufhöhe -Schnitt- **110** punkt der Außenwand mit dem Dach - festgesetzt werden. Wann ein Geschoss als **Vollgeschoss** gilt, ergibt sich nach § 20 Abs. 1 BauNVO aus den landesrechtlichen Vorschriften, in Rheinland-Pfalz somit aus § 2 Abs. 4 Satz 2 LBauO. Danach sind Vollgeschosse Geschosse über der Geländeoberfläche, die über zwei Drittel, bei Geschossen im Dachraum über drei Viertel ihrer Grundfläche eine Höhe von 2,30 m aufweisen. Geländeoberfläche ist nach § 2 Abs. 6 LBauO die Fläche, die sich aus den Festsetzungen einer städtebaulichen Satzung ergibt oder die von der Bauaufsichtsbehörde festgelegt ist, im Übrigen die natürliche, an das Gebäude auf dem Baugrundstück angrenzende Fläche, soweit in der LBauO nichts anderes bestimmt ist. Tritt der ursprüngliche natürliche Geländeverlauf aufgrund von Veränderungen, die vor langer Zeit vorgenommen wurden, weder auf dem Baugrundstück noch auf den Nachbargrundstücken in Erscheinung und lässt er sich auch aus den Geländeverhältnissen in der Umgebung nicht mehr ableiten, so kann die Bauaufsichtsbehörde die Geländeoberfläche als den unteren Bezugspunkt für die Ermittlung der Wandhöhe gestaltend festlegen (OVG Saarlouis, BRS 59 Nr. 121).

111 **Untergeschosse** zählen nur dann als Vollgeschosse, wenn sie im Mittel mehr als 1,40 m über die Geländeoberfläche hinausragen und über zwei Drittel ihrer Grundfläche eine Höhe von 2,30 m haben. **Dachgeschosse** sind nach § 2 Abs. 4 Satz 2 LBauO nur Vollgeschosse, wenn sie über mindestens drei Viertel ihrer Grundfläche eine Höhe von 2,30 m aufweisen. Diese Regelung gestattet es einem geschickten Bauherrn - bzw. Architekten - auch bei einer Beschränkung der Zahl der Vollgeschosse im Bebauungsplan auf nur ein Geschoss praktisch drei zu Wohnzwecken nutzbare Geschosse anzulegen: Das Untergeschoss ragt nur 1,30 m aus der Geländeoberfläche auf; das Dachgeschoss weist auf weniger als drei Viertel der Grundfläche eine Höhe von 2,30 m auf.

Bitte beachten: Es ist streitig, ob es sich bei der Verweisung auf die landesrechtlichen Regelungen in § 20 Abs. 1 BauNVO um eine statische oder dynamische Verweisung handelt (s. Stock in Ernst/Zinkahn/Bielenberg, § 20 BauNVO, Rn. 17ff). Nach Ansicht des VGH Mannheim (NJW 1984, 1771; NVwZ-RR 1999, 558) und des OVG Saarlouis (BRS 46 Nr. 100 und BRS 50 Nr. 12) handelt es sich um eine statische Verweisung, d. h. nur für Bebauungspläne, die nach dem Inkrafttreten der aktuellen LBauO erlassen worden sind, würden die obigen Ausführungen gelten; für ältere Bebauungspläne ist auf die Anforderungen der jeweils im Zeitpunkt des Erlasses des Bebauungsplanes in Kraft gewesenen Landesbauordnung abzustellen (a.M. allerdings VGH Kassel, BauR 1985, 293; Jeromin, LBauO, § 2 Rn. 56 für dynamische Verweisung).

112 Das Bauvorhaben muss ferner die im Bebauungsplan festgesetzte **Grund- und Geschossflächenzahl** beachten; zur Bedeutung dieser Begriffe s. Rn. 81.

d) Bauweise und überbaubare Grundstücksfläche - §§ 22, 23 BauNVO

113 Außerdem muss das Bauvorhaben der im Bebauungsplan festgesetzten **Bauweise** entsprechen. Dabei bedeutet offene Bauweise allerdings nicht nur die Errichtung von Einzelhäusern. Auch Doppelhäuser und Hausgruppen bis 50 m Länge fallen nach § 22 Abs. 2 BauNVO noch unter den Begriff der offenen Bauweise. Bei einem Doppelhaus werden die beiden Haushälften durch eine Grundstücksgrenze getrennt (vgl. zu den einzelnen Begriffen des § 22 BauNVO: BVerwG, NVwZ 2000, 1055; VGH Mannheim, VBlBW 2000, 25, s. Rn. 82). Die beiden Haushälften müssen baulich so zusammenhängen, dass sie als Einheit in Erscheinung treten (BVerwG, BauR 2012, 1218; NVwZ 2014, 370).

114 Schließlich kann das Bauvorhaben nur innerhalb der im Bebauungsplan festgesetzten **Baugrenzen oder Baulinien** (s. Rn. 82) errichtet werden; dabei müssen auch unterirdische Bauteile innerhalb der Baugrenzen/Baulinien bleiben (so VGH München, BRS 49 Nr. 172). Eine Ausnahme gilt allerdings nach § 23 Abs. 5 BauNVO für Nebenanlagen (s. Rn. 107) sowie für Anlagen, die in den Abstandsflächen zulässig sind (s. Rn. 230ff.). Diese können auch außerhalb der überbaubaren Flächen zugelassen werden.

115 Der Bebauungsplan kann ferner neben den bauplanungsrechtlichen Festsetzungen noch eine Vielzahl gestalterischer Bestimmungen enthalten, die aufgrund von § 88 LBauO in den Bebauungsplan aufgenommen werden können (s. oben Rn. 83). Auch

B. Bauplanungsrechtliche Zulässigkeit von Bauvorhaben

diese müssen nach § 30 BauGB beachtet werden, denn § 88 Abs. 6 LBauO stellt sie den Festsetzungen nach § 9 Abs. 1 BauGB gleich.

4. Ausnahmen und Befreiungen - § 31 BauGB

Durch die Bauleitplanung, insbesondere den Bebauungsplan, wird Rechtssicherheit **116** geschaffen, indem geregelt wird, welche Bauvorhaben in einem Baugebiet zulässig sind. Diese Sicherheit geht aber auf Kosten der Flexibilität. Hier sucht § 31 BauGB einen tragbaren Kompromiss zwischen diesen beiden Anforderungen im Bereich des Bauplanungsrechts herzustellen.

Nach § 31 Abs. 1 BauGB kann die Bauaufsichtsbehörde im Einvernehmen mit der Gemeinde - § 36 BauGB - **Ausnahmen** von den Festsetzungen des Bebauungsplans zulassen. Voraussetzung ist, dass eine derartige Ausnahme im Bebauungsplan ausdrücklich vorgesehen ist, oder dass eine der in §§ 2-9 BauNVO vorgesehenen, generell zulässigen Ausnahmen gegeben ist (BVerwG, NVwZ 2000, 680; VGH München, BauR 2008, 1108).

Im Bebauungsplan kann aber festgesetzt werden, dass nach §§ 2-9 BauNVO zulässige Ausnahmen ganz oder teilweise nicht Bestandteil des Bebauungsplans sind, d. h. nicht zulässig sind, § 1 Abs. 6 Nr. 1 BauNVO. Ferner können ausnahmsweise zulässige Bauvorhaben für allgemein zulässig erklärt werden, § 1 Abs. 6 Nr. 2 BauNVO.

Eine Ausnahme nach § 31 Abs. 1 BauGB ist noch von der Planungshoheit der Gemeinde erfasst und stellt damit eine Verwirklichung der Planungsvorstellungen der Gemeinde dar (BVerwGE 108, 190). Durch Entscheidungen nach § 31 Abs. 1 BauGB darf aber die Grundsatzentscheidung der Gemeinde über die zulässige Bebauung in dem maßgeblichen Gebiet nicht in Frage gestellt werden, d. h. die Ausnahme muss wirklich eine Ausnahme bleiben und darf nicht der Regelfall werden. § 31 Abs. 1 BauGB darf nicht dazu benutzt werden, de facto eine Bebauungsplanänderung vorzunehmen (OVG Koblenz, NVwZ-RR 2011, 849). Eine Ausnahme ist auch dann nicht möglich, wenn das Bauvorhaben trotz formaler Ausnahmemöglichkeit mit der Eigenart des Baugebiets nicht zu vereinbaren ist - sog. Baugebietsunverträglichkeit.

Bsp.:
In einem Gewerbegebiet sind zwar nach § 8 Abs. 3 Nr. 2 BauNVO Anlagen für kirchliche Zwecke als Ausnahme zulässig; ein Krematorium mit Abschiedsraum kann aber gleichwohl nicht genehmigt werden (BVerwG, NVwZ 2012, 825).

Eine **Befreiung** (s. Schmidt-Eichstaedt, NVwZ 1998, 571; Claus, DVBl. 2000, 241) **117** stellt nach § 31 Abs. 2 BauGB eine Abweichung von den Planungsvorstellungen der Gemeinde, wie sie im Bebauungsplan ihren Niederschlag gefunden haben, dar. Sinn dieser Vorschrift ist es, eine Einhaltung des Bebauungsplans nicht auch dort zu erzwingen, wo dies wegen der besonderen Situation sinnlos wäre. Eine Befreiung ist nach § 31 Abs. 2 Halbs. 1 BauGB grundsätzlich nicht zulässig, wenn die **Grundzüge der Planung** berührt sind. Dies ist der Fall, wenn von den die Planung tragenden Festsetzungen abgewichen werden soll (BVerwG, NVwZ 2009, 1103; NVwZ 2011, 821 u. 2012, 821), das Bauvorhaben städtebauliche Spannungen verursachen würde (BVerwG, NVwZ 2003, 478 u. 2012, 825) oder bei einer Vielzahl anderer Grundstücke mit derselben Begründung eine Befreiung verlangt werden könnte (BVerwG, NVwZ 1999, 1110 u. 2000, 679). In diesem Fall ist eine Änderung des Bebauungsplans geboten (BVerwG, NVwZ 1990, 556 u. 2012, 825). Mit den Grundzügen der Planung ist die dem Bebauungsplan zugrunde liegende städtebauliche Konzeption gemeint, nicht die Planungskonzeption für die ganze Gemeinde (Ernst/Zinkahn/ Bielenberg § 31 Rn. 27f.).

Während § 31 Abs. 2 BauGB 1987 noch ausdrücklich vorschrieb, dass die Befreiung nur im **Einzelfall** zulässig ist, enthält § 31 Abs. 2 BauGB 1998 diese Einschränkung nicht mehr. Nach den Gesetzesmaterialien (BT-Drs. 13/ 6392 S. 56) soll dadurch erreicht werden, dass auch in mehreren Fällen eine Befreiung möglich ist. Die Grenze für regelmäßige Befreiungen soll erst dann erreicht werden, wenn § 1 Abs. 3 BauGB eine förmliche Bebauungsplanänderung erforderlich macht (BVerwG, BauR 2012, 900).

Umstritten ist, ob eine Befreiung eine **atypische Sondersituation** voraussetzt, die nur bei einem oder wenigen Grundstücken vorliegt (s. dazu Hermann, NVwZ 2004, 309; Dolderer, NVwZ 1998, 568). Das Bundesverwaltungsgericht (NVwZ 1999, 1110) lässt zwar offen, ob weiterhin eine atypische Einzelfallsituation erforderlich ist. Es stellt darauf ab, ob durch die Abweichung vom Bebauungsplan die Grundzüge der Planung berührt werden, was regelmäßig der Fall sein soll, wenn die Planungskonzeption des Bebauungsplans verlassen wird, insbesondere bei wesentlichen Festsetzungen in vielen anderen Fällen mit derselben Begründung eine Abweichung vom Bebauungsplan begehrt werden könnte (BVerwG, NVwZ 1999, 1110 u. 2000, 679; VGH Mannheim, VBlBW 2007, 267); einzelne Festsetzungen des Bebauungsplans durch die Vielzahl möglicher Befreiungen faktisch außer Kraft gesetzt würden (VGH Mannheim, NVwZ-RR 2013, 912), die Abweichung das „Grundgerüst" der Planung in erheblicher Weise berührt (BVerwG, NVwZ 2011, 821) oder die Frage einer anderen Nutzung bereits bei der Aufstellung des Bebauungsplans erörtert und verneint wurde (VGH Mannheim, NVwZ-RR 2013, 912).

Bsp.:
1. Grundzüge der Planung werden berührt, wenn in einem Gewerbegebiet, das an ein Wohngebiet grenzt, eine Anlage zum Recycling von Bauschutt genehmigt wird, die eigentlich nur in einem Industriegebiet zugelassen werden kann (VGH Mannheim, VBlBW 2000, 78).
2. Mobilfunkanlage in reinem Wohngebiet berührt Grundzüge der Planung, wenn der Gemeinderat ein „kompromissloses" reines Wohngebiet wollte (BVerwG, BauR 2009, 78).
3. Grundzüge der Planung werden berührt, wenn statt der zulässigen zwei Wohnungen pro Gebäude ein Haus mit fünf Wohnungen errichtet werden soll (OVG Hamburg, BauR 2009, 1556).

Damit reduziert sich das Problem der Atypik auf die unbedeutenden Festsetzungen, wie die Zulässigkeit von Wintergärten oder ähnlichen Anbauten außerhalb der überbaubaren Grundstücksflächen; insoweit ist eine großzügigere Befreiungspraxis jedenfalls im Ergebnis meistens hinnehmbar (OVG Münster, BauR 2007, 1198; VGH München, BRS 71 Nr. 76).

118 Nach § 31 Abs. 2 Nr. 1 BauGB kann eine Befreiung gewährt werden, wenn **Gründe des Wohls der Allgemeinheit** dies erfordern. Unter Wohl der Allgemeinheit sind alle öffentlichen Interessen zu verstehen, wie sie beispielhaft in § 1 Abs. 5 BauGB aufgezählt sind. Ein „Erfordern" ist nach der Rechtsprechung des Bundesverwaltungsgerichts (BVerwGE 56, 71; NVwZ 2011, 748) dann zu bejahen, wenn aus Gründen des Allgemeinwohls vernünftigerweise eine Abweichung vom Bebauungsplan geboten ist; eine unabweisbare Notwendigkeit ist nicht erforderlich.

Bsp.:
1. Für den Betrieb eines Volksbildungsheims, das ein- bis zweiwöchige Veranstaltungen kultureller Art durchführt, kann eine Befreiung nach § 31 Abs. 2 Nr. 1 BauGB für die Einrichtung eines Bettentrakts im Anschluss an das Veranstaltungsgebäude erteilt werden, wenn die Kursteilnehmer in der Fremdenverkehrssaison Schwierigkeiten haben, eine Unterkunft

B. Bauplanungsrechtliche Zulässigkeit von Bauvorhaben 81

zu angemessenen Preisen zu finden und der Bebauungsplan die Errichtung eines Anbaus nicht zulässt (BVerwGE 56, 71).
2. Eine Mobilfunkanlage, die zur Gewährleistung des Telefonverkehrs erforderlich ist, dient dem öffentlichen Wohl (BVerwG, BauR 2004, 1124).
3. Umnutzung eines Hotels/Boardinghauses in eine Gemeinschaftsunterkunft für
4. Asylbewerber (OVG Bautzen, BauR 2015, 1126)

Für eine Befreiung nach § 31 Abs. 2 BauGB reicht es allerdings nicht aus, dass das Vorhaben dem öffentlichen Wohl dient. Es muss hinzukommen, dass gerade die Abweichung vom Bebauungsplan aus Gründen des öffentlichen Wohls geboten ist. § 31 Abs. 2 BauGB begünstigt nicht nur Baumaßnahmen der öffentlichen Hand, sondern auch Vorhaben privater Träger, die dem Wohl der Allgemeinheit dienen (VGH Mannheim, BRS 36 Nr. 182). Da eine Befreiung nach § 31 Abs. 2 Nr. 1 BauGB nur im öffentlichen Interesse erfolgt, wird der Bauherr durch eine zu Unrecht abgelehnte Befreiung nicht in seinen Rechten verletzt (VGH Mannheim, BauR 1990, 340).

Die Befreiungsregelung des § 31 Abs. 2 Nr. 2 BauGB, wonach eine Befreiung zulässig ist, wenn ein Abweichen vom Bebauungsplan **städtebaulich vertretbar** ist, soll nach dem Willen des Gesetzgebers (BT-Drs. 10/4630, 85) „Einengungen bei den Befreiungsmöglichkeiten beseitigen, die durch die bisherige Rechtsprechung entstanden sind". Vertretbar ist grundsätzlich jede Bebauung, die gemäß den Grundsätzen des § 1 Abs. 5-7 BauGB im Bebauungsplan hätte festgesetzt werden können (BVerwGE, 108, 190 u. 117, 50; VGH Mannheim, VBlBW 2007, 267 u. 385). Die Regelung ist heftig kritisiert worden (Dolderer, NVwZ 1998, 567). In der Tat würde eine Regelung, bei der bereits die Vertretbarkeit der Abweichung eine Befreiung zulässt (so Krautzberger, NVwZ 1987, 452), den Bebauungsplan in vielen Fällen praktisch zur Disposition der Verwaltung stellen. Es ist z. B. häufig vertretbar, wenn statt der vorgesehenen zwei Geschosse ein dreigeschossige Bauwerk zugelassen wird, der vorgesehene Standort der Garage verlegt oder die festgesetzte Baugrenze überschritten wird; ebenso sind zahlreiche vertretbare Abweichungen von der Art der baulichen Nutzung denkbar. 119

Die erforderliche Einschränkung der Befreiungsmöglichkeit wird nach der Rechtsprechung des Bundesverwaltungsgerichts (BVerwGE 117, 50; vgl. auch VGH Mannheim, VBlBW 2007, 385) durch das Erfordernis, dass die Grundzüge der Planung nicht berührt werden dürfen, in einer im Ergebnis durchaus praktikablen Weise erreicht. Diese Rechtsprechung führt allerdings dazu, dass nur die wesentlichen Festsetzungen des Bebauungsplans eingehalten werden müssen, während die weniger gewichtigen Festsetzungen weitgehend zur Disposition der Bauaufsichtsbehörde stehen, wobei eine exakte Grenzziehung zwischen wesentlichen und unwesentlichen Festsetzungen kaum möglich ist. Daher sprechen nicht nur rechtssystematische, sondern auch praktische Erwägungen dafür, für eine Befreiung nach § 31 Abs. 2 Nr. 2 BauGB weiterhin eine atypische Einzelfallsituation zu verlangen.

Bsp.:
Kfz.-Handel ist im WA-Gebiet städtebaulich vertretbar, wenn jährlich nur ca. zwölf Fahrzeuge verkauft werden (VGH Mannheim. NVwZ-RR 2014, 548)

Eine Befreiung wegen **offensichtlich nicht beabsichtigter Härte** nach § 31 Abs. 2 Nr. 3 BauGB ist zulässig, wenn das Grundstück wegen seiner besonderen Verhältnisse bei Einhaltung des Bebauungsplans nicht oder nur schwer bebaut werden kann und diese Beschränkung nicht durch die Zielsetzung des Bebauungsplans gefordert wird (BVerwGE 56, 71; NVwZ 1991, 264; BauR 1990, 582; NJW 1991, 2783). 120

Bsp.:
Ein Gewerbebetrieb befindet sich in einem reinen Wohngebiet; der Gewerbebetrieb war schon vor Aufstellung des Bebauungsplans vorhanden. Der Gewerbebetrieb ist zwingend auf die Errichtung eines weiteren Betriebsgebäudes angewiesen. Nach § 3 BauNVO ist aber der Bau von gewerblich genutzten Gebäuden unzulässig; hier ist eine Befreiung nach § 31 Abs. 2 Nr. 3 BauGB geboten, denn der Satzungsgeber wollte und konnte bei Aufstellung des Bebauungsplans nicht die Existenz des vorhandenen Gewerbebetriebs in Frage stellen (BVerwG, BRS 22 Nr. 185; eb. OVG Lüneburg, BauR 1987, 74 für die Aufstockung eines Wohngebäudes).

Eine Befreiung ist nicht möglich, wenn die Härte vom Gemeinderat beabsichtigt ist, z. B. eine vom Grundstückseigentümer gewünschte Festsetzung ausdrücklich abgelehnt wurde (OVG Münster, NVwZ-RR 2005, 388).

Bsp.:
Wenn der Gemeinderat bei der Aufstellung eines Bebauungsplans für ein allgemeines Wohngebiet ausdrücklich die Fortführung einer Tankstelle auf den vorhandenen Gebäudebestand beschränkt, kann nicht im Wege einer Befreiung die Errichtung eines zusätzlichen Autopavillons zum Verkauf von Kraftfahrzeugen zugelassen werden (OVG Lüneburg, NVwZ 1995, 914).

Für die Zulässigkeit einer Befreiung sind jedoch nur objektive, **grundstücksbezogene Umstände** bedeutungsvoll, nicht hingegen die persönlichen oder wirtschaftlichen Verhältnisse des jeweiligen Bauherrn (BVerwG, BauR 1988, 335; NVwZ 1991, 265; NJW 1991, 2783; BauR 1990, 582).

Ob eine offensichtlich nicht beabsichtigte Härte vorliegt, unterliegt voller verwaltungsgerichtlicher Kontrolle (BVerwGE 56, 71).

121 Alle drei Alternativen des § 31 Abs. 2 BauGB erlauben nur dann eine Befreiung, wenn die Abweichung unter Würdigung nachbarlicher Interessen mit den öffentlichen Belangen vereinbar ist (OVG Lüneburg, BauR 2000, 1844 f.). Eine **Beeinträchtigung öffentlicher Belange** durch das geplante Vorhaben kann nur im Rahmen einer Bebauungsplanänderung durch Abwägung aller betroffener Belange gelöst werden, nicht durch eine Einzelentscheidung nach § 31 Abs. 2 BauGB (BVerwGE 56, 71). Soweit eine Bebauungsplanänderung zur Lösung städtebaulicher Konflikte erforderlich ist, scheidet also eine Befreiung nach § 31 Abs. 2 BauGB aus (BVerwG, NVwZ 2011, 748).

Als „Faustregel" kann darauf abgestellt werden, ob das Vorhaben sich bei unterstellter Ungültigkeit des Bebauungsplans gemäß § 34 Abs. 1 BauGB in die nähere Umgebung einfügen würde (BVerwG, NVwZ 2003, 478). Öffentliche Belange werden außerdem beeinträchtigt, wenn das Vorhaben Planungsabsichten der Gemeinde oder anderer Planungsträger erschwert oder sogar vereitelt (BVerwG, NVwZ 2003, 478; VGH Mannheim, BauR 2007, 1687; OVG Münster, Baur 2007, 1198).

Ferner sind die **nachbarlichen Interessen** zu würdigen. Sie stehen aber einer Befreiung nicht von vornherein entgegen. Daher kommt eine Befreiung auch dann in Betracht, wenn der Nachbar durch die Abweichung stärker beeinträchtigt wird als durch ein dem Bebauungsplan entsprechendes Bauvorhaben (BVerwGE 56, 71). Der Interessenausgleich zwischen Bauherrn und Nachbarn hat unter Berücksichtigung der Grundsätze zum Gebot der Rücksichtnahme zu erfolgen (BVerwG, BauR 1987, 70; OVG Lüneburg, BauR 2009, 954; VGH Mannheim, NVwZ-RR 2014, 548).

122 Auch wenn die Voraussetzungen des § 31 BauGB für eine Ausnahme oder eine Befreiung vorliegen, besteht nach allgemein vertretener Ansicht kein Rechtsanspruch auf eine Ausnahme oder Befreiung, vielmehr steht diese Entscheidung im **Ermessen** der Bauaufsichtsbehörde und der Gemeinde (so für die Ausnahme: BVerwGE 26, 282 und 40, 268; NJW 1987, 969; OVG Koblenz, NVwZ-RR 2011, 849; VGH München, BauR 2008, 1108 u. NVwZ-RR 2007, 736). Für die Einräumung einer Ermessensermächtigung spricht der Wortlaut des § 31 BauGB, wonach eine Ausnahme bzw. Befreiung erteilt werden „kann". Da die Festsetzungen eines Bebauungsplans eine Eigentumsbindung im Sinne von Art. 14 Abs. 1 Satz 2 GG darstellen, ist es - anders als bei § 35 Abs. 2 BauGB (s. Rn. 145) - auch aus verfassungsrechtlichen Gründen nicht geboten, das „kann" in ein „muss" umzudeuten.

Die Frage, ob bei § 31 BauGB ein Ermessen der Bauaufsichtsbehörde gegeben ist, hat aber im Regelfall keine praktische Bedeutung, denn es lassen sich kaum sachgerechte Ermessenserwägungen für eine Versagung der Ausnahme oder Befreiung denken, wenn die Tatbestandsvoraussetzungen des § 31 BauGB vorliegen und weder der Normzweck noch Belange der Allgemeinheit oder der Nachbarn eine Einhaltung der Norm erfordern (BVerwGE 117,50; VGH Mannheim, BauR 2003, 1526 u. 2007, 1546).

Eine Ermessensreduzierung auf null nimmt das Bundesverwaltungsgericht (BauR 1993, 51) an, wenn früher ein Bauantrag zu Unrecht abgelehnt wurde und er nunmehr wegen eines zwischenzeitlich in Kraft getretenen Bebauungsplans nicht mehr genehmigt werden kann. In diesem Fall soll unter dem Aspekt des Folgenbeseitigungsanspruchs ein Anspruch auf Befreiung bestehen, sofern eine Befreiung überhaupt rechtlich zulässig ist.

123 Über die Befreiung wird in der Regel in der Baugenehmigung entschieden. Die Befreiung kann jedoch auch nachträglich erteilt werden. Nach § 70 Abs. 1 Satz 4 LBauO müssen Befreiungen ausdrücklich ausgesprochen werden. Dagegen ist ein ausdrücklicher Antrag des Bauherrn auf Befreiung nicht erforderlich (BVerwG, NVwZ-RR 1990, 529; NVwZ 1993, 170).

5. Bauvorhaben im nicht beplanten Innenbereich - § 34 BauGB

a) Abgrenzung Innenbereich - Außenbereich

124 Der Bereich des Gemeindegebiets, für den kein qualifizierter Bebauungsplan vorhanden ist, wird von § 34 BauGB - Innenbereich - oder § 35 BauGB - Außenbereich - erfasst. Dabei ist der Außenbereich nicht unbedingt identisch mit der freien Landschaft, vielmehr umfasst der Außenbereich den gesamten nicht beplanten Bereich, der nicht im Zusammenhang bebaut ist, d. h. wo die vorhandene Bebauung nicht als Ordnungs- und Regelungsfaktor für die Bebauung bisher nicht bebauter Grundstücke in Betracht kommt (BVerwGE 41, 227 und BauR 1977, 403; VGH München, Urt. v. 16.06.2015 - 1 B 2772 -; OVG Berlin-Bbrg., Urt. v. 14.10.2015 - 2 B 12.14 -, beide in juris).

Bsp.:
Die Bebauung eines ca. 7 ha großen, unbebauten Geländes, das auf allen Seiten von bebauten Gebieten bzw. Verkehrsanlagen umgeben ist, richtet sich nach § 35 BauGB, weil die umgebende Bebauung wegen der räumlichen Entfernung nicht in der Lage ist, prägend auf ein Bauvorhaben in der Mitte der freien Fläche zu wirken - sog. Außenbereich im Innenbereich - (BVerwGE 41, 227); eb. für eine 6,5 ha große Freifläche inmitten eines bebauten Gebiets (BVerwG, NJW 1977, 1978); für eine aufgegebene Kasernenanlage im Stadtgebiet von Rastatt (VGH Mannheim, NVwZ-RR 2007, 233; OVG Münster, BauR 2010, 1543).

§ 34 BauGB kann demnach nur dort Anwendung finden, wo die vorhandene Bebauung einen **städtebaulichen Ordnungsfaktor** für zukünftige Bauvorhaben darstellt, so dass die städtebaulichen Belange des § 1 Abs. 5 BauGB gewahrt bleiben. Eine

Bebauung nach § 34 BauGB scheidet dagegen aus, wenn die städtebauliche Ordnung wegen der Größe der freien Fläche nur durch Aufstellung eines Bebauungsplans gewahrt werden kann. § 34 BauGB ist kein Ersatzplan anstelle eines Bebauungsplans, sondern lediglich ein Planersatz, solange ein Bebauungsplan noch nicht aufgestellt worden ist (BVerwGE 62, 151; NVwZ 2000, 1169 u. 2014, 515).

125 Ein **im Zusammenhang bebauter Ortsteil** im Sinne des § 34 BauGB setzt voraus, dass die vorhandene Bebauung den **Eindruck der Geschlossenheit und Zusammengehörigkeit** erweckt und Ausdruck einer organischen Siedlungsstruktur ist (BVerwGE 31, 20 u. 75, 34; NVwZ 2012, 1631; BauR 2015, 1958; BayVBl. 2014, 477; VGH Mannheim, NVwZ-RR 2011, 393). Die Ansiedlung muss nach der Zahl der vorhandenen Gebäude ein gewisses Gewicht haben, so dass sie prägend sein kann, d. h. sie muss eine „**maßstabbildende Kraft**" haben (BVerwGE 55, 369; NVwZ 2014, 1246; BauR 2015, 1958). Maßstabbildend im Sinne des § 34 Abs. 1 Satz 1 BauGB ist die Umgebung, insoweit sich die Ausführung eines Vorhabens auf sie auswirken kann und insoweit, als die Umgebung ihrerseits den bodenrechtlichen Charakter des Baugrundstücks prägt oder doch beeinflusst. Zu der erforderlichen Zahl an vorhandenen Gebäuden lassen sich allerdings kaum feste Zahlenangaben machen; es kommt auch nicht allein auf die Anzahl der vorhandenen Gebäude an, sondern auf die jeweiligen Verhältnisse in der betreffenden Landschaft (BVerwG, ZfBR 1984, 151). Maßgeblich sind nur die vorhandenen Gebäude; das gilt auch für materiellrechtswidrige oder sogar ungenehmigte Bauten, sofern die Bauaufsichtsbehörde diesen Zustand duldet (BVerwGE 31, 22; OVG Münster, NVwZ-RR 1993, 400). Untergeordnete bauliche Nebenanlagen schaffen keinen Bebauungszusammenhang (BVerwG, UPR 2000, 463).

Das **städtebauliche Gewicht** eines Ortsteils muss nach der Zahl der Gebäude und der Bebauungsdichte über das einer Splittersiedlung im Sinne des § 35 Abs. 3 BauGB hinausgehen (BVerwG, NVwZ-RR 2001, 83; VGH Mannheim, VBlBW 2011, 308). Das Gewicht, das für die Bewertung eines Bebauungszusammenhangs als Ortsteil im Sinne des § 34 Abs. 1 Satz 1 BauGB maßgeblich ist, ist nach den siedlungsstrukturellen Gegebenheiten im Gebiet der jeweiligen Gemeinde zu bestimmen (VGH München, Urt. v. 10.04.2014 - 1 B 14.255 -, juris) und lässt sich nicht abstrakt für alle Gemeindegebiete definieren.

Bsp.:
32 Wochenend- und 4 Wohnhäusern haben zwar als bestehendes faktisches Wochenendhausgebiet ein gewisses Gewicht, das jedoch nicht ausreicht, um den Komplex als Ortsteil nach § 34 Abs. 1 Satz 1 BauGB zu bewerten (OVG Bautzen, Urt. v. 12.05.2014 - 1 A 795/12 -, juris).

Das Bundesverwaltungsgericht hat z. B. bei vier Gebäuden einen im Zusammenhang bebauten Ortsteil verneint (BauR 1977, 396; 1994, 495), ebenso bei sechs Gebäuden in einem dünn besiedelten Gebiet (NVwZ-RR 1994, 371). Der VGH Mannheim hat bei sieben teils für Wohnzwecke, teils für landwirtschaftliche Zwecke genutzten Gebäuden eine Anwendung des § 34 BauGB abgelehnt (NuR 1993, 322), fünf bis sechs Gebäude aber ausreichen lassen (NVwZ-RR 2011, 393; VBlBW 2011, 308), ebenso fünf Wohn- und fünf landwirtschaftliche Gebäude sowie ein Gasthaus (BauR 1987, 59) sowie zwölf Wohngebäude (BauR 1987, 59); andererseits aber bei elf Wohngebäuden einen Ortsteil verneint (VBlBW 1997, 342). Die angeführten Beispiele zeigen, dass die „quantitative Schwelle" für einen Ortsteil bei etwa acht Gebäuden liegt, wobei dieser Wert lediglich einen groben Anhaltspunkt darstellen kann. Unberücksichtigt bleiben Gebäude, die nicht für einen ständigen Aufenthalt be-

B. Bauplanungsrechtliche Zulässigkeit von Bauvorhaben 85

stimmt sind, z. B. Scheunen oder Ställe sowie Freizeitanlagen (BVerwG, BauR 2000, 1310; NVwZ 2001, 70; BauR 2002, 1825; VGH Mannheim, NVwZ-RR 2011, 393).

In jedem Fall ist aber Voraussetzung für § 34 BauGB, dass die Bebauung nicht völlig **126** regel- und systemlos erfolgt sein darf, sondern eine **funktionsbedingte organische Siedlungsstruktur** vorhanden ist. Das Bundesverwaltungsgericht hat z. B. 30 wahllos in die Landschaft gestreute Gebäude nicht als im Zusammenhang bebauten Ortsteil angesehen (BVerwG, BauR 1976, 185); das gleiche gilt für 19 Gebäude entlang einer Straße (BVerwG, ZfBR 1984, 151; eb. auch OVG Münster, BauR 1996, 688; a. A. VGH Mannheim, VBlBW 2011, 308). Ferner muss es sich um Gebäude handeln, die zumindest teilweise dem ständigen Aufenthalt von Menschen dienen; ein Kleingartengelände mit mehr als 100 Gartenhäusern ist deshalb kein im Zusammenhang bebauter Ortsteil (BVerwG, NJW 1984, 1576).

Auch wenn ein im Zusammenhang bebauter Ortsteil vorliegt, bleibt häufig zweifel- **127** haft, wo dieser endet, wenn die Bebauung nach außen hin allmählich ausläuft. Um derartige Zweifel zu beseitigen, können die Gemeinden nach § 34 Abs. 4 Nr. 1 BauGB die Abgrenzung Innenbereich - Außenbereich durch Satzung regeln. Dabei wird die Grenze zwischen dem im Zusammenhang bebauten Ortsteil und dem Außenbereich durch die Satzung festgestellt, und sie sollte die Grenze am besten kartographisch festlegen.

Eine solche **Klarstellungssatzung** - früher als Abgrenzungssatzung bezeichnet - hat nach einer viel vertretenen Rechtsansicht (BVerwG, BauR 2011, 226; OVG Münster, BauR 2014, 92; OVG Berlin, NVwZ-RR 2012, 152; OVG Bautzen, NVwZ-RR 2001, 1070) nur deklaratorische Bedeutung, begründet also nicht die Innen- bzw. Außenbereichsqualität eines Grundstücks; maßgeblich soll letztlich die jeweilige tatsächliche Grundstückssituation sein. Eine rein deklatorische Satzung wäre eigentlich überflüssig (so VGH München, BayVBl. 1993, 573), aber sie schafft sowohl für die Gemeinde, die Bauaufsichtsbehörde und Bauwillige Klarheit und damit Rechtssicherheit, da sie verbindlich die Abgrenzung Innenbereich/Außenbereich festlegt (so BVerwG, BauR 2011, 226; OVG Berlin-Bbrg., NVwZ-RR 2012, 152).

Solange eine solche Satzung nicht ergangen ist, **endet der Innenbereich** unabhän- **128** gig vom Verlauf der Grundstücksgrenzen (BVerwGE 35, 256; BauR 1989, 60) unmittelbar hinter dem **letzten Wohngebäude** des im Zusammenhang bebauten Ortsteils (BVerwG, NVwZ-RR 1992, 227; BauR 2000, 1310; OVG Koblenz, BauR 2005, 596; VGH München, Urt. v. 13.04.2015 - 1 B 14.2319 -, juris). **Nicht maßgeblich** sind **Ortseingangsschilder**, da dem Ortsschild lediglich verkehrsregelnde Funktion zukommt und der Begriff „Ortschaft" aus der Straßenverkehrsordnung für die baurechtliche Abgrenzung zwischen Innen- und Außenbereich ohne Bedeutung ist (OVG Bautzen, Beschl. v. 11. 02.2015 - 1 A 421/14 -, juris). Der Innenbereich erstreckt sich auch noch auf die hinter einem Haus gelegene Hof- und Gartenfläche; dort sind allerdings keine Hauptgebäude, sondern nur noch Nebenanlagen zulässig (BVerwG, BauR 1989, 60; OVG Koblenz, NVwZ-RR 2005, 603; OVG Kassel, NVwZ-RR 2005, 686). Maßgebend sind nur tatsächlich vorhandene Gebäude, nicht dagegen zwar genehmigte, aber noch nicht errichtete Bauvorhaben (BVerwGE 35, 256; BauR 1993, 445 u. 2000, 1171). Der Bebauungszusammenhang endet aber stets an der **Gemeindegrenze**. Bebaute Grundstücke auf der Nachbargemarkung bleiben unberücksichtigt (BVerwGE 27, 137 u. 28,268; NVwZ-RR 2001, 83 - s. Seibel, BauR 2006, 1242). Unberücksichtigt bleiben ferner bauliche Anlagen, die optisch praktisch nicht in Erscheinung treten (BVerwG, NVwZ 2012, 1631 - Stellplatz; BauR 1993, 303 - befestigter Reitplatz; BauR 2000, 1171 - Tennisplatz; NVwZ 2001, 70 - Sportplatz;

NVwZ 2012, 1631 - Lagerplatz; VGH Mannheim, VBlBW 1996, 381 - kleiner Schuppen; NVwZ-RR 2000, 481 - Bocciabahn).

Eine Fläche, die unmittelbar an das letzte vorhandene Gebäude des Innenbereichs anschließt, zählt bereits zum Außenbereich (BVerwG, NVwZ-RR 1998, 156). Etwas Anderes gilt nur, wenn das Grundstück bebaut war und das neue Bauvorhaben als Ersatz für das frühere Gebäude anzusehen ist; dabei muss allerdings ein gewisser zeitlicher Zusammenhang zwischen dem Untergang des alten Bauwerks und dem Neubau bestehen (BVerwG, BauR 2000, 1171; OVG Münster, BauR 2006, 959). Dieser zeitliche Zusammenhang kann sogar nach zwölf Jahren noch gegeben sein, wenn die Wiederbebauung sich wegen Verhandlungen mit der Gemeinde über die zukünftige bauliche Nutzung des Grundstücks verzögert (so BVerwGE 75, 34 = NVwZ 1987, 406).

129 Der Bebauungszusammenhang wird allerdings durch sog. **Baulücken**, d. h. einzelne unbebaute oder der Bebauung entzogene Grundstücke - Sportplatz, Parkanlage, Felsen - nicht unterbrochen, soweit der Eindruck der Geschlossenheit und Zusammengehörigkeit erhalten bleibt (BVerwGE 31, 20 und 35, 256; NVwZ 1997, 899; OVG Koblenz, NVwZ-RR 2005, 603; VGH Mannheim, NVwZ 2012, 1631). Etwas Anderes gilt dann, wenn die Baulücke so groß ist, dass die vorhandene Bebauung keinen prägenden Einfluss auf die Bebauung der Baulücke ausüben kann (BVerwGE 41, 227; VGH Mannheim, NVwZ-RR 2000, 481). Feste Größen für die Annahme einer Baulücke gibt es nicht, es kommt vielmehr auf die konkreten Verhältnisse im Einzelfall an. Als maximale Größe einer Baulücke, die den Bebauungszusammenhang noch nicht unterbricht, gelten bei aufgelockerter Bebauung ca. 130 m (BVerwG, NVwZ-RR 1992, 227); bei einer Distanz von 160 m wurde eine Baulücke verneint (VGH Mannheim, VBlBW 1987, 23; eb. VGH München, BauR 1989, 309 bei 130 m u. NVwZ-RR 2007, 447 bei 150 m), bei 90 m demgegenüber bejaht (VGH Mannheim, BauR 2004, 548). Eine von Bebauung umgebene Freifläche kann sich somit als Außenbereichsinsel im Innenbereich darstellen, wenn sie so groß ist, dass sich ihre Bebauung nicht als zwanglose Fortsetzung der vorhandenen Bebauung aufdrängt (BVerwG, NJW 1984, 1576; NVwZ 2014, 1246; BauR 2015, 1958).

Das Bundesverwaltungsgericht (BVerwGE 55, 369; NVwZ 2012, 1631) macht jedoch eine **Ausnahme** von dem Grundsatz, dass der Außenbereich unmittelbar hinter dem letzten Haus des Innenbereichs beginnt, für den Fall, dass sich hinter dem letzten Haus bzw. der Häuserreihe noch eine unbebaute Fläche anschließt, die ihrerseits deutlich durch natürliche Hindernisse, z. B. eine Böschung (BVerwG, BauR 2009, 216), einen Fluss (BVerwG, BauR 2000, 1310), eine Eisenbahn oder einen Weg von der freien Landschaft abgegrenzt ist, so dass diese freie Fläche bei natürlicher Betrachtungsweise noch als Teil des Innenbereichs erscheint.

b) Einfügen in die nähere Umgebung

130 Die Zulässigkeit eines innerhalb des Bebauungszusammenhangs gelegenen Bauvorhabens bestimmt sich nach § 34 Abs. 1 und 2 BauGB. Dabei ist § 34 Abs. 2 BauGB zuerst zu prüfen, sofern sich die Umgebung des Bauvorhabens in den Baugebietskatalog der §§ 2 ff. BauNVO einordnen lässt (BVerwG, NVwZ 1995, 897 u. 2000, 1050).

Nach § 34 Abs. 1 BauGB ist ein Vorhaben zulässig, wenn es sich nach Art und Maß der baulichen Nutzung, Bauweise und überbauter Grundstücksfläche in die Eigenart

B. Bauplanungsrechtliche Zulässigkeit von Bauvorhaben 87

der näheren Umgebung einfügt (vgl. BVerwG, BauR 2007, 514), die Erschließung gesichert ist, die Anforderungen an gesunde Wohn- und Arbeitsverhältnisse gewahrt bleiben und das Ortsbild nicht beeinträchtigt wird.

Wie weit der Bereich der für eine Beurteilung maßgeblichen **näheren Umgebung** zu ziehen ist, richtet sich jeweils nach dem Einwirkungsbereich des Vorhabens auf seine Umgebung (BVerwGE 55, 369; 62, 151 u. 84, 322). Er reicht weiter als die unmittelbare Nachbarschaft, umfasst aber weniger als den im Zusammenhang bebauten Ortsteil, von dem die nähere Umgebung in der Regel ein Teil ist (BVerwG, BRS 39 Nr. 57). Demnach ist der maßgebliche Bereich bei einem immissionsträchtigen Gewerbebetrieb wesentlich größer als bei einem Wohngebäude (Ernst/Zinkahn/Bielenberg, § 34 Rn. 36). Vorhandene Gebäude außerhalb des im Zusammenhang bebauten Ortsteils gehören nicht mehr zur näheren Umgebung (BVerwG, NJW 1983, 2460).

§ 34 Abs. 1 BauGB lässt ein Bauvorhaben nur zu, wenn es sich positiv in die vorhandene Bebauung einfügt. Das Einfügungsgebot beschränkt sich auf die in § 34 Abs. 1 BauGB genannten Kriterien. Auf sonstige in § 34 Abs. 1 BauGB nicht benannte Kriterien, wie etwa Dachform, Firstrichtung, kommt es nicht an. **131**

Bsp.:
1. Die Zahl der Wohnungen ist für § 34 Abs. 1 BauGB irrelevant (OVG Koblenz, NVwZ 1994, 699).
2. Der Ausbau eines Dachgeschosses spielt für das Einfügen keine Rolle. Anders ist es aber, wenn durch Dachaufbauten - Dachgiebel - das Maß der baulichen Nutzung in einer nach außen sichtbaren Weise erhöht wird (BVerwG, NVwZ 1994, 1006; OVG Lüneburg, NVwZ-RR 2006, 526; VGH Mannheim, VBlBW 2001, 60).

Einfügen bedeutet nach der Rechtsprechung des Bundesverwaltungsgerichts (BVerwGE 55, 369 u. 67, 23; NVwZ 1995, 698 u. 1999, 524), dass das Bauvorhaben den durch die vorhandene Bebauung gebildeten **Rahmen nicht überschreiten** darf. Es ist also zunächst die tatsächlich vorhandene Bebauung zu ermitteln, und zwar auch die städtebaulich unerwünschte. Dann ist zu prüfen, welche dieser Baulichkeiten die nähere Umgebung prägen, d. h. welche Bebauung aufgrund ihrer Ausdehnung, Höhe, Zahl oder ihres Nutzungsmaßes die nähere Umgebung beeinflusst (BVerwGE 75, 34).

Bsp.:
Ist in der Umgebung eine zwei- bis viergeschossige Bebauung vorhanden, dann kann das zu errichtende Bauwerk zwei, drei oder vier Geschosse aufweisen, ein eingeschossiges oder fünfgeschossiges Gebäude ist demgegenüber unzulässig (BVerwGE 55, 369).

Ein Überschreiten des Rahmens ist ausnahmsweise unschädlich, wenn dadurch die „städtebauliche Harmonie" nicht beeinträchtigt wird, d. h. **keine städtebaulichen Spannungen** begründet oder vorhandene Spannungen verstärkt werden (BVerwG, NVwZ 1999, 524; NVwZ-RR 1996, 275). So kann sich z. B. ein fünfgeschossiges Gebäude noch in eine zwei- bis viergeschossig bebaute Umgebung einfügen, wenn es in einer Bodensenke errichtet werden soll. Eine in der näheren Umgebung nicht noch einmal vorhandene bauliche Anlage kann sich gleichwohl einfügen im Sinne des § 34 Abs. 1 BauGB, wenn sie keine städtebaulichen Spannungen hervorruft (BVerwGE 67, 23 - Windenergieanlage; BauR 1994, 81; NVwZ 1995, 698; BauR 1999, 373 - Kurhaus). Umgekehrt kann trotz des Einhaltens des Rahmens die städtebauliche Harmonie gestört werden - das Bundesverwaltungsgericht spricht von „Unruhe stiften" bzw. „die vorgegebene Situation belasten, stören oder verschlechtern" -, wenn z. B. bei zwei- bis viergeschossiger Bauweise ein viergeschossiges Gebäude errichtet wird, das statt der üblichen 2,70 m pro Geschoss eine Geschosshöhe von jeweils 3,5 m aufweist. Das Gleiche gilt, wenn das Vorhaben sich - noch - einfügt, aber eine sog. **negative Vorbildwirkung** entfaltet, indem es andere gleichartige Vorhaben nach sich zieht und so die Situation „zum Umkippen" bringt (BVerwGE 44, 302; NJW 1980, 605; 1981, 473).

Bsp.:
1. Die Errichtung einer Schweinemastanlage kann in einem Dorfgebiet unzulässig sein, wenn zu erwarten ist, dass weitere Landwirte diesem Beispiel folgen werden (BVerwG, NJW 1981, 139).
2. Eine Spielhalle fügt sich in einen bisher mit Wohn- und Geschäftshäusern bebauten Bereich nicht ein, wenn mit der Ansiedlung weiterer Spielhallen und damit dem sog. trading-down-Effekt zu rechnen ist (BVerwG, NVwZ 1995, 698).

Zur Auslegung des Begriffs des Einfügens kann auch auf die **Baunutzungsverordnung** als sachverständige Konkretisierung städtebaulicher Planungsgrundsätze abgestellt werden (so BVerwGE 32, 31; NVwZ 1987, 884; BauR 2011, 222). Dies bezieht sich aber vor allem auf die §§ 2 ff. BauNVO, während die Höchstwerte des § 17 BauNVO nicht maßgeblich sind (BVerwG, BauR 2014, 1126). Es kommt nämlich für das Einfügen nicht auf die Grundstücksgrenzen an. Maßgeblich ist der tatsächliche Gesamteindruck (BVerwG, BauR 1989, 60 u. 2014, 1126). Dem abstrakten Maß der baulichen Nutzung - Geschossflächenzahl, Grundflächenzahl - kommt daher nur eine untergeordnete Bedeutung zu. Letztlich entscheidend sind die optisch wahrnehmbaren Umstände, insbesondere die Größe des Gebäudes im Verhältnis zur umgebenden Bebauung (BVerwG, NVwZ 1994, 1006; BauR 2007, 514; OVG Lüneburg, NVwZ-RR 2006, 526).

Bei der Ermittlung der Eigenart der näheren Umgebung bleiben sog. **Fremdkörper** außer Betracht. Hierunter versteht man ein Gebäude, das völlig aus dem Rahmen der sonst vorhandenen Bebauung fällt (BVerwG, NVwZ 1990, 755 u. 1994, 294; BauR 2007, 672; OVG Koblenz, NVwZ-RR 2013, 1627). Diese Einschränkung ist aber nur bei Extremfällen anwendbar. Ein Fremdkörper ist auch bei einem nur vereinzelt vorkommenden Vorhaben nicht anzunehmen, wenn dieses infolge seiner Größe die Eigenart des Baugebiets mitprägt (BVerwG, NVwZ 1990, 322).

132 Im Rahmen des Einfügens kommt dem **Gebot der Rücksichtnahme** (s. Rn. 323) eine besondere Bedeutung zu. Ein Bauvorhaben, das auf die vorhandene Umgebung nicht die gebotene Rücksicht nimmt, fügt sich nicht im Sinne des § 34 Abs. 1 BauGB ein, auch wenn im Übrigen alle oben angegebenen Merkmale des Einfügens gegeben sind (BVerwG, BauR 1984, 613; NVwZ-RR 1997, 516; NVwZ 1999, 524). Das Gebot der Rücksichtnahme soll vor allem die unmittelbare Nachbarschaft schützen (BVerwG, BauR 2011, 222).

Bsp.:
1. Zwölfgeschossiges Gebäude verletzt wegen seiner „erdrückenden Wirkung" das Gebot der Rücksichtnahme gegenüber benachbarten Gebäuden mit nur zwei bis drei Geschossen (BVerwG, DÖV 1981, 673).
2. Kegelbahn verletzt das Gebot der Rücksichtnahme in einem reinen Wohngebiet (BVerwG, BauR 1986, 61).
3. Eine zwölf Meter hohe Siloanlage unmittelbar an der Grenze verstößt gegen das Gebot der Rücksichtnahme (BVerwG, DVBl 1986, 1172).
4. Das Überschreiten der faktischen hinteren Baulinie einer Reihenhausanlage durch Errichtung eines Anbaus ist wegen des „Scheuklappeneffekts" rücksichtslos gegenüber den Bewohnern des benachbarten Reihenhauses; insoweit wird auch von „Einmauerung" oder „Gefängnishofsituation" gesprochen (VGH Kassel, NVwZ RR 1996, 306; VGH Mannheim, NVwZ-RR 2005, 89).
5. Die Errichtung einer kirchlichen Aussegnungshalle neben einem Wohngebiet verstößt gegen das Rücksichtnahmegebot (VGH Mannheim, BauR 2011, 1464).

B. Bauplanungsrechtliche Zulässigkeit von Bauvorhaben

Das Gebot der Rücksichtnahme schützt aber nicht nur die Wohnbevölkerung vor Immissionen und sonstigen Beeinträchtigungen, sondern schützt umgekehrt auch den Inhaber eines Gewerbebetriebs davor, dass er infolge heranrückender Wohnbebauung immissionsschutzrechtlichen Einschränkungen ausgesetzt sein könnte (BVerwG, NVwZ 1993, 1184; BauR 2002, 432; OVG Münster, BauR 1996, 222; NVwZ-RR 1998, 357).

Bsp.:
Die Errichtung von Wohnhäusern in der Nachbarschaft einer Schwermetall-Gießerei ist rücksichtslos (BVerwG, ZfBR 1986, 45).

Dabei ist auf eine Erweiterungsabsicht des Gewerbebetriebs nur dann Rücksicht zu nehmen, wenn diese bereits im vorhandenen Baubestand angelegt ist. Auf lediglich genehmigte, aber noch nicht ausgeführte Vorhaben muss keine Rücksicht genommen werden (BVerwG, DVBl 1993, 445).

Dem Gebot der Rücksichtnahme kommt vor allem in sog. **Gemengelagen** Bedeutung zu (zur Gemengelage s. Dolde, DVBl 1983, 732; Ziegert, BauR 1984, 15 und 138). Gemengelagen sind gekennzeichnet durch das Nebeneinander bzw. sogar Durcheinander von Nutzungsarten, die nicht miteinander harmonisieren, insbesondere Wohnbebauung einerseits, gewerbliche Nutzung andererseits. Die Pflicht zur Rücksichtnahme bedeutet hier, dass der Inhaber eines Wohnhauses einerseits höhere Immissionen und sonstige Beeinträchtigungen hinnehmen muss als in Wohngebieten, andererseits der Gewerbetreibende sich weitergehende Einschränkungen gefallen lassen muss als in einem Gewerbe- oder Industriegebiet (BVerwG, NVwZ 1984, 511 und 646). Das Bundesverwaltungsgericht hält wegen des Gebots der Rücksichtnahme bei der Festsetzung der zulässigen Immissionswerte eine Mittelwertbildung für geboten, d. h. Grenzwerte, die zwischen denen für Wohn- bzw. Gewerbegebiete liegen (BVerwGE 50, 49; NVwZ 1983, 609; VGH München, NVwZ-RR 1990, 549).

133

Vergleichbare Probleme, die durch eine Heranziehung des Rücksichtnahmegebots gelöst werden müssen, entstehen auch bei der Nachbarschaft von Wohnbebauung und **Sportanlagen** (s. dazu BVerwGE 81, 197; NVwZ 1991, 884 u. 2000, 1050; VGH Mannheim, VBlBW 2013, 61; Uechtritz, NVwZ 2000, 1006; Stühler, BauR 2006, 1671) sowie bei der Nachbarschaft von Wohnbebauung und **Intensiv-Tierhaltung** (s. dazu BVerwG, NJW 1981, 319; NVwZ 1987, 884; DVBl 1993, 652; VGH Mannheim, NVwZ-RR 1996, 2).

§ 34 Abs. 1 BauGB verlangt ferner, dass die Anforderungen an **gesunde Wohn- und Arbeitsverhältnisse** (s. dazu § 136 Abs. 3 BauGB) gewahrt bleiben und das **Ortsbild** nicht beeinträchtigt wird. Diese Anforderungen haben eine selbstständige Bedeutung neben dem Einfügen in die vorhandene Bebauung (BVerwG, NVwZ 1991, 51; VGH Kassel, BauR 2009, 1260). Eine Beeinträchtigung des Ortsbilds ist insbesondere gegeben, wenn ein Gebäude sich hinsichtlich seiner äußeren Gestaltung deutlich von der Umgebung unterscheidet und deren Erscheinungsbild negativ beeinflusst, wobei der maßgebliche Bereich weiter reicht als beim Einfügen (BVerwG, NVwZ 2000, 1169). Gesunde Wohn- und Arbeitsverhältnisse sind nicht mehr gegeben, wenn das Gebäude städtebauliche Missstände aufweist, wobei nur Mindestanforderungen verlangt werden können; das Überschreiten der Immissionsgrenzwerte reicht dafür nicht aus (VGH Kassel, BauR 2009, 1260).

134

Zur Wahrung gesunder Wohn- und Arbeitsverhältnisse soll auch die Einhaltung der nach der **SEVESO II-RL** der EU erforderlichen Abstände zu Betrieben mit einem hohen Störfallpotential gehören (so OVG Münster, Baur 2012, 1090; Schmidt/Kreutz,

NVwZ 2012, 484; Reidt, UPR 2011, 448). Der EuGH (BauR 2011, 1937) hat entschieden, dass die SEVESO II-RL nicht nur bei der Bauleitplanung, sondern auch bei rechtlich gebundenen Entscheidungen nach §§ 34, 35 BauGB zu beachten ist. Die rechtliche Einordnung der SEVESO II-RL in § 34 Abs. 1 BauGB bereitet Schwierigkeiten, weil der nach der SEVESO II-RL bestehende Beurteilungsspielraum der Behörde - vgl. auch § 50 Satz 1 BImSchG - mit der rechtlichen Bindung der Bauaufsichtsbehörde nach §§ 34, 35 BauGB eigentlich nicht zu vereinbaren ist (s. dazu Uechtritz, BauR 2012, 1039). Das Bundesverwaltungsgericht leitet die Verpflichtung zur Beachtung der SEVESO II-RL aus dem Gebot der Rücksichtnahme ab, wobei der Bauaufsichtsbehörde bei der Bemessung des „angemessenen Abstands" kein Beurteilungsspielraum eingeräumt wird (BVerwG, NVwZ 2013, 719 mit Anm. Uechtritz).

135 Durch das EAG Bau 2004 wurde **§ 34 Abs. 3 BauGB** neu geschaffen. Die Vorschrift untersagt die Errichtung von Vorhaben, die **schädliche Auswirkungen auf zentrale Versorgungsbereiche** in der Gemeinde selbst oder in Nachbargemeinden erwarten lassen (s. BVerwG, NVwZ 2008, 308 u. 2010, 587 u. 590; VGH Mannheim, BauR 2012, 905; VBIBW 2012, 381; Uechtritz, NVwZ 2007, 660; Terwiesche, NVwZ 2010, 553). Sie hat vor allem Bedeutung für Einkaufszentren und großflächige Einzelhandelsbetriebe und stellt eine § 11 Abs. 3 BauNVO vergleichbare Regelung dar. § 11 Abs. 3 BauNVO ist allerdings nach der Rechtsprechung des Bundesverwaltungsgerichts (NVwZ 2009, 779 u. 2010, 590) bei § 34 Abs. 3 BauGB weder direkt noch mittelbar anwendbar. Zweck der Vorschrift ist es, die sog. Fernwirkungen von Einkaufszentren und großflächigen Einzelhandelsbetrieben auf die Infrastruktur der Gemeinde selbst oder der Nachbargemeinden zu berücksichtigen. Diese Belange werden durch das Einfügensgebot des § 34 Abs. 1 BauGB nicht erfasst, weil diese Vorschrift nur auf die nähere Umgebung abstellt. Unter den Begriff des zentralen Versorgungsbereichs fallen nicht nur tatsächlich vorhandene Bereiche dieser Art, sondern auch solche, die in Bauleitplänen als solche Bereiche ausgewiesen sind (BVerwG, NVwZ 2008, 308 u. 2009, 781). Nach den Gesetzesmaterialien (BT-Drs. 15/2250 S. 33) soll ein zentraler Versorgungsbereich auch dann vorliegen, wenn er einem Entwicklungskonzept oder einer sonstigen städtebaulichen Planung (vgl. § 1 Abs. 6 Nr. 11 BauGB - auch als Marktkonzept oder Zentrenkonzept bezeichnet) ausgewiesen ist. Dies wird jedoch überwiegend abgelehnt (z. Meinungsstand: Terschiebe, NVwZ 2010, 552). Denn ein Markt- oder Zentrenkonzept ist keine Satzung und daher für den Bürger nicht rechtsverbindlich.

Ein **zentraler Versorgungsbereich** ist ein räumlich abgegrenzter Bereich mit Einzelhandelsbetrieben, Dienstleistungen und Gaststätten mit einer über den unmittelbaren Nahbereich hinausgehenden Versorgungsfunktion (BVerwG, NVwZ 2008, 315 u. 2010, 590). Eine Beeinträchtigung eines zentralen Versorgungsbereichs ist anzunehmen, wenn die Versorgungsfunktion nicht oder nur noch eingeschränkt wahrgenommen werden kann. Ob dies der Fall ist, wird in der Regel durch ein Marktgutachten ermittelt, in dem der Kaufkraftverlust prognostiziert wird (BVerwG, NVwZ 2010, 587 u. 590). Daneben kann auch ein Vergleich der Verkaufsfläche im zentralen Versorgungsbereich mit der Verkaufsfläche des geplanten Einzelhandelsbetriebs ein Indiz für schädliche Auswirkungen sein. Ferner kann auf die räumliche Entfernung, die Preisgestaltung und sogar auf die Parkmöglichkeiten abgestellt werden (so BVerwG, BauR 2012, 760; VGH München, BauR 2012, 911; VGH Mannheim, VBIBW 2012, 381).

B. Bauplanungsrechtliche Zulässigkeit von Bauvorhaben 91

c) § 34 Abs. 2 BauGB i. V. m. §§ 2-11 BauNVO

Soweit die nähere Umgebung einem der in §§ 2 -11 BauNVO aufgeführten Baugebiet entspricht, kommt es hinsichtlich der Art der baulichen Nutzung nach § 34 Abs. 2 BauGB allein darauf an, dass das Vorhaben nach §§ 2-15 BauNVO in dem jeweiligen Baugebiet zulässig ist (BVerwG, NVwZ 1990, 557; NVwZ-RR 1997, 463; NVwZ 2000, 1050). Die Verweisung in § 34 Abs. 2 BauGB ist eine sog. dynamische Verweisung, d. h. es ist die jeweils gültige Fassung der BauNVO heranzuziehen (BVerwG, NVwZ 2000, 1050). Ausgenommen von der Heranziehung der §§ 2 ff. BauNVO wird allerdings § 4a BauNVO, da die Festsetzung eines besonderen Wohngebiets eine planerische Entscheidung der Gemeinde voraussetzt, die nicht durch die vorhandene Bebauung ersetzt werden kann (BVerwG, NVwZ 1993, 1100). Das Gleiche gilt für § 11 BauNVO, da diese Vorschrift die Art der baulichen Nutzung nicht selbst festlegt, sondern dies dem Bebauungsplan überlässt (BVerwG, NVwZ 2011, 436).

136

Neben der Vereinbarkeit mit §§ 2 ff. BauNVO ist im Rahmen des § 34 Abs. 2 BauGB hinsichtlich der Art der baulichen Nutzung nicht mehr zu prüfen, ob das Vorhaben sich in die nähere Umgebung im Sinne des § 34 Abs. 1 BauGB einfügt (BVerwG, NVwZ 1990, 557; 1995, 897 u. 2000, 1050).

Soweit ein Vorhaben nach §§ 2-9 BauNVO nur als **Ausnahme** zulässig ist, findet § 31 Abs. 1 BauGB (s. dazu Rn. 116) entsprechende Anwendung.

Für das **Maß der baulichen Nutzung**, die zulässige Bauweise und die überbaubare Grundstücksfläche ist dagegen nicht auf §§ 16 ff. BauNVO, sondern allein auf die nähere Umgebung abzustellen (s. Rn. 131). § 34 Abs. 2 BauGB verweist nur bezüglich der Art der baulichen Nutzung auf die Baunutzungsverordnung.

Soweit durch die schematisierende und typisierende Betrachtungsweise der Baunutzungsverordnung im Einzelfall eine unangemessene Beschränkung der Bebaubarkeit eines Grundstücks eintritt, kann dem durch eine **Befreiung** nach §§ 34 Abs. 2, 31 Abs. 2 BauGB Rechnung getragen werden (s. dazu Brügelmann/ Dürr, § 34 Rn. 100). § 34 Abs. 2 BauGB bewirkt somit eine starke Angleichung der Zulässigkeit von Bauvorhaben im nicht beplanten Innenbereich an den beplanten Innenbereich (BVerwG, NVwZ-RR 1997, 463).

d) Sonderregelung für Gewerbebetriebe - § 34 Abs. 3a BauGB

§ 34 Abs. 3a BauGB 2004 hat eine Sondervorschrift für Gewerbe wieder in Kraft gesetzt, die bereits durch § 34 Abs. 3 BauGB 1987 geschaffen und durch das BauROG 1998 abgeschafft worden war. Die Vorschrift gestattet die **Erweiterung, Änderung, Nutzungsänderung oder Erneuerung von vorhandenen Gewerbebetrieben** oder Handwerksbetrieben, auch wenn diese sich nicht im Sinne des § 34 Abs. 1 BauGB in die nähere Umgebung einfügen. Durch die BauGB-Novellen 2007 und 2013 wurde der Anwendungsbereich auf die Erweiterung, Änderung und Erneuerung von Wohngebäuden bzw. Umwandlung von gewerblich genutzten Gebäuden in Wohngebäude ausgedehnt.

137

§ 34 Abs. 3a BauGB stellt materiell-rechtlich einen **Befreiungstatbestand** dar (BVerwGE 84, 322 zu § 34 Abs. 3 BauGB 1987; Schidlowski/Bauch, BauR 2006, 784) und trägt dem Umstand Rechnung, dass der Bestandsschutz nur bestehende Anlagen erfasst, aber keine Veränderungen erlaubt, die über eine Instandhaltung hinausgehen. § 34 Abs. 3a BauGB ermöglicht es insbesondere, bestehende Gewerbe- oder Handwerksbetriebe zu erweitern oder auf sonstige Weise zu verändern, wenn dieses sowohl mit den nachbarlichen Interessen als auch mit den öffentlichen Belangen vereinbar ist; die Parallele zu § 31 Abs. 2 BauGB ist offensichtlich (s. Rn. 123). Die Befreiungsmöglichkeit nach § 34 Abs. 3a BauGB kommt vor allem Gewerbetreibenden in Gemengelagen zugute (BVerwGE 84, 322).

Der Gesetzgeber hat unter Hinweis auf die Befreiungsmöglichkeit nach § 34 Abs. 2 Halbsatz 2 BauGB i. V. m. § 31 Abs. 2 BauGB die Anwendung des § 34 Abs. 3 a BauGB nur hinsichtlich der Art der Nutzung ausschließen wollen (vgl. die Beschlussempfehlung des Ausschusses für Verkehr, Bau- und Wohnungswesen, BT-Drucks. 15/2996, Seite 66). Was das Erfordernis des Einfügens hinsichtlich der übrigen Merkmale des Maßes der baulichen Nutzung, der Bauweise und der überbaubaren Grundstücksfläche anbelangt, folgt das Erfordernis des Einfügens auch in einer Umgebung, die einem Baugebietstyp im Sinne von § 34 Abs. 2 BauGB entspricht, weiterhin aus § 34 Abs. 1 Satz 1 BauGB. Hierauf nimmt die Abweichungsermächtigung in § 34 Abs. 3a BauGB Bezug (OVG Koblenz, Beschl. v. 08.07.2011 - 8 A 10451/11.OVG -).

e) Entwicklungs- und Ergänzungssatzungen - § 34 Abs. 4 und 5 BauGB

138 § 34 Abs. 4 BauGB ermächtigt die Gemeinde zum Erlass von Klarstellungssatzungen - Nr. 1 -, Entwicklungssatzungen - Nr. 2 - und Ergänzungssatzungen - Nr. 3 - (s. dazu Greiving, VerwArch 1998, 585; Schink, DVBl. 1999, 367). Während durch eine Klarstellungssatzung lediglich die Grenze zwischen Innenbereich und Außenbereich normativ festgelegt wird, aber kein neues Baugelände entsteht (s. dazu oben Rn. 118, wird durch eine Entwicklungs- und Ergänzungssatzung ein bisher zum Außenbereich zählendes Gelände dem Innenbereich zugeordnet und erhält damit Baulandqualität.

Entwicklungssatzungen nach § 34 Abs. 4 Nr. 2 BauGB können bereits bebaute Bereiche im Außenbereich zum Innenbereich erklären, sofern die von der Satzung erfasste Fläche im Flächennutzungsplan als Baufläche ausgewiesen ist. Die Gemeinde erhält damit die Möglichkeit, vorhandene Bebauungsansätze im Außenbereich - Splittersiedlungen im Sinne des § 35 Abs. 3 BauGB - zu Ortsteilen im Sinne des § 34 Abs. 1 BauGB zu entwickeln (OVG Schleswig, NVwZ-RR 2002, 485).

Ergänzungssatzungen nach § 34 Abs. 4 Nr. 3 BauGB ermöglichen es, den Verlauf des Ortsrands bei Erlass einer Satzung nach § 34 Abs. 4 Nr. 1 oder 2 BauGB durch Einbeziehung bisher unbebauter Flächen in den im Zusammenhang bebauten Ortsteil abzurunden bzw. zu begradigen. Anders als bei den sog. Abrundungssatzungen nach § 34 Abs. 4 Nr. 3 BauGB 1987 ist eine Ergänzungssatzung nach § 34 Abs. 4 Nr. 3 BauGB 1998 nicht darauf beschränkt, die vorhandene Bebauung abzurunden, sondern kann auch außerhalb der bisherigen Bebauung liegende Flächen in den Innenbereich einbeziehen (OVG Münster, BauR 2003, 665), z. B. bei einer nur einseitigen Bebauung einer Straße auch die Grundstücke auf der anderen Seite der Straße zum Innenbereich erklären, sofern diese Flächen durch die angrenzende Bebauung im Innenbereich geprägt werden (BVerwG, BauR 2009, 617; VGH Mannheim, BauR 2007, 1851). Eine Ergänzungssatzung erlaubt aber nur die Ergänzung der bisherigen Bauflächen, nicht die Schaffung neuer Baugebiete; hierfür bedarf es eines Bebauungsplans (OVG Münster, BauR 2003, 665).

B. Bauplanungsrechtliche Zulässigkeit von Bauvorhaben

Bsp.:
Es stellt kein Abrunden dar, wenn die neue Baufläche wie eine Nase aus dem Ortsrand in den Außenbereich hineinragt (VGH Kassel, NVwZ 1985, 839).

§ 34 Abs. 5 Satz 2 BauGB erlaubt ferner, **einzelne Festsetzungen nach § 9 BauGB** in die Satzung aufzunehmen. In Betracht kommen insoweit vor allem Bestimmungen über die Art der baulichen Nutzung und die überbaubare Grundstücksfläche. Wie die Worte „einzelne Festsetzungen" zeigen, kann in der Satzung aber keine umfassende Regelung der zulässigen baulichen Nutzung getroffen werden. Wenn die Gemeinde dies für nötig hält, muss sie einen Bebauungsplan aufstellen (OVG Münster, BauR 2003, 665; VGH Mannheim, BauR 2007, 1851; VGH Kassel, BauR 2011, 234).

Satzungen nach § 34 Abs. 4 Nr. 2 und 3 BauGB müssen gemäß § 34 Abs. 5 Nr. 1 BauGB mit der **geordneten städtebaulichen Entwicklung vereinbar** sein. Dies ist dann der Fall, wenn die Satzung nicht im Widerspruch zum Flächennutzungsplan steht. Ferner darf weder eine Umweltverträglichkeitsprüfung erforderlich sein, noch ein FFH-Gebiet beeinträchtigt werden - § 34 Abs. 5 Nr. 2 u. 3 BauGB -. Wenn durch die Schaffung neuer Bauplätze städtebauliche Spannungen ausgelöst oder verstärkt werden, muss der Ausgleich der widerstreitenden Interessen durch die Aufstellung eines Bebauungsplans bewirkt werden (OVG Saarlouis, NVwZ 1982, 125; VGH München, BauR 1989, 309). **139**

Bsp.:
Das bisher nur mit wenigen Gebäuden bebaute Gelände zwischen dem Ortsrand und einem großen Bauhof einer Straßenbaufirma wird durch eine Satzung nach § 34 Abs. 4 BauGB zum Innenbereich erklärt; das OVG Saarlouis hält diese Satzung für nichtig, weil die Abwägung der Belange der Wohnbebauung und der gewerblichen Nutzung durch einen Bebauungsplan zu erfolgen habe (OVG Saarlouis, NVwZ 1982, 125).

Das **Verfahren** zum Erlass von Satzungen nach § 34 Abs. 4 BauGB ist in § 34 Abs. 6 BauGB geregelt. Diese Vorschrift verweist im Wesentlichen auf das vereinfachte Verfahren nach § 13 BauGB.

Für den Rechtsschutz gegen Satzungen nach § 34 Abs. 4 BauGB gilt das für Bebauungspläne Gesagte entsprechend (s. dazu Rn. 345ff.).

6. Bauvorhaben im Außenbereich - § 35 BauGB

Für den Außenbereich hat der Gesetzgeber sozusagen eine generelle Planung vorgenommen. Der Gesetzgeber ließ sich von der Vorstellung leiten, dass der Außenbereich von baulichen Anlagen freizuhalten sei, soweit diese nicht ihrem Wesen nach in den Außenbereich gehören (BVerwGE 28, 148 ff.). **140**

Außenbereich sind die Gebiete, die weder innerhalb des Geltungsbereichs eines Bebauungsplans im Sinne von § 30 Abs. 1 und 2 BauGB noch innerhalb eines im Zusammenhang bebauten Ortsteils liegen. Außenbereich ist somit begrifflich die Gesamtheit der von §§ 30 und 34 BauGB nicht erfassten Flächen (BVerwGE 41, 227ff.).

Bei der Zulässigkeit von Bauvorhaben im Außenbereich ist zu unterscheiden zwischen den privilegierten Vorhaben des § 35 Abs. 1 BauGB und den nicht privilegierten Vorhaben des § 35 Abs. 2 BauGB. **Privilegierte Vorhaben** sind im Außenbereich generell zulässig, wenn öffentliche Belange nach § 35 Abs. 3 BauGB nicht entgegenstehen. Für **nicht privilegierte Vorhaben** besteht hingegen ein grundsätzliches Bauverbot mit Ausnahmevorbehalt (st. Rspr. seit BVerwGE 27, 137; BauR 2006, 1103). **141**

Nicht privilegierte Vorhaben können im Einzelfall genehmigt werden, wenn sie öffentliche Belange nicht beeinträchtigen.

Dieser Unterschied bezüglich der Berücksichtigung öffentlicher Belange bedeutet nach der Rechtsprechung des Bundesverwaltungsgerichts (BVerwGE 28, 148; 48, 109 u. 68, 311), dass bei der **Abwägung** zwischen dem Bauvorhaben und den davon betroffenen öffentlichen Belangen die gesetzliche Privilegierung des § 35 Abs. 1 BauGB besonders berücksichtigt werden muss. Ein an sich privilegiertes Vorhaben ist nur dann unzulässig, wenn ihm höherwertige Belange der Allgemeinheit entgegenstehen. So hat z. B. der VGH Mannheim (ESVGH 29, 102) die Erteilung einer Baugenehmigung für eine - nach § 35 Abs. 1 Nr. 3 BauGB privilegierte - Kiesgewinnungsanlage in einem als Naherholungsgebiet dienenden Wald abgelehnt (vgl. auch BVerwG, NVwZ 1986, 203 - Reithalle im Landschaftsschutzgebiet; OVG Münster, BauR 2001, 222 - Schweinemaststall in einem reizvollen Tal).

Ein nicht privilegiertes Vorhaben ist stets unzulässig, wenn es öffentliche Belange beeinträchtigt. Es wird nicht verlangt, dass die Belange dem Vorhaben entgegenstehen.

In der Praxis läuft die Unterscheidung zwischen privilegierten und nicht privilegierten Vorhaben darauf hinaus, dass privilegierte Vorhaben im Außenbereich grundsätzlich zulässig sind, weil der Gesetzgeber für derartige Vorhaben anstelle eines Bebauungsplans eine generelle Zuweisung in den Außenbereich vorgenommen hat (BVerwGE 28, 14; 48, 109 u. 68, 311), wobei allerdings auch für diese Vorhaben das Gebot der größtmöglichen Schonung des Außenbereichs gilt (BVerwGE 41, 138ff.).

a) Privilegierte Vorhaben

142 Von den acht in § 35 Abs. 1 BauGB genannten Fallgruppen sind vor allem vier Fälle von praktischer Relevanz: land- und forstwirtschaftliche Vorhaben - Nr. 1 -, einem ortsgebundenen Betrieb dienende Vorhaben - Nr. 3 BauGB -, Vorhaben, die wegen ihrer besonderen Zweckbestimmung oder ihrer Eigenart nur im Außenbereich ausgeführt werden sollen - Nr. 4 BauGB - sowie Vorhaben, die der Erforschung, Entwicklung oder Nutzung der Wind- oder Wasserenergie dienen - Nr. 5 -.

143 Bei den einem **land- oder forstwirtschaftlichen Betrieb** (s. BVerwG, NVwZ 2013, 155) dienenden Vorhaben liegt in der Praxis das Hauptproblem darin, solche landwirtschaftlichen „Betriebe" von der Privilegierung auszuscheiden, die nur zum Schein unterhalten werden, um ein ansonsten nach § 35 Abs. 2, 3 BauGB nicht zulässiges Bauvorhaben im Außenbereich verwirklichen zu können (BVerwG, NVwZ 2013, 155). Der **Begriff der Landwirtschaft** ist in § 201 BauGB gesetzlich definiert. Diese Begriffsbestimmung ist auch für § 35 Abs. 1 Nr. 1 BauGB maßgebend. Zu beachten ist, dass nach § 201 BauGB nicht nur Ackerbau und Viehzucht sowie Erwerbsgartenbau und -obstbau, sondern auch die berufsmäßige Imkerei (s. dazu BVerwG, BauR 1991, 579) und Fischerei privilegiert sind. Der Begriff der Landwirtschaft im Sinne des § 201 BauGB geht also weit über den sonstigen Sprachgebrauch hinaus. Die Viehzucht ist allerdings nur dann zur Landwirtschaft im Sinne des § 201 BauGB zu zählen, wenn sie überwiegend auf einer eigenen Futtergrundlage beruht (BVerwG, NVwZ 1986, 203; NVwZ 1990, 64); eine Schweinemastanstalt ist daher kein landwirtschaftlicher Betrieb (BVerwG, NJW 1981, 139; Intensivhühnerhaltung: VGH Kassel, BRS 49 Nr. 209; Privilegierung möglich nach § 35 Abs. 1 Nr. 5 BauGB: BVerwG, BRS 40 Nr. 74). Durch das Baugesetzbuch 1987 eingeführt wurde

B. Bauplanungsrechtliche Zulässigkeit von Bauvorhaben

die Privilegierung der Pensionstierhaltung (vgl. dazu BVerwG, NVwZ 1986, 200; VG Neustadt, Urt. v. 26.02.2016 - 3 K 325/15.NW -, juris).

Nach der Rechtsprechung der Verwaltungsgerichte stellt nicht jede landwirtschaftliche Betätigung einen landwirtschaftlichen Betrieb im Sinne des § 35 Abs. 1 Nr. 1 BauGB dar. Voraussetzung für die Anerkennung ist, dass es sich um einen ernsthaften, auf **Dauer angelegten Betrieb** handelt, der dazu bestimmt ist, mit seinem Ertrag einen Beitrag zum Lebensunterhalt des Betriebsinhabers zu leisten (BVerwGE 26, 161 u. 122, 308; NVwZ 2013, 155; Ziegler, NVwZ 2010, 748). Das Bundesverwaltungsgericht hält es dabei nicht für entscheidend, ob tatsächlich ein Gewinn erwirtschaftet wird. Maßgeblich für die Privilegierung ist vielmehr die Absicht der **Gewinnerzielung**, sofern diese nicht unrealistisch ist. Der Gewinnerzielung kommt - insbesondere bei Nebenerwerbsbetrieben - eine erhebliche indizielle Bedeutung für einen Betrieb im Sinne des § 35 Abs. 1 Nr. 1 BauGB zu (BVerwG, NVwZ 2005, 587; OVG Münster, NVwZ-RR 2000, 347). Der VGH Mannheim sieht das Merkmal der Gewinnerzielung auch als erfüllt an, wenn die erzeugten Produkte ausschließlich im Haushalt des Grundstückeigentümers verbraucht werden, weil dadurch der Kauf entsprechender Produkte erspart werde (VGH Mannheim, VBlBW 2010, 111). Die Absicht ständiger Gewinnerzielung muss erkennbar im Vordergrund stehen und die Betätigung in gesicherter Weise auf Dauer angelegt sein. Daneben spielen aber auch die Betriebsgröße, die Ausstattung mit Maschinen und die landwirtschaftliche Erfahrung des Betriebsinhabers eine maßgebliche Rolle (BVerwGE 26, 121; VGH Mannheim, BauR 2003, 219). Entscheidend ist, ob bei einer Gesamtwürdigung aller Umstände davon auszugehen ist, dass die landwirtschaftliche Betätigung zu Erwerbszwecken und nicht z. B. aus sonstigen Gründen, insbesondere aus Liebhaberei erfolgt. Das bedeutet zunächst, dass eine landwirtschaftliche Betätigung, die nur aus Liebhaberei (BVerwG, NVwZ-RR 1996, 373 - Fischteich eines Naturfreundes; VGH Mannheim, BRS 25 Nr. 62 - Pferdezucht eines Industriekaufmanns, VBlBW 1982, 295 - Pferdezucht eines Kraftfahrers (vgl. zur Nebenerwerb-/Freizeitimkerei: VG Schwerin, Urt. v. 08.05.2015 - 2 A 766/13 -, juris) betrieben wird, nicht privilegiert ist. **144**

Die Qualifikation als landwirtschaftlicher Betrieb hängt ferner nach der Rechtsprechung des Bundesverwaltungsgerichts davon ab, ob der Landwirtschaftsbetrieb auf **Eigenfläche oder Pachtland** geführt wird, weil nur bei einer hinreichenden Eigenfläche die Dauerhaftigkeit des Betriebs gesichert sei (BVerwGE 41, 138; VGH Kassel, NVwZ-RR 2009, 750: mehr als 50% Eigenfläche). Hieran soll sich durch die Einführung eines Kündigungsschutzes in § 595 BGB nichts geändert haben (so BVerwG, BauR 1989, 182). Jedenfalls bei langfristigen Pachtverträgen muss aber ein Landwirtschaftsbetrieb anerkannt werden (BVerwG, BauR 2012, 207; OVG Koblenz, BauR 2002, 1213 = NuR 2002, 425; OVG Münster, Urt. v. 23.04.2015 - 7 A 1779/13-, juris; s. aber: VG München, Urt. v. 03.06.2014 - M 1 K 13.5481 -, juris). **145**

Nicht erforderlich ist, dass die Landwirtschaft hauptberuflich betrieben wird. Auch der Betrieb des **Nebenerwerbslandwirts** ist privilegiert (BVerwGE 26, 121; NVwZ 2013, 155), soweit er überhaupt einen nennenswerten Umfang erreicht - verneint bei zwei Pferden (BVerwG, NVwZ-RR 1990, 63 u. BauR 2005, 1136); Weihnachtsbaumkultur von 2.000 m² (VGH Kassel, BRS 36 Nr. 81); bejaht bei Wanderschäferei mit 280 Schafen (BVerwG, DÖV 1983, 816); Champignonzucht (OVG Lüneburg, BauR 1983, 348); 100 ha Wald (BVerwG, BRS 52 Nr. 70), 40 Mutterschafe (BVerwG, NVwZ 2013, 155). **146**

Schließlich muss das Bauvorhaben für eine Privilegierung nach § 35 Abs. 1 Nr. 1 BauGB dem Landwirtschaftsbetrieb **dienen**, d. h. es muss nach Größe und Funktion **147** dem Betrieb zugeordnet sein. Dabei wird einerseits nicht verlangt, dass das Bauvorhaben für den Betrieb unbedingt erforderlich ist, andererseits reicht bloße Nützlichkeit nicht aus. Maßgebend ist, ob ein vernünftiger Landwirt ein derartiges Gebäude unter Berücksichtigung des Gebots größtmöglicher Schonung des Außenbereichs das Vorhaben mit etwa gleichem Verwendungszweck und mit etwa gleicher Gestaltung und Ausstattung für einen entsprechenden Betrieb errichten würde und das Vorhaben durch die Zuordnung zu dem konkreten Betrieb auch äußerlich erkennbar geprägt wird (BVerwGE 41, 138; NVwZ 2009, 918; VGH Mannheim, BauR 2012, 619). Ein Vorhaben, das primär dazu bestimmt ist, dem Eigentümer ein Wohnen im Außenbereich unter dem Deckmantel der Landwirtschaft zu ermöglichen, dient nicht der Landwirtschaft (BVerwG, NVwZ 1986, 644; OVG Koblenz, Urt. v. 22.07.2004 - 1 A 11834/03.OVG -, ESOVGRP). Das Erfordernis des Dienens soll insbesondere Missbrauchsversuchen entgegenwirken.

Des Weiteren ist eine räumliche Zuordnung erforderlich, damit das Vorhaben als den landwirtschaftlichen Betrieb prägend anzusehen ist. Dies bedeutet aber nicht, dass das Vorhaben inmitten der landwirtschaftlichen Flächen liegen muss (BVerwG, UPR 1992, 26). Die Betriebsgebäude müssen bei einem Betrieb mit verstreut liegenden Anbauflächen aber in einer noch angemessenen Entfernung zu den Betriebsflächen liegen (OVG Koblenz, RdL 1985, 292f.).

148 Nach § 35 Abs. 1 Nr. 1 BauGB sind auch solche Vorhaben privilegiert, die zwar selbst keine landwirtschaftliche Nutzung darstellen, aber mit dieser Nutzung in unmittelbarem Zusammenhang stehen - sog. **mitgezogener Betriebsteil** (BVerwG, NVwZ 1986, 200ff.). Dies ist z. B. bei der sog. Straußwirtschaft (VG Karlsruhe, VBlBW 2000, 372), der Vermietung von Fremdenzimmern - Ferien auf dem Bauernhof (VGH BayVBl. 1984, 567), der reiterlichen Erstausbildung von Pferden bei einer Pferdezucht (BVerwG, BRS 44 Nr. 79) oder dem Selbstverkauf landwirtschaftlicher Produkte (OVG Münter, BauR 2000, 245) der Fall, nicht aber bei einem Camping-Platz (VGH München, BauR 2006, 2021), bei einer Winzerstube eines Weinbaubetriebs, soweit überwiegend fremderzeugte Produkte abgesetzt werden (BVerwG, BVerwG, NVwZ 1989, 559, s. auch BRS 57 Nr. 102).

Ein nach § 35 Abs. 1 Nr. 1 BauGB als „Anhängsel" privilegiert mitgezogener Betriebsteil liegt nicht vor, wenn es sich um einen zweiten Betrieb neben dem Landwirtschaftsbetrieb handelt, der nach Umfang und Einkommen dem Landwirtschaftsbetrieb in etwa gleichkommt (BVerwG BRS 57 Nr. 102 für eine ganzjährig betriebene „Straußenwirtschaft"; VGH München, BauR 2006, 2021 für Camping-Platz).

Bsp.
Vermarktungsorientierte Einrichtungen eines Weinbaubetriebes (Halle für Pensions- und Wanderpferde, Streichelzoo, Vermarktungsgebäude mit Weinstube, Kinderspielplatz, Wassertretbecken) sind mangels dienender Funktion nicht privilegiert (OVG Koblenz, Beschl. v. 08.04.2002 - 8 A 10348/02.OVG -, ESOVGRP).

149 **§ 35 Abs. 1 Nr. 3 BauGB** privilegiert **öffentliche Versorgungsbetriebe**, wobei es nicht darauf ankommt, dass der Betreiber ein Unternehmen der öffentlichen Hand ist. Entscheidend ist, dass die Versorgungsleistung der Allgemeinheit zugutekommt, was z. B. auch bei einem privaten Elektrizitätswerk der Fall sein kann, wenn der erzeugte Strom in das öffentliche Netz eingespeist wird (BVerwG, NVwZ 1995, 64). Auch Mobilfunkanlagen sind nach § 35 Abs. 1 Nr. 3 BauGB privilegiert, wenn sie auf einen konkreten Standort im Außenbereich angewiesen sind (VGH Mannheim, VBlBW 2012, 270).

B. Bauplanungsrechtliche Zulässigkeit von Bauvorhaben

Nach der Rechtsprechung des Bundesverwaltungsgerichts (NVwZ 2012, 1631 u. 2013, 1289) ist auch bei den in § 35 Abs. 1 Nr. 3 BauGB genannten Fernmelde- und öffentlichen Versorgungseinrichtungen Voraussetzung für eine Privilegierung, dass die Anlage ortsgebunden ist. Dies ist durch den in Abs. 5 verankerten Grundsatz der Schonung des Außenbereichs gerechtfertigt.

Ortsgebundenheit meint, dass die Anlage auf einen bestimmten Standort im Außenbereich angewiesen ist. Es reicht nicht aus, dass sie irgendwo im Außenbereich errichtet werden muss (BVerwG, NVwZ 2012, 1631).

Privilegiert sind nach § 35 Abs. 1 Nr. 3 BauGB ferner **ortsgebundene Betriebe**. Ortsgebunden im Sinne des § 35 Abs. 1 Nr. 3 BauGB sind Betriebe dann, wenn sie auf einen Standort im Außenbereich aus insbesondere geographischen oder geologischen Gründen angewiesen sind (BVerwG, BRS 32 Nr. 92; OVG Saarlouis, Urt. v. 24.11.1992 - 2 R 51/91 -, juris). Bei den ortsgebundenen Betrieben handelt es sich in der Regel um Anlagen zur Gewinnung von Bodenschätzen. Dabei sind selbstverständlich die reinen Produktions- und Transportanlagen privilegiert, z. B. eine Kiesgrube (BVerwGE 51, 346 u. 77, 300), ein Steinbruch (BVerwG, DVBl 1983, 893; VGH Mannheim, BRS 24 Nr. 63) oder ein Gipsabbau (BVerwG, ZfBR 1990, 41; BVerwGE 115, 17 ff.). Zweifelhaft ist dagegen, in welchem Umfang auch Verarbeitungsanlagen in den Genuss der Privilegierung nach § 35 Abs. 1 Nr. 3 BauGB kommen. Das Bundesverwaltungsgericht (BVerwGE 51, 346 - Transportbetonanlage in Zusammenhang mit einer bestehenden Kiesgrube) hat ausgeführt, es komme nicht auf die wirtschaftliche Zweckmäßigkeit, sondern auf die typische funktionelle Notwendigkeit an. Für den Fall des Bundesverwaltungsgerichts war maßgeblich, ob eine Kiesgrube und eine Transportbetonanlage sachlich-funktionell zusammengehören und deshalb typischerweise zusammen erstellt werden. Hinsichtlich des Merkmals des „Dienens" hat das Bundesverwaltungsgericht unter Bezugnahme auf die Rechtsprechung zum Landwirtschaftsbetrieb festgestellt, das Vorhaben müsse dem ortsgebundenen Betrieb zu- und untergeordnet sein.

Bsp.:
1. Eine Mobilfunkanlage ist nicht nach § 35 Abs. 1 Nr. 3 privilegiert, weil sie zwar im Außenbereich, aber nicht an einer bestimmten Stelle erstellt werden muss (VGH Mannheim, NVwZ-RR 1998, 715; eb. VGH München, BauR 2002, 439).
2. Ein Holzlagerplatz für ein Sägewerk ist nicht deswegen ortsgebunden, weil er auf eine Berieselung mit Wasser aus einem Bach angewiesen ist; hierfür kommt praktisch jeder Bach in Betracht (BVerwG, BauR 1996, 362).

Besonders schwer zu erfassen sind die nach **§ 35 Abs. 1 Nr. 4 BauGB** privilegierten Vorhaben, also Anlagen, die wegen ihrer Eigenart, insbesondere wegen ihrer der Allgemeinheit dienenden Funktion oder wegen immissionsschutzrechtlicher Probleme, nur im Außenbereich errichtet werden sollen (s. BVerwG, NVwZ 1995, 64 u. 2000, 678). Denn anders als bei § 35 Abs. 1 Nr. 1- 3 BauGB handelt es sich dabei um die verschiedensten Anlagen mit den unterschiedlichsten Funktionen. Für eine Privilegierung nach § 35 Abs. 1 Nr. 4 BauGB ist nach der Rechtsprechung des Bundesverwaltungsgerichts (BVerwGE 34, 1 u. 48, 109 - Zeltplatz) nicht erforderlich, dass das Vorhaben - wie z. B. eine Munitionsfabrik - schlechterdings nur im Außenbereich errichtet werden kann, was bei einer Hühnermastanstalt oder einem Zeltplatz nicht der Fall ist, da derartige Anlagen gelegentlich auch im oder am Rande des Innenbereichs zu finden sind. Maßgebend ist vielmehr, ob nach den konkreten Verhältnissen nur eine Errichtung im Außenbereich in Betracht kommt (BVerwG, BauR 1976, 347 - CVJM-Heim; BVerwGE 48, 109 - Campingplatz). Anlagen zur Tierhaltung sind allerdings nach § 35 Abs. 1 Nr. 4 BauGB nur privilegiert, wenn keine Umweltverträglich-

150

keitsprüfung erforderlich ist (s. Anlage 1 zu § 3 UVPG Rn. 7.1 - 11). Danach sind Anlagen, die aufgrund ihrer Auswirkungen auf die Umgebung einer vorherigen Bauleitplanung bedürfen, nur aufgrund eines Bebauungsplans zulässig (OVG Münster, BauR 2012, 1883 - Kohlekraftwerk).

151 Selbst wenn ein Vorhaben im Außenbereich errichtet werden kann, bleibt zu prüfen, ob es im Außenbereich errichtet werden **soll**. Die Weite des Tatbestands des § 35 Abs. 1 Nr. 4 BauGB muss durch eine **einschränkende Auslegung** ausgeglichen werden (BVerwGE 96, 95). Das Bundesverwaltungsgericht weist zu Recht darauf hin, dass nicht alles, was wegen seiner Anforderungen oder Belastungen in Bezug auf die Umwelt nicht im Innenbereich verwirklicht werden kann, allein deshalb im Außenbereich gebaut werden soll; sonst wäre der Außenbereich weniger geschützt als der Innenbereich. Es muss geboten sein, ein derartiges Vorhaben gerade im Außenbereich zu errichten (BVerwGE 67, 33; BauR 1992, 52; NVwZ 2000, 678). Dies setzt voraus, dass die Errichtung im Außenbereich in einer Weise bauplanungsrechtlich billigenswert ist, die es auch unter Berücksichtigung der städtebaulichen Funktion des Außenbereichs rechtfertigt, es bevorzugt im Außenbereich zuzulassen (so BVerwG, NVwZ 1984, 169 für eine Hühnermastanstalt; BVerwG, NJW 1976, 2226 - Jugendherberge; VGH Mannheim, NVwZ 1986, 63 - öffentl. Grillplatz). Nicht billigenswert im Sinne dieser Rechtsprechung sind Bauvorhaben, auf deren Errichtung im Außenbereich verzichtet werden kann.

Bsp.:
Dem Inhaber eines Jagdreviers in fußläufiger Entfernung zum nächsten Ort (maximal 6 km) ist es zuzumuten, auf eine Jagdhütte im Jagdrevier zu verzichten und sich im Ort eine Unterkunft zu suchen (BVerwG, NVwZ 1986, 645; ebenso auch BVerwG, BauR 1996, 374).

Ferner sind solche Anlagen nicht billigenswert, deren Errichtung im Außenbereich im Hinblick auf den Gleichheitssatz nicht wünschenswert ist, weil sie lediglich der individuellen Erholung dienen und damit im Widerspruch zur Funktion des Außenbereichs als Erholungsgebiet für die Allgemeinheit stehen (BVerwG, BauR 1992, 52).

Bsp.:
1. Ein Zeltplatz für Dauercamping soll im Außenbereich nicht errichtet werden, weil er nur der Erholung derjenigen dient, die dort einen Standplatz für ihren Wohnwagen bzw. ihr Zelt haben (BVerwGE 48, 109; VGH Mannheim, VBlBW 1990, 134); das Bundesverwaltungsgericht hat mit derselben Erwägung auch einen Zeltplatz für regelmäßig wechselnde Besucher für nicht privilegiert gehalten; dies erscheint wenig überzeugend (s. dazu Otto, BauR 1978, 109).
2. Ein Golfplatz ist nicht privilegiert, da er nur für Vereinsmitglieder zur Verfügung steht (BVerwG, BauR 1992, 52; BRS 52 Nr. 77).
3. Schließlich „sollen" nach § 35 Abs. 1 Nr. 4 BauGB keine Anlagen im Außenbereich errichtet werden, die jedenfalls in ihrer gedachten Vielzahl den Außenbereich belasten, weil sie bei einer Privilegierung grundsätzlich überall im Außenbereich errichtet werden könnten (BVerwG, NVwZ 2000, 678). § 35 Abs. 1 Nr. 4 BauGB erfasst keine Vorhaben, die in größerer Zahl zu erwarten sind und damit eine **„Vorbildwirkung"** für gleichartige Bauvorhaben hätten.

Bsp.
Die Errichtung einer gewerblichen Windkraftanlage auf einer Nordseeinsel ist nicht nach § 35 Abs. 4 BauGB privilegiert, weil im gesamten norddeutschen Küstenbereich günstige Verhältnisse für die Ausnutzung der Windkraft bestehen und jedenfalls eine größere Zahl von Windkraftanlagen das Landschaftsbild erheblich beeinträchtigen können. Die durch § 35 Abs. 1 Nr. 6 BauGB 1998 eingeführte Privilegierung von Windkraftanlagen gab es im Zeitpunkt der Entscheidung des BVerwG noch nicht (BVerwGE 96, 95 = NVwZ 1995, 64).

152 Diese Rechtsprechung hat das Bundesverwaltungsgericht im Falle der Genehmigung eines CVJM-Heimes im Außenbereich (BauR 1976, 347 = DVBl 1977, 196) im

B. Bauplanungsrechtliche Zulässigkeit von Bauvorhaben

Wesentlichen bestätigt (eb. BVerwG, BauR 1974, 328 und BauR 1980, 49 für Jugend- und Erwachsenenbildungsheime einer Religionsgemeinschaft sowie BVerwG, DÖV 1979, 213 für FKK-Anlage; BVerwG, BRS 52 Nr. 79 für Hundesportplatz); derartige Anlagen sind nicht privilegiert.

Wochenendhäuser sind nicht nach § 35 Abs. 1 Nr. 4 BauGB privilegiert, denn sie sollen wegen ihrer Zweckbestimmung, nämlich der Erholung einzelner zu dienen, nicht ungeplant im Außenbereich errichtet werden, sondern im Innenbereich, insbesondere in hierfür nach § 10 Abs. 1 BauNVO ausgewiesenen Wochenendhausgebieten (st. Rspr. seit BVerwGE 18, 247; NVwZ 2000, 1048; BauR 2001, 227).

Diese Rechtsprechung des Bundesverwaltungsgerichts führt im Ergebnis dazu, dass praktisch nur noch Gartenhäuschen für Schrebergärten (VGH Mannheim, VerwRspr. 20, 346; OVG Münster, BRS 22 Nr. 69), Fischerhütten für Hobbyfischer (BVerwG, BauR 1978, 121; VGH Mannheim, BRS 24 Nr. 69), Jagdhütten, soweit sie im Jagdbezirk liegen und sich größenmäßig auf die Bedürfnisse der Jagdausübung beschränken (BVerwGE 58, 124; BauR 1996, 374 und 829), Schutzhütten (NVwZ 2000, 678; VGH Mannheim, NVwZ 1986, 63), Bienenhäuser (BVerwG, BauR 1975, 104) und ähnliche kleinere Anlagen (VGH Mannheim, VBlBW 1982, 295; NJW 1984, 1576), der Erholung der Allgemeinheit dienende Anlagen (VGH Mannheim, VBlBW 1994, 920 - gemeindlicher Grillplatz) sowie besonders immissionsträchtige Anlagen, die auch nicht in einem Gewerbe- oder Industriegebiet untergebracht werden können, z. B. ein Schießstand (BVerwG, NVwZ 2012, 1631), eine Kabelabbrennanlage (BVerwGE 55, 118), eine Hühnermastanstalt (BVerwG, NVwZ 1984, 169; OVG Münster, BauR 2009, 1565) sowie eine Hundezucht (BVerwGE 67, 41; Hundepension: OVG Koblenz, Urt. v. 27.06.2002 - 1 A 11344/01.OVG -, ESOVGRP), eine Schweinemastanlage (OVG Lüneburg, NVwZ-RR 2010, 91; Söfker, NVwZ 2008, 1273) unter das Privileg des § 35 Abs. 1 Nr. 4 BauGB fallen.

§ 35 Abs. 1 Nr. 5 BauGB privilegiert Wasser- und **Windkraftanlagen** (Middecke, DVBl. 2008, 292; Rectanus, NVwZ 2009, 871; Scheidler, BayVBl. 2011, 161). Diese Privilegierung wurde eingeführt, weil derartige Anlagen nicht standortgebunden sind und damit nicht von § 35 Abs. 1 Nr. 3 BauGB erfasst werden (BVerwGE 90, 95). Die Privilegierung bedeutet aber nicht, dass Windkraftanlagen überall in der freien Landschaft errichtet werden können. Eine Errichtung in Natur- oder Landschaftsschutzgebieten scheitert in der Regel an den Bestimmungen der naturschutzrechtlichen Verordnungen (BVerwG, BauR 2000, 1311; OVG Münster, BauR 2006, 1715). Aber auch in anderen Gebieten, die nicht unter Schutz gestellt sind, kann die Genehmigung abgelehnt werden, wenn es sich um besonders reizvolle Landschaften handelt, so dass die Windkraftanlage einen Eingriff in Natur und Landschaft im Sinne des § 14 BNatSchG darstellt (BVerwG, BauR 2002, 1059; BauR 2003, 829; VGH Mannheim, NVwZ 2000, 1063), gegen den Artenschutz (OVG Koblenz, NVwZ-RR 2010, 310; BVerwG, NVwZ 2013, 1411) oder das Rücksichtnahmegebot (OVG Lüneburg, NVwZ 2005, 233: Schattenwurf; OVG Koblenz, NVwZ 2011, 759: Eisabwurf im Winter) verstößt, weil sie eine „optisch bedrängende Wirkung" auf die Nachbarschaft hat (BVerwG, BauR 2007, 674; vgl. OVG Münster, BauR 2015, 1817 zur Abstandsfläche), der Abstand zu Wohngebieten zu gering ist (OVG Bautzen, SächsVBl. 2005, 225: mindestens 750 m; OVG Lüneburg, ZfBR 2009, 150: mindestens 1.000 m), die Immissionsbelastung der Nachbarschaft unzumutbar ist (OVG Münster, NVwZ 2003, 756) oder § 35 Abs. 3 Satz 3 BauGB entgegensteht.

Nach **§ 35 Abs. 1 Nr. 6 BauGB** privilegiert sind Biogasanlagen (s. dazu Mantler, BauR 2007, 50; Bierwanger, NVwZ 2013, 116). Die Anlage muss von einem oder mehreren benachbarten Landwirten betrieben werden (BVerwG, NVwZ 2009, 585; OVG Lüneburg, NVwZ-RR 2013, 595 u. 597; Kruschinski, BauR 2009, 1234). Je Hof darf nur eine Biogasanlage betrieben werden. Die Zulässigkeit von Biogasanlagen kann nach § 35 Abs. 3 Satz 3 BauGB im Regionalplan oder im Flächennutzungsplan geregelt werden (s. dazu Kremer, NVwZ 2013, 1321). Die in der Biogasanlage eingesetzte Biomasse muss überwiegend aus dem Betrieb des Betreibers der Anlage oder aus einem nahe gelegenen Betrieb stammen. Durch diese Regelung soll insbesondere der sog. Gülletourismus (Transport von Gülle aus der Massentierhaltung) verhindert werden (BVerwG, NVwZ 2009, 585).

155 **§ 35 Abs. 1 Nr. 8 BauGB** privilegiert die Nutzung der Solarenergie, soweit die Anlage auf bzw. an einem Grundstück steht (OVG Münster, BauR 2011, 240).

156 Die nach § 35 Abs. 1 BauGB privilegierten Vorhaben sind grundsätzlich im Außenbereich zulässig, sofern ihnen nicht im Einzelfall **öffentliche Belange entgegenstehen**. Eine Kollision zwischen dem Privilegierungstatbestand und öffentlichen Belangen muss durch eine Abwägung der betroffenen privaten und öffentlichen Interessen bewältigt werden (BVerwGE 48, 109; 77, 300 u. 124, 132). Dabei handelt es sich um eine sog. nachvollziehende Abwägung, die es Behörden und Gerichten aufgibt, die gesetzliche Bewertung der betroffenen Belange nachzuvollziehen, und den Behörden keinen gerichtlich nicht nachprüfbaren Abwägungsspielraum überlässt. Zu den öffentlichen Belangen zählen insbesondere die in § 35 Abs. 3 BauGB angeführten Belange (BVerwG BauR 1997, 444 - Verunstaltung der Landschaft).

Das Bundesverwaltungsgericht hat früher (BVerwGE 28, 148) angenommen, die **Festsetzungen eines Flächennutzungsplans** könnten einem privilegierten Vorhaben nicht als öffentlicher Belang entgegenstehen, weil § 35 Abs. 1 BauGB nach Art eines Ersatzbebauungsplans die privilegierten Vorhaben im Außenbereich generell für zulässig erkläre. Diese Ansicht hat es später (BVerwGE 67, 33 und 68, 311; NVwZ 2006, 87) dahingehend modifiziert, dass der Flächennutzungsplan ein privilegiertes Vorhaben dann verhindern kann, wenn er eine konkrete, standortbezogene Aussage über die Nutzungsmöglichkeit des Baugrundstücks enthält, z. B. eine Verkehrsanlage vorsieht (BVerwG, NVwZ 1997, 899). Die pauschale Ausweisung des Außenbereichs als land- und forstwirtschaftliche Nutzfläche ist dagegen zu unbestimmt und kann daher einem privilegierten Vorhaben nicht entgegenstehen.

157 Nach **§ 35 Abs. 3 Satz 3 BauGB** hat der Flächennutzungsplan ferner insoweit Bedeutung, als privilegierte Vorhaben nach Absatz 1 Nr. 2 - 6 in der Regel nicht errichtet werden dürfen, wenn hierfür im Flächennutzungsplan besondere Standorte (sog. **Konzentrationszonen**) dargestellt sind (BVerwG, NVwZ 2010, 1561; Gatz, DVBl. 2009, 737; Ehlers/Böhme, NuR 2011, 323).

Bsp.:
Die Darstellung einer Auskiesungskonzentrationszone im Flächennutzungsplan hat zur Folge, dass der Anlage von Kiesgruben außerhalb dieser Zone öffentliche Belange entgegenstehen (BVerwGE 77, 300, 54; eb. für Windkraftanlagen BVerwG, NVwZ 2003, 733 u. 738; NVwZ 2005, 211 u. 2011, 240 u. 812).

Der Ausschluss nach § 35 Abs. 3 Satz 3 BauGB tritt nur in der Regel ein. Bei besonderen Verhältnissenn kann daher eine privilegierte Anlage auch außerhalb einer Konzentrationszone errichtet werden (BVerwG, NVwZ 2003, 733). Allerdings muss der Ausschluss bestimmter Nutzungen auf einem Gesamtkonzept beruhen, das auch Raum für Nutzungen lässt (BVerwG, NVwZ 2005, 211 u. 2013, 1011; VGH München, BauR 2009, 1565: VGH Mannheim, VBlBW 2013, 65). Ein genereller Ausschluss von Windkraftanlagen im Flächennutzungsplan ist daher unzulässig (BVerwG, NVwZ

B. Bauplanungsrechtliche Zulässigkeit von Bauvorhaben 101

2005, 211; Sydow, NVwZ 2010, 1534; Scheidler, WuV 2011, 113; Mitschang, BauR 2013, 29).

Bsp.:
Ein Standort für Windkraftanlagen darf nicht so klein bemessen werden, dass eine wirtschaftlich sinnvolle Nutzung der Windenergie praktisch nicht möglich ist (VGH Mannheim, VBlBW 2007, 178; BVerwG, NVwZ 2011, 813).

Bei der Festlegung der Konzentrationszonen müssen zunächst die sog. **harten Tabuzonen** ermittelt werden, bei denen aus rechtlichen oder tatsächlichen Gründen (mangelnde Windhöffigkeit) eine Nutzung der Windkraft ausscheidet (BVerwG, NVwZ 2013, 1017; VGH Mannheim, VBlBW 2014, 64). Anschließend sind die sog. **weichen Tabuzonen** zu ermitteln, also Bereiche, in denen höher zu gewichtende öffentliche Belange der Windkraftnutzung entgegenstehen (BVerwG, NVwZ 2013, 519). Für die verbleibenden sog. Potentialflächen, die für eine Windkraftnutzung grundsätzlich in Betracht kommen, muss die Gemeinde im Wege der Abwägung mit den berührten öffentlichen und privaten Belangen entscheiden, wo Windkraftanlagen errichtet werden können (BVerwG, NVwZ 2010, 1561 u. 2011, 812).

Zur Sicherung erst geplanter Darstellungen eines Flächennutzungsplans nach § 35 Abs. 3 Satz 3 BauGB kann ein Bauantrag gemäß § 15 Abs. 3 BauGB ein Jahr lang zurückgestellt werden.

Vergleichbare Grundsätze gelten gemäß § 35 Abs. 3 Satz 2 BauGB für die Ziele der **158** Raumordnung und Landesplanung (Mitschang, BauR 2013, 29). Die Festsetzungen des Landesentwicklungsprogramms und der Regionalpläne können privilegierte Vorhaben nur dann verhindern, wenn sie sachlich und räumlich hinreichend konkretisiert sind (BVerwGE 68, 319; Hager, BauR 2011, 1086; Nonnenmacher, VBlBW 2012, 256). Nach § 35 Abs. 3 Satz 2 Halbs. 1 BauGB dürfen raumbedeutsame Vorhaben den Zielen der Raumordnung - § 3 Abs. 1 Nr. 2 ROG - nicht widersprechen. Die Vorschrift normiert also einen generellen Vorrang der Ziele der Raumordnung gegenüber der Privilegierung eines Vorhabens nach § 35 Abs. 1 BauGB (VGH Mannheim, UPR 2000, 79; VBlBW 2007, 178; Sparwasser, VBlBW 2008, 171).

Soweit raumbedeutsame Vorhaben - § 3 Abs. 1 ROG – (vgl. BVerwG, NVwZ 2003, 738; VGH Mannheim, VBlBW 2007, 178) in einem solchen Plan enthalten sind, steht damit zugleich nach § 35 Abs. 3 Satz 2 Halbs. 2 BauGB fest, dass öffentliche Belange dem Vorhaben nicht entgegenstehen. Diese Regelung beruht auf der Erwägung, dass die betroffenen öffentlichen Belange bereits bei der Aufstellung des Plans zu berücksichtigen waren (BVerwG, NVwZ 2003, 1261; VGH Mannheim, NVwZ 1990, 983; OVG Lüneburg, NVwZ 2000, 579).

Andererseits können die Ziele der Raumordnung, die Errichtung privilegierter Vorhaben gemäß § 35 Abs. 3 Satz 3 BauGB auch dadurch verhindern, dass im Raumordnungsplan an bestimmten Stellen eine spezielle Ausweisung erfolgt mit dem Ziel, dass nur an dieser Stelle und nicht auch an anderer Stelle diese Bodennutzung erfolgen soll (BVerwGE 77, 300; NVwZ 2003, 1261). In § 6 Abs. 2 LPlG wird insoweit unterschieden zwischen Vorrang-, Vorbehalts- und Ausschlussgebieten (Hornmann, NVwZ 2006, 969; Nonnenmacher, VBlBW 2012, 256). Bei Vorranggebieten müssen in diesem Bereich bestimmte Nutzungen verwirklicht werden mit der Folge, dass andere raumbedeutsame Funktionen oder Nutzungen ausgeschlossen sind. In Vorbehaltsgebieten wird bestimmten Nutzungen ein besonderes Gewicht eingeräumt, ohne dass andere Nutzungen von vornherein zurücktreten müssen. Die Festsetzung von Eignungsgebieten bedeutet, dass der Bereich für bestimmte Nutzungen geeignet ist, diese Nutzungen aber damit an anderer Stelle nicht zulässig sind (VGH Mannheim, VBlBW 2007, 178).

b) Nicht privilegierte Vorhaben

159 **Nicht privilegierte Vorhaben** können nach § 35 Abs. 2 BauGB zugelassen werden, wenn ihre Ausführung oder Benutzung öffentliche Belange nicht beeinträchtigt. Trotz des Wortes „können" besteht nach allgemeiner Ansicht (BVerwGE 18, 247; BGH, BauR 1981, 357) wegen des auch im Außenbereich geltenden Grundsatzes der Baufreiheit ein Rechtsanspruch auf eine Baugenehmigung, sofern öffentliche Belange nicht beeinträchtigt werden, was aber wegen § 35 Abs. 3 Nr. 1, 5 und 7 BauGB nur in Ausnahmefällen in Betracht kommt.

§ 35 Abs. 3 BauGB enthält eine allerdings nicht erschöpfende Aufzählung der öffentlichen Belange, bei deren Beeinträchtigung ein nicht privilegiertes Vorhaben nicht errichtet werden darf. Folgende öffentliche Belange sind in der Praxis am bedeutsamsten:

aa) Darstellungen des Flächennutzungsplans

160 Das Bauvorhaben widerspricht den Darstellungen des Flächennutzungsplans. Der Flächennutzungsplan reicht zwar nicht aus, um die Zulässigkeit eines ihm entsprechenden Bauvorhabens im Außenbereich zu begründen, solange kein aus dem Flächennutzungsplan entwickelter - § 8 Abs. 2 BauGB - Bebauungsplan aufgestellt worden ist (BVerwG, BauR 1991, 51 u. 2000, 1171; VGH Mannheim, NVwZ-RR 2000, 481). Dagegen stellt ein Widerspruch des Bauvorhabens zum Flächennutzungsplan regelmäßig eine Beeinträchtigung öffentlicher Belange dar, weil im Flächennutzungsplan die Planungskonzeption der Gemeinde zum Ausdruck kommt (BVerwG, BauR 1991, 179 und NVwZ 1998, 960). Das Bundesverwaltungsgericht hat allerdings § 35 Abs. 3 Satz 1 Nr. 1 BauGB dahingehend eingeschränkt, dass der Flächennutzungsplan nur insoweit ein Vorhaben im Außenbereich verhindern kann, als seine Festsetzungen den tatsächlichen Verhältnissen entsprechen (BVerwG, NVwZ 1984, 367 u. 1988, 54 u. 1997, 899f. u. 2000, 1048). Denn der Flächennutzungsplan ist kein Rechtssatz; es gibt keine Rechtfertigung für eine Verhinderung von dem Flächennutzungsplan zuwiderlaufenden Bauvorhaben, wenn der Flächennutzungsplan nicht mehr der tatsächlichen Situation entspricht.

bb) Schädliche Umwelteinwirkungen

161 Das Bauvorhaben ruft schädliche Umwelteinwirkungen hervor oder ist ihnen ausgesetzt. Die Definition des Begriffs der schädlichen Umwelteinwirkungen in § 3 Abs. 1 BImSchG gilt auch für § 35 Abs. 3 BauGB (BVerwGE 52, 122; NVwZ 2008, 76). Schädliche Umwelteinwirkungen sind Immissionen, die nach Art, Ausmaß oder Dauer geeignet sind, Gefahren, erhebliche Nachteile oder erhebliche Belästigungen für die Allgemeinheit oder die Nachbarschaft herbeizuführen. Solche Einwirkungen sind den Betroffenen grundsätzlich unzumutbar, weil rücksichtslos. Diese Bestimmung soll verhindern, dass der Außenbereich mit Immissionen belastet wird, soweit ein Vorhaben nicht nach § 35 Abs. 1 BauGB privilegiert ist (BVerwGE 55, 118; VGH München, BRS 50 Nr. 91), andererseits aber auch die Inhaber privilegierter Betriebe

B. Bauplanungsrechtliche Zulässigkeit von Bauvorhaben

vor immissionsschutzrechtlichen Abwehransprüchen schützen. § 35 Abs. 3 Satz 1 Nr. 3 BauGB ist eine Kodifizierung des Rücksichtnahmegebots (BVerwG, BauR 1983, 143; NVwZ 1991, 64).

Bsp.:
1. Errichtung eines Wohngebäudes in der Nachbarschaft eines Industriebetriebs (BVerwG, NVwZ 1986, 469).
2. Verletzung des Rücksichtnahmegebots durch eine Kleinfeuerungsanlage (BVerwG, NVwZ 2000, 552)
3. Errichtung eines großen Schafstalls neben dem Wohngebäude eines anderen Landwirtschaftsbetriebs (VGH München, NVwZ-RR 1995, 430)
4. Windkraftanlage in 340 m Abstand zum Wohngebäude eines landwirtschaftlichen Betriebs (BVerwG, NVwZ 2008, 76)

Soweit es um eine Beeinträchtigung durch Tierhaltung geht, greift die baurechtliche Praxis auf die dazu ergangenen technischen Regelwerke, insbesondere die VDI-Richtlinien sowie die Geruchsimmissionsrichtlinie - GIRL - zurück (s. BVerwG, BauR 2013, 561).

cc) Belange des Naturschutzes

Belange des Naturschutzes und der Landschaftspflege werden durch das Bauvorhaben beeinträchtigt. § 35 Abs. 1 Satz 1 Nr. 5 BauGB dient dem optischen Naturschutz. Insofern ist zu differenzieren zwischen Natur- und Landschaftsschutzgebieten einerseits, sonstigen Außenbereichsgebieten andererseits (BVerwG, NVwZ 1998, 58; BauR 2008, 1420). Bei festgesetzten Schutzgebieten ist bereits eine Beeinträchtigung naturschutzrechtlicher Belange unzulässig. Bei sonstigen Gebieten werden öffentliche Belange erst bei einer Verunstaltung des Landschaftsbilds berührt. Dieses ist der Fall bei einer Bebauung, die von dem Betrachter als grob unangemessen empfunden wird (BVerwG, NVwZ 1991, 64; OVG Münster, BauR 2001, 223; OVG Koblenz, LKRZ 2015, 254: weinbauliche Gerätehalle).

Bsp.:
1. Eine 13 m hohe Monumentalfigur kann wegen Verunstaltung des Landschaftsbildes unzulässig sein, auch wenn sie ein Kunstwerk im Sinne des Art. 5 GG darstellt (BVerwG, NJW 1995, 2648; s. zur Verunstaltung des Landschaftsbilds auch BVerwG, NVwZ 1998, 58).
2. Die Errichtung einer Schweinemastanstalt in einer bisher unberührten Tallandschaft (Ems) stellt eine Verunstaltung dar (OVG Münster, BauR 2001, 223).
3. Eine Windkraftanlage in exponierter Lage kann wegen Verunstaltung des Landschaftsbildes einer nicht unter Landschafts- und Naturschutz stehenden Landschaft unzulässig sein (BVerwG, BauR 2004, 295).

dd) Natürliche Eigenart der Landschaft

§ 35 Abs. 3 Satz 1 Nr. 5 Alt. 4 BauGB, also das Verbot einer Beeinträchtigung der natürlichen Eigenart der Landschaft oder ihrer Aufgabe als **Erholungsgebiet für die Allgemeinheit,** dient dem funktionellen Naturschutz, bei dem es nicht auf das Maß der optischen Beeinträchtigung ankommt. Die natürliche Eigenart der Landschaft wird gekennzeichnet durch das Freisein von einer wesensfremden Bebauung und durch die dort vorhandene Bodennutzung, in der Regel also Land- und Forstwirtschaft. Bauliche Vorhaben, deren Zweckbestimmung in keinem Zusammenhang mit dieser Funktion der Außenbereichslandschaft steht und die auch nicht der allgemeinen Erholung dienen, stellen deshalb eine Beeinträchtigung der natürlichen Eigenart der Landschaft dar (BVerwGE 26, 111; NVwZ 1985, 747; BauR 2001, 227).

Dabei ist für die Beurteilung der Beeinträchtigung der natürlichen Eigenart der Landschaft nur auf die **objektive Nutzungsmöglichkeit des Gebäudes**, nicht auf seine augenblickliche Verwendung abzustellen (VGH Mannheim, VBlBW 1987, 274; OVG Saarlouis, Urt. v. 14.12.1993 - 2 R 46/92 -, juris; OVG Lüneburg, NVwZ-RR 1994, 493). Ein als Wochenendhaus geeignetes Gebäude wird daher nicht dadurch zulässig, dass es nur zur Aufbewahrung von landwirtschaftlichen Geräten genutzt wird. Es kommt auch nicht darauf an, ob das Gebäude deutlich sichtbar oder - durch Bepflanzung - verborgen ist. Maßgebend ist allein der Widerspruch zwischen der objektiven Zweckbestimmung des Gebäudes und der in seiner Umgebung vorhandenen Bodennutzung (BVerwG, NJW 1970, 346; VGH Mannheim, VBlBW 1988, 111).

Der Erholungswert einer Landschaft wird insbesondere beeinträchtigt durch Erholungs- und Freizeitanlagen, die nur von einem beschränkten Personenkreis genutzt werden können (s. dazu Rn. 128).

ee) Entstehung, Verfestigung oder Erweiterung einer Splittersiedlung

164 § 35 Abs. 3 Satz 1 Nr. 7 BauGB will verhindern, dass der Außenbereich durch die Entstehung, Verfestigung oder Erweiterung einer Splittersiedlung planlos zersiedelt wird (BVerwGE 27, 137 u. 54, 74; NVwZ 2012, 1631; OVG Münster, NVwZ-RR 2008, 682 - lesenswert). Eine Bebauung des Außenbereichs mit Wohngebäuden oder Wochenendhäusern stellt in der Regel eine Zersiedelung des Außenbereichs dar und beeinträchtigt damit öffentliche Belange nach § 35 Abs. 3 Satz 1 Nr. 7 BauGB, weil zu befürchten ist, dass ein solches Bauvorhaben weitere gleichartige Bauwünsche nach sich zieht und damit „Vorbildwirkung" entfaltet (BVerwGE 54, 74; NVwZ 1988, 144; BauR 2000, 1173; NVwZ 2012, 1631).

Etwas Anderes gilt aber, wenn eine bereits vorhandene Splittersiedlung abgerundet, d. h. eine Baulücke zwischen den vorhandenen Gebäuden bebaut wird (BVerwGE 54, 74, NVwZ 2006, 1289) oder aber die sog. Streubebauung - weiträumige Bebauung einer größeren Fläche ohne Bebauungszusammenhang im Sinn der § 34 BauGB - in diesem Bereich die herkömmliche Siedlungsform ist (BVerwGE 27, 139 u. 54, 73; NVwZ-RR 2001, 83). Letzteres setzt aber voraus, dass die Streubauweise bereits seit mehreren Jahrzehnten die herkömmliche Siedlungsform ist (VGH Mannheim, ESVGH 22, 37), das wird regelmäßig nur bei landwirtschaftlich genutzten Gebäuden der Fall sein. Dagegen werden öffentliche Belange berührt, wenn eine Splittersiedlung so erweitert wird, dass sie zu einem Ortsteil i. S. d. § 34 Abs. 1 BauGB wird, weil eine derartige Ausweitung der Bebauung im Außenbereich eine planerische Entscheidung der Gemeinde - Bebauungsplan, Entwicklungssatzung nach § 34 Abs. 4 Nr. 2 BauGB - voraussetzt (BVerwG, BauR 2000, 1175).

Eine ungeplante Zersiedelung des Außenbereichs ist auch bei der sog. Anschlussbebauung zu befürchten, wenn nämlich im Anschluss an den Ortsrand weitere bauliche Anlagen errichtet werden, was dazu führt, dass die Ortschaft sich planlos in den Außenbereich ausdehnt (BVerwGE 27, 139; BauR 1991, 55; NVwZ 1985, 747).

B. Bauplanungsrechtliche Zulässigkeit von Bauvorhaben

ff) Ziele der Raumordnung

Öffentliche Belange werden ferner beeinträchtigt, wenn raumbedeutsame Vorhaben gegen Ziele der Raumordnung - § 35 Abs. 3 Satz 2 BauGB - verstoßen; insoweit gelten für nichtprivilegierte Vorhaben dieselben Grundsätze wie für privilegierte Vorhaben (siehe Rn. 131). **165**

gg) Sonstige öffentliche Belange

Die Aufzählung öffentlicher Belange in § 35 Abs. 3 BauGB ist nicht abschließend, wie das Wort „insbesondere" zeigt (BVerwG, NVwZ 1998, 58; BauR 2007, 781). So stellt das **Gebot der Rücksichtnahme** einen öffentlichen Belang im Sinne des § 35 Abs. 3 BauGB dar (BVerwG, BauR 1990, 689; NVwZ 2007, 336). **166**

Bsp.:
Das Gebot der Rücksichtnahme ist verletzt, wenn ein Landwirt im Außenbereich einen Schweinestall in unmittelbarer Nachbarschaft zu einem Wohnhaus anlegt, obwohl er auch einen anderen Standort wählen könnte, bei dem der Nachbar nicht gestört würde (BVerwGE 52, 122 = NJW 1978, 62).

Später hat das Bundesverwaltungsgericht allerdings das Gebot der Rücksichtnahme auch in Nr. 3 des § 35 Abs. 3 Satz 1 BauGB - schädliche Umwelteinwirkungen - verankert. Zum Inhalt des Gebots der Rücksichtnahme s. Rn. 44 und Rn. 323.

Ferner erkennt das Bundesverwaltungsgericht (NVwZ 2003, 86; eb. OVG Münster, BauR 2012, 1883) das Bedürfnis nach **vorheriger Planung** als uneingeschränkten öffentlichen Belang an.

Bsp.:
Der Bau eines FOC - s. Rn. 104 - von 21.000 m² mit 61 Geschäften und zwei Gaststätten setzt wegen der erforderlichen Koordination der verschiedenen öffentlichen und privaten Belange (z. B. der Zufahrtsstraße, der Parkplätze, der Abfallbeseitigung) einen vorherigen Bebauungsplan voraus, so dass eine solche Anlage nicht „planlos" errichtet werden kann (BVerwGE 117, 25).

c) Bestandsschutz

Das Problem des Bestandsschutzes (s. dazu Mampel, ZfBR 2002, 327; Aichele/Herr, NVwZ 2003, 415; Appel, DVBl 2005, 340; Hauth, BauR 2015, 774) ist nicht spezifisch auf den Außenbereich bezogen. Es entsteht vielmehr überall dort, wo vorhandene bauliche Anlagen umgebaut, durch andere Anlagen ersetzt oder wenigstens ihre Nutzung geändert werden soll und dies nach den nunmehr für das jeweilige Gebiet maßgeblichen baurechtlichen Vorschriften unzulässig ist. Dennoch hat die Rechtsprechung der Verwaltungsgerichte die Grundsätze zum Bestandsschutz im Wesentlichen an Außenbereichsfällen entwickelt, weil gerade im Außenbereich die Erhaltung und sinnvolle Nutzung eines funktionslos gewordenen Gebäudes nur möglich ist, wenn dies durch den Bestandsschutz gedeckt ist. Eine gewisse Erleichterung ist allerdings seit dem 01.01.1977 durch die Neuregelung des § 35 Abs. 4 - 6 BBauG eingetreten, die jedenfalls die größten Mängel der früheren Rechtslage und Rechtsprechung beseitigt hat; § 35 Abs. 4 BauGB hat hieran im Wesentlichen festgehalten. **167**

Voraussetzung für den Bestandsschutz ist zunächst, dass überhaupt eine **funktionsfähige bauliche Anlage** vorhanden ist. Ein Trümmerhaufen oder eine Ruine eines Bauwerks genießen keinen Bestandsschutz (BVerwGE 61, 112; NJW 1986,

2126; BauR 1991, 55), auch wenn dieser Zustand unabhängig vom Willen des Eigentümers, etwa durch Brand oder eine Naturkatastrophe eingetreten ist (BVerwGE 47, 126 u. 72, 363; OVG Saarlouis, AS RP-SL 22, 210; VGH München, NVwZ-RR 2007, 513). Der Bestandsschutz deckt schließlich nicht den Abbruch eines Bauwerks und die Errichtung eines Ersatzbaus (BVerwGE 62, 32 u. 72, 3626).

168 Der Bestandsschutz dient nur dazu, das Gebäude bzw. die gewerbliche Anlage im **bisherigen Bestand** zu erhalten. Eine Erweiterung oder Funktionsänderung fällt dagegen nicht unter den Bestandsschutz (BVerwGE 50, 49; 61, 285; 68, 360 u. 72, 363). Auf die wirtschaftliche Zweckmäßigkeit oder sogar Notwendigkeit solcher Maßnahmen kommt es dabei nicht an (BVerwGE 61, 295).

Stets ist erforderlich, dass zwischen dem früheren und dem jetzigen Zustand hinsichtlich des Standorts, des Bauvolumens und der Nutzung eine **Identität** besteht (BVerwGE 47, 126; NJW 1981, 2140; NVwZ 2002, 92), so dass das geänderte Gebäude zwar als restauriertes oder modernisiertes Gebäude, nicht aber als Ersatzbau oder gar als aliud anzusehen ist. Wenn bauliche Veränderungen die Kosten eines Neubaus erreichen oder eine statische Neuberechnung des Gebäudes erforderlich ist, entfällt der Bestandsschutz (BVerwG, NVwZ 2002, 92). Die Umwandlung eines landwirtschaftlich genutzten Gebäudes in eine Metallschleiferei (BVerwGE 47, 185), eines Speditionsunternehmens in einen Kranbetrieb (BVerwG, NJW 1977, 1932), eines Großhandelsunternehmens in einen Verbrauchermarkt (BVerwG, NJW 1984, 1771), einer Diskothek in eine Spielhalle (BVerwGE, BauR 1990, 582), die Verdoppelung der Produktion einer Ziegelei durch Installation eines neuen Brennofens (BVerwGE 50, 49), die Umwandlung eines Bahnwärterhauses in ein Wochenendhaus (VGH Mannheim, VBlBW 1992, 218), die Nutzung eines Jagdhauses als Wohnhaus (BVerwG, BauR 1994, 737), Nutzung einer Betriebshalle eines Gartenbaubetriebs für einen Zimmereibetrieb (BVerwG, NVwZ-RR 2001, 86ff.) sowie die Erweiterung eines Kurhauses (BVerwG, NVwZ 1999, 524) fallen nicht unter den Bestandsschutz.

169 Beim Bestandsschutz ist zunächst zu unterscheiden zwischen dem aktiven und dem passiven Bestandsschutz (s. dazu Brügelmann/Dürr § 35 Rn. 117b.; Dürr, VBlBW 2000, 457). **Aktiver Bestandsschutz** bedeutet einen Anspruch auf Genehmigung eines Bauvorhabens wegen des Bestandsschutzes. Der passive Bestandsschutz schützt nur vor der Verpflichtung zur Beseitigung eines baurechtswidrigen Vorhabens. Das Bundesverwaltungsgericht hat den aktiven Bestandsschutz früher unmittelbar aus Art. 14 GG abgeleitet (BVerwGE 47, 185; 50, 49 u. 61, 285). Diese Rechtsprechung hat es jedoch aufgegeben, da der Inhalt des Eigentums durch die Gesetze festgelegt werden muss und ein unmittelbar aus Art. 14 GG abgeleiteter Bestandsschutz daher entfällt (BVerwG, NVwZ 1999, 524; BauR 2010, 2060). Das Bundesverwaltungsgericht beruft sich dabei auf die Rechtsprechung des Bundesverfassungsgerichts (BVerfGE 58, 300 - Nassauskiesung). Danach scheidet ein aktiver Bestandsschutz von vornherein aus. Der Bestandsschutz kann also keinen Anspruch auf Genehmigung eines Bauvorhabens begründen (VGH Mannheim, NVwZ-RR 2012, 919).

Bsp.:
Die Errichtung einer Garage neben einem Wohnhaus im Außenbereich wird nicht durch den Bestandsschutz zugelassen (BVerwGE 106, 228).

Ein **passiver Bestandsschutz** ist jedenfalls insoweit unbestritten gegeben, als das Bauwerk baurechtlich genehmigt wurde. Durch die Feststellungswirkung der Baugenehmigung wird verbindlich festgestellt, dass es mit den baurechtlichen Vorschriften übereinstimmt. Dies gilt auch dann, wenn dieses in Wirklichkeit nicht der Fall ist

B. Bauplanungsrechtliche Zulässigkeit von Bauvorhaben

(s. Rn. 271). Ein Bestandsschutz besteht ebenfalls dann, wenn das Bauwerk zwar nicht genehmigt wurde, aber bei seiner Errichtung oder auch danach den baurechtlichen Vorschriften entsprach. Insoweit besteht weitgehend Einigkeit, dass auch die nur materielle Rechtmäßigkeit zu irgendeinem Zeitpunkt ausreicht, um einem Bauvorhaben Bestandsschutz zu vermitteln (BVerwGE 47, 158 u. 61, 285; BauR 2007, 1697; VGH München, NVwZ-RR 2000, 273).

Der passive Bestandsschutz entfällt, wenn das Gebäude nicht mehr besteht oder in völlig anderer Weise genutzt wird. Noch nicht abschließend geklärt ist dagegen, ob und gegebenenfalls wann der durch eine Baugenehmigung vermittelte Bestandsschutz entfällt, wenn die bisherige Nutzung für längere Zeit aufgegeben wurde, ohne dass eine anderweitige Nutzung erfolgt (s. dazu OVG Bautzen, BauR 2013, 79: 18-jähriger Leerstand eines Kinderferienlagers; s. auch Rn. 272).

d) Begünstigte Vorhaben - § 35 Abs. 4 - 6 BauGB

170 Die einschränkende Rechtsprechung zum Bestandsschutz führte früher in vielen Fällen zu unbefriedigenden Ergebnissen, insbesondere bei dem Umbau oder der Nutzungsänderung ehemals landwirtschaftlich genutzter Gebäude im Außenbereich. So hätte der Landwirt, der seinen landwirtschaftlichen Betrieb aufgab und einer sonstigen Beschäftigung nachging, bei konsequenter Anwendung der Bestandsschutzregeln eigentlich sofort seinen Bauernhof im Außenbereich abreißen und sich in dem nächsten Dorf eine Wohnung nehmen müssen (so in der Tat BVerwGE 47, 185). Dieses unangemessene Ergebnis ist durch § 35 Abs. 4 BBauG 1976 - nun § 35 Abs. 4 BauGB - beseitigt worden.

Den in **§ 35 Abs. 4 BauGB** angeführten Nutzungsänderungen, Wiederaufbau- oder Erweiterungsmaßnahmen kann nicht mehr entgegengehalten werden, dass sie dem Flächennutzungsplan widersprechen, die natürliche Eigenart der Landschaft beeinträchtigen oder die Entstehung bzw. Verfestigung einer Splittersiedlung zu befürchten sei. Damit sind die wesentlichen Hindernisgründe für ein nicht privilegiertes Vorhaben im Außenbereich ausgeräumt, so dass in der Regel die Genehmigung zu erteilen ist. Die sonstigen öffentlichen Belange des § 35 Abs. 3 BauGB werden dagegen von § 35 Abs. 4 BauGB nicht berührt. Falls sie beeinträchtigt werden, kann auch ein nach § 35 Abs. 4 BauGB begünstigtes Vorhaben nicht zugelassen werden (BVerwG, NVwZ-RR 1994, 372 - Belange des Naturschutzes). Die einzelnen Tatbestände des § 35 Abs. 4 BauGB sollen nur isoliert angewandt werden können, eine kombinierte Anwendung soll unzulässig sein.

Bsp.:
Ein durch einen Sturm zerstörtes Gebäude darf nicht nach Nr. 3 neu errichtet und zugleich nach Nr. 5 erweitert werden. Dies überzeugt aber nicht. Der Bauherr wird dadurch gezwungen, zunächst das Gebäude in der früheren Größe wieder zu errichten und es dann aufgrund einer zweiten Baugenehmigung zu erweitern (BVerwG, NJW 1998, 842).

Die Begünstigungstatbestände des § 35 Abs. 4 BauGB gelten sowohl für privilegierte als auch für nicht privilegierte Bauvorhaben (BVerwG, NVwZ 2011, 884).

Unter den in § 35 Abs. 4 Satz 2 BauGB genannten engen Voraussetzungen ist statt der in Satz 1 angeführten Maßnahmen auch die Beseitigung eines vorhandenen Gebäudes und die Errichtung eines neuen vergleichbaren Gebäudes zulässig.

171 Nach **§ 35 Abs. 4 Nr. 1 BauGB** kann einer Änderung der Nutzung eines vor mehr als sieben Jahren zulässigerweise errichteten und nach § 35 Abs. 1 Nr. 1 BauGB privilegierten Gebäudes ohne wesentliche Änderung der äußeren Gestalt des Gebäudes nicht entgegengehalten werden, dass sie die angeführten öffentlichen Belange beeinträchtige. Sinn und Zweck dieser Regelung ist es, dass landwirtschaftliche Gebäude, die wegen Aufgabe oder Einschränkung der Landwirtschaft nicht mehr in der bisherigen Weise genutzt werden können, einer sinnvollen Nutzung zugeführt werden. Zulässigerweise errichtet worden ist ein Gebäude, wenn es entweder baurechtlich genehmigt wurde oder aber materiell-rechtlich den maßgeblichen Vorschriften, insbesondere § 35 BauGB/BBauG entsprach (BVerwGE 58, 124 u. 62, 32; BauR 2007, 1697).

Das Verbot einer wesentlichen Änderung beschränkt sich auf das Äußere des Gebäudes. Im Innern ist dagegen sogar die sog. Entkernung, also die vollständige Änderung des Gebäudeinnern bei Erhaltung der Außenwände, zulässig (Battis/Krautzberger/Löhr, § 35 Rn. 175; a.M. Schrödter, § 35 Rn. 175). In begründeten Einzelfällen kann nach § 35 Abs. 4 Satz 2 BauGB auch eine Neuerrichtung zugelassen werden.

§ 35 Abs. 4 Nr. 1 BauGB verlangt ferner einen räumlich-funktionalen Zusammenhang des Gebäudes mit der Hofstelle eines landwirtschaftlichen Betriebes (BVerwG, BauR 2006, 1103); eine von der Hofstelle 300 m entfernt gelegene Feldscheune kann daher nicht unter Berufung auf § 35 Abs. 4 Nr. 1 BauGB umgenutzt werden (BVerwG, DÖV 2001, 959). Soweit ein bisher landwirtschaftlichen Zwecken dienendes Gebäude in ein Wohngebäude umgewandelt wird, dürfen maximal drei Wohnungen pro Hofstelle - ohne die nach § 35 Abs. 1 Nr. 1 BauGB privilegierten Wohnungen - entstehen.

172 Nach **§ 35 Abs. 4 Nr. 2 BauGB** kann ein irgendwann einmal (BVerwGE 58, 124 u. 62, 32) zulässigerweise errichtetes, aber nunmehr Missstände oder Mängel - § 177 Abs. 3 BauGB - aufweisendes - sog. abgängiges - Wohngebäude abgerissen und an seiner Stelle ein vergleichbares Wohngebäude errichtet werden (BVerwG, NVwZ-RR 2004, 982). Das alte Wohngebäude muss jedoch seit längerer Zeit vom Eigentümer bewohnt worden sein (OVG Münster, NVwZ-RR 2004, 480) und das neue Haus muss ebenfalls dem Eigentümer und seiner Familie als Wohnung dienen (VGH Mannheim, BauR 2006, 975). Es soll verhindert werden, dass wohlhabende Personen baufällige Wohngebäude im Außenbereich kaufen und sich damit die Möglichkeit verschaffen, im Außenbereich nach dem Abbruch des alten Hauses ein modernes Wohngebäude zu errichten. § 35 Abs. 4 Nr. 2 BauGB gestattet lediglich den Wiederaufbau zum Zweck der Nutzung des Neubaus als Dauerwohnung, nicht dagegen für Freizeitzwecke als Wochenendhaus (BVerwG, NJW 1982, 2512; VGH Mannheim, BauR 2006, 975) oder als Ferienwohnung (BVerwG, BauR 2002, 1059).

Vergleichbar ist das neue Wohngebäude, wenn es hinsichtlich des Standorts, des Bauvolumens und der Funktion ungefähr dem früheren Bauwerk entspricht; § 35 Abs. 4 Nr. 2 BauGB verlangt keine vollständige Identität zwischen altem und neuem Gebäude (BVerwGE 58, 124 u. 61, 290). § 35 Abs. 4 Satz 2 BauGB erlaubt eine geringfügige Erweiterung des Bauvolumens (BVerwG, NVwZ 1991, 1076).

173 **§ 35 Abs. 4 Nr. 3 BauGB** erlaubt den alsbaldigen Wiederaufbau eines im Außenbereich zulässigerweise errichteten, durch Brand, Naturkatastrophe oder andere außergewöhnliche Ereignisse zerstörten Gebäudes. Die Zerstörung muss durch ein außergewöhnliches Ereignis - hierzu zählt auch die mutwillige Zerstörung von Menschenhand - (BVerwG, BauR 1983, 55) erfolgt sein. Eine Zerstörung durch natürlichen Verfall infolge mangelhafter Pflege reicht nicht aus (BVerwGE 62, 32).

Der Wiederaufbau muss „alsbald" erfolgen, also zu einem Zeitpunkt, in dem man noch allgemein mit dem Wiederaufbau rechnet (BVerwGE 58, 124). Das Bundesver-

B. Bauplanungsrechtliche Zulässigkeit von Bauvorhaben

waltungsgericht (NJW 1982, 400) hat hierfür folgende Zeitspanne zwischen der Vernichtung des alten Gebäudes und der eindeutigen Offenbarung der Absicht des Wiederaufbaus - in der Regel durch Stellung eines Antrags auf Baugenehmigung - angenommen: bei einem Zeitraum bis zu einem Jahr ist stets ein alsbaldiger Aufbau zu bejahen; bei einem Jahr bis zwei Jahren ist dies in der Regel der Fall; bei mehr als zwei Jahren kann dagegen nur bei besonderer Fallgestaltung noch von einem alsbaldigen Wiederaufbau gesprochen werden - wegen § 35 Abs. 4 Satz 2 BauGB s. oben Rn. 143.

Nach **§ 35 Abs. 4 Nr. 5 BauGB** kann ein zulässigerweise errichtetes Wohngebäude **174** erweitert werden, soweit dies zur Befriedigung der Wohnbedürfnisse angemessen ist (s. BVerwG, NVwZ 2004, 982). Das Gebäude darf aber nach der Erweiterung maximal nur zwei Wohnungen aufweisen (BVerwG, NVwZ-RR 1995, 295). Eine Errichtung eines neuen Gebäudes wird dagegen von der Vorschrift nicht gedeckt (BVerwGE 106, 228); das Gleiche gilt für den Anbau eines Gebäudes an eine bestehendes Gebäude (BVerwG, NVwZ 2004, 982; ZfBR 2008, 593). Die Vorschrift gilt nicht für Ferienhäuser (BVerwG, NVwZ 1995, 700). Allerdings darf eine zweite Wohnung nur eingerichtet werden, wenn das gesamte Gebäude vom Eigentümer und seiner Familie bewohnt wird (s. BVerwG, NVwZ 1989, 355); damit soll das sozialpolitisch erwünschte Zusammenleben von zwei Generationen unter einem Dach ermöglicht werden. Die Erweiterung darf aber die bauliche Identität des Altbaus nicht in Frage stellen (zur wiederholten Erweiterung eines Wohngebäudes: BVerwG, DVBl. 1999, 235), dieser muss „die Hauptsache bleiben" (OVG Lüneburg, NVwZ-RR 1996, 6).

§ 35 Abs. 4 Nr. 6 BauGB (s. dazu Hoppe, DVBl 1990, 1009; Guldi, NVwZ 1996, 849) **175** erlaubt schließlich die angemessene Erweiterung eines bestehenden, zulässigerweise errichteten **Gewerbebetriebs**. Dabei darf der Betrieb nicht im Wege der Salamitaktik mehrmals angemessen erweitert werden, wenn dadurch eine insgesamt nicht mehr angemessene Vergrößerung erreicht wird (BVerwG, NVwZ-RR 1993, 176; 1994, 371). Unter § 35 Abs. 4 Nr. 6 BauGB fällt nicht die Erweiterung eines Innenbereichsbetriebs in den Außenbereich (BVerwG, NVwZ 1994, 293). Die Erweiterung muss in zweifacher Hinsicht angemessen sein: zum einen in Bezug auf das vorhandene Gebäude, zum anderen in Bezug auf den vorhandenen Betrieb (BVerwG, NVwZ-RR 1994, 371).

Die nach § 35 Abs. 1-4 BauGB zulässigen Vorhaben müssen nach **§ 35 Abs. 5** **176** **BauGB** in flächensparender und den Außenbereich schonender Weise ausgeführt werden - sog. Schonungsgebot - (s. BVerwG, BauR 1991, 579; OVG Lüneburg, NVwZ-RR 1996, 6: Dachausbau statt Errichtung eines Anbaus; OVG Koblenz, NVwZ-RR 2007, 581: Betonmauer um Pferdekoppel). Ferner soll die Bauaufsichtsbehörde nach § 35 Abs. 5 Satz 2 BauGB eine Sicherung dafür verlangen, dass die Beschränkungen des § 35 Abs. 4 BauGB tatsächlich eingehalten werden. Diese Sicherung erfolgt durch Eintragung einer Baulast oder eine Sicherheitsleistung des Bauherrn (BVerwG, NVwZ 2013, 805).

e) Außenbereichssatzung

Durch § 35 Abs. 6 BauGB wird die Möglichkeit geschaffen, dass die Gemeinde **177** durch eine Satzung für vorhandene Splittersiedlungen im Außenbereich eine Bebauung mit Wohngebäuden sowie mit kleinen Handwerks- oder Gewerbebetrieben vorsehen kann (BVerwG, NVwZ 2006, 1289; VGH Mannheim, BWGZ 2003, 535). Die

Außenbereichssatzung unterscheidet sich von einer Innenbereichssatzung nach § 34 Abs. 4 BauGB vor allem dadurch, dass nicht die Schaffung bzw. Erweiterung eines Ortsteils im Sinne des § 34 Abs. 1 BauGB bezweckt wird, sondern die von der Außenbereichssatzung erfasste Fläche weiterhin zum Außenbereich gehört (BVerwG, Beschl. v. 01.09.2003 - 4 BN 55/03 -, juris). Die Außenbereichssatzung hat nur eine Lückenschließungsfunktion (BVerwG, NVwZ 2006, 1289). Eine Außenbereichssatzung kann nur für einen Bereich beschlossen werden, in dem bereits eine Wohnbebauung von einigem Gewicht vorhanden ist (VGH München, NVwZ-RR 2000, 482). Sie erlaubt nicht die Erweiterung einer Splittersiedlung zu einem Ortsteil im Sinne des § 34 Abs. 1 BauGB (BVerwG, BauR 2000, 1175; OVG Lüneburg, NVwZ-RR 2001, 368). Die Satzung muss sich auf den bebauten Bereich beschränken und darf nicht auf den „unbebauten" Bereich übergreifen. Eine Ausdehnung des bebauten Bereichs ist nur möglich, wenn die Gemeinde einen Bebauungsplan erlässt.

7. Bauen im Vorgriff auf einen Bebauungsplan – § 33 BauGB

178 § 33 BauGB (s. dazu Scheidler, BauR 2006, 310) stellt insofern einen Sonderfall dar, als diese Vorschrift auf alle Fälle der §§ 30, 34 und 35 BauGB Anwendung findet, sofern sich ein Bebauungsplan in der Aufstellung befindet. Die Vorschrift bezweckt, eine Bebauung gemäß einem Bebauungsplan bereits in dem Zeitraum zwischen dessen endgültiger Konzeption und dem Inkrafttreten nach § 10 BauGB zuzulassen. Der bauwillige Bürger soll nicht darunter leiden, dass sich das Bebauungsplanverfahren noch eine gewisse Zeit hinzieht (BVerwG, NVwZ 1986, 647; BauR 2003, 55).

Voraussetzung für eine Genehmigung nach § 33 BauGB ist deshalb, dass das Verfahren zur Aufstellung eines Bebauungsplans bereits so weit fortgeschritten ist, dass mit der Realisierung der vorliegenden Plankonzeption konkret zu rechnen ist - **materielle Planreife** (BVerwG, NVwZ 2003, 86; OVG Münster, NVwZ-RR 2001, 568f.; VGH Mannheim, VBlBW 2008, 385). Zumindest die Auslegung nach § 3 BauGB und die Beteiligung der Träger öffentlicher Belange nach § 4 BauGB muss in der Regel abgeschlossen sein - **formelle Planreife**, § 33 Abs. 1 Nr. 1 BauGB -; hiervon ist aber nach § 33 Abs. 2 BauGB eine Ausnahme möglich (OVG Münster, NVwZ 1992, 278), wenn wegen einer Änderung des Bebauungsplan-Entwurfs gemäß § 4a Abs. 3 BauGB eine erneute Beteiligung der Öffentlichkeit und der Träger öffentlicher Belange erfolgt.

Eine Genehmigung nach § 33 BauGB scheidet aus, wenn die Bauaufsichtsbehörde oder andere Behörden Bedenken gegen den Bebauungsplan anmelden (BVerwG, BRS 15 Nr. 13; VGH Mannheim, VBlBW 2008, 385), wenn beachtliche Bürgereinwendungen vorliegen (BVerwG, NVwZ 1993, 1205) oder wenn der Bebauungsplan inhaltliche Mängel aufweist, insbesondere im Hinblick auf § 1 Abs. 5 - 7 BauGB bedenklich ist (VGH Kassel, BRS 27 Nr. 20 und 28 Nr. 25). Eine Genehmigung nach § 33 Abs. 1 BauGB setzt ferner voraus, dass das Verfahren zur Aufstellung des Bebauungsplans nicht „stecken geblieben ist", also kontinuierlich weiter betrieben wird (BVerwG, NVwZ 2003, 86).

Zu beachten ist, dass § 33 BauGB nur eine Genehmigung eines Bauvorhabens ermöglicht, das sonst vor Inkrafttreten des Bebauungsplans nicht genehmigt werden könnte. § 33 BauGB kann dagegen nicht die Errichtung eines Bauvorhabens verhindern, das nach der derzeitigen Rechtslage zulässig, nach dem zukünftigen Bebauungsplan aber unzulässig wäre. Denn § 33 BauGB dient nicht der Sicherung der

Bauleitplanung während der Planaufstellung, hierfür sieht das Baugesetzbuch vielmehr eine Veränderungssperre nach §§ 14 ff. BauGB vor. Diese Vorschriften wären überflüssig, wenn ein Bauvorhaben wegen eines in Aufstellung befindlichen Bebauungsplans bereits nach § 33 BauGB verhindert werden könnte (st. Rspr. seit BVerwGE 20, 127).

8. Einvernehmen nach § 36 BauGB

Nach § 36 BauGB darf über ein Bauvorhaben nach den §§ 31, 33 bis 35 BauGB im bauaufsichtlichen Verfahren von der Bauaufsichtsbehörde nur im Einvernehmen mit der Gemeinde entschieden werden (BVerwG, NVwZ 2000, 1048; Dippel, NVwZ 2011, 769; Schoch, NVwZ 2012, 777). Dieses Zustimmungserfordernis folgt aus der Planungshoheit der Gemeinde. Deshalb bedarf es in den Fällen, in denen ein Bauvorhaben im Geltungsbereich eines Bebauungsplans realisiert werden soll, nicht der gemeindlichen Zustimmung. Soll allerdings von Festsetzungen eines Bebauungsplans eine Ausnahme oder Befreiung nach § 31 BauGB erteilt werden, bedarf es des Einvernehmens der Gemeinde. Die Vorschrift des § 36 Abs. 1 BauGB dient also dazu, das der Gemeinde zustehende Recht auf Bauleitplanung im Verfahren zur Zulassung von Bauvorhaben zu sichern. Sie hat deshalb nicht nur den Zweck, der Gemeinde Gelegenheit zu geben, ihre Ansicht zur planungsrechtlichen Zulässigkeit eines Vorhabens zum Ausdruck zu bringen, sondern verschafft ihr auch die Möglichkeit, auf ein bestimmtes Vorhaben zu reagieren und bislang nicht eingeleitete oder nicht für notwendig erachtete Bauleitplanungen in Angriff zu nehmen und entsprechende Maßnahmen zur Sicherung dieser Planung einzuleiten (Veränderungssperre, Zurückstellung von Baugesuchen). **179**

Das Einvernehmen wird nur **verwaltungsintern** erklärt, ist also kein Verwaltungsakt. Nach außen hin ergeht gegenüber dem Bauherrn nur eine Entscheidung der Bauaufsichtsbehörde (BVerwG, NVwZ-RR 1992, 529; BGH, NVwZ 2011, 249; VGH München, NVwZ-RR 2014, 693).

Die Gemeinde muss über die Erteilung des Einvernehmens innerhalb von zwei Monaten entscheiden, sonst gilt das Einvernehmen gemäß § 36 Abs. 2 Satz 2 BauGB als erteilt. Die **Frist** des § 36 Abs. 2 Satz 2 BauGB beginnt zu laufen, wenn der Gemeinde alle für die Beurteilung der planungsrechtlichen Zulässigkeit des Vorhabens erforderlichen Unterlagen vorliegen (BVerwG, NVwZ 2005, 213). Eine Unvollständigkeit der Unterlagen muss die Gemeinde aber rügen; ansonsten beginnt die Zwei-Monats-Frist zu laufen (BVerwG, NVwZ 2005, 213). Die Frist kann die Gemeinde dazu nutzen, ein nicht erwünschtes Bauvorhaben, das aber nach der bestehenden Rechtslage zugelassen werden müsste, durch einen Beschluss zur Aufstellung eines Bebauungsplans nach § 2 Abs. 1 BauGB sowie eine Veränderungssperre nach § 14 Abs. 1 BauGB zur Sicherung dieser Planung zu verhindern (BVerwG, NVwZ 1986, 566; BauR 1988, 695; VGH Mannheim, NVwZ 1994, 797). Eine Verlängerung der Frist des § 36 Abs. 2 Satz 2 BauGB ist nicht möglich (BVerwG, NVwZ 1997, 900).

Über die Erteilung des Einvernehmens entscheidet der Gemeinderat (bzw. ein Gemeinderatsausschuss) und nicht der Bürgermeister, da der Gemeinderat Inhaber der Planungshoheit ist (VGH München, NVwZ-RR 2014, 693). Eine Übertragung dieser Kompetenz auf den Ortsbeirat ist unzulässig, weil die Auswirkungen eines Bauvorhabens auf das gesamte Gemeindegebiet zu berücksichtigen sind (vgl. VGH Mannheim, VBlBW 1986, 451). Ist die Gemeinde selbst Bauaufsichtsbehörde, bedarf es keines Einvernehmens der Gemeinde (BVerwGE 28, 268, 271 u. 45, 207; BVerwG,

NVwZ 1990, 460; OVG Saarlouis, NVwZ 1990, 174; VGH Mannheim, ESVGH 60, 123).

180 Da die in § 36 BauGB verankerte Mitwirkungsbefugnis der Gemeinde Ausdruck ihrer Planungshoheit ist, darf sie das Einvernehmen nur aus den sich aus §§ 31-35 BauGB ergebenden Gründen versagen (BVerwG, NVwZ 1990, 657 und NVwZ-RR 1992, 529). Die von der Gemeinde vorzunehmende Prüfung ist in planungsrechtlicher Hinsicht identisch mit der Prüfung der Bauaufsichtsbehörde (BVerwG, NVwZ 1985, 566; Konrad, JA 2001, 588). Die Gemeinde kann nach **§ 36 Abs. 2 Satz 1 BauGB** das Einvernehmen also nur versagen, wenn das Bauvorhaben bauplanungsrechtlich nicht zulässig ist. Daraus folgt, dass nur in den Fällen der §§ 31, 33 Abs. 2 und 34 Abs. 2 Halbs. 2 und Abs. 3a BauGB ein Ermessen besteht. Die Gemeinde kann die Versagung ihres Einvernehmens auf alle in §§ 31 - 35 BauGB genannten Versagungsgründe stützen, also auch auf solche, die nicht dem Schutz ihrer Planungshoheit dienen, wie z. B. die in § 35 Abs. 3 Satz 1 Nr. 5 BauGB angeführten Belange des Naturschutzes und der Landschaftspflege (BVerwG, NVwZ 2010, 1561; OVG Koblenz, NVwZ-RR 2007, 309; a. A. VGH Kassel, NVwZ-RR 2009, 750). Nach dem eindeutigen Wortlaut des § 36 Abs. 2 Satz 1 BauGB hat die Gemeinde eine umfassende bauplanungsrechtliche Prüfungskompetenz.

In § 36 Abs. 2 BauGB wird § 14 BauGB nicht als Versagungsgrund angeführt. Hierbei handelt es sich um ein Redaktionsversehen, da das Erfordernis des Einvernehmens gerade dazu dient, der Gemeinde die Möglichkeit zu eröffnen, zur Verhinderung des Vorhabens eine Veränderungssperre zu erlassen und eine Ausnahme von der Veränderungssperre nach § 14 Abs. 2 Satz 2 BauGB nur im Einvernehmen mit der Gemeinde erteilt werden darf.

181 Wird das **Einvernehmen der Gemeinde nicht erteilt**, dann muss die Bauaufsichtsbehörde, die Baugenehmigung ablehnen, es sei denn, die Versagung des Einvernehmens durch die Gemeinde ist rechtswidrig, dann kann nach § 36 Abs. 3 Satz 3 BauGB die zuständige Bauaufsichtsbehörde das Einvernehmen ersetzen (Schoch, NVwZ 2012, 777; Jeromin, BauR 2011, 456). Diese Regelung für die Ersetzung des rechtswidrig versagten Einvernehmens ist die Ermächtigungsgrundlage für § 71 LBauO. Nach § 71 LBauO ist die Bauaufsichtsbehörde befugt, das Einvernehmen in eigener Kompetenz zu ersetzen (OVG Koblenz, Beschl. v. 07.04.1998 - 1 B 10435/98.OVG -; vgl. auch BVerwGE 22, 342; NVwZ 1986, 566; NVwZ-RR 1993, 529). Der Wortlaut des § 36 Abs. 3 Satz 3 BauGB und der bisherige Wortlaut des § 71 Abs. 1 und 5 LBauO „kann" sprach für ein der Bauaufsichtsbehörde eingeräumtes Ermessen. Die Rechtsprechung der Obergerichte zu § 36 Abs. 3 Satz 3 BauGB und der auf ihm beruhenden landesrechtlichen Vorschriften war nicht einheitlich. Das OVG Koblenz hat einen **Ermessensspielraum** der Bauaufsichtsbehörde aber **abgelehnt** (NVwZ-RR 2000, 85; s. auch Horn, NVwZ 2002, 406; Dolderer, BauR 2000, 491; s. A. OVG Lüneburg, NVwZ-RR 2009, 866; VGH München, BauR 2006, 2022).

Durch das Dritte Landesgesetz zur Änderung der LBauO vom 15.06.2015 (GVBl. S. 77) wurde § 71 Abs. 1 und Abs. 5 LBauO dahingehend geändert, dass „kann" durch „ist" ersetzt wurde. Damit hat der Gesetzgeber die Rechtsprechung des Bundesgerichtshofs zur Amtshaftung einer Bauaufsichtsbehörde bei möglicher Ersetzung des gemeindlichen Einvernehmens (BGHZ 187, 51 = NVwZ 2011, 249; NVwZ 2013, 167) berücksichtigt (s. LT-Drs. 16/4333, S. 55; s. auch BT-Drs. 13/6392, S. 10). Die Bauaufsichtsbehörde ist nunmehr auch nach dem Gesetzeswortlaut verpflichtet,

B. Bauplanungsrechtliche Zulässigkeit von Bauvorhaben

das von einer Gemeinde rechtswidrig versagte Einvernehmen zu ersetzen. Diese Pflicht gilt ebenso im Widerspruchsverfahren.

Lehnt die Bauaufsichtsbehörde die Ersetzung des Einvernehmens ab, steht dem Bauherrn ein **Schadensersatzanspruch wegen Amtspflichtverletzung** nur gegen die Bauaufsichtsbehörde zu (so BGH, NVwZ 2011, 249 bespr. von Schlarmann/ Krappel, NVwZ 2011, 215; BGH, NVwZ 2013, 167). Der Bundesgerichtshof begründet dies damit, dass die Entscheidung über das Einvernehmen nur verwaltungsintern wirke und daher keine gegenüber dem Bauherrn bestehende Amtspflicht verletzt werde.

182 Die Ersetzung des Einvernehmens erfolgt gemäß § 71 Abs. 2 Satz 1 LBauO durch die Erteilung der Baugenehmigung. In den Fällen, in denen nach § 58 Abs. 1 Satz 2 LBauO eine Verbandsgemeinde über die Erteilung einer Baugenehmigung zu entscheiden hat, kann das rechtswidrig versagte Einvernehmen der Ortsgemeinde nach § 71 Abs. 2 Satz 2 LBauO gemäß § 71 Abs. 5 LBauO nur im Widerspruchsverfahren durch den Kreisrechtsausschuss ersetzt werden.

Wird durch die Erteilung der Baugenehmigung das Einvernehmen der Gemeinde ersetzt, so findet das Beanstandungsrecht der Kommunalaufsichtsbehörde nach § 121 GemO keine Anwendung; allerdings ist die Gemeinde vor der Entscheidung zu der beabsichtigten Ersetzung des Einvernehmens anzuhören. Der Gemeinde ist nach § 71 Abs. 3 Satz 2 LBauO Gelegenheit zu geben, binnen angemessener Frist erneut über das gemeindliche Einvernehmen zu entscheiden.

An eine Erteilung des Einvernehmens ist dagegen die **Bauaufsichtsbehörde nicht gebunden**, sie kann den Bauantrag gleichwohl ablehnen (BVerwG, NVwZ-RR 1993, 529). Da das Einvernehmen ein verwaltungsinterner Vorgang und damit kein Verwaltungsakt ist, muss in allen Fällen auf Erteilung der Baugenehmigung und nicht auf Erteilung des Einvernehmens geklagt werden (BVerwGE 28, 145). Beklagter ist demnach die Bauaufsichtsbehörde; die Gemeinde ist in einem Klageverfahren nach § 65 Abs. 2 VwGO notwendig beizuladen (BVerwG, NVwZ 1986, 556; DVBl 1974, 235). Eine Beiladung scheidet allerdings aus, wenn die Gemeinde bereits als Beklagter am Verfahren beteiligt ist (BVerwG, DÖV 1977, 371; anders noch BVerwG, DVBl 1975, 304; DVBl 1977, 196).

Die Erteilung des Einvernehmens oder das als erteilt geltende Einvernehmen kann **nicht widerrufen oder zurückgenommen** werden; denn dieses würde den Sinn der Vorschrift, innerhalb der Frist klare Verhältnisse über die Einvernehmenserklärung der Gemeinde zu schaffen, leerlaufen lassen (so BVerwG, NVwZ 1997, 800; s. aber Rücknahme des fingierten Einvernehmens bis zur Erteilung der Baugenehmigung: OVG Saarlouis, Urt. v. 19.04.1995 - 2 W 13/95 -, juris; zur Rücknahme des fingierten Einvernehmens: VGH München, UPR 1999, 317)

183 Erteilt die Bauaufsichtsbehörde nach Ersetzung des Einvernehmens die Baugenehmigung, dann kann die **Gemeinde** hiergegen wegen Verletzung ihrer Planungshoheit **Klage** erheben (BVerwGE 22, 248; BauR 2010, 1737). Die Gemeinde kann aber dann nicht gegen die Erteilung einer Baugenehmigung klagen, wenn sie selbst Bauaufsichtsbehörde ist (BVerwGE 45, 297; OVG Saarlouis, NVwZ 1990, 174). Die Gemeinde kann klagen, wenn die Bauaufsichtsbehörde eine Baugenehmigung unter Missachtung eines Bebauungsplans erteilt, ohne eine einvernehmensbedürftige Befreiung zu erteilen (BVerwG, NVwZ 1982, 31; VGH Mannheim, NVwZ 1999, 442) oder gegen ein Bauvorhaben, das gegen einen Bebauungsplan verstößt, keine Beseitigungsverfügung erlassen wird (BVerwG, NVwZ 2000, 1048).

9. Öffentliche Bauten - § 37 BauGB

184 Bauvorhaben des Bundes oder der Länder mit **besonderer öffentlicher Zweckbestimmung** können nach § 37 BauGB abweichend von §§ 30 - 36 BauGB errichtet werden (s. Pfeffer, NVwZ 2012, 796). Der Sinn dieser Vorschrift liegt darin, dass notwendige öffentliche Bauten, insbesondere technische Anlagen wie Fernsehtürme, Fernmeldeeinrichtungen, Forschungsvorhaben, aber auch Strafanstalten, psychiatrische Landeskrankenhäuser u. ä., die wegen ihrer besonderen Eigenarten und Auswirkungen nicht nach §§ 30, 34, 35 BauGB genehmigungsfähig sind, gleichwohl errichtet werden können, und zwar auch **gegen den Willen der Gemeinde**, da § 36 BauGB nicht anwendbar ist. § 37 BauGB stellt somit materiell-rechtlich eine Befreiungsregelung dar (BVerwG, ZfBR 1981, 243; NVwZ 1993, 892; OVG Münster, BauR 2004, 463). Vorhaben im Sinne des § 37 Abs. 2 BauGB bedürfen der Zustimmung der Bauaufsichtsbehörde, nach § 83 LBauO aber keiner Baugenehmigung.

Die Zustimmung stellt einen Verwaltungsakt dar, bei dem zwischen den Belangen des öffentlichen Bauherrn und den städtebaulichen Interessen an der Einhaltung der §§ 30 ff. BauGB abzuwägen ist und die Zulässigkeit des Bauvorhabens verbindlich festgestellt wird (BVerwG, NVwZ 1993, 892; VGH Kassel, NVwZ 2001, 823; Krist, BauR 1993, 516).

Erteilt die Gemeinde ihr nach § 36 BauGB erforderliches Einvernehmen zu einem Bauvorhaben des Bundes oder Landes nicht, dann wird dies nach § 37 Abs. 1 BauGB bei Vorhaben mit besonderer öffentlicher Zweckbestimmung durch eine Entscheidung der höheren Verwaltungsbehörde ersetzt.

Für **Vorhaben der Landesverteidigung**, die nach § 83 Abs. 4 LBauO weder einer Baugenehmigung noch einer Zustimmung bedürfen, enthält § 37 Abs. 2BauGB eine Sonderreglung. Derartige Vorhaben können sogar gegen den Willen der Gemeinde und der höheren Verwaltungsbehörde errichtet werden (BVerwG, NVwZ 1993, 892; OVG Lüneburg, NuR 2000, 527).

Gegen eine Zustimmung kann der Nachbar ebenso wie gegen eine Baugenehmigung Rechtsmittel einlegen (VGH Kassel, NVwZ 1995, 1010; OVG Münster, NVwZ-RR 2004, 175).

10. Erschließung des Bauvorhabens

185 Nach allen Tatbeständen der §§ 30 ff. BauGB darf eine Baugenehmigung nur erteilt werden, wenn die **Erschließung gesichert** ist (s. dazu Sarnighausen, NVwZ 1993, 424). Hiervon gibt es keine Befreiung. Eine Erschließung setzt voraus, dass im Zeitpunkt der Bezugsfertigkeit des Gebäudes die erforderlichen Erschließungsanlagen hergestellt und benutzbar sind (BVerwG, NVwZ 1982, 377 u. 2010, 1561). Unter Erschließung ist der Anschluss an die Straße, die Abwasserbeseitigung sowie die Wasserversorgung zu verstehen (BVerwG, BauR 1974, 398; NJW 1975, 402; VGH Mannheim, NVwZ-RR 1998, 13).

Die **wegemäßige Erschließung** ist als gesichert anzusehen, wenn das Bauvorhaben mit öffentlichen Fahrzeugen - Müllabfuhr, Feuerwehr, Krankenwagen, Post - erreicht werden kann und der zu erwartende Verkehr nicht zu einer Überbelastung der Straße führt (BVerwG, NVwZ 1982, 377 u. 1994, 299; NVwZ-RR 2001, 52). Hierfür reicht es bei Wohngebäuden aus, dass Großfahrzeuge - Feuerwehr, Müllabfuhr - in die Nähe des Gebäudes gelangen können und kleinere Fahrzeuge - wie Krankenwa-

B. Bauplanungsrechtliche Zulässigkeit von Bauvorhaben

gen - über einen kurzen Wohnweg (vgl. BVerwG, NVwZ 1994, 1910; OVG Saarlouis, NVwZ-RR 1995, 52: 1,25 m breiter Weg; VGH Mannheim, NVwZ 1997, 89; NVwZ-RR 1998, 13) notfalls unmittelbar bis zum Grundstück fahren können (BVerwG, NVwZ 2007, 81); ein Stichweg von nur knapp 3 m Breite kann daher ausreichen (BVerwG, NVwZ 1994, 299, einschränkend: BVerwG, BauR 2000, 1173). Die Erschließung ist aber nicht gesichert, wenn das Grundstück nur über eine Straße zu erreichen ist, deren Anbindung an das Verkehrsnetz unzureichend ist (BVerwGE 68, 352 - Einkaufszentrum; BVerwG, NVwZ 1987, 406 u. 1997, 389; OVG Koblenz, BauR 1991, 311 - Wohngebiet nicht durch Feldweg erschlossen) oder aber eine Straßenverbreiterung oder die Schaffung von Einfädelungsspuren erforderlich wäre, um den Verkehr zu dem geplanten Vorhaben zu bewältigen (BVerwG, BauR 2001, 212 ff.). Die baurechtliche Praxis stellt hinsichtlich der straßenmäßigen Erschließung auf die RASt 2006 ab (s. dazu Brügelmann/Dürr, § 30 Rn. 23).

Liegt das Baugrundstück nicht an einer öffentlichen Straße, muss die Zufahrt zu einer öffentlichen Straße durch Baulast öffentlich-rechtlich gesichert sein (vgl. § 6 Abs. 2 LBauO). Die bauordnungsrechtlichen Anforderungen des § 6 LBauO gelten aber nicht für das Bauplanungsrecht; insoweit reicht auch eine anderweitige Sicherung, z. B. durch eine Grunddienstbarkeit aus (BVerwG, BauR 1991, 55; 1990, 337; OLG Stuttgart, Urt. v. 09.04.2003 - 3 U 121/02 -, juris zur Frage, ob eine Grunddienstbarkeit einen Anspruch auf Abgabe einer Baulasterklärung gibt).

Eine gesicherte **Wasserversorgung** verlangt nicht nur die Versorgung mit Trinkwasser, sondern auch mit Löschwasser im Fall eines Brandes (OVG Koblenz, NVwZ-RR 2015, 179).

Eine ordnungsgemäße **Abwasserbeseitigung** ist in der Regel nur durch einen Anschluss an eine Kanalisation gewährleistet (VGH Mannheim, VBlBW 1981, 52). Ist dies nicht möglich, kann eine gesicherte Erschließung nur angenommen werden, wenn eine anderweitige Erschließung wasserrechtlich zugelassen worden ist. - Zu den Anforderungen an die Erschließung s. im Einzelnen Brügelmann/Dürr § 30 Rn. 13ff.

In den Fällen der **§§ 30, 34 BauGB** muss gewährleistet sein, dass die Erschließungsanlagen jedenfalls bei Fertigstellung des Bauvorhabens vorhanden sind (BVerwG, NJW 1977, 405; NVwZ 1986, 38 u. 646 u. 1994, 281). Dies ist der Fall, wenn die Gemeinde sich selbst zur Durchführung der Erschließung bereit erklärt hat oder aber einen Erschließungsvertrag mit einem Dritten geschlossen hat (BVerwG, NJW 1977, S. 405; NVwZ 1986, 36). **186**

Ferner hat die Rechtsprechung trotz der Regelung des § 123 Abs. 3 BauGB, wonach **kein Anspruch auf Erschließung** besteht, in bestimmten Fällen einen solchen Anspruch angenommen, wenn das Erschließungsermessen der Gemeinde auf Null reduziert ist (BVerwG, NVwZ 1993, 1102; OVG Lüneburg, NVwZ-RR 2000, 486; Gloria, NVwZ 1991, 720; Hofmann-Hoeppel, BauR 1993, 520). So kann aus der Aufstellung eines Bebauungsplans ein Anspruch des Eigentümers eines vom Bebauungsplan erfassten Grundstücks auf den Bau der Erschließungsanlagen innerhalb eines angemessenen Zeitraums folgen (BVerwGE 92, 8 u. 88, 166; OVG Münster, BauR 2011, 230). Dies ist insbesondere der Fall, wenn das Grundstück durch den Bebauungsplan eine zuvor vorhandene Erschließung verliert (BVerwG, NVwZ 1993, 1102; BauR 2000, 247). Das Gleiche gilt, wenn das Grundstück mit Zustimmung der Gemeinde bereits bebaut wurde (BVerwG, NVwZ 1991, 1087 u. 1993, 1102). Schließlich muss die Gemeinde in der Regel auf das Angebot eines Dritten eingehen, die notwendigen Erschließungsanlagen auf eigene Kosten zu bauen (BVerwG, NVwZ 1993, 1103 u.

2010, 1561). Dieser Grundsatz gilt aber nur bei Angeboten, deren Verwirklichung zu erwarten ist (BVerwG, NVwZ-RR 2002, 413).

187 Schwierigkeiten entstehen vor allem in den Fällen des § 35 BauGB. Im Außenbereich kann man nicht dieselben Anforderungen stellen wie im Innenbereich (BVerwG, NVwZ 2009, 232). Der Anschluss eines nach § 35 Abs. 1 Nr. 1 BauGB zulässigen landwirtschaftlichen Gebäudes an die Kanalisation und Wasserversorgung ist häufig nicht möglich. Hier ist es ausreichend, wenn die bauordnungsrechtlichen Anforderungen an die Abwasserbeseitigung und die Wasserversorgung - § 41 LBauO - erfüllt sind und eine den jeweiligen Anforderungen entsprechende Zufahrt vorhanden ist (BVerwG, NJW 1986, 2775; NVwZ 2009, 232). Die Privilegierung eines Vorhabens nach § 35 Abs. 1 BauGB darf jedenfalls nicht an übertriebenen Erschließungsanforderungen scheitern (BVerwG, DÖV 1983, 816 - ein vier Meter breiter Kiesweg reicht als Zufahrt zu einem Bauernhof aus). Für eine Windkraftanlage kann ein Feldweg als Erschließungsanlage ausreichen (VG Meiningen, BauR 2006, 1267). Bei Jagdhäusern, Gartenhäusern und ähnlichen Bauvorhaben kann eine Erschließung durch eine befestigte Straße nicht verlangt werden (VGH Mannheim, BRS 15 Nr. 70).

Bei nicht privilegierten Wohngebäuden sind dagegen an die Erschließung keine geringeren Anforderungen zu stellen als im Innenbereich (BVerwGE 74, 19; VGH Mannheim, VBlBW 1988, 23: Fahrbahnbreite von 2,5 m nicht ausreichend; VGH Mannheim, NVwZ-RR 1994, 562: Kleinkläranlage oder geschlossene Grube reicht zur Abwasserbeseitigung nicht aus).

C. Sicherung der Bauleitplanung

1. Veränderungssperre/Zurückstellung - §§ 14 ff. BauGB

188 Zur Sicherung der Bauleitplanung vor tatsächlichen Veränderungen während des Verfahrens zur Aufstellung eines Bebauungsplans hat das Baugesetzbuch den Gemeinden die Möglichkeit eingeräumt, eine förmliche Veränderungssperre nach § 14 BauGB zu erlassen (s. dazu Hager/Kirchberg/Schütz, NVwZ 2002, 400) oder bei der Bauaufsichtsbehörde nach § 15 BauGB die Zurückstellung eines Baugesuchs um maximal ein Jahr zu beantragen.

Voraussetzung ist in beiden Fällen, dass die Gemeinde ausdrücklich die **Aufstellung oder Änderung eines Bebauungsplans** beschlossen und den Beschluss öffentlich bekannt gemacht hat (BVerwG, NVwZ 1993, 471; OVG Koblenz, AS RP-SL 16, 135). Der Beschluss über die Aufstellung des Bebauungsplans und über den Erlass der Veränderungssperre können in derselben Gemeinderatssitzung gefasst und anschließend bekannt gemacht werden (BVerwG, BauR 1993, 59; OVG Weimar, NVwZ-RR 2002, 415; VGH Mannheim, NVwZ-RR 2014, 931).

Nicht notwendig ist, dass bereits Klarheit über die endgültige Konzeption des Bebauungsplans besteht (BVerwGE 51, 121; NVwZ 2004, 984; VGH Mannheim, NVwZ-RR 2006, 170), sofern überhaupt eine **positive Planungskonzeption** entwickelt wurde und ein Mindestmaß des Inhalts des zukünftigen Bebauungsplans erkennbar ist (st. Rspr. BVerwG, BauR 2011, 481). Es ist unschädlich, wenn die Bebauungsplankonzeption fehlerhaft oder rechtlich bedenklich ist, soweit die Mängel im Verfahren zur Aufstellung des Bebauungsplans noch behebbar sind (BVerwG, BauR 1990, 694; BVerwGE 120, 138; VGH Mannheim, NVwZ-RR 2010, 11 u. 522; VBlBW 2010, 475).

C. Sicherung der Bauleitplanung

Unzulässig ist dagegen eine Veränderungssperre, die nur erlassen wird, um ein Bauvorhaben zu verhindern, also eine Bauleitplanung, die nicht positiv städtebauliche Ziele verfolgt, sondern nur eine bestimmte Nutzung verhindern will und damit eine Negativplanung darstellt (BVerwG, NVwZ 2004, 984; OVG Koblenz, Urt. v. 29.11.2012 - 1 C 10495/12 -, juris; VGH Mannheim NVwZ-RR 2003, 546; VBlBW 2010, 475).

Bsp.:
Die Gemeinde erlässt eine Veränderungssperre zur Sicherung eines zukünftigen Gewerbegebiets, um eine geplante Grastrocknungsanlage eines Landwirts zu verhindern; mit der baulichen Nutzung des Gewerbegebiets ist jedoch in den nächsten 50 Jahren nicht zu rechnen (VGH Mannheim, VBlBW 1998, 310).

Dagegen ist eine Veränderungssperre unbedenklich, wenn der Bebauungsplan zur Verfolgung positiver städtebaulicher Zielsetzungen bestimmte Vorhaben verhindern soll.

Bsp.:
1. Die Veränderungssperre dient der Sicherung eines Bebauungsplans, der in der Innenstadt die Errichtung eines Sex-Shops verhindern soll - Vermeidung des sog. Trading-down-effects (VGH Mannheim, VBlBW 2006, 142; s. auch OVG Koblenz, BRS 69 Nr. 35).
2. Die Erweiterung eines Steinbruchs kann durch eine Veränderungssperre unterbunden werden, wenn dadurch in eine besonders schutzwürdige Bergkuppe eingegriffen würde (VGH Mannheim, VBlBW 2010, 475).

Die Veränderungssperre wird nach § 16 BauGB als **Satzung** beschlossen und ist gemäß § 16 Abs. 2 BauGB ortsüblich bekannt zu machen. **189**

Rechtsfolge einer Veränderungssperre ist nach § 14 Abs. 1 BauGB, dass bauliche Vorhaben nach § 29 BauGB - Errichtung, Änderung und Nutzungsänderung einer baulichen Anlage - nicht mehr durchgeführt werden dürfen (Nr. 1) und auch sonstige wesentliche Veränderungen von Grundstücken oder baulichen Anlagen unzulässig sind (Nr. 2).

Ausgenommen von dem **Bauverbot des § 14 Abs. 3 BauGB** sind bereits vor Inkrafttreten der Veränderungssperre **genehmigte Bauvorhaben**, ferner Unterhaltungsarbeiten sowie die Fortführung der bisherigen Nutzung (s. dazu Graf, NVwZ 2004, 1435). Ein Bauvorhaben ist auch dann genehmigt im Sinne von § 14 Abs. 3 BauGB, wenn ein Bauvorbescheid, sog. Bebauungsgenehmigung, erteilt worden ist (BVerwG, 69, 1 - bspr. von Dürr, JuS 1984, 770). **190**

§ 14 Abs. 3 BauGB findet auch Anwendung, wenn das Vorhaben nach § 67 LBauO - Freistellungsverfahren - keiner Baugenehmigung bedarf (Ernst/Zinkahn/ Bielenberg, § 14 Rn. 119).

Außerdem kann die Bauaufsichtsbehörde im Einvernehmen mit der Gemeinde nach § 14 Abs. 2 BauGB eine **Ausnahme von der Veränderungssperre** zulassen, wenn öffentliche Belange nicht entgegenstehen. Durch die Erteilung einer Ausnahmegenehmigung wird das durch die Veränderungssperre verhängte Verbot im Einzelfall aufgehoben, so dass dann die Baugenehmigung erteilt werden kann. Die Voraussetzungen für die Erteilung einer Ausnahmegenehmigung werden in der Regel gegeben sein, wenn das Bauvorhaben die Verwirklichung des geplanten Bebauungsplans nicht beeinträchtigt (VGH Mannheim, BauR 2003, 68). Die Zulassung einer Ausnahme steht im Ermessen der Bauaufsichtsbehörde, die des Einvernehmens der Gemeinde bedarf. Das Einvernehmen der Gemeinde kann nicht nach § 36 Abs. 2 Satz 3 BauGB ersetzt werden, da § 36 Abs. 2 Satz 2 BauGB den Fall des § 14 Abs. 2 BauGB nicht erwähnt. Das Ermessen ist aber dann auf Null reduziert, wenn positiv **191** feststeht, dass das Vorhaben den Festsetzungen des künftigen Bebauungsplans nicht widersprechen wird. Ein weiterer Fall der Ermessensreduzierung besteht nach der Rechtsprechung des Bundesverwaltungsgerichts (NJW 1968, 2350) unter dem Gesichtspunkt des Folgenbeseitigungsanspruchs, wenn vor Inkrafttreten der Veränderungssperre ein Bauantrag zu Unrecht abgelehnt wurde und das Bauvorhaben die Planungsabsichten der Gemeinde nicht berührt (OVG Koblenz, BRS 17 Nr. 58; VGH München, BRS 47 Nr. 89). Bei einer Entscheidung über die Erteilung einer Ausnahme nach § 14 Abs. 2 BauGB spielen nur öffentliche Belange eine Rolle; daher hat der Nachbar keinen Anspruch darauf, dass eine Baugenehmigung nicht erteilt wird, die dem zukünftigen Bebauungsplan zuwiderläuft (BVerwG, BauR 1989, 186).

192 Die **Dauer der Veränderungssperre** beträgt nach § 17 Abs. 1 Satz 1 BauGB zwei Jahre, die Gemeinde kann die Veränderungssperre nach § 17 Abs. 1 Satz 3 BauGB durch Satzung um ein weiteres Jahr verlängern. Nach Ablauf der Drei-Jahres-Frist kann eine Veränderungssperre nach § 17 Abs. 2 BauGB nochmals um ein weiteres Jahr auf maximal vier Jahre verlängert werden. Eine nochmalige Verlängerung nach § 17 Abs. 2 BauGB setzt jedoch das Vorliegen besonderer Umstände voraus.

Das Baugesetzbuch geht im Anschluss an die Rechtsprechung des Bundesgerichtshofs (st. Rspr. seit BGHZ 30, 338 - Freiburger Bauherren-Urteil) davon aus, dass auch eine umfangreiche Planung in drei Jahren abgeschlossen sein kann. Besondere Umstände im Sinne des § 17 Abs. 2 BauGB sind deshalb nur anzunehmen, wenn der Gemeinde wegen des ganz außergewöhnlichen Umfangs oder der Schwierigkeit der Planung aus von ihr nicht zu vertretenden Umständen die Aufstellung des Bebauungsplans innerhalb von drei Jahren unmöglich war (BVerwGE 51, 121; NVwZ 1993, 475). Eine zögerliche Planung infolge unzureichender Personalausstattung (VGH Mannheim, VBlBW 2010, 475) oder eine unnötig große Dimensionierung des Bebauungsplangebiets (BVerwGE 51, 121) sowie unnötig lange Verhandlungen mit betroffenen Bürgern oder beteiligten Fachbehörden (OVG Münster, NJW 1975, 1751) sowie Entscheidungsschwächen des Gemeinderats (OVG Lüneburg, BauR 2002, 594) oder eine unzureichende Personalausstattung (VGH Mannheim, BauR 2005, 1895) stellen demnach keine besonderen Umstände dar, die ein Überschreiten der Drei-Jahres-Frist rechtfertigen können.

Bsp.:
1. Infolge von Erkrankungen und Todesfällen bei den Mitarbeitern verzögert sich die Aufstellung des Bebauungsplans. Der VGH Mannheim hat angenommen, die Verzögerung sei von der Gemeinde zu vertreten, weil die maßgeblichen Umstände aus ihrer Sphäre stammen und letztlich auf Entscheidungsschwäche beruhten (wohl bezogen auf den Einsatz von Vertretern; VGH Mannheim, VBlBW 2006, 142).
2. Besondere Umstände können sich aus den Schwierigkeiten ergeben, einen qualifizierten Sachverständigen zu finden (VGH Mannheim, VBlBW 2010, 475).

193 Eine abgelaufene **Veränderungssperre** kann nach § 17 Abs. 3 BauGB **erneut beschlossen** werden, sofern das Bedürfnis zur Sicherung der Planungsabsichten weiter besteht. Sonstige Voraussetzungen für eine erneute Veränderungssperre nach Ablauf einer früheren Veränderungssperre sieht § 17 Abs. 3 BauGB nicht vor. Es bietet sich deshalb für eine zögerlich planende Gemeinde geradezu an, nach Ablauf von drei Jahren nicht die bestehende Veränderungssperre nach § 17 Abs. 2 BauGB zu verlängern, sondern stattdessen nach § 17 Abs. 3 BauGB eine erneute Veränderungssperre zu erlassen. Das Bundesverwaltungsgericht (BVerwGE 51, 121) hat hierzu entschieden, dass die Gemeinde grundsätzlich die Wahl zwischen der Verlängerung der bestehenden Veränderungssperre und dem Erlass einer erneuten Veränderungssperre habe. Unabhängig davon, welche Möglichkeit die Gemeinde wähle,

C. Sicherung der Bauleitplanung

müssten aber bei einer Bausperre von mehr als drei Jahren stets die besonderen Umstände des § 17 Abs. 2 BauGB gegeben sein; andernfalls sei sowohl die verlängerte als auch die erneute Veränderungssperre unwirksam. Diese Ansicht des Bundesverwaltungsgerichts erscheint zutreffend, denn sie vermeidet das Ergebnis, dass eine Bausperre im vierten Jahr nur bei Vorliegen besonderer Umstände, nach dem vierten Jahr dagegen auch ohne diese besonderen Umstände verhängt werden kann. Solche besonderen Umstände liegen vor, wenn ein anderer Planträger, auf dessen Planungen die Gemeinde Rücksicht nehmen muss, seine Planung nicht innerhalb der Vier-Jahres-Frist abschließen kann, z. B. die Bahn sich nicht festlegt, ob sie eine die Ortschaft durchschneidende Bahnlinie oberirdisch oder in Tunnellage führen will.

Die Regelung des § 17 Abs. 1 BauGB über die Geltungsdauer einer Veränderungssperre stellt insofern eine rechtliche Besonderheit dar, als die Geltungsdauer nach der Rechtsprechung des Bundesverwaltungsgerichts nicht für alle Normadressaten gleich ist. Denn nach **§ 17 Abs. 1 Satz 2 BauGB** ist auf die Zwei-Jahres-Frist einer Veränderungssperre die Dauer der erstmaligen Zurückstellung eines Baugesuchs nach § 15 BauGB anzurechnen. Diese **Anrechnung** bezieht sich aber nur auf den jeweiligen Baubewerber, dessen Bauantrag zurückgestellt worden ist, während für alle übrigen Grundstückseigentümer im Bereich der Veränderungssperre die volle Zwei-Jahres-Frist des § 17 Abs. 1 Satz 1 BauGB gilt (so BVerwGE 51, 121; NVwZ 1993, 471 und 475). **194**

Auf die Geltungsdauer der Veränderungssperre ist nach Auffassung des Bundesverwaltungsgerichts eine sog. **faktische Zurückstellung** anzurechnen (NJW 1971, 445; BauR 2013, 1254; kritisch dazu Sennekamp, BauR 2014, 640), d. h. der Zeitraum, der dadurch vergeht, dass ein Bauantrag oder eine Bauvoranfrage (vgl. VGH Mannheim, VBlBW 1993, 349; OVG NRW, Urt. v. 04.07.1997 - 7 A 3458/93 -, juris) zögerlich behandelt oder rechtswidrig abgelehnt wird. Denn die Bauaufsichtsbehörde hat es sonst in der Hand, die zeitliche Begrenzung des § 17 BauGB dadurch zu unterlaufen, dass sie über einen Bauantrag entweder nicht entscheidet oder ihn rechtswidrig ablehnt. Für den Baubewerber hat die faktische Zurückstellung die gleiche Folge wie eine förmliche Zurückstellung nach § 15 BauGB. Als **Beginn des Anrechnungszeitraums** ist der Termin anzusetzen, zu dem bei sachgerechter Behandlung des Bauantrags eine Baugenehmigung erteilt worden wäre.

Die Anrechnung einer faktischen Zurückstellung kann dazu führen, dass eine Veränderungssperre für einzelne Grundstücke überhaupt nicht in Kraft tritt, wenn nämlich seit der faktischen Zurückstellung mehr als drei Jahre vergangen sind und die besonderen Umstände des § 17 Abs. 2 BauGB für eine Erstreckung des Bauverbots über drei Jahre hinaus nicht vorliegen (vgl. auch insoweit BVerwGE 51, 120; BauR 1990, 694).

Die **Veränderungssperre** tritt nach § 17 Abs. 5 BauGB von selbst **außer Kraft**, wenn das Verfahren zur Aufstellung des Bebauungsplans abgeschlossen ist. Dies gilt auch dann, wenn der Bebauungsplan fehlerhaft und daher unwirksam ist (BVerwG, NVwZ 1990, 656). Ferner ist die Veränderungssperre nach § 17 Abs. 4 BauGB außer Kraft zu setzen, wenn die Voraussetzungen des § 14 BauGB entfallen sind, z. B. die Gemeinde ihre Planungsabsichten aufgegeben hat (VGH Mannheim, VBlBW 2008, 143) oder der Bauleitplanung unüberwindliche Hindernisse, z. B. die Festsetzungen eines neuen Regionalplans, entgegenstehen (VGH München, BauR 1991, 60). **195**

196 Wenn die Veränderungssperre länger als vier Jahre dauert, ist nach § 18 BauGB eine **Entschädigung** zu leisten (BGH, NVwZ 2007, 485). Der betroffene Grundstückseigentümer muss also eine Veränderungssperre vier Jahre lang entschädigungslos hinnehmen. Auf diese Frist ist jedoch die Dauer einer förmlichen oder faktischen Zurückstellung anzurechnen (BGHZ 58, 124; 73, 161; BGH, BauR 1981, 254 und NVwZ 1982, 329). Dies gilt aber nur bei rechtmäßigen Veränderungssperren. Bei einer Veränderungssperre, die rechtswidrig ist, weil die Voraussetzungen des § 14 Abs. 1 BauGB nicht vorlagen, ist nach der zitierten Rechtsprechung des Bundesgerichtshofs von Anfang an eine Entschädigung wegen enteignungsgleichem Eingriff zu zahlen; ebenso besteht eine Entschädigungspflicht, wenn die Voraussetzungen für eine Veränderungssperre, z. B. infolge einer Änderung der Planung, nachträglich weggefallen sind (BGHZ 73, 161; 134, 316; Battis/Krautzberger/Löhr, § 18 Rn. 3ff. m. w. Nachw.). Ein Entschädigungsanspruch scheidet allerdings aus, wenn der Betroffene es unterlassen hat, gegen die faktische Zurückstellung seines Baugesuchs verwaltungsgerichtlichen Rechtsschutz in Anspruch zu nehmen.

197 Zur Verhinderung eines unerwünschten Bauvorhabens kann die Gemeinde nach **§ 15 Abs. 1 BauGB** beantragen, dass die Bauaufsichtsbehörde die **Entscheidung** über den Bauantrag um maximal ein Jahr **zurückstellt**. Voraussetzung hierfür ist, dass der Beschluss zur Aufstellung eines Bebauungsplans gefasst worden ist. Die Bauaufsichtsbehörde muss dem Antrag der Gemeinde entsprechen.

Nach § 15 Abs. 3 BauGB kann auf Antrag der Gemeinde ein Baugesuch zurückgestellt werden, wenn die Gemeinde beschlossen hat, einen Flächennutzungsplan mit Konzentrationsflächen für privilegierte Vorhaben aufzustellen oder einen bestehenden Flächennutzungsplan entsprechend zu ändern (s. dazu Schmidt/Eichstaedt, BauR 2011, 1754 u. BauR 2012, 729). Anders als nach § 15 Abs. 1 BauGB kann die Zurückstellung hier bei Vorliegen besonderer Umstände auch für ein zweites Jahr erfolgen (§ 15 Abs. 4 Satz 4 BauGB; s. dazu Rieger, ZfBR 2014, 535).

Umstritten ist, ob der von einer **Zurückstellung** betroffene Bauherr den Zurückstellungsbescheid mit der Anfechtungsklage angreifen kann (so OVG Koblenz, NVwZ-RR 2002, 708; OVG Lüneburg, BRS 49 Nr. 156; VGH Kassel, NVwZ-RR 2009, 790; OVG Berlin NVwZ 1995, 399; Rieger BauR 2003, 1512) oder ob er nur eine Verpflichtungsklage auf Erteilung der begehrten Baugenehmigung bzw. des Bauvorbescheids erheben kann, da die isolierte Anfechtung des Zurückstellungsbescheids für den Bauherrn keinen Nutzen habe (so BVerwG, NVwZ 2012, 51; VGH Mannheim, NVwZ-RR 2003, 333). Für eine Anfechtungsklage gegen den Zurückstellungsbescheid kann aber schon wegen der Möglichkeit, bei Überschreiten der Frist Amtshaftungsansprüche geltend zu machen, das Rechtsschutzbedürfnis nicht verneint werden.

Der Streit um die richtige Klageart hat auch Folgen für den vorläufigen Rechtsschutz. Wer eine Anfechtungsklage für zulässig erachtet, muss konsequenterweise dem Rechtsmittel gegen den Zurückstellungsbescheid aufschiebende Wirkung nach § 80 Abs. 1 VwGO zuerkennen (OVG Koblenz, NVwZ-RR 2002, 708; BGH, NVwZ 2002, 123), so dass die Bauaufsichtsbehörde über den Bauantrag nach der Zurückstellung entscheiden muss.

C. Sicherung der Bauleitplanung

2. Teilungsgenehmigung - §§ 19 BauGB

Das früher für alle Teilungen eines Grundstücks im beplanten oder nicht beplanten Innenbereich sowie für Grundstücksteilungen bebauter oder zu bebauender Grundstücke im Außenbereich gemäß § 19 BBauG/BauGB 1987 geltende Erfordernis einer Genehmigung durch die Bauaufsichtsbehörde wurde durch die BauGB-Novellen 1998 und 2004 beseitigt. Geblieben ist lediglich die Teilungsgenehmigung nach § 22 BauGB für Fremdenverkehrsgemeinden. **198**

§ 19 Abs. 2 BauGB schreibt lediglich vor, dass durch Grundstücksteilungen keine Verhältnisse entstehen dürfen, die den Festsetzungen eines Bebauungsplans widersprechen. Dies ist z. B. der Fall, wenn durch eine Teilung das Grundstück so parzelliert wird, dass die im Bebauungsplan festgesetzte Bebauung nicht mehr realisiert werden kann (VGH Mannheim, NVwZ 1989, 656 - Zerschneidung eines Baufensters). Nicht geregelt ist allerdings, welche Rechtsfolgen ein Verstoß gegen § 19 Abs. 2 BauGB hat. Da eine Genehmigungspflicht nicht besteht, kann eine gegen den Bebauungsplan verstoßende Grundstücksteilung kaum verhindert werden. Man könnte allenfalls daran denken, dass die Teilung wegen § 134 BGB nichtig ist. Dies wäre aber mit dem Grundsatz der Rechtssicherheit, der gerade im Grundstücksverkehr wichtig ist, kaum zu vereinbaren (BGHZ 125, 218; Spannowsky/Uechtritz § 22 Rn. 13 m. w. Nachw.). **199**

Die Annahme des OVG Berlin (BRS 65 Nr. 204), die Bauaufsichtsbehörde könne nach der bauaufsichtlichen Generalklausel (in Rheinland-Pfalz § 59 LBauO) ein Rückgängigmachen der Teilung anordnen, trifft nicht zu. Denn § 59 LBauO setzt rechtswidrige Anlagen oder Einrichtungen voraus, kann daher bei rechtswidrigen Grundstücksverhältnissen nicht herangezogen werden.

§ 22 BauGB sieht eine Genehmigungspflicht für die Begründung von **Wohnungseigentum** und die Teilung von Eigentumswohnungen vor (s. dazu Greiving, DVBl. 2001, 336). Sinn der Regelung ist es, die Umwandlung von Beherbergungsbetrieben und Wohngebäuden in Zweitwohnungsanlagen zu verhindern, weil durch sog. Rollladensiedlungen das Ortsbild beeinträchtigt wird und außerdem ein Mangel an Unterkunftsmöglichkeiten für Feriengäste entstehen kann (BT-Drs. 10/6166, S. 143; BVerwG, NVwZ-RR 1996, 373). **200**

§ 22 Abs. 1 BauGB sieht vor, dass die durch den Fremdenverkehr geprägten Gemeinden durch Bebauungsplan oder eine besondere Satzung, die ortsüblich bekannt zu machen und dem Grundbuchamt mitzuteilen ist - § 22 Abs. 2 BauGB -, eine **Genehmigungspflicht** für die Begründung von Wohnungseigentum einführen können, sofern die Fremdenverkehrsfunktion des Baugebiets - bei einem Bebauungsplan - oder sogar der gesamten Gemeinde bzw. eines Ortsteils - bei einer Satzung - durch Zweitwohnungsanlagen beeinträchtigt wird (s. dazu BVerwG, NVwZ 1995, 375; NVwZ 1996, 999); der Geltungsbereich muss nach Ansicht des Bundesverwaltungsgerichts auf den durch den Fremdenverkehr geprägten Bereich beschränkt werden und kann sich daher nur ausnahmsweise auf den ganzen Ort erstrecken (BVerwG, UPR 1996, 30; NVwZ 1998, 227). Ist eine solche Genehmigungspflicht nach § 22 Abs. 1 BauGB begründet worden, darf die Genehmigung für die Schaffung von Wohnungseigentum gleichwohl nur versagt werden, wenn im konkreten Fall eine Beeinträchtigung der Belange des Fremdenverkehrs zu befürchten ist - § 22 Abs. 4 BauGB -.

Über die Erteilung der Genehmigung hat die Bauaufsichtsbehörde im Einvernehmen mit der Gemeinde nach § 22 Abs. 5 BauGB innerhalb eines Monats nach Eingang des Antrags bei ihr zu entscheiden. Wird die Frist versäumt, gilt die Genehmigung nach § 22 Abs. 5 Satz 4 BauGB als erteilt. Zur verfahrensmäßigen Absicherung der Genehmigungspflicht sieht § 22 Abs. 6 BauGB vor, dass bei einer von der Verordnung nach § 22 Abs. 1 BauGB erfassten Gemeinde eine Vollziehung der Begründung von Wohnungseigentum durch Eintragung in das Grundbuch erst erfolgen darf, wenn dem Grundbuchamt ein Genehmigungsbescheid oder ein Negativattest vorgelegt worden ist.

3. Vorkaufsrecht - §§ 24 ff. BauGB

201 § 24 Abs. 1 BauGB begründet beim Kauf von Grundstücken ein **gesetzliches Vorkaufsrecht** für die Gemeinde. **Voraussetzung** ist, dass es sich um den Verkauf eines Grundstücks handelt, das im Bebauungsplan als öffentliche Bedarfsfläche (OVG Berlin, NVwZ 2012, 793) oder als Fläche für Ausgleichsmaßnahmen nach § 1a Abs. 3 BauGB ausgewiesen ist (Nr. 1), das in einem Umlegungsgebiet (Nr. 2), Sanierungsgebiet (Nr. 3) oder im Geltungsbereich einer Erhaltungssatzung (Nr. 4) gelegen ist, es sich um Bauerwartungsland im Außenbereich (Nr. 5; BVerwG, BauR 2010, 874) oder um unbebaute Wohnbaugrundstücke im Innenbereich (Nr. 6) handelt. Das Vorkaufsrecht kann auch lediglich für eine Teilfläche eines Grundstücks ausgeübt werden (BVerwG, BauR 1990, 697; BGH, NVwZ 1991, 297).

Ferner kann die Gemeinde durch besondere Satzung nach § 25 Abs. 1 BauGB das Vorkaufsrecht auch für sonstige unbebaute Grundstücke im Geltungsbereich eines Bebauungsplans sowie für Gebiete, in denen sie städtebauliche Entwicklungsmaßnahmen beabsichtigt, einführen (vgl. BVerwG, NVwZ 2000, 1044). § 25 BauGB dient der langfristigen Bodenvorratspolitik der Gemeinde. Eine bereits konkretisierte Planung der Gemeinde ist nicht erforderlich (BVerwG, BauR 2010, 891).

Das Vorkaufsrecht darf aber nur ausgeübt werden, wenn das **Wohl der Allgemeinheit** dies rechtfertigt (§§ 24 Abs. 3, 25 Abs. 2 Satz 1 BauGB - siehe dazu BVerwG, NJW 1990, 2703; NVwZ 2010, 593). Der Gemeinde ist es daher verwehrt, sich aus anderen Gründen durch die Ausübung des Vorkaufsrechts Grundstücke zu beschaffen, insbesondere darf die Gemeinde das Vorkaufsrecht nicht dazu nutzen, sich einen Vorrat an Baugrundstücken zu verschaffen (BVerwG, NVwZ 2010, 593).

Nach § 27a BauGB kann das in §§ 24, 25 BauGB geregelte Vorkaufsrecht auch zugunsten Dritter ausgeübt werden, insbesondere für Zwecke des sozialen Wohnungsbaus bzw. für Wohnungen von Personen mit besonderem Wohnbedarf - Behinderte, Studenten, alte Personen, kinderreiche Familien - (vgl. Brügelmann/Gierke, § 27a Rn. 8) oder zugunsten öffentlicher Bedarfs- und Erschließungsträger. Voraussetzung hierfür ist, dass der Dritte zu der mit der Ausübung des Vorkaufsrechts bezweckten Verwendung des Grundstücks innerhalb angemessener Frist in der Lage ist und sich hierzu verpflichtet.

§ 26 BauGB schließt das Vorkaufsrecht in bestimmten Fällen aus, insbesondere bei Grundstücksgeschäften innerhalb der Familie (§ 25 Nr. 1 BauGB). Wird das Grundstück entsprechend den städtebaulichen Zielsetzungen der Gemeinde genutzt, scheidet nach § 26 Nr. 4 BauGB die Ausübung des Vorkaufsrechts aus (BVerwG, NVwZ 1994, 284 u. 2010, 593). Der Käufer eines Grundstücks kann die Ausübung des Vorkaufsrechts nach § 27 BauGB dadurch abwenden, dass er sich verpflichtet, das Grundstück entsprechend den Festsetzungen des Bebauungsplans oder den Entwicklungszielen der Gemeinde zu nutzen.

C. Sicherung der Bauleitplanung

Der Verkäufer eines Grundstücks, bei dem der Gemeinde nach §§ 24, 25 BauGB das **202** Vorkaufsrecht zusteht, hat der Gemeinde nach § 28 Abs. 1 BauGB den Kaufvertrag anzuzeigen. Die Gemeinde kann dann innerhalb von zwei Monaten das Vorkaufsrecht ausüben, § 28 Abs. 2 BauGB. Die **Ausübung des Vorkaufsrechts** erfolgt durch einen von beiden Vertragsparteien anfechtbaren Verwaltungsakt (BVerwG, NVwZ 2000, 1044; VGH Mannheim, VBlBW 2009, 470). Innerhalb der Gemeinde ist in der Regel der Gemeinderat und nicht der Bürgermeister für die Entscheidung über die Ausübung des Vorkaufsrechts zuständig (s. § 49 GemO; VGH Mannheim, VBlBW 1980, 33); anders kann es aber bei großen Städten sein, soweit es sich um ein Geschäft der laufenden Verwaltung handelt (OVG Münster, NVwZ 1995, 915).

Die Ausübung des Vorkaufsrechts steht im Ermessen der Gemeinde. Bei der Ermessensbetätigung sind auch die Interessen des Käufers zu berücksichtigen (BVerwG, NVwZ 1994, 282).

Damit der Verkäufer seiner Verpflichtung zur Anzeige des Kaufvertrags nachkommt, darf das Grundbuchamt den Erwerber erst ins Grundbuch eintragen, wenn der Verkäufer oder der Käufer eine Bescheinigung der Gemeinde vorlegt, dass sie das Vorkaufsrecht nicht ausübt oder dass es durch Ablauf der Zwei-Monats-Frist erloschen ist (§ 28 Abs. 1 Satz 2 BauGB).

Übt die Gemeinde das Vorkaufsrecht nach §§ 24, 25 BauGB aus, tritt sie nach § 28 Abs. 2 BauGB i. V. m. §§ 506 ff. BGB in den Kaufvertrag als Erwerber ein. Beim Vorkaufsrecht nach § 27a BauGB wird dagegen der begünstigte Dritte der Vertragspartner des Verkäufers.

Hinsichtlich des **Kaufpreises** ist zunächst der im Kaufvertrag vereinbarte Preis maß- **203** geblich (§ 28 Abs. 2 BauGB i. V. m. § 464 Abs. 2 BGB). Liegt dieser allerdings deutlich über dem Verkehrswert, ist der Verkehrswert nach § 28 Abs. 3 Satz 1 BauGB der Kaufpreis - sog. preislimitiertes Vorkaufsrecht. Da dies dazu führen könnte, dass der Verkäufer das Grundstück zu einem Preis verkaufen muss, zu dem er es eigentlich gar nicht verkaufen will, kann er nach § 28 Abs. 3 Satz 2 BauGB innerhalb eines Monats vom Kaufvertrag zurücktreten. Eine Sonderregelung gilt für die Ausübung des Vorkaufsrechts bei öffentlichen Bedarfsflächen und Ausgleichsflächen (§ 24 Abs. 1 Nr. 1 BauGB). Da die Gemeinde sich diese Flächen notfalls im Wege der Enteignung beschaffen könnte, schreibt § 28 Abs. 4 BauGB vor, dass der bei einer Enteignung zu zahlende Betrag der maßgebliche Kaufpreis ist.

Die in §§ 24, 25, 27a BauGB einerseits, § 28 BauGB andererseits angelegte Aufspaltung der Rechtsfragen der Ausübung des Vorkaufsrechts danach, ob das Vorkaufsrecht überhaupt ausgeübt werden kann (BVerwG, BRS 39 Nr. 96; BGH, NVwZ 1989, 187: Klagerecht sowohl des Käufers als auch des Verkäufers; BVerwG, NVwZ 2000, 1044: Staat als Käufer) und zu welchem Preis dies erfolgen kann, wirkt sich auch auf den **Rechtsweg** aus. Für die erste Frage ist die Zuständigkeit der Verwaltungsgerichte gegeben, für die zweite Frage sind nach § 217 Abs. 1 BauGB die Kammern für Baulandsachen zuständig.

Wird der mit dem Erwerb des Grundstücks verfolgte Zweck nicht verwirklicht oder entfällt er, so sind die Grundstücke von der Gemeinde zu veräußern bzw. hat der frühere Eigentümer ein Grunderwerbsrecht aufgrund der Eigentumsgarantie des Art. 14 GG (§ 89 Abs. 1 Nr. 1 BauGB; BVerfGE 38, 175).

D. Zusammenarbeit mit Privaten - §§ 11, 12 BauGB

1. Städtebauliche Verträge - § 11 BauGB

204 § 11 BauGB ermächtigt die Gemeinden zum Abschluss von privatrechtlichen oder öffentlich-rechtlichen Verträgen zur **Vorbereitung der Bauleitplanung** - städtebauliche Verträge - (s. dazu Decker, JA 2012, 286; Busse, KommJur 2009, 241). Die Regelung stellt ebenso wie die Vorgängervorschrift des § 6 BauGB-MaßnG inhaltlich im Wesentlichen eine Kodifizierung der bereits zuvor anerkannten Rechtsgrundsätze dar.

205 Ein städtebaulicher Vertrag ist nach **§ 11 Abs. 1 Nr. 1 BauGB** insbesondere zulässig, wenn die Gemeinde mit Hilfe eines Bauträgers ein neues Baugebiet schaffen will. Die Gemeinde kann ihm die Vorbereitung der Aufstellung des Bebauungsplans, insbesondere die Ausarbeitung der Planunterlagen sowie die Anhörung von Grundstückseigentümern und Fachbehörden, und die eventuell notwendige Bodenordnung durch Umlegung übertragen. Der Bauträger erhält dadurch aber keine hoheitlichen Befugnisse gegenüber den Grundstückseigentümern. Die Aufstellung des Bebauungsplans durch eine Satzung nach § 10 BauGB bleibt weiterhin allein Sache der Gemeinde.

206 **§ 11 Abs. 1 Nr. 2 BauGB** hat die Zulässigkeit von privatrechtlichen Verträgen mit den Grundstückseigentümern im Vorfeld der Aufstellung eines Bebauungsplans bestätigt. Insoweit wird unterschieden zwischen dem sog. Ankaufmodell - die Gemeinde kauft vor der Aufstellung des Bebauungsplans die erfassten Grundstücke als Bauerwartungsland - und der vertraglich vereinbarten Grundstücksneuordnung - freiwillige Umlegung. In der Praxis spielen vor allem die sog. **Einheimischen-Modelle** (VGH München, NVwZ 1999, 1008; VGH Mannheim, NVwZ 2001, 694) eine Rolle. Dabei verpflichten sich die Grundstückseigentümer vertraglich gegenüber der Gemeinde oder dem von dieser eingeschalteten Bauträger, die zukünftigen Baugrundstücke nur bzw. zumindest bevorzugt an Ortsansässige zu verkaufen. Zur Absicherung dieser Verpflichtung geben die Grundstückseigentümer vorab ein Verkaufsangebot an die Gemeinde ab - sog. Weilheimer Modell -. Das Bundesverwaltungsgericht (NJW 1993, 2695) hat eine derartige Vereinbarung auch schon früher für zulässig gehalten. Die Vertragsfreiheit der Grundstückseigentümer wird dadurch zwar beträchtlich eingeschränkt (vgl. VGH München, NVwZ 1999, 1008 ff.); dies ist aber zumutbar, da die Gemeinde den Bebauungsplan, der den Grundstücken überhaupt erst Baulandqualität verleiht, sonst nicht aufgestellt hätte. Zulässig sind ferner auch Vereinbarungen, wonach ein Einheimischer ein Baugrundstück (i. d. R. von der Gemeinde) zu einem verbilligten Kaufpreis erwerben kann, aber im Fall des Weiterverkaufs an einen Ortsfremden innerhalb einer bestimmten Frist (i. d. R. 10-15 Jahre) den Mehrerlös an die Gemeinde herausgeben muss (BGH, NVwZ 2003, 371; NJW 2010, 3508).

Das Bundesverwaltungsgericht (NVwZ 2009, 1109) hat es ferner für zulässig gehalten, dass durch einen städtebaulichen Vertrag die Höhe des Kaufpreises der zukünftigen Baugrundstücke begrenzt wird, damit auch Einheimische die Möglichkeit haben, ein Baugrundstück zu erwerben. Dies darf allerdings nicht so weit gehen, dass für den Grundstückseigentümer kein Planungsgewinn mehr verbleibt, also kein finanzieller Vorteil in Folge der Festsetzungen als Baugelände übrig bleibt (s. dazu Grziwotz, BayVBl 2008, 759).

D. Zusammenarbeit mit Privaten - §§ 11, 12 BauGB

§ 1 Abs. 3 BauGB stellt klar, dass sich aus städtebaulichen Verträgen kein Anspruch auf Aufstellung eines Bebauungsplans ergibt, weil ein solcher Anspruch auch nicht vertraglich begründet werden kann (s. Rn. 48ff.).

§ 11 Abs. 1 Nr. 3 BauGB regelt die sog. **Folgekostenvereinbarungen** (s. BVerwGE 133, 85 u. 139, 262; Bunzel, DVBl 2011, 796). Hierunter sind vertragliche Vereinbarungen zwischen Gemeinde und Bauträger über einen Zuschuss des Bauträgers zu den durch die Bebauung aufgrund des Bebauungsplans bedingten Aufwendungen der Gemeinde für Infrastrukturmaßnahmen - z. B. Schule, Kinderspielplatz, Kindergarten, Sportanlagen, öffentlicher Personennahverkehr - zu verstehen. Das Bundesverwaltungsgericht (BVerwGE 42, 333 u. 90, 310) hatte bereits früher solche Verträge für zulässig gehalten, soweit zwischen der übernommenen Zahlungsverpflichtung und den Mehraufwendungen der Gemeinde ein unmittelbarer sachlicher Zusammenhang besteht; es durfte also nur „eine Art Aufwendungsersatz" vereinbart werden. Die infrastrukturellen Maßnahmen müssen nicht unbedingt im Bebauungsplangebiet liegen. Außerdem können auch bereits erfolgte Maßnahmen Gegenstand einer Folgenkostenvereinbarung sein (BVerwG, NVwZ 2009, 1109). Die Gemeinde kann jedoch nur einen Ersatz solcher Aufwendungen vereinbaren, die durch die vereinbarte neue Bebauung hervorgerufen werden (BVerwGE 133, 85 u. 139, 262).

207

§ 11 Abs. 2 BauGB verlangt neben der Kausalität zwischen Zahlungsverpflichtung und Aufwendungen der Gemeinde, dass die vertraglich übernommene Verpflichtung angemessen ist (BVerwGE 43, 331 u. 133, 85). Es darf also nicht zu einer finanziellen Ausnutzung des Mangels an Bauplätzen durch die Gemeinde kommen, so dass diese mit der Aufstellung von Bebauungsplänen Gewinn machen könnte. § 11 Abs. 2 BauGB verbietet daher, dass die Gemeinde sich finanzielle Leistungen für Maßnahmen zusagen lässt, auf die ein Rechtsanspruch besteht.

Städtebauliche Verträge bedürfen nach § 11 Abs. 3 BauGB der **Schriftform**, soweit nicht eine andere Form vorgeschrieben ist. Daraus folgt, dass Verträge, in denen Grundstücke übereignet oder belastet werden, in der Form des § 311b BGB abgeschlossen werden müssen (BGHZ 58, 392; 70, 247; VGH Mannheim, NVwZ 1997, 699).

208

2. Vorhabenbezogener Bebauungsplan - Vorhaben- und Erschließungsplan - § 12 BauGB

Der Vorhaben- und Erschließungsplan (s. dazu Oerder, BauR 2009, 744; Busse, KommJur 2008, 1 u. 2009, 241) ist ausgerichtet auf die **Einschaltung einer Bauträgerfirma als Investor** und muss sich auf ein **konkretes Bauvorhaben,** nicht nur auf die Schaffung eines neuen Baugebiets beziehen (BVerwG, NVwZ 2004, 329). Die Besonderheit des Vorhaben- und Erschließungsplans besteht in einer „Paketlösung", nämlich dem Vorhaben- und Erschließungsplan des Investors, der gemeindlichen Satzung und dem Durchführungsvertrag zwischen Gemeinde und Investor (OVG Münster, BauR 2006, 1275). Ein Investor, der in der Lage ist, die Aufschließung des Baugebiets einschließlich der Erschließungsmaßnahmen auf seine Kosten durchzuführen, kann der Gemeinde einen Vorhaben- und Erschließungsplan über die bauliche Nutzung des in Aussicht genommenen Baugebiets vorlegen. Da das Instrument des Vorhaben- und Erschließungsplans von der finanziellen Leistungsfähigkeit des Investors abhängt, kann die Gemeinde insoweit weitere Nachweise verlangen (OVG Bautzen, NVwZ 1995, 181; OVG Greifswald, BauR 2006, 1432; VGH München, BRS 78 Nr. 4).

209

210 Die Gemeinde entscheidet nach § 12 Abs. 2 BauGB auf **Antrag des Investors** über die Einleitung des Verfahrens zur Aufstellung des vorhabenbezogenen Bebauungsplans. Die Entscheidung steht nach § 12 Abs. 2 BauGB im Ermessen der Gemeinde. Ein Rechtsanspruch besteht nicht (VGH Mannheim, NVwZ 2000, 1060). Fällt die Entscheidung positiv aus, wird zwischen dem Investor und der Gemeinde ein sog. **Durchführungsvertrag** (s. Burmeister, VBlBW 2002, 245ff.) abgeschlossen, in dem sich der Investor zur Durchführung der Planung und Erschließung sowie zur Tragung der dadurch entstehenden Kosten verpflichtet. Der Durchführungsvertrag muss noch vor dem Satzungsbeschluss des Gemeinderats nach § 10 Abs. 1 BauGB abgeschlossen werden. Ist dies nicht geschehen, ist der Bebauungsplan nichtig (OVG Münster, BauR 2006, 1275; VGH München, NVwZ-RR 2003, 470; VGH Mannheim, VBlBW 2009, 348: verbindliches Angebot des Vorhabenträgers). Die Gemeinde ist trotz eines abgeschlossenen Durchführungsvertrags berechtigt, das Verfahren zur Aufstellung eines Bebauungsplans aus sachlichen Gründen abzubrechen, ohne dass der Vorhabenträger Schadenersatzansprüche für seine bisherigen Aufwendungen verlangen kann (OVG Münster, BauR 2009, 777). Bei einer „grundlosen" Einstellung des Verfahrens kann sich die Gemeinde aber schadensersatzpflichtig machen wegen Verletzung der Amtspflicht zu konsequentem Verhalten (BGH, NVwZ 2006, 1207; Fischer, DVBl 2001, 258; Uechtritz, ZfBR 2006, 773).

Für den **vorhabenbezogenen Bebauungsplan** nach § 12 BauGB gelten grundsätzlich dieselben Vorschriften wie für einen normalen Bebauungsplan. Allerdings enthält § 12 Abs. 3-6 BauGB einige Sonderbestimmungen. So ist die Gemeinde nach § 12 Abs. 3 Satz 2 BauGB nicht an den Numerus clausus der Festsetzungen nach § 9 BauGB bzw. §§ 2 ff. BauNVO gebunden, so dass ein vorhabenbezogener Bebauungsplan auch sehr spezielle Regelungen enthalten kann (VGH Mannheim, NVwZ 1997, 699). §§ 14-18 BauGB kommen nicht zur Anwendung, weil der Vorhabenträger ohnehin die Verfügungsgewalt über die vom Vorhaben- und Erschließungsplan erfassten Flächen haben muss, andernfalls wäre er zur Verwirklichung des Vorhaben- und Erschließungsplans nicht in der Lage (vgl. § 12 Abs. 1 BauGB sowie Birk, NVwZ 1995, 625). Der Vorhabenträger kann nach § 12 Abs. 5 BauGB nur mit Zustimmung der Gemeinde ausgetauscht werden, wobei die Zustimmung nur verweigert werden darf, wenn zu befürchten ist, dass der neue Vorhabenträger den Vorhaben- und Erschließungsplan nicht ordnungsgemäß - insbesondere nicht termingerecht - durchführen wird. Wird der im Durchführungsvertrag vereinbarte **Termin für die Verwirklichung** des Vorhaben- und Erschließungsplans nicht eingehalten, soll die Gemeinde den Bebauungsplan nach § 12 Abs. 6 BauGB aufheben, wobei Schadensersatzansprüche des Vorhabenträgers ausdrücklich ausgeschlossen werden. Der vorhabenbezogene Bebauungsplan ist nach § 30 Abs. 2 BauGB die Grundlage für die Erteilung von Baugenehmigungen.

III. Bauordnungsrecht

A. Funktion des Bauordnungsrechts

Das Bauordnungsrecht soll, wie die frühere Bezeichnung als Baupolizeirecht zum Ausdruck brachte (PrOVGE 9, 353 = DVBl. 1985, 219), in erster Linie sicherstellen, dass durch die Errichtung und Nutzung baulicher Anlagen keine Gefährdung oder Beeinträchtigung der Bewohner eines Hauses und der näheren Umgebung eintritt. Es dient damit der präventiven **Gefahrenabwehr** (§§ 3-57 LBauO). Der Gesetzgeber der Landesbauordnung hat die rein polizeirechtliche Aufgabe des früheren Rechts erweitert und das Recht der Baugestaltung sowie die Verwirklichung sozialer Forderungen für ein gesundes Wohnen und Arbeiten in das materielle Bauordnungsrecht aufgenommen. Die Landesbauordnung für Rheinland-Pfalz vom 24.11.1998 (GVBl. S. 365), in Kraft getreten am 01.01.1999 (zuletzt geändert durch das Dritte Landegesetz zur Änderung der LBauO vom 15.06.2015, GVBl. S. 77ff.), fordert darüber hinaus, soziale und ökologische Belange, nämlich die Belange des Umweltschutzes und die Belange und Sicherheitsbedürfnisse von Frauen, Familien und Kindern sowie von behinderten und alten Menschen, zu berücksichtigen (§ 4 LBauO).

211

Der zweite wesentliche Teil des Bauordnungsrechts befasst sich mit dem **formellen Baurecht**, d. h. dem Verfahren zur Erteilung von Baugenehmigungen sowie der Ermächtigung für Maßnahmen der Bauaufsichtsbehörden zur Durchsetzung der baurechtlichen Bestimmungen (§§ 58-86 LBauO).

B. Materiell-rechtliche Regelungen des Bauordnungsrechts

Die Landesbauordnung enthält eine Vielzahl von Anforderungen an bauliche Anlagen, die zu einem erheblichen Teil keine rechtlichen Probleme aufwerfen. Wenn z. B. § 13 Abs. 1 LBauO vorschreibt, dass eine bauliche Anlage standsicher sein muss, so ist das weniger ein juristisches als vielmehr ein technisches Problem; über die Forderung des § 43 Abs. 1 LBauO, dass Aufenthaltsräume eine Höhe von 2,40 m aufweisen müssen, sind weder juristische noch technische Streitigkeiten denkbar. Im Folgenden sollen deshalb vor allem diejenigen Regelungen des Bauordnungsrechts behandelt werden, die in der Praxis - und damit auch im Examen - die meisten Schwierigkeiten bereiten.

212

1. Verunstaltungsverbot - § 5 LBauO

Bauliche Anlagen dürfen nach § 5 Abs. 1 und 2 LBauO weder selbst verunstaltet wirken,

213

Bsp.: Das Dach einer Scheune wird mit hellglänzenden Aluminiumplatten gedeckt,

noch darf die Umgebung verunstaltet werden (VGH Mannheim, BWVBl 1971, 123).

Bsp.:
1. Verunstaltung einer durch eingeschossige Bauweise mit Flachdach gekennzeichneten Umgebung durch Gebäude mit Satteldach und grauen Kunststoffplatten mit geometrischen Reliefs (OVG Koblenz, AS RP-SL13, 388; OVG Saarlouis, BRS 29 Nr. 108).

2. Ein Zaun im Außenbereich wirkt verunstaltend, weil er die Landschaft zerschneidet und ein Grundstück willkürlich herausparzelliert (VGH Mannheim, BauR 1974, 120); anders sind landwirtschaftliche Zäune zu beurteilen (VGH Mannheim, BRS 38 Nr. 140)
3. Eine großflächige Werbetafel wirkt in einem Wohngebiet verunstaltend (eb. VGH Mannheim, VBlBW 1992, 99).
4. Flachdach in Reihe von Satteldächern wirkt verunstaltend (OVG Lüneburg, BRS 35 Nr. 131).
5. Auswechseln von Sprossenfenstern durch Einscheibenfenster (VGH Mannheim, BRS 35 Nr. 156).
6. Eine im Acht-Sekunden-Takt wechselnde Lichtwerbung von 3,8 m x 2,5 m Größe an einer bisher von Werbung freien Hauswand stellt eine Verunstaltung dar (VGH Kassel, BRS 56 Nr. 126).
7. 30 m lange und 1,90 m hohe Grundstückseinfriedung aus schwarzen Metallplatten (OVG Berlin-Bbrg., LKV 2015, 138)

Maßgebend ist der Ausstrahlungsbereich, d. h. die optische Beeinflussung, die von einem Vorhaben auf die örtliche Umgebung ausgeht (vgl. OVG Berlin-Bbrg, Beschl. v. 15.04.2015 - OVG 2 N 72.12 -, juris).

Die Definition des Begriffes „Verunstaltung" bereitet ebenso Schwierigkeiten wie der Beurteilungsmaßstab. Das preußische Oberverwaltungsgericht hat in seinem berühmten Kreuzberg-Urteil vom 14.06.1882 (PrOVGE 9, 353 = DVBl. 1985, 219) den Verunstaltungsbegriff so definiert, dass nicht jede Störung der architektonischen Harmonie ausreiche, sondern „die Herbeiführung eines positiv hässlichen, jedes offene Auge verletzenden Zustandes" unerlässlich sei. Das Bundesverwaltungsgericht hat die mit der reichsrechtlichen „Verordnung über Baugestaltung" vom 10.11.1936 (RGBl. I, 938), die bis zum Erlass der Bauordnungen als Landesrecht fortgegolten hat, eingeführte positive Gestaltungspflege einengend im Sinne eines Verunstaltungsverbotes interpretiert und den Beurteilungsmaßstab wie folgt definiert:

Es kann „nicht auf den ästhetisch besonders empfindsamen oder geschulten Betrachter abgestellt werden; denn die Auswahl dieses Personenkreises entzieht sich jeder zuverlässigen Beurteilung. Es kann andererseits auch nicht die Ansicht solcher Menschen entscheidend sein, die ästhetischen Eindrücken gegenüber überhaupt gleichgültig und unempfindlich sind; denn diesen geht in dieser Hinsicht jede sachliche Urteilsfähigkeit ab. Es muss vielmehr das Empfinden jedes für ästhetische Eindrücke offenen Betrachters maßgebend sein, also des sogenannten gebildeten Durchschnittsmenschen, der zwischen beiden Personenkreisen steht" (BVerwGE 2, 172, 177; BVerwG, NVwZ 1991, 64).

Eine Verunstaltung setzt somit voraus, dass die bauliche Anlage über das Unschöne hinaus das Gesamtbild ihrer Umgebung in solcher Weise stört, dass der für ästhetische Eindrücke offene Betrachter, der sog. **gebildete Durchschnittsbetrachter**, in seinem ästhetischen Empfinden nicht bloß beeinträchtigt, sondern verletzt wird und die bauliche Anlage damit **als hässlich empfind**et (so die ständige Rechtsprechung der Verwaltungsgerichte seit BVerwGE 2, 172; OVG Koblenz, AS RP-SL 13, 388). Von Bedeutung ist vor allem, dass das Verunstaltungsverbot es der Bauaufsichtsbehörde nicht gestattet, dem Bauherrn ästhetische Vorstellungen aufzuzwingen. Auch ein nach Ansicht der Bauaufsichtsbehörde unschönes Gebäude muss genehmigt werden. Erst wenn die Grenze zwischen „Unschönheit" und eindeutiger Hässlichkeit überschritten ist, kann die Bauaufsichtsbehörde einschreiten bzw. die Baugenehmigung ablehnen. Die Verwendung neuer Baumaterialien stellt als solche noch keine Verunstaltung dar (OVG Koblenz, AS RP-SL 13, 388; VGH Mannheim, ESVGH 16, 127). Auch ein bereits - z. B. durch Werbeanlagen - verunstaltetes Gebiet kann noch weiter verunstaltet werden (OVG Münster, NVwZ 1993, 89).

B. Materiell-rechtliche Regelungen des Bauordnungsrechts

Nach § 5 Abs. 2 LBauO sind bauliche Anlagen aber auch **mit ihrer Umgebung** so in Einklang zu bringen, dass sie benachbarte bauliche Anlagen sowie das Straßen-, Orts- oder Landschaftsbild nicht verunstalten und deren beabsichtigte Gestaltung nicht stören. Es muss aus Sicht eines für die ästhetischen Eindrücke offenen Betrachters ein besonders gravierender, die bloße Unschönheit überschreitender Widerspruch des Erscheinungsbildes der baulichen Anlage zum Straßen-, Orts- oder Landschaftsbild der Umgebung vorliegen (OVG Berlin-Bbrg., LKV 2015, 138). Auch auf Kultur- und Naturdenkmäler und auf andere erhaltenswerte Eigenarten der Umgebung ist besondere Rücksicht zu nehmen (OVG Koblenz, DVBl. 1994, 711).

Bei der Frage, ob der Tatbestand des § 5 Abs. 2 LBauO verwirklicht ist, ist aber zu beachten, dass z. B. bei Bemalungen (Graffiti-Motiven) die Kunstfreiheit nach Art. 5 Abs. 3 GG in Rede stehen kann. In diesen Fällen bedarf es der Abwägung zwischen der Kunstfreiheit und den durch § 5 Abs. 2 LBauO geschützten Rechten Dritter (OVG Koblenz, NVwZ 1998, 651).

Bei der Beurteilung der Frage, ob ein Bauvorhaben verunstaltend wirkt, steht der Bauaufsichtsbehörde kein Beurteilungsspielraum zu, vielmehr unterliegt diese Frage voller verwaltungsgerichtlicher Kontrolle (BVerwGE 2, 172).

Weitere Beispiele für Verunstaltung:

Verunstaltung **bejaht**: Großflächige Werbeanlage im Wohngebiet (VGH Mannheim, BRS 44 Nr. 117), Schaukasten für großflächige Werbung im Wohngebiet (VGH Mannheim, VBlBW 1992, 99), Zigarettenautomat im Wohngebiet (OVG Münster, BRS 18 Nr. 106), Dacheindeckung mit Wellasbestzement (OVG Münster, BRS 24 Nr. 120), hervorspringende Dachgauben auf einem flach geneigten Dach (VGH München, BRS 27 Nr. 113), Bretterzaun im Außenbereich (OVG Münster, OVGE 23, 160 und BRS 25 Nr. 125), Maschendrahtzaun im Außenbereich (VGH Mannheim, BRS 27 Nr. 14), Scheune aus Wellaluminium im Außenbereich (VGH München, BRS 25 Nr. 124), Glattputz an Gebäude mit Stuckfassade (OVG Berlin, BauR 1984, 624), Kunststofffenster in Jugendstilhaus (OVG Hamburg, BauR 1984, 625), großflächige Wandmalerei im Villengebiet (VGH Kassel, BRS 49 Nr. 152), 67 m^2 große Werbeanlage an Bürogebäude (VGH Kassel, BRS 57 Nr. 179).

Verunstaltung **verneint**: Auffälliger Holzverschlag im Innenstadtbereich (VGH Mannheim, BRS 28 Nr. 80), unauffällige Hütte im Außenbereich (VGH Mannheim, BRS 30 Nr. 112), Tragluftschwimmhalle im Wohngebiet (OVG Münster, BRS 28 Nr. 20), großflächige Werbetafel in Geschäftsstraße (VGH Mannheim, VBlBW 1985, 334), von der Umgebung abweichende Dachform (OVG Münster, BRS 35 Nr. 130; OVG Lüneburg, BRS 35 Nr. 131), Maschendrahtzaun um Fischteich (VGH Mannheim, BRS 48 Nr. 108), Verwendung neuer Baumaterialien (OVG Koblenz, AS 13, 388); Litfaß-Säule im Wohngebiet (OVG Hamburg, NVwZ-RR 1998, 616).

Die Gemeinden können durch Ortsatzungen nach § 88 Abs. 1 Nr. 1 LBauO die äußere Gestaltung von Anlagen regeln. Dabei sind sie nicht darauf beschränkt, verunstaltende Anlagen zu verhindern, sondern können Gestaltungspflege betreiben (VGH München, NVwZ-RR 2015, 195; OVG Münster, BauR 2012, 1742; OVG Koblenz, BRS 73 Nr. 139).

2. Werbeanlagen - § 52 LBauO

214 § 52 Abs. 1 LBauO enthält eine **Legaldefinition** der Werbeanlage. Danach müssen drei Voraussetzungen erfüllt sein: Es muss sich um ortsfeste Einrichtungen der Außenwerbung handeln. Fahrende oder fliegende Werbung - Omnibusse oder Luftschiffe - unterliegt nicht den Regelungen der Bauordnung. Zum Zweiten müssen die Werbeanlagen der Ankündigung oder Anpreisung oder als Hinweis auf Gewerbe oder Beruf dienen. Werbung ist also nicht nur die Wirtschaftsreklame, sondern auch die Ankündigung von Sportveranstaltungen oder Konzerten (vgl. § 52 Abs. 4 Satz 1 LBauO). Die Wahlwerbung für die Dauer eines Wahlkampfes ist nach § 52 Abs. 6 Nr. 4 LBauO ausgenommen. Zum Dritten müssen die Einrichtungen vom öffentlichen Verkehrsraum aus sichtbar sein. In § 52 Abs. 1 Satz 2 LBauO sind Werbeanlagen beispielhaft („insbesondere") aufgezählt. Auch Beschriftungen und Bemalungen sowie Lichtwerbungen sind danach Werbeanlagen im Sinne der Landesbauordnung.

Bsp.:
Eine durch Strahler bewirkte Lichtsäule über einer Diskothek, die mehrere Kilometer weit sichtbar ist, stellt eine Werbeanlage dar (VGH München, NVwZ 1997, 201; OVG Koblenz, UPR 2003, 237 für sog. „Skybeamer").

Werbeanlagen sind bauliche Anlagen, wenn sie unmittelbar mit dem Erdboden verbunden sind (OVG Koblenz, BRS 17 Nr. 94; OVG Saarlouis, BRS 24 Nr. 121; VGH Mannheim, BRS 50 Nr. 143). Die Einstufung als bauliche Anlage ist für die bauordnungsrechtliche Praxis aber nicht von entscheidender Bedeutung. Denn für alle Werbeanlagen, unabhängig davon, ob es sich um bauliche Anlagen (Lichtwerbung, OVG Münster, NVwZ 1995, 718; VGH München, NVwZ 1997, 201; Dia-Projektions-Werbeanlage, OVG Münster, NVwZ-RR 2003, 823; Werbefolie, VGH Mannheim, BRS 56, Nr. 134) handelt oder nicht, gilt das Verunstaltungsverbot des § 5 LBauO nach § 52 Abs. 2 LBauO und sie müssen die allgemeinen Anforderungen hinsichtlich der öffentlichen Sicherheit und Ordnung erfüllen (§ 3 Abs. 1 LBauO). Darüber hinaus ist eine störende Häufung von Werbeanlagen unzulässig (§ 52 Abs. 2 Satz 2 LBauO).

Werbeanlagen unterliegen nach § 61 LBauO der Genehmigungspflicht, soweit nicht ein Befreiungstatbestand nach § 62 Abs. 1 Nr. 8 LBauO eingreift; es gilt aber ein vereinfachtes Genehmigungsverfahren nach § 66 Abs. 1 Satz 1 Nr. 9 LBauO.

215 Die Gemeinden können nach § 88 Abs. 1 Nr. 1 und 2 LBauO besondere Regelungen für Werbeanlagen treffen, die allerdings auf bestimmte Gebiete beschränkt sein müssen; die Gemeinde muss eine gebietsspezifische Gestaltungsabsicht verfolgen und das Gestaltungskonzept muss gebietsspezifisch ausgestaltet sein (OVG Koblenz, NVwZ-RR 2013, 525). Diese **Ortsbausatzungen** müssen sich im Rahmen dieses Gesetzes halten, d. h. sie müssen bauordnungsrechtlichen Zielen dienen (BVerwG, NVwZ-RR 1998, 487; OVG Koblenz, Urt. v. 11.06.2010 - 8 C 11447/09 -, juris;). Den Gemeinden ist nicht nur die Abwehr von Verunstaltungen gestattet, sondern sie können eine **positive Baugestaltungspflege** betreiben (OVG Koblenz, AS RP-SL 22, 277; BRS 48 Nr. 111). Die Aufstellung einer Gestaltungssatzung ist aber nur für einen Bereich zulässig, der eine einheitliche Prägung des Straßen- und Stadtbildes aufweist (OVG Koblenz, Urt. v. 10.12.2003 - 1 C 11999/02.OVG -, ESOVGRP). Dabei ist zu beachten, dass wie bei Gefahrenabwehrverordnungen (vgl. § 43 POG) eine **abstrakte Gefahr** ausreicht, d. h. dass nach allgemeiner Erfahrung unabhängig von der konkreten Werbeanlage eine Gefährdung bauordnungsrechtlicher Ziele zu befürchten ist. Bei der gebotenen abstrakten Betrachtungsweise ist nach der Rechtsprechung des Bundesverwaltungsgerichts (BVerwGE 40, 94; 21, 251; BauR 1980, 452 u. 465) zwar bei großflächigen Werbeanlagen in **Wohngebieten** eine Beeinträchtigung der Eigenart dieser Baugebiete zu befürchten, nicht aber in Mischgebieten, deren Eigenart auch durch die gewerbliche Nutzung mitbestimmt wird (OVG Münster, BRS 54 Nr. 112 für ein Kerngebiet). Während nämlich in **Misch- und Gewerbegebieten** eine großflächige Werbetafel in der Regel nicht besonders auffällt (Webeanlage gehört zum Straßenbild einer Stadt: OVG Koblenz, BRS 48 Nr. 120; VGH München, NVwZ-RR 2015, 471), stellt sie in einem Wohngebiet einen ausgesprochenen Fremdkörper dar. Da das Aufstellen von Werbetafeln aber zu der durch Art. 14 GG geschützten Baufreiheit gehört, kann es nur eingeschränkt werden, wenn dies durch überwiegende öffentliche Belange gerechtfertigt ist. Dies ist z. B. bei Werbeanlagen in einem historischen Altstadtgebiet der Fall (BVerwG, NJW 1980, 2091; OVG Koblenz, NVwZ-RR 2013, 525). Übereinstimmend mit diesen Grundsätzen lässt § 52 Abs. 4 LBauO in Kleinsiedlungsgebieten, reinen und allgemeinen Wohngebieten sowie Dorfgebieten nur Werbung an der Stätte der Leistung (OVG Hamburg, NVwZ-RR 1998, 116) sowie Anlagen für amtliche Mitteilungen und zur Unterrichtung der Bevölkerung über kirchliche, kulturelle, politische, sportliche und ähnliche Veranstaltungen zu (s. dazu OVG Münster, BRS 57 Nr. 178).

Bauplanungsrechtlich können Werbeanlagen **Nebenanlagen** im Sinne des § 14 BauNVO sein, wenn sie in einem funktionellen Zusammenhang mit einer gewerblichen oder sonstigen Nutzung auf dem Grundstück stehen (s. BVerwG, BRS 57 Nr. 176; OVG Münster, NVwZ-RR 2014, 801 u. 2015, 129). Andernfalls stellen sie eine selbstständige gewerbliche Hauptnutzung dar, deren Zulässigkeit sich nach §§ 2 ff. BauNVO richtet. Dies ist insbesondere bei den großflächigen Plakattafeln der Fall (BVerwG, BauR 1993, 315). In einem **Wohngebie**t sind derartige Werbeanlagen in der Regel unzulässig, weil sie der Eigenart des Baugebiets nicht entsprechen (BVerwG, BauR 1980, 452 und 455).

Nach § 52 Abs. 3 Satz 1 LBauO sind Werbeanlagen außerhalb der im Zusammenhang bebauten Ortsteile unzulässig. Das gleiche gilt für Werbeanlagen an Ortsrändern, soweit sie in die **freie Landschaft** wirken. Ausnahmen sind nach § 52 Abs. 3 Satz 3 LBauO zulässig (s. auch OVG Koblenz, Beschl. v. 13.01. 1989 - 8 A 121/88 - Hinweis auf den „ältesten Weinberg" der Welt; Hinweisschild auf 6 km von der nächsten Abfahrt einer Verkehrsstraße entfernten Betrieb: VG Neustadt/Weinstr., Urt. v. 22.10.2013 - 4 K 537/13.NW -, juris).

Zu beachten ist, dass Werbeanlagen nicht nur baurechtliche Probleme aufwerfen. **216** **§ 33 Abs. 1 Nr. 3 StVO** verbietet ferner jede Werbung außerhalb geschlossener Ortschaften, wenn dadurch der Verkehr abgelenkt oder belästigt werden könnte. Durch innerörtliche Werbung darf der Verkehr auch außerhalb geschlossener Ortschaften nicht gestört werden. Schließlich unterfallen Werbeanlagen nach **§ 9 Abs. 6 FStrG** dem Anbauverbot entlang der Bundesfernstraßen und Bundesautobahnen und nach § 22 Abs. 1 LStrG dem Anbauverbot entlang der Landes- und Kreisstraßen.

3. Abstandsregelungen - § 8 LBauO

a) Bebauung von Grundstücken

Das Bauplanungsrecht enthält Bestimmungen, nach denen sich die Bebaubarkeit eines Grundstücks als solche sowie die Nutzungsart, der Umfang und die Bauweise richten. Das Bauordnungsrecht ergänzt diese Vorschriften und gestaltet sie für das einzelne Grundstück näher aus. Im Bauordnungsrecht gilt ebenso wie im Bauplanungsrecht der bürgerlich-rechtliche Begriff des Buchgrundstücks (s. §§ 2 ff. GBO; **217**

OVG Weimar, ThürVBl. 1996, 259; OVG Koblenz, NVwZ-RR 2015, 888). Das Grundstück muss für die geplante Bebauung nach Lage, Form, Größe und Beschaffenheit geeignet sein. Die Zulässigkeit von Gebäuden auf diesen Grundstücken, d. h. die Lage von Gebäuden und sonstigen Anlagen, regelt die Landesbauordnung. Gebäude sind danach grundsätzlich so anzuordnen, dass sie sicher zugänglich sind und ausreichend belüftet und belichtet werden können. Dies wird gewährleistet durch die Regelungen über die Abstände von baulichen Anlagen.

b) Abstandsfläche - § 8 LBauO

218 Die früheren Bauordnungen regelten Bauwiche, ähnliche Grenzabstände, Gebäudeabstände und Abstände zur Wahrung des Wohnfriedens. Diese unterschiedlichen Abstandsbegriffe sind bereits durch die Novellierung der Landesbauordnung 1986 entfallen. Es gibt seitdem nur noch einen einheitlichen Begriff: die Abstandsfläche. Diese Regelung verbindet Elemente der früheren Grenzabstands- und Abstandsflächenregelung. Es galt früher die so genannte Rahmentheorie, d. h. um das Grundstück herum lag ein Rahmen, der nicht bebaut werden durfte. Demgegenüber gilt seit der LBauO-Novelle 1986 die „Schuhschachtel-Theorie". Dies bedeutet, dass rund um das Gebäude nach Art einer Schuhschachtel mit aufgeklappten Seitenwänden Flächen liegen, die nicht überbaut werden dürfen.

Die am 01.01.1999 in Kraft getretene Landesbauordnung vom 21.11.1998 (GVBl. S. 365) führte im Verhältnis zu ihrer Vorgängerin, der Landesbauordnung vom 08.03. 1995 (GVBl. S. 19), wesentliche Änderungen ein.

219 Vor Außenwänden oberirdischer Gebäude müssen Flächen - **Abstandsflächen** - freigehalten werden. Anders als der frühere Bauwich, der von der Grundstücksgrenze aus zu messen war, schreibt **§ 8 Abs. 1 Satz 1 LBauO** vor, dass vor den Außenwänden eines Gebäudes Abstandsflächen liegen. Die Abstandsfläche ist somit von der Außenwand aus zu messen. Sie muss damit nicht bis zur Grundstücksgrenze reichen, sondern zwischen Grundstücksgrenze und Abstandsfläche kann eine Freifläche verbleiben. Die Abstandsfläche muss um das ganze Gebäude herumliegen und nicht nur im Bereich zur Grundstücksgrenze. Anders als der § 8 Abs. 1 LBauO 1995 nimmt die jetzige Regelung Bezug auf die „**Grundstücksgrenzen**" und nicht auf die „Nachbargrenzen". In der bisherigen Regelung war zwischen Abstandsflächen zu Nachbargrenzen und zu öffentlichen Verkehrs-, Grün- und Wasserflächen unterschieden worden. Dies hatte nach § 8 Abs. 9 LBauO 1995 dazu geführt, dass zu Nachbargrenzen keine, aber zu öffentlichen Flächen Abstandsflächen einzuhalten waren. Da dieses Ergebnis nicht sachgerecht war, wurde nunmehr eine einheitliche Regelung eingeführt. Allerdings ist zu beachten, dass Bestimmungen in Fachgesetzen, wie z. B. die Vorschriften über die nach Straßenrecht gegenüber klassifizierten Straßen einzuhaltenden Abstände, unberührt bleiben.

Mit der Einführung der Abstandsfläche werden verschiedene **Ziele** verfolgt:
- ausreichende Versorgung der Aufenthaltsräume in den Gebäuden und der nicht bebauten Teile des Grundstücks mit Tageslicht und Luft,
- geordnete Bebauung aus Gründen des Brandschutzes,
- Schaffung bzw. Wahrung von Freiflächen als Grundlage für gesunde Wohnverhältnisse,
- aufgelockerte Bebauung.

B. Materiell-rechtliche Regelungen des Bauordnungsrechts

Die Vorschriften über die Abstandsflächen dienen damit auch dem Nachbarschutz (OVG Koblenz, AS RP-SL 22, 1; BRS 28 Nr. 144 und BRS 47 Nr. 168; OVG Saarlouis, BRS 47 Nr. 100).

Abweichungen von dem Grundsatz, dass Abstandsflächen einzuhalten sind, sehen **220** die Sätze 2 bis 4 des § 8 Abs. 1 LBauO vor. Nach **§ 8 Abs. 1 Satz 2 LBauO** ist eine Abstandsfläche nicht notwendig, soweit nach bauplanungsrechtlichen Vorschriften an die Grenze gebaut werden muss (Festsetzung der geschlossenen Bauweise gemäß § 22 Abs. 1 BauNVO bzw. bei § 34 BauGB eine geschlossene Bauweise in der Umgebung; OVG Koblenz, BRS 36 Nr. 42 und Urt. v. 03.12.1998 - 1 A 11826/98.OVG - sowie Beschl. v. 08.02.2000 - 1 B 10066/00.OVG -, ESOVGRP; s. dazu VGH Mannheim, VBlBW 2000, 116); dadurch soll eine Divergenz zwischen Bauplanungs- und Bauordnungsrecht vermieden werden (BVerwG, NVwZ-RR 1995, 310). **Planungsrechtliche Vorschriften** sind §§ 30 und 34 BauGB in Verbindung mit den Vorschriften der Baunutzungsverordnung. **Geschlossene Bauweise** kann in einem Bebauungsplan gemäß § 22 Abs. 1 BauNVO vorgeschrieben sein. Auch wenn kein Bebauungsplan existiert, sondern sich die Bebauung nach § 34 BauGB richtet, können die baulichen Verhältnisse in der näheren Umgebung des Baugrundstücks eine Grenzbebauung gebieten, d. h. die Grenzbebauung (auch die einseitige Grenzbebauung) muss zwingend sein. In diesem Fall muss sich aus der in der näheren Umgebung vorhandenen Bebauung in Bezug auf die Bauweise ein städtebauliches Ordnungsprinzip ergeben (OVG Koblenz, Urt. v. 02.12. 1988 -8 A 7/88 -; BauR 2009, 1629; VGH Mannheim, VBlBW 2000, 116).

Das gleiche gilt, wenn nach bauplanungsrechtlichen Vorschriften an die Grenze gebaut werden darf und öffentlich-rechtlich, d. h. durch Baulast, gesichert ist, dass der Nachbar ebenfalls einen Grenzbau errichtet (§ 8 Abs. 1 Satz 2 Nr. 2 LBauO).

Muss nach planungsrechtlichen Vorschriften mit Grenzabstand gebaut werden, ist aber auf dem Nachbargrundstück innerhalb der überbaubaren Grundstücksfläche bereits ein **Grenzbau** vorhanden, obwohl dies rechtlich nicht oder nicht mehr zulässig ist, so kann zugelassen oder sogar verlangt werden, dass ebenfalls ohne Grenzabstand gebaut wird (vgl. OVG Koblenz, BauR 2007, 1937). Der Wortlaut des **§ 8 Abs. 1 Satz 3** LBauO hat insoweit eine wichtige Änderung erfahren: Bis zur Novellierung der Landesbauordnung vom 21.11.1998 war der Verzicht auf die Einhaltung eines Grenzabstandes nur möglich, wenn an ein an der Grundstücksgrenze vorhandenes Gebäude „angebaut" wurde. Aus der Formulierung „angebaut" folgerte die Rechtsprechung (OVG Koblenz, BRS 35 Nr. 200; vgl. aber auch BRS 39 Nr. 109 und BRS 49 Nr. 127), dass der Anbau sich hinsichtlich Höhe und Tiefe an der bereits vorhandenen Bebauung zu orientieren habe. Dies führte oft dazu, dass die bauplanungsrechtlich zulässige Bebauungstiefe der Grundstücke nicht ausgenutzt werden konnte. Durch die Neufassung, „gebaut" statt „angebaut", wird vermieden, dass der zuerst errichtete Grenzbau festlegt, wo und in welcher Größe ein Grenzbau errichtet werden darf. Maßstab für die Größe des zu errichtenden Grenzbaus ist damit die überbaubare Grundstücksfläche (s. §§ 19 und 23 BauNVO). Unabhängig von der Nachbarbebauung kann damit die gesamte zulässige Bebauungstiefe und -höhe in Anspruch genommen werden. Das zulässige Maß der Grenzbebauung richtet sich nunmehr nach den jeweils einschlägigen Regelungen des Bauplanungsrechts (OVG Koblenz, Beschl. v. 29.10.2001 - 8 A 11309/01.OVG -, ESOVGRP). Mit dieser Neuregelung wird unter Umständen eine versetzte Grenzbebauung möglich. Ein Nebengebäude, z. B. eine Grenzgarage, reicht für die Anwendbarkeit des § 8 Abs. 1 Satz 3 LBauO nicht aus, vielmehr muss es sich um ein Hauptgebäude handeln (OVG Koblenz, Beschl. v. 31.05.1999 - 1 B 10973/99.OVG -; VGH Mannheim, NVwZ-RR

1999, 491). Die Bebauung muss sich auch unmittelbar an der Grenze befinden, eine grenznahe Bebauung reicht nicht aus (OVG Münster, Urt. v. 12.05.2005 - 7 B 2342/03 -, BRS 70 Nr. 123).

§ 8 Abs. 1 Satz 4 LBauO regelt den Fall, dass nach planungsrechtlichen Vorschriften ohne Grenzabstand gebaut werden muss, aber auf dem Nachbargrundstück eine Abstandsfläche eingehalten wird. Nach § 8 Abs. 1 Satz 4 LBauO kann die Bauaufsichtsbehörde in diesem Fall die Einhaltung einer Abstandsfläche verlangen, wenn zwar nach bauplanungsrechtlichen Bestimmungen an die Grenze gebaut werden muss, auf dem Nachbargrundstück aber bereits ein Gebäude mit Abstand zu dieser Grenze vorhanden ist. Ein Anspruch darauf, dass die Bauaufsichtsbehörde von dieser Möglichkeit Gebrauch macht, besteht allerdings nicht (OVG Koblenz, BRS 35 Nr. 200, a. A. in BRS 39 Nr. 109 und BRS 49 Nr. 127). Ein in der Grenzwand des Nachbargebäudes - zu Belichtungszwecken - ausgeführter Rückversprung ist als durchgängige Grenzbebauung zu werten, wenn er bis zur Grenze überdacht ist (OVG Saarlouis, BRS 54 Nr. 186).

221 Da die Abstandsflächen nach § 8 Abs. 2 LBauO auf dem Baugrundstück selbst liegen müssen, ist damit zwangsläufig auch ein entsprechender Abstand zur Grundstücksgrenze gewährleistet. Die Abstandsfläche kann nach § 9 LBauO ganz oder teilweise auf das Nachbargrundstück verlagert werden, sofern der Nachbar sich öffentlich-rechtlich, d. h. durch Baulast, verpflichtet, diesen Teil seines Grundstücks nicht zu bebauen (VGH Mannheim, NVwZ-RR 2002, 263) und diese Flächen auf die auf diesem Grundstück erforderlichen Abstände und Abstandsflächen nicht angerechnet werden. Die Abstandsfläche kann nach § 8 Abs. 2 Satz 2 LBauO auch auf angrenzenden öffentlichen Verkehrsflächen, Grün- und Wasserflächen liegen, jedoch nur bis zu deren Mitte. Daraus folgt zwangsläufig, dass auch gegenüber öffentlichen Verkehrsflächen ein Abstand einzuhalten ist, soweit die Abstandsfläche nicht vollständig auf diese Verkehrsfläche gelegt werden kann (VGH Mannheim, BRS 42 Nr. 118; zum nachbarschützenden Charakter dieser Vorschrift: OVG Koblenz, AS RP-SL 15, 315 und AS 22, 1).

222 Nicht nur bei der erstmaligen Bebauung eines Grundstücks, sondern auch bei baulichen Veränderungen (Umbau, Erweiterung) oder einer **Nutzungsänderung** gilt die Vorschrift über die Einhaltung von Abstandsflächen (OVG Koblenz, Urt. v. 02.12.1988 - 8 A 57/88 -; a. A. VGH München, BRS 36 Nr. 181), bei letzterer sofern der Zweck der Abstandsfläche durch die Nutzungsänderung berührt wird. Dies ist insbesondere der Fall, wenn Wohnräume einer gewerblichen Nutzung zugeführt werden. Der Nachbar wird möglicherweise durch die neue Nutzung wesentlich mehr in seiner Wohnruhe gestört als durch die frühere Nutzung und hatte nur deshalb kein Rechtsmittel gegen ein Unterschreiten der Abstandsfläche eingelegt, weil er durch die frühere Nutzungsart keine Störung befürchtete. Dieselben Grundsätze müssen auch für Umbauten eines bestehenden Gebäudes gelten (VGH München, BauR 1990, 455; OVG Saarlouis, Urt. v. 30.03.1993 - 2 R 17/92 -, juris).

223 Die **Tiefe der Abstandsfläche** bemisst sich gemäß § 8 Abs. 6 und 4 LBauO nach der Höhe der Wand (Wandhöhe). Es kommt nicht auf die Zahl und Höhe der Geschosse an. Bei Gebäuden (s. Definition in § 2 Abs. 2 LBauO) ohne Außenwände (z. B. Dächer auf Stützen) ist die Flucht der Stützen als Wand anzunehmen. Die Tiefe der Abstandsfläche beträgt nach § 8 Abs. 6 LBauO 0,4 H, in Gewerbe- und Industriegebieten 0,25 H (= Höhe der Außenwand). In Baugebieten mit intensiver baulicher Nutzung, nämlich Kerngebieten und Sondergebieten, kann eine geringere Tiefe als 0,4 H zugelassen werden, wenn die Nutzung des Gebiets dies rechtfertigt. Diese

B. Materiell-rechtliche Regelungen des Bauordnungsrechts

Gebiete müssen entweder durch einen Bebauungsplan festgesetzt oder aufgrund der vorhandenen Bebauung nach § 34 Abs. 2 BauGB bestimmbar sein. Letzteres kann unter Umständen schwierig, wenn nicht unmöglich sein, wenn sich nämlich das Gebiet nicht in den Gebietskatalog der Baunutzungsverordnung einordnen lässt. In keinem Fall aber darf die Tiefe der Abstandsfläche das Maß von 3 m unterschreiten (§ 8 Abs. 6 Satz 2 LBauO). Dies gilt auch im Außenbereich. Denn das Bauordnungsrecht differenziert nicht zwischen Innen- und Außenbereich.

Die Höhe der Außenwand bemisst sich nach der Differenz zwischen der Geländeoberfläche (s. § 2 Abs. 6 LBauO), und zwar derjenigen auf dem Baugrundstück, und der Schnittlinie der Außenwand mit der Dachhaut (§ 8 Abs. 4 Satz 2 LBauO) oder bis zum oberen Abschluss der Wand. Dabei ist zu vermuten, dass die tatsächlich vorhandene Geländeoberfläche mit der natürlichen Geländeoberfläche übereinstimmt; dies gilt jedenfalls für seit 30 oder mehr Jahren existierende Geländeverhältnisse (OVG Koblenz, Urt. v. 28.09.2005 - 8 A 10424/05.OVG -, juris). Geländeaufschüttungen sind nur zu berücksichtigen, sofern es für sie einen sachlichen Grund gibt und die Aufschüttung nicht nur deswegen erfolgt ist, um die Außenwandhöhe und damit auch die Abstandsfläche zu verkleinern (VGH Mannheim, NVwZ-RR 2011, 272; BRS 82 Nr. 131; OVG Koblenz, Beschl. v. 30.08.1996 - 1 B 12376/96.OVG -).

Vor Außenwände vortretende untergeordnete Bauteile (§ 8 Abs. 5 LBauO) bleiben bei der Ermittlung außer Betracht (OVG Koblenz, BauR 1996, 838; einzelfallabhängig: OVG Koblenz, Urt. v. 18.06.2015 - 1 A 10775/14 -, juris).

Bsp.:
1. Hauseingangstreppe als untergeordneter Bauteil (OVG Saarlouis, SKZ 1992, 110/21).
2. Mansardendach, das um etwa 2,35 m-2,40 m über die in einem Teilbereich des Gebäudes von der Nachbargrenze zurück verspringende Seitenwand hinausragt, ist kein abstandsrechtlich unbeachtlicher Dachüberstand (OVG Saarlouis, SKZ 1992, 110/22).
3. Ein Gebäudeteil, der in erster Linie ein Mittel zur Gewinnung einer zusätzlichen Wohnfläche nennenswerten Ausmaßes (hier: 5 %) ist, ist kein Erker (OVG Münster, DÖV 1993, 876).
4. Erker mit einer Wandlänge von mehr als 5 m bei einer Wandlänge des Gebäudes von 11,15 m ist kein untergeordneter Bauteil (OVG Saarlouis, BRS 59 Nr. 111).

Nach **§ 8 Abs. 8 LBauO** sind vor baulichen Anlagen, anderen Anlagen und Einrichtungen, von denen Wirkungen wie von oberirdischen Gebäuden ausgehen, ebenfalls Abstandsflächen freizuhalten (Aufschüttung: OVG Saarlouis, BRS 55 Nr. 113; Holzstoß: OVG Saarlouis, BRS 58 Nr. 175; Windenergieanlage: OVG Münster, NVwZ 1993, 1007). Diese Anlagen sind aber dann ohne eigene Abstandsfläche oder mit einer geringeren Tiefe der Abstandsfläche zulässig, wenn die Beleuchtung mit Tageslicht nicht erheblich beeinträchtigt wird und der Brandschutz gewährleistet ist. Wann dies der Fall ist, regelt die Landesbauordnung nicht. Zu fordern dürfte aber sein, dass die Abmessungen der Anlage mit denen eines Gebäudes vergleichbar sind. Dies dürfte jedenfalls eine Höhe ab 2 m verlangen (VG Neustadt/Weinstr., Urt. v. 17.04.2008 - 4 K 25/08.NW -, juris). **224**

Nach § 8 Abs. 8 Satz 3 LBauO sind **Einfriedungen und Stützmauern** bis 2 m Höhe ohne eigene Abstandsflächen und in den Abstandsflächen von Gebäuden, in Gewerbe- und Industriegebieten ohne Begrenzung der Höhe zulässig. Diese Höhenbegrenzung ist auf die Geländeoberfläche des Baugrundstücks bezogen. Die Durchsetzung der auf das Baugrundstück bezogenen Höhenbegrenzung kann ein Nachbar aber dann nicht beanspruchen, wenn er sein Grundstück grenzständig aufgeschüttet hat. Denn dann könnte derjenige, der sich durch die Aufschüttung seines Grundstücks einen Vorteil verschafft hat, den Eigentümer des tiefer liegenden Grundstücks noch zusätzlich dadurch benachteiligen, dass er ihm die grundsätzlich gestattete Möglich- **225** keit zur Errichtung eines Sichtschutzes (= Einfriedung) nimmt (OVG Koblenz, Urt. v. 06.06.2011 - 8 A 10377/11.OVG -, juris).

Keine Einfriedungen im Sinne von § 8 Abs. 8 S. 3 LBauO sind lebende Hecken, ihre Höhenbegrenzung ergibt sich allein aus dem Landesnachbarrechtsgesetz (OVG Koblenz, Urt. v. 15.06.2004 - 8 A 10464/04.OVG -, juris).

226 **§ 8 Abs. 10 LBauO** sieht **Ausnahmen** von der nach § 8 Abs. 6 LBauO erforderlichen Abstandsfläche vor; der Abstand kann bis auf null reduziert werden. Nach Nr. 1 des § 8 Abs. 10 Satz 1 LBauO kann eine geringere Tiefe der Abstandsfläche zugelassen werden vor Wänden, die auf demselben Grundstück in einem Winkel von 75° oder weniger zueinander stehen, wenn es sich um Wände von Gebäuden handelt, die nicht dem Wohnen dienen, Wände von Wohngebäuden, in denen keine Fenster von Wohn- oder Schlafräumen angeordnet sind oder Wände derselben Wohnung zu einem eigenen Innenhof. Nach § 8 Abs. 10 Satz 1 Nr. 2 LBauO kann eine **geringere Abstandsfläche** auch in überwiegend bebauten Gebieten zugelassen werden, wenn die Gestaltung des Straßenbildes oder städtebauliche Verhältnisse dies erfordern. Unter „erfordern" ist im Anschluss an BVerwGE 56, 71 (zu § 31 Abs. 2 Nr. 1 BauGB, s. dazu oben Rn. 116f.) nicht eine zwingende Notwendigkeit zu verstehen. Ausreichend ist vielmehr, wenn vernünftigerweise mit geringerem Abstand gebaut wird. Dies kann z. B. bei dicht bebauten Gebieten im Stadtkern der Fall sein. In gewachsenen Stadtstrukturen können so Neubauten unter Einhaltung der vorhandenen Baufluchten eingefügt werden.

Voraussetzung für die Zulassung einer geringeren Abstandsfläche sowohl nach Nr. 1 als auch nach Nr. 2 des § 8 Abs. 10 Satz 1 LBauO ist aber, dass die Beleuchtung mit Tageslicht und die Lüftung von Aufenthaltsräumen nicht erheblich beeinträchtigt werden und der Brandschutz gewährleistet ist (§ 8 Abs. 10 Satz 1 LBauO).

Ergänzt wurde die bisherige Regelung um Satz 2, wonach bei **Windenergieanlagen** in nicht bebauten Gebieten als Tiefe der Abstandsfläche bis zu 0,25 H zugelassen werden kann. Nach Satz 3 in Verbindung mit Absatz 6 Satz 2 muss die Tiefe der Abstandsfläche aber mindestens 3 m betragen (zur Einordnung einer Windkraftanlage als Gebäude, s. OVG Münster, NVwZ 1998, 978).

227 Die Gemeinden werden in **§ 8 Abs. 11 LBauO** ermächtigt, im **Bebauungsplan** geringere Abstandsflächen festzusetzen (OVG Koblenz, BRS 32 Nr. 96 und BRS 36 Nr. 42). Die in dem Bebauungsplan zwingend festgesetzten Abstandsflächen treten dann an die Stelle der in der Landesbauordnung vorgeschriebenen Abstandsflächen, wenn die - ausreichende - Beleuchtung mit Tageslicht, die Lüftung und der Brandschutz gewährleistet sind.

228 Die Bestimmung des **§ 8 Abs. 12 LBauO** soll die **Schaffung von Wohnraum** unter bestimmten Voraussetzungen ohne Einhaltung einer Abstandsfläche ermöglichen. Nach dieser Vorschrift ist die Schaffung von Wohnraum durch Ausbau und Änderung der Nutzung von Gebäuden, deren Außenwände die nach der Landesbauordnung erforderlichen Abstandsflächen gegenüber Grundstücksgrenzen nicht einhalten, zulässig, wenn die Gebäude in Gebieten liegen, die überwiegend dem Wohnen dienen (Nr. 1), die Gebäude eine erhaltenswerte Bausubstanz haben (Nr. 2) und die äußere Gestalt des Gebäudes nicht oder nur unwesentlich verändert wird. Dachgauben und ähnliche Dachaufbauten, Fenster und sonstige Öffnungen in Dächern oder Wänden sind unbeschadet der §§ 30 und 32 LBauO so anzuordnen, dass von ihnen keine Belästigungen oder Störungen ausgehen können, die für die Nachbarn unzumutbar sind. Diese Regelung gilt nach Satz 2 nicht für Gebäude im Sinne des Absatzes 9, also für Nebengebäude.

Die Gemeinden können nach § 88 Abs. 1 Nr. 4 LBauO zur Wahrung der bauge- 229
schichtlichen Bedeutung oder der sonstigen erhaltenswerten Eigenart eines Ortsteils
durch **Ortsbausatzung** für einzelne, genau zu bestimmende Ortsteile - nicht aber für
die ganze Gemeinde - geringere oder größere Abstände als die in § 8 Abs. 6 LBauO
vorgeschriebenen Maße festsetzen.

c) Grenzgaragen und andere Grenzbauten - § 8 Abs. 9 LBauO

Nach **§ 8 Abs. 9 LBauO**, der die Zulässigkeit von Gebäuden ohne Abstandsflächen 230
gegenüber Grundstücksgrenzen regelt, sind Garagen (Definition in § 2 Abs. 8 Satz 2
LBauO) und andere Grenzbauten bevorzugt zulässig. Diese Vorschrift stellt eine gesetzliche
Ausnahme von der Grundregel des § 8 Abs. 1 LBauO dar, wonach vor Außenwänden
oberirdischer Gebäude Abstandsflächen freizuhalten sind. Voraussetzung
für die Errichtung von Garagen, Gebäuden und Anlagen zur örtlichen Versorgung
mit Elektrizität, Wärme, Gas und Wasser und sonstigen Gebäuden ohne Aufenthaltsräume
und Feuerstätten ist, dass sie an den Grundstücksgrenzen oder in
einem Abstand von bis zu 3 m von den Grundstücksgrenzen die in § 8 Abs. 9 Satz 1
Buchst. a-c LBauO angeführten Größenmaße einhalten.

§ 8 Abs. 9 LBauO erlaubt die Errichtung der genannten Gebäude ohne Abstandsfläche
oder mit einer geringeren Tiefe der Abstandsfläche, sofern sie nicht länger als
12 m an einer Grundstücksgrenze sind und die Gesamtgrenzbebauung nicht mehr
als insgesamt 18 m beträgt. Ein Altbestand ist hierbei zu berücksichtigen.

Die Grenzgebäude dürfen eine mittlere Wandhöhe von 3,20 m über der Geländeoberfläche
nicht überschreiten. Für die Messung der Wandhöhe ist die dem Nachbargrundstück
zugewandte Wand („an den Grundstücksgrenzen") maßgebend. Als
Wandhöhe gilt das Maß von der Geländeoberfläche bis zur Schnittlinie der Wand mit
der Dachhaut oder bis zum oberen Abschluss der Wand (§ 8 Abs. 4 Satz 2 LBauO).
Maßgebend für die Bestimmung der Wandhöhe sind die Verhältnisse auf dem Baugrundstück
(OVG Saarlouis, Urt. v. 23.02.1993 - 2 R 7/92 -, juris), nicht hingegen das
Geländeniveau des Nachbargrundstücks. Bezugspunkt für die angeführten Höhenmaße
ist der höchste Punkt des Geländes entlang des zu errichtenden Gebäudes.
Daraus folgt, dass der Baukörper in Hanglage durchaus eine - streckenweise - größere
Höhe als 3,20 m aufweisen kann, was zu einer erheblichen Beeinträchtigung
des Nachbarn führen kann. Da der Gesetzgeber durch die Einführung einer mittleren
Wandhöhe bereits die Geländebeschaffenheit in gewissen Grenzen berücksichtigt
hat, können im hängigen Gelände höhere Gebäude nicht im Wege einer Abweichung
zugelassen werden. Soll eine ansonsten den Anforderungen an Nebengebäude genügende
Anlage auf einer Anschüttung errichtet werden, so ist die Einhaltung einer
Abstandsfläche erforderlich, wenn beide Anlagen zusammen mehr als 3,20 m hoch
sind (OVG Saarlouis, SKZ 1986, 116/23).

Die Dächer der Nebengebäude dürfen zur Grundstücksgrenze nicht mehr als 45° geneigt
sein. Giebel an der Grundstücksgrenze dürfen eine Höhe von 4 m über der Geländeoberfläche
nicht überschreiten (§ 8 Abs. 9 Satz 1 Buchst. c LBauO).

Anders als nach der früheren Regelung, nach der die genannten Gebäude nur ohne
eigene Abstandsfläche „oder mit einem Abstand von Nachbargrenzen bis zu 1 m"
zulässig waren, können Bauherren den Standort des Nebengebäudes auf dem
Grundstück nunmehr in gewissen Grenzen wählen.

Die teilweise **Einbeziehung einer Garage in ein Wohnhaus** (Garage unter einem sog. abgeschleppten Dach) ist nunmehr nach § 8 Abs. 9 Satz 5 LBauO zulässig, wenn das andere Gebäude für sich betrachtet die erforderliche Abstandsfläche einhält (so bereits OVG Koblenz, AS RP-SL 15, 424). Vor der Änderung der LBauO vom 15.06.2015 war es ausgeschlossen, dass Grenzgaragen mit dem Hauptgebäude funktional - mittels einer Verbindungstür - verbunden wurden. Die privilegierte Grenzbebauung ging von einem eigenständigen Gebäude aus und war nur zulässig, wenn der Zugang zur Garage ausschließlich von außen erfolgte (OVG Koblenz, Urt. v. 25.06.2009 - 1 A 10050/09 -). Durch die Gesetzesänderung wird jetzt geregelt, dass ein unmittelbarer Zugang von der Grenzgarage und den sonst privilegierten Gebäuden zum Hauptgebäude unschädlich für das Abstandsflächenprivileg ist, wenn diese Gebäude einen eigenen Zugang von außen haben. Hinzu kommt in Ergänzung der bisher nur für Grenzgaragen geltenden Regelung, dass nunmehr auch das Dach eines Gebäudes ohne Aufenthaltsräume und Feuerstätten mit dem Dach des Hauptgebäudes verbunden werden darf. Sowohl die Verbindung im Dachbereich als auch der direkte Zugang sind aber nur dann möglich, wenn das Hauptgebäude seinerseits die erforderliche Abstandsfläche einhält. Die Gebäude müssen ihre funktionale Eigenständigkeit auch bei einer Zugangsmöglichkeit zum Hauptgebäude oder einer Verbindung der Dächer wahren, andernfalls verlieren sie ihre abstandsflächenrechtliche Privilegierung (so LT-Drs. 16/4333, S. 36).

Bereits nach den Bestimmungen der Landesbauordnung von 1986 und 1995 durfte auf einer Grenzgarage keine **Dachterrasse errichtet werden**, die mit baulichen Einrichtungen, wie z. B. einer Brüstung, versehen war (vgl. OVG Saarlouis, BRS 52 Nr. 108 und Nr. 143; OVG Koblenz, NVwZ-RR 2001, 290). Hieran hat sich durch die Novellierungen der Landesbauordnung nichts geändert. Die Nutzung des Garagendachs als Terrasse, ohne dass irgendwelche baulichen Maßnahmen vorgenommen werden, verstößt hingegen nicht gegen Vorschriften des öffentlichen Bauordnungsrechts (OVG Koblenz, Beschl. v. 21.01.1997 - 1 B 13075/96.OVG -; NVwZ-RR 2001, 290 u. Urt. v. 28.03.2001 - 8 A 12042/00 -, juris).

231 Da der Gesetzgeber in § 8 Abs. 9 LBauO Grenzgaragen generell für zulässig erklärt hat, muss der Nachbar die mit jeder Grenzgarage verbundene Beeinträchtigung durch eine Verschattung sowie den Fahrzeuglärm grundsätzlich hinnehmen und kann sich insoweit auch nicht auf das Gebot der Rücksichtnahme berufen (BVerwG, BRS 44 Nr. 177; OVG Saarlouis, NJW 1985, 2439). Anders kann es aber sein, wenn die Zufahrt zur Grenzgarage unangemessen lang (OVG Schleswig, BRS 54 Nr. 101) ist oder die Garage unmittelbar vor einem Fenster eines Aufenthaltsraums errichtet wird und die Möglichkeit besteht, die Garage ohne Nachteile für den Bauherrn auch an anderer Stelle zu errichten (VGH München, NVwZ-RR 1995, 9).

Bauplanungsrechtlich können Garagen nach § 23 Abs. 5 BauNVO auch auf den nicht überbaubaren Grundstücksflächen zugelassen werden.

4. Stellplätze und Garagen - § 47 LBauO

232 Da die Errichtung baulicher und anderer Anlagen in aller Regel Zu- und Abgangsverkehr verursacht, regelt die Landesbauordnung die grundsätzliche Verpflichtung des Bauherrn zur Schaffung von Stellplätzen für Kraftfahrzeuge außerhalb der öffentlichen Verkehrsflächen, d. h. von Garagen und Stellplätzen. Garagen sind ganz oder teilweise umschlossene Räume zum Abstellen von Kraftfahrzeugen und Anhängern (§ 2 Abs. 8 Satz 2 LBauO). Stellplätze sind hingegen Flächen zum Abstellen von

B. Materiell-rechtliche Regelungen des Bauordnungsrechts

Kraftfahrzeugen außerhalb öffentlicher Verkehrsflächen (§ 2 Abs. 8 Satz 1 LBauO; vgl. BVerwG, NVwZ 1986, 120).

Nach § 47 Abs. 1 und Abs. 2 Satz 1 LBauO sind bei der Errichtung, Änderung oder Nutzungsänderung baulicher Anlagen geeignete Stellplätze in ausreichender Zahl herzustellen. Bei „gefangenen" Stellplätzen kann in der Regel nicht von einer geeigneten Beschaffenheit im Sinne von § 47 LBauO ausgegangen werden. Derartige Stellplätze können als notwendige Stellplätze für Einfamilienhäuser nur dann ausnahmsweise zugelassen werden, wenn die Schaffung eines anderen Stellplatzes auf dem Grundstück nicht oder nur unter unverhältnismäßigen Schwierigkeiten möglich ist („gefangene" Stellplätze: OVG Koblenz, NVwZ-RR 2003, 548). Die Zahl der notwendigen Stellplätze und die Größe richtet sich nach Art und Zahl der vorhandenen und zu erwartenden Kraftfahrzeuge der Benutzer und Besucher der Anlagen; wobei die Möglichkeit der Inanspruchnahme öffentlicher Verkehrsmittel zu berücksichtigen ist. Bei der Ermittlung der notwendigen Zahl der Stellplätze ist von den durch bauaufsichtliche Verwaltungsvorschrift des Ministeriums der Finanzen vom 24. Juli 2000 (MinBl. S. 231) bekanntgegebenen Richtzahlen, einer norminterpretierenden Verwaltungsvorsachrift (VGH Mannheim, VBlBW 2001, 373), auszugehen. Diese geben einen Anhaltspunkt für den jeweiligen Bedarf.

Nach § 47 Abs. 1 Satz 6 LBauO können auch Abstellplätze für Fahrräder verlangt werden, wenn ein Zugangs- und Abgangsverkehr mit Fahrrädern zu erwarten ist und Bedürfnisse des Verkehrs es erfordern.

Die Pflicht des Bauherrn, Stellplätze herzustellen, kann als **Nebenbestimmung der Baugenehmigung** beigefügt werden (OVG Saarlouis, BRS 47 Nr. 115), und zwar in der Regel als Auflage. Sie kann aber auch als Bedingung in die Baugenehmigung aufgenommen werden (VGH Mannheim, BRS 56 Nr. 120), wenn auf die Baugenehmigung kein Anspruch besteht, weil z. B. eine im Ermessen der Behörde stehende Befreiung von zwingenden Vorschriften über das Maß der Grundstücksnutzung erteilt wird.

Die Gemeinden können nach § 88 Abs. 3 Nr. 1-3 LBauO durch **örtliche Bauvorschriften** die Herstellung notwendiger Stellplätze oder Garagen regeln. Sie können nach § 88 Abs. 1 Nr. 8 LBauO durch Satzung auch Vorschriften erlassen über die Zahl der notwendigen Stellplätze. Des Weiteren können die Kommunen für abgegrenzte Teile ihres Gebiets oder für bestimmte Fälle durch Satzung nach § 88 Abs. 3 Nr. 4 LBauO die Herstellung von Abstellplätzen für Fahrräder verlangen, wenn Bedürfnisse des Verkehrs dies erfordern; die erforderliche Größe, die Lage und die Ausstattung können in der Satzung festgelegt werden.

Nach **§ 12 BauNVO** dürfen in Wohngebieten nur die für die zugelassene Nutzung erforderlichen Stellplätze und Garagen angelegt werden (s. dazu BVerwGE 94, 151; Dürr, BauR 1997, 6). Die Obergrenze des gemäß § 12 Abs. 2 BauNVO in Wohngebieten Zulässigen wird nicht durch die in der Verwaltungsvorschrift des Ministeriums der Finanzen vom 24. Juli 2000 (MinBl. S. 231) enthaltenen Richtzahlen für die Anzahl der gemäß § 47 Abs. 1 LBauO herzustellenden Stellplätze festgesetzt (OVG Saarlouis, SKZ 1994, 255/22).

Die Verpflichtung zur Schaffung von Stellplätzen entfällt nicht bei Bauvorhaben, die in einer **Fußgängerzone** liegen, denn auch diese Vorhaben rufen einen Kfz-Verkehr hervor (BVerwG, Buchholz 406.17 Bauordnungsrecht Nr. 18). Zwar kommt in diesem Fall die Anlage von Stellplätzen auf dem Baugrundstück nicht in Betracht, es bleibt aber die Möglichkeit, die Stellplätze außerhalb der Fußgängerzone anzulegen, sich an einer Gemeinschaftsanlage (OVG Münster, BRS 48 Nr. 9; VGH Mannheim, BRS

50 Nr. 24) zu beteiligen oder einen Ablösebetrag nach § 47 Abs. 4 LBauO zu zahlen, sofern eine Ablösesatzung nach § 47 Abs. 4 Satz 3 LBauO existiert (s. Rn. 239).

233 Bei der **Änderung und Nutzungsänderung eines Gebäudes** sind nach § 47 Abs. 2 LBauO ebenfalls Stellplätze in solcher Anzahl und Größe herzustellen, dass sie die infolge der Änderung zusätzlich zu erwartenden Kraftfahrzeuge aufnehmen können (VGH Mannheim, NVwZ 2000, 1068; OVG Bremen, BRS 40 Nr. 142; OVG Hamburg, BRS 48 Nr. 105; OVG Lüneburg, BRS 35 Nr. 125; VGH München, BRS 40 Nr. 143, BRS 33 Nr. 127; OVG Münster, BRS 33 Nr. 104; VG Neustadt, NVwZ 1983, 115).

Dies gilt nach Absatz 2 Satz 2 des § 47 LBauO nicht, wenn Wohnraum in Gebäuden, deren Fertigstellung mindestens zwei Jahre zurückliegt, durch Wohnungsteilung, Änderung der Nutzung, Aufstocken oder durch Ausbau des Dachgeschosses geschaffen wird und die Herstellung von Stellplätzen oder Garagen auf dem Grundstück nicht oder nur unter großen Schwierigkeiten möglich ist; Absatz 4 - Ablösemöglichkeit - ist in diesen Fällen nicht anwendbar. Diese Privilegierung besteht aber nur, wenn durch die Baumaßnahmen nicht die Grenze zur Neuerrichtung überschritten wird. Die Baumaßnahmen dürfen also nicht ein Maß erreichen, das eine bauordnungsrechtliche Neubeurteilung der baulichen Anlage erforderlich macht (VGH München, NVwZ-RR 2003, 726).

234 § 47 Abs. 1 LBauO spricht nur von Stellplätzen. Statt Stellplätzen muss die Behörde nach § 47 Abs. 1 Satz 3 LBauO auch den Bau von Garagen zulassen. Garagen haben gegenüber offenen Stellplätzen allerdings den Nachteil, dass sie nur Fahrzeuge der Bewohner des Gebäudes, nicht aber der Besucher aufnehmen können (VGH Mannheim, VBlBW 1982, 175). Die Herstellung von Garagen an Stelle von Stellplätzen kann verlangt werden, wenn die in Absatz 7 genannten Erfordernisse es gebieten.

235 Zum **Schutz der Nachbarschaft** schreibt § 47 Abs. 7 Satz 2 LBauO vor, dass durch Stellplätze und Garagen die Gesundheit nicht geschädigt, das Wohnen und Arbeiten, die Ruhe und Erholung in der Umgebung nicht unzumutbar beeinträchtigt werden dürfen. Das bedeutet, dass nicht jede Störung unzulässig ist; eine das zumutbare Maß nicht überschreitende Störung muss der Nachbar hinnehmen (OVG Saarlouis, BRS 49 Nr. 157).

Kleingaragen sind im Hinblick auf die generelle Zulassung an der Grundstücksgrenze nach § 8 Abs. 9 LBauO nicht als das zumutbare Maß übersteigende Beeinträchtigung im Sinn des § 47 Abs. 7 LBauO anzusehen (OVG Saarlouis, NJW 1985, 2439; BVerwG, NVwZ 1986, 468). Ausnahmen sind jedoch möglich, z. B. bei sehr langer Garagenzufahrt (OVG Saarlouis, SKZ 1994, 255/22; VGH Mannheim, NVwZ 1993, 595; steile Zufahrt: OVG Lüneburg, DVBl. 1975, 915; Konzentration von Stellplätzen eines Mehrfamilienhauses an der Nachbargrenze: OVG Koblenz, Urt. v. 08.08.2002 - 1 A 11289/00.OVG -, ESOVGRP). Im Übrigen ist auf den Einzelfall abzustellen, nämlich auf die Lage und Beschaffenheit der Stellplätze und ihrer Zuwegung, die Schallausbreitung und die Schutzbedürftigkeit der Anwohner (VGH Mannheim, BRS 38 Nr. 129; OVG Saarlouis, Urt. v. 20.08. 1991 - 2 R 60/89 - juris). Eine Störung überschreitet dann das zumutbare Maß, wenn sie dem Betroffenen billigerweise nicht zugemutet werden kann (OVG Saarlouis, SKZ 1995, 253/23 und SKZ 1996, 265/18; Garagengebäude für sechs Omnibusse unzumutbar: OVG Saarlouis, BRS 27 Nr. 108; VGH Mannheim, VBlBW 2000, 76). Hierbei sind die Auswirkungen der Stellplätze nicht aus der Sicht eines besonders empfindlichen oder besonders unempfindlichen Nachbarn zu beurteilen, sondern es entscheidet ein objektiver Maßstab, der vom normalen Durchschnittsmenschen ausgeht (VG Mainz, Beschl.

B. Materiell-rechtliche Regelungen des Bauordnungsrechts

v. 22.06.1998 - 2 L 935/98.MZ -). Der durch eine zugelassene Bebauung verursachte - notwendige - Stellplatzbedarf ist in der Regel der Nachbarschaft zuzumuten (VGH Mannheim, VBlBW 1996, 143; 1992, 345; BauR 1993, 69; OVG Lüneburg, NVwZ-RR 2001, 503). Die Grenze zur Unzumutbarkeit wird überschritten, wenn der nach der TA-Lärm ermittelte Beurteilungspegel den in der TA-Lärm festgelegten Immissionsrichtwert für das betreffende Baugebiet überschreitet (OVG Koblenz, Urt. v. 27.06.2002 - 1 A 11669/99.OVG -, ESOVGRP).

Die technischen Anforderungen an Garagen und Stellplätze enthält die Landesverordnung über den Bau und Betrieb von Garagen (**Garagenverordnung** - GarVO) vom 16.12. 2002 (GVBl. S. 481). **236**

Die notwendigen Stellplätze sind in der Regel gemäß § 47 Abs. 3 LBauO **auf dem Baugrundstück** selbst anzulegen. Kann oder will der Bauherr die notwendigen Stellplätze auf dem eigenen Grundstück nicht herstellen, dann ist es nach § 47 Abs. 3 Satz 1 Altern. 2 LBauO ausreichend, wenn die Stellplätze auf einem in zumutbarer Entfernung davon gelegenen Grundstück hergestellt werden und die Benutzung dieses Grundstücks für diesen Zweck öffentlich-rechtlich durch Baulast gesichert ist (Anmietung nicht ausreichend: VGH Mannheim, BRS 40 Nr. 147; OVG Münster, BRS 40 Nr. 137; BRS 49 Nr. 141 und BRS 50 Nr. 127). **237**

Bsp.:
1. Stellplätze in einer Entfernung von mehr als 1000 m vom Büro- und Geschäftshaus sind in einer Großstadt unzumutbar (OVG Saarlouis, BRS 52 Nr. 116).
2. Bei einem Spielsalon ist ein Parkplatz in 800 Meter Entfernung nicht mehr ausreichend (VGH Mannheim, VBlBW 1985, 459).

Bei Wohngrundstücken ist eine Entfernung von maximal 300 Meter (VGH Mannheim, BRS 44 Nr. 109), bei Ladengeschäften sogar nur 150 Meter noch als zumutbare Entfernung für einen Stellplatz angesehen worden; für eine Arztpraxis wurden ebenfalls 300 m als zumutbar angesehen (VGH Mannheim Urt. v. 08.09.1995 - 8 S 850/95 -, juris). Welche Entfernung im Einzelfall zumutbar ist, richtet sich aber nicht allein nach der Entfernung, sondern auch nach der Zweckbestimmung der Stellplätze, den Verkehrsverhältnissen und der Topographie der Wegstrecke.

Ferner kann der Bauherr sich an einer **Gemeinschaftsgarage** auf einem dafür im Bebauungsplan vorgesehenen Grundstück (§ 9 Abs. 1 Nr. 22 BauGB) beteiligen (BVerwG, BauR 1989, 439).

Notwendige Stellplätze und Garagen dürfen nach § 47 Abs. 9 LBauO **nicht zweckentfremdet** benutzt werden. Notwendige Einstellplätze müssen also nicht nur objektiv zum Abstellen von Kraftfahrzeugen geeignet sein (OVG Münster, BRS 50 Nr. 127), sondern auch tatsächlich zu diesem Zweck genutzt werden. **238**

Bsp. für zweckentfremdete Stellplätze
1. „gefangene", d. h. nur über andere Stellplätze erreichbare Stellplätze (OVG Koblenz, NVwZ-RR 2003, 548; VGH Mannheim, BRS 44 Nr. 109)
2. Erreichbarkeit nur über einen Privatweg (VGH Mannheim, NVwZ-RR 1994, 133)
3. rechtlich nicht gesicherte, aber tatsächlich genutzte Zufahrt (VGH Kassel, BRS 56 Nr. 127)
4. Vermietung an hausfremde Fahrzeughalter (OVG Münster, NVwZ 1994, 703)
5. Besucherstellplätze für Gaststätte in nachts geschlossener Tiefgarage (OVG Schleswig, BRS 56 Nr. 124).

Das Verbot zweckwidriger Nutzung hält sich im Rahmen der Sozialbindung des Eigentums (BayVerfGH, BayVBl. 1995, 527).

Da in vielen Fällen die Herstellung von Einstellplätzen durch den Bauherrn - aus rechtlichen oder wirtschaftlichen Gründen - nicht oder nur unter großen Schwierig- **239** keiten möglich ist oder sie aufgrund einer Satzung nach § 88 LBauO untersagt oder eingeschränkt ist, der Bauherr aber wegen der von seiner geplanten baulichen Anlage ausgehenden Gefahr für die Leichtigkeit und Sicherheit des Verkehrs von seiner Verpflichtung nicht befreit werden soll und die Ablehnung des Baugesuchs wegen nicht ausreichender Stellplätze oft zu unbefriedigenden Ergebnissen führen würde, wurde die Möglichkeit der **Ablösung der Stellplatzverpflichtung** durch Zahlung eines Geldbetrages geschaffen, § 47 Abs. 4 Satz 1 LBauO (BVerwGE 23, 213; NJW 1980, 1294). Im **Ablösevertrag** verpflichtet sich der Bauherr, zur Ablösung seiner Stellplatzverpflichtung einen Geldbetrag an die Gemeinde zu zahlen, den diese zur Herstellung öffentlicher Parkeinrichtungen an geeigneter Stelle, für die Instandhaltung und Modernisierung öffentlicher Parkeinrichtungen, zum Ausbau und zur Instandhaltung von P + R-Anlagen, für die Einrichtung von Parkleitsystemen und anderen Maßnahmen zur Verringerung des Parksuchverkehrs sowie für bauliche oder andere Maßnahmen zur Herstellung und Verbesserung der Verbindungen zwischen Parkeinrichtungen und Haltestellen des öffentlichen Personennahverkehrs (§ 47 Abs. 5 LBauO) zu verwenden hat. Das Bundesverwaltungsgericht sieht den Ablösebetrag als Ausgleichsleistung für die Freistellung von der Verpflichtung an, einen Stellplatz anlegen zu müssen, (NVwZ 2005,215) und ist damit von seiner Ansicht, es handele sich um eine Sonderabgabe (NJW 1986, 600) abgerückt. Es handelt sich um eine vertraglich übernommene Zahlungsverpflichtung (OVG Saarlouis, NJW 1993, 1612; VGH München, BRS 50 Nrn. 128 und 130; OVG Münster, BRS 58 Nr. 122 - Austauschvertrag; zur Verjährung: VGH Mannheim, NVwZ 1997, 204).

§ 47 Abs. 4 LBauO stellt die Ablösung der Stellplatzverpflichtung durch Zahlung einer Ablösesumme allerdings nicht in das Belieben des Bauherrn oder der Gemeinde. Die Möglichkeit besteht vielmehr nur dann, wenn die Herstellung der erforderlichen Stellplätze unter Anwendung des § 47 Abs. 4 LBauO nicht oder nur unter großen Schwierigkeiten möglich ist.

Die Gemeinde ist zum Abschluss eines Vertrags nach § 47 Abs. 4 LBauO nicht verpflichtet. Dies gilt auch dann, wenn der Bauherr sonst das Bauvorhaben nicht verwirklichen kann (BVerwG, BRS 40 Nr. 146). Der Bauherr hat keinen Anspruch darauf, zwischen der tatsächlichen Herstellung von Stellplätzen und der Zahlung eines Ablösebetrages wählen zu können.

240 Die Höhe der Geldleistung ist in einer Ablösesatzung nach § 47 Abs. 4 Satz 3 LBauO festzusetzen (in großen Städten ist eine Zoneneinteilung in der Satzung erforderlich: OVG Lüneburg, BRS 47 Nr. 112). Der Geldbetrag darf 60 v.H. der durchschnittlichen Herstellungskosten der Parkeinrichtungen einschließlich des Grunderwerbs nicht übersteigen (§ 47 Abs. 4 Satz 3 LBauO). Der Geldbetrag ist innerhalb eines angemessenen Zeitraums für die in § 47 Abs. 5 LBauO angeführten Einrichtungen zu verwenden. Das OVG Münster (NJW 1983, 2835) hat einen Zeitraum von zehn Jahren noch für angemessen gehalten.

Die **Verpflichtung zur Zahlung** der vereinbarten Ablösesumme hängt von der Verwirklichung des Bauvorhabens ab und nicht nur von der Erteilung der Baugenehmigung (OVG Koblenz, NVwZ-RR 2004, 243; OVG Münster, NVwZ-RR 1998, 15; a. A. VGH Mannheim, BauR 1991, 66). Grundlage für die Ablösevereinbarung ist nicht nur die Erteilung der Baugenehmigung, sondern regelmäßig auch deren Ausnutzung (OVG Münster, BRS 58 Nr. 122). Werden aber nach Fertigstellung des Bauvorhabens Nutzungsänderungen vorgenommen, die den Stellplatzbedarf mindern, kann der Bauherr nicht ohne weiteres eine Anpassung des Stellplatzablösevertrages nach

B. Materiell-rechtliche Regelungen des Bauordnungsrechts

§ 60 VwVfG und eine Rückzahlung von Teilen der Ablösesumme verlangen (OVG Koblenz, NVwZ-RR 2004, 243).

Auch wenn der Bauherr sich wirksam zur Zahlung einer Ablösesumme verpflichtet hat, kann die Gemeinde den Betrag nicht durch Leistungsbescheid anfordern, da es an dem für einen Leistungsbescheid erforderlichen Über-Unterordnungsverhältnis fehlt. Die Gemeinde muss vielmehr **Leistungsklage** erheben (so auch VGH Mannheim BRS 30 Nr. 108; a. M. OVG Münster NJW 1983, 2835). Etwas Anderes gilt, wenn die Zahlungspflicht in einer Auflage zur Baugenehmigung festgelegt worden ist, denn dann kann diese Auflage zwangsweise durchgesetzt werden (OVG Münster, BRS 46 Nr. 118;OVG Greifswald, UPR 2005, 117).

5. Sonstige materiell-rechtliche Vorschriften des Bauordnungsrechts

Hier sollen nur diejenigen Vorschriften erörtert werden, deren Auslegung Schwierigkeiten aufweist oder die besonders bedeutungsvoll sind, so dass sie jeder, der sich mit dem Baurecht befasst, kennen muss. **241**

a) § 3 LBauO enthält eine § 1 POG vergleichbare **bauordnungsrechtliche Generalklausel**. Danach sind bauliche Anlagen sowie andere Anlagen und Einrichtungen im Sinne des § 1 Abs. 1 Satz 2 LBauO so anzuordnen, zu errichten, zu ändern und instand zu halten, dass sie die öffentliche Sicherheit oder Ordnung sowie die natürlichen Lebensgrundlagen nicht gefährden. Die Frage, ob durch eine bauliche Anlage Recht oder Ordnung verletzt wird, ist unter Heranziehung der im Polizeirecht zu § 1 POG entwickelten Grundsätze zu beantworten; erforderlich ist eine konkrete Gefahr (VGH Mannheim, BauR 2006, 1865).

Bsp.:
1. Einsturzgefahr eines abgebrannten Gebäudes (VGH Mannheim, VBIBW 1982, 94)
2. Anbringen eines Kaugummiautomaten, der durch eine verkehrsreiche Straße von einer Schule getrennt wird (VGH Mannheim, BRS 40 Nr. 126).

Der Bauherr muss ferner nach § 3 Abs. 3 LBauO die von der obersten Bauaufsichtsbehörde durch Verwaltungsvorschrift als **technische Baubestimmungen** eingeführten technischen Regeln beachten (s. dazu Gusy, VerwArch 1988, 68). Durch Verwaltungsvorschrift vom 24.11.1998 (GVBl. S. 365), zuletzt geändert am 01.10.2015 (MinBl. S. 154), hat das Ministerium der Finanzen die Liste der Technischen Baubestimmungen eingeführt. Dabei werden nur solche technischen Regeln eingeführt, die zur Erfüllung der Grundsatzanforderungen des Bauordnungsrechts unerlässlich sind. Die Bauaufsichtsbehörden können allerdings im Rahmen ihrer Entscheidungen zur Ausfüllung unbestimmter Rechtsbegriffe auch auf nicht eingeführte allgemein anerkannte Regeln der Technik zurückgreifen. Als Folge des § 18 Abs. 2 LBauO werden vom Institut für Bautechnik, Berlin, jene technischen Regeln in Baugellisten bekanntgemacht, die zur Erfüllung der in der Landesbauordnung und in Vorschriften aufgrund der Landesbauordnung an bauliche Anlagen gestellten Anforderungen erforderlich sind. Wenn auch die Technischen Baubestimmungen zu beachten sind, so sind sie doch keine Rechtssätze (BVerwG NJW 1962, 506 und NVwZ 1991, 884; BVerwGE 72, 300 zur eingeschränkten gerichtlichen Kontrolle technischer Normwerke).

b) § 6 Abs. 2 LBauO verlangt, dass Gebäude nur errichtet werden dürfen, wenn gesichert ist, dass bis zum Beginn ihrer Benutzung das Grundstück in angemessener Breite an einer befahrbaren öffentlichen Verkehrsfläche liegt, eine öffentlich-recht- **242**

lich, d. h. durch eine Baulast nach § 86 LBauO, **gesicherte Zufahrt** zu einer befahrbaren Verkehrsfläche hat oder bei Vorhaben im Sinne des § 35 Abs. 1 Nr. 1 bis 3 BauGB über einen Wirtschaftsweg erreichbar ist; ein nicht befahrbarer Wohnweg genügt, wenn der Brandschutz gewährleistet ist. Ein dinglich gesichertes Wegerecht nach § 1018 BGB reicht nicht aus; erst recht nicht ein privates Geh- und Fahrrecht (OVG Saarlouis, BRS 44 Nr. 137) oder ein Notwegrecht nach § 917 BGB (OVG Saarlouis, BRS 24 Nr. 97; OVG Münster, NJW 1977, 725). Eine Dienstbarkeit genügt nur dann zur Sicherung der Zufahrt, wenn sie vor dem 01.10.1974 begründet worden ist (§ 6 Abs. 2 Satz 2 LBauO).

243 c) **§ 4 LBauO** sieht die Rücksichtnahme auf die **natürliche Umwelt** vor. Nach § 6 Abs. 1 LBauO dürfen Grundstücke, die mit umweltgefährdenden Stoffen belastet sind, nur bebaut werden, wenn von ihnen keine Gefährdungen für die Umwelt, insbesondere die menschliche Gesundheit, ausgehen oder die Gefährdung nach Art der vorgeschriebenen Bebauung unschädlich ist

244 d) **§ 13 LBauO** verlangt, dass bauliche Anlagen im Ganzen und in ihren einzelnen Teilen sowie für sich allein standsicher und dauerhaft sind. Sie müssen nach menschlichem Ermessen den zu erwartenden Belastungen standhalten (VGH Mannheim, VBlBW. 1999, 308). Des Weiteren darf die **Standsicherheit** anderer baulicher Anlagen und die Tragfähigkeit des Baugrundes der Nachbargrundstücke nicht gefährdet werden.

245 e) Die dem **Immissionsschutz** dienenden Regelungen in **§ 16 LBauO** werden weitgehend durch das Bundesimmissionsschutzgesetz verdrängt. Im Rahmen der Erteilung einer Baugenehmigung ist deshalb § 22 BImSchG zu beachten (BVerwGE 145, 145). Danach sind vermeidbare schädliche Umwelteinwirkungen (§ 3 Abs. 1 BImSchG) zu vermeiden und unvermeidbare Umwelteinwirkungen auf ein Mindestmaß zu reduzieren. Es kann insoweit auf die technischen Regelwerke, wie TA-Lärm, TA-Luft, zurückgegriffen werden. Der Baugenehmigung beigefügte Auflagen hinsichtlich der zulässigen Immissionswerte reichen nur aus, wenn auch tatsächlich gewährleistet ist, dass die Auflage beachtet wird.

246 f) **§ 30 LBauO** verlangt, dass zur Verhinderung der Ausbreitung von Bränden feuerbeständige Brandwände errichtet werden; dies ist insbesondere bei Gebäuden mit geringen Abständen, zwischen aneinandergereihten Gebäuden und innerhalb ausgedehnter Gebäude erforderlich.

247 g) In Ergänzung der bauplanungsrechtlichen Regelungen der §§ 30 ff. BauGB, wonach bauliche Anlagen ausreichend erschlossen sein müssen (s. oben Rn. 185), stellen §§ 41, 42 LBauO besondere Anforderungen an die **Wasserversorgung und Abwasserbeseitigung**. Von Bedeutung ist vor allem, dass bauliche Anlagen möglichst an die Kanalisation anzuschließen sind. Der Anschluss an eine Kleinkläranlage oder Grube ist nach § 42 LBauO ausnahmsweise zulässig, wenn ein Anschluss an eine zentrale Abwasserbeseitigungsanlage nicht möglich ist. Die rechtliche Sicherstellung der Abwasserbeseitigung wird durch den Anschluss- und Benutzungszwang nach den einschlägigen kommunalen Satzungen sichergestellt.

248 h) **§§ 43-46 LBauO** normieren zur Gewährleistung gesunder Wohnverhältnisse gewisse **Mindestanforderungen an Wohnungen und Aufenthaltsräume** (§ 2 Abs. 5 LBauO). Ein Aufenthaltsraum ist ein Raum, in dem sich Menschen nicht nur vorübergehend aufhalten; der Aufenthalt braucht aber weder täglich zu erfolgen noch sich über mehrere Stunden zu erstrecken (VGH Mannheim, BRS 29 Nr. 68 - Betsaal einer Sekte).

Nach § 43 Abs. 1 LBauO müssen Aufenthaltsräume mindestens 2,40 m hoch sein; im Dachgeschoss reicht eine Höhe von 2,20 m (§ 45 Abs. 4 LBauO) aus. Die Größe der Fenster von Aufenthaltsräumen muss nach § 43 Abs. 2 Satz 2 LBauO mindestens 1/10 der Grundfläche des Raumes betragen; ein geringeres Maß kann zugelassen werden, wenn wegen der Lichtverhältnisse keine Bedenken bestehen.

Im Kellergeschoss können Aufenthaltsräume nach § 45 Abs. 1 LBauO nur eingerichtet werden, wenn das Gelände vor Außenwänden mit notwendigen Fenstern (Definition in § 43 Abs. 2 Satz 1 LBauO) in einer für die Beleuchtung mit Tageslicht ausreichenden Entfernung und Breite nicht mehr als 70 cm über dem Fußboden der Aufenthaltsräume liegt; dies gilt auch für unterste Geschosse über der Geländeoberfläche.

Wohnungen müssen baulich abgeschlossen sein und einen eigenen, abschließbaren Zugang aufweisen (§ 44 Abs. 1 LBauO). Sie müssen eine für sich zu lüftende Küche sowie einen Abstellraum (§ 44 Abs. 4 LBauO) haben.

249 Bei Gebäuden mit Wohnungen über dem zweiten Geschoss über der Geländeoberfläche sind leicht erreichbare und gut zugängliche Abstellräume für Kinderwagen und Fahrräder (§ 44 Abs. 5 LBO) einzurichten. Für Gebäude mit mehr als zwei Wohnungen müssen ausreichend große Trockenräume (§ 44 Abs. 6 LBauO) eingerichtet werden. Ferner muss nach § 11 Abs. 1 LBauO ein Kinderspielplatz angelegt werden bei der Errichtung von Gebäuden mit mehr als drei Wohnungen.

250 Nach § 44 Abs. 2 LBauO sind Gebäude mit mehr als vier Wohnungen so herzustellen und instand zu halten, dass von den ersten fünf Wohnungen eine und von jeweils zehn weiteren Wohnungen zusätzlich eine Wohnung barrierefrei zu erreichen und behindertengerecht ausgestaltet ist (s. auch § 4 LBauO).

C. Verfahrensvorschriften

1. Zulassungsverfahren

a) Baugenehmigungsbedürftige Anlagen - § 61 LBauO

251 Die Landesbauordnung hält an dem Grundsatz der Genehmigungsbedürftigkeit fest, soweit in ihr oder aufgrund der Bauordnung nichts anderes bestimmt ist (§ 61 LBauO). Die **grundsätzliche Baugenehmigungspflicht** stellt eine verfassungsrechtlich zulässige Inhalts- und Schrankenbestimmung des Eigentums nach Art. 14 Abs. 1 GG dar (BVerfGE 52, 1) und begegnet damit keinen verfassungsrechtlichen Bedenken.

Nach § 61 LBauO bedarf die Errichtung, Änderung, Nutzungsänderung und der Abbruch baulicher Anlagen und Einrichtungen im Sinne des § 1 Abs. 1 Satz 2 LBauO der Genehmigung (Baugenehmigung), soweit in §§ 62, 67 und 84 LBauO nichts anderes bestimmt ist.

Unter Errichtung einer baulichen Anlage ist deren erstmalige Herstellung, aber auch der Wiederaufbau einer Anlage nach deren Zerstörung zu verstehen. Fasst der Bauherr mehrere selbstständige Anlagen zu einem Vorhaben zusammen, sind aber einzelne Anlagen davon genehmigungspflichtig und andere genehmigungsfrei, so gilt der **Grundsatz des einheitlichen Verfahrens** (OVG Münster, BRS 20 Nr. 149; VGH München, NVwZ-RR 1994, 246; BVerwG; NVwZ 1994, 294; OVG Saarlouis, BRS 28 Nr. 98). Dies bedeutet, dass das Verfahren mit dem weitesten Prüfungsumfang durchzuführen ist; also z. B. das unbeschränkte Genehmigungsverfahren nach

§§ 61, 63 ff. LBauO statt des vereinfachten Verfahrens nach § 66 LBauO. Mit seinem Bauantrag legt der Bauherr den Umfang seines Vorhabens fest und hat es als eine Einheit der Bauaufsichtsbehörde zur Prüfung gestellt (s. dazu VG Koblenz, BauR 2000, 1467).

Wird ein Vorhaben durch einen Bauantrag zulässigerweise in mehrere Anlagen aufgeteilt, ist für jede einzelne Anlage das für sie maßgebende Verfahren durchzuführen. Allerdings kann der Bauherr ein einheitliches Vorhaben nicht willkürlich aufteilen. Die Grenze für die von ihm getroffene Festlegung des Umfangs des Vorhabens verläuft dort, wo bei natürlicher Betrachtungsweise ein einheitliches Vorhaben in von der Funktionalität her nicht mehr selbstständige Teile künstlich aufgespalten werden soll (OVG Berlin, BRS 48 Nr. 125: Aufteilung in Gewächshäuser für einen Erwerbsgartenbau - § 62 Abs. 1c LBauO - und die übrigen mit dem zu errichtenden Gesamtgartenbaubetrieb geplanten Anlagen).

Die Umgestaltung einer bestehenden Anlage stellt eine Änderung im Sinne des § 61 LBauO dar. Bei einer Änderung ist nicht nur der geänderte Teil, sondern das gesamte Bauvorhaben Gegenstand des Baugenehmigungsverfahrens (BVerwG, NVwZ 2002, 1118). Dies gilt aber nur dann, wenn die Änderung sich auf das gesamte Bauvorhaben auswirkt. Kann die Änderung baurechtlich isoliert betrachtet werden, kommt es nur auf ihre Zulässigkeit an (BVerwG, NVwZ 2000, 1047).

Instandsetzungs- und Unterhaltungsarbeiten sowie unwesentliche Änderungen an oder in Anlagen oder Einrichtungen bedürfen keiner Baugenehmigung. Instandsetzungsarbeiten sind allerdings nur solche, die den Bestand des Gebäudes unter Wahrung seines bisherigen Nutzungszwecks unverändert erhalten (VGH Mannheim, BauR 2011, 1957). Eine genehmigungsfreie unwesentliche Änderung kann nur dann angenommen werden, wenn weder das Äußere des Gebäudes verändert wird, noch erhebliche Änderungen im Innern vorgenommen werden, insbesondere die statischen Verhältnisse unverändert bleiben (BVerwG, BRS 36 Nr. 99; VGH Mannheim, BRS 47 Nr. 195). Eine Instandsetzung ist jedenfalls nicht mehr gegeben, wenn der finanzielle Aufwand für die Aufrechterhaltung der Nutzung demjenigen für einen Neubau gleichkommt (OVG Magdeburg, BauR 2012, 929; VGH Mannheim, BauR 2011, 1957). In jedem Fall muss die Identität des Bauwerks erhalten bleiben (BVerwG, BauR 1986, 302); es darf sich nicht die Frage nach der baurechtlichen Zulässigkeit des geänderten Vorhabens stellen (VGH Mannheim, VBlBW 1997, 141). Keine Instandsetzungs- und Unterhaltungsarbeiten liegen vor, wenn die Anlage sukzessive vollständig erneuert wird (Salamitaktik).

Umbauten innerhalb eines Wohngebäudes sind nach § 62 Abs. 1 Nr. 10 LBauO genehmigungsfrei, auch wenn tragende oder aussteifende Bauteile im Innern von Gebäuden nach § 66 Abs. 1 LBauO mit Ausnahme von Kulturdenkmälern betroffen sind.

252 Von praktischer Bedeutung sind im Rahmen des § 61 LBauO besonders Nutzungsänderungen. Eine **Nutzungsänderung** von Gebäuden und Räumen, die nicht im Außenbereich liegen, bedarf auch ohne jede bauliche Maßnahme einer Baugenehmigung, sofern für die neue Nutzung andere öffentlich-rechtliche weitergehende Anforderungen gelten als für die bisherige (vgl. § 62 Abs. 2 Nr. 5a LBauO) Nutzung. Der Inhalt der genehmigten Nutzung ist der erteilten Baugenehmigung in Verbindung mit den von dem Bauherrn eingereichten Bauunterlagen zu entnehmen. Eine Nutzungsänderung liegt daher dann vor, wenn die ursprünglich genehmigte Nutzung der baulichen Anlage geändert wird, die beabsichtigte Nutzung also einem anderen Tatbestandsmerkmal der Vorschrift über die Art der baulichen Nutzung oder der gewerbli-

C. Verfahrensvorschriften

chen Nutzung zuzuordnen ist (OVG Hamburg, BRS 58 Nr. 75). Die Nutzungsänderung im bauordnungsrechtlichen Sinn ist von derjenigen im bauplanungsrechtlichen Sinn zu unterscheiden. Letztere setzt voraus, dass die Variationsbreite der genehmigten Nutzung verlassen wird und dadurch bodenrechtliche Belange berührt werden können. So stellt die Nutzungsänderung eines Lehrlingswohnheims in eine Asylbewerberunterkunft eine Nutzungsänderung sowohl im bauordnungs- als auch im bauplanungsrechtlichen Sinn dar. Die Zweckbestimmung wird geändert und die bauplanungsrechtliche Zulässigkeit ist möglicherweise anders zu beurteilen (VGH Mannheim, NVwZ-RR 2014, 752).

Weitergehende Anforderungen gelten nicht nur dann, wenn andere Vorschriften für die neue Nutzung maßgeblich sind, sondern auch dann, wenn das neue Vorhaben nach derselben Vorschrift anders zu beurteilen ist. Eine baurechtlich bedeutsame Nutzungsänderung setzt nach der Rechtsprechung des Bundesverwaltungsgerichts eine Funktionsänderung voraus (BVerwGE 47, 185).

Bsp. für eine Nutzungsänderung:
1. Zusammenfassung eines Möbelmarktes und eines Einzelhandelgroßbetriebes mit Vollsortiment zu einem Betrieb unter einheitlicher Leitung ist eine Nutzungsänderung (OVG Saarlouis, BRS 46 Nr. 135)
2. Umwandlung einer Gaststätte in eine Diskothek im nicht beplanten Innenbereich (OVG Münster, NVwZ 1983, 685; VGH München, BRS 47 Nr. 52)
3. Diskothek in Spielhalle (BVerwG, BRS 50 Nr. 166)
4. Bauernhaus im Außenbereich in Wohnhaus (OVG Lüneburg, BRS 56 Nr. 84)
5. Einzelhandelsbetrieb mit Kfz-Zubehör in Einzelhandelsbetrieb mit Schuhsortiment (VGH Kassel, UPR 1990, 318)
6. Eisdiele in Reinigungsannahmestelle (VGH Kassel, BRS 58 Nr. 149)
7. Jagdhütte in Wochenendhaus (VGH Kassel, BRS 56 Nr. 77)
8. Kinderheim im Außenbereich in ein Alten-, Altenwohn- und Pflegeheim (OVG Saarlouis, BRS 57 Nr. 111)
9. Landwirtschaftlicher Betrieb wird von Rinderzucht auf Schweinemast umgestellt (OVG Münster, BRS 28 Nr. 99)
10. Nutzung einer landwirtschaftlichen Maschinenhalle wird als Tischlerei genutzt (OVG Lüneburg, NVwZ-RR 1999, 493)
11. Swingerclub in eine Spielhalle (VGH Mannheim, BauR 2007, 669)
12. Wettannahmestelle in ein Wettbüro, das zum längeren Aufenthalt einlädt, z. B. zum Verfolgen der Sportübertragungen (OVG Koblenz, Beschl.v. 14.04.2011 - 8 B 10278/11.OVG -, juris)
13. Erweiterung eines Spielsalons von 65 m² um einen Nebenraum von 34 m² (VG Neustadt/Weinstr., Urt. v. 22.03.2012 - 4 K 12/12.NW -, juris)

b) Baugenehmigungsfreie Vorhaben - § 62 LBauO

§ 62 LBauO stellt bestimmte Vorhaben von jeglichem **Zulassungsverfahren frei.** 253 Dies bedeutet, dass der Grundstückseigentümer ohne irgendeine Beteiligung der Bauaufsichtsbehörde derartige Vorhaben errichten darf. Der umfangreiche Katalog dieser Vorschrift hat durch das Dritte Landesgesetz zur Änderung der Landesbauordnung vom 15.06.2015 (GVBl. S. 77 ff.) Änderungen erfahren. § 62 LBauO wurde in mehrfacher Hinsicht ergänzt, um weitere Erleichterungen für den Bauherrn durch den Wegfall einer präventiven bauaufsichtlichen Prüfung zu schaffen. Das betrifft insbesondere Maßnahmen zur Einsparung von Energie und zur Nutzung erneuerbarer Energien. Unberührt bleibt die Verpflichtung, baurechtliche und sonstige öffentlich-rechtliche Vorschriften zu beachten (vgl. § 62 Abs. 3 LBauO).

Nur wenige der in dem umfangreichen Katalog des § 62 LBauO enthaltenen Vorhaben bedürfen einer Erläuterung:

aa) Nach § 62 Abs. 1 Nr. 1a LBauO sind Gebäude bis zu 50 m³ im Innenbereich (also im Geltungsbereich eines Bebauungsplanes nach § 30 Abs. 1 und 2 BauGB, in einem Planaufstellungsgebiet nach § 33 BauGB oder innerhalb im Zusammenhang bebauter Ortsteile nach § 34 BauGB) zulässig. Im Außenbereich sind Gebäude bis zu 10 m³ umbauten Raums ohne Aufenthaltsräume, Toiletten oder Feuerstätten genehmigungsfrei; dabei sind die Außenmaße maßgeblich (OVG Koblenz, AS RP-SL 15, 39; BRS 32 Nr. 125).

Ein **Gebäude** setzt nach § 2 Abs. 2 Satz 1 LBauO ein Dach voraus. Seitenwände sind dagegen nicht erforderlich; auch eine Überdachung auf Pfeilern ohne Seitenwände ist ein Gebäude (OVG Koblenz, BRS 32 Nr. 125). Ferner muss das Bauwerk von erwachsenen Menschen durch eine Tür oder ähnliche Öffnung betreten werden können (VG Neustadt/Weinstr., Urt. v. 17.04.2008 - 4 K 25/08.NW -, juris).

bb) Nach **§ 62 Abs. 1 Nr. 1b LBauO** sind freistehende land- oder forstwirtschaftliche Betriebsgebäude ohne Unterkellerung und ohne Feuerstätten bis zu 100 m² und 6 m (früher: 5 m) Firsthöhe, die nur zur Unterbringung von Sachen oder zum vorübergehenden Schutz von Tieren bestimmt sind, genehmigungsfrei. Voraussetzung ist aber, dass die Gebäude einem **land- oder forstwirtschaftlichen Betrieb** oder einem Betrieb der gartenbaulichen Erzeugung dienen, d. h. dass sie nach § 35 Abs. 1 Nr. 1 und 2 BauGB privilegiert sind (OVG Saarlouis, AS RP-SL 24, 279). Dabei kommt es nicht auf die tatsächliche Nutzung an, sondern auf die objektive Nutzungsmöglichkeit (OVG Koblenz, BauR 2004, 1284). Ein zum wochenendmäßigen Wohnen geeignetes Gebäude ist deshalb auch dann kein landwirtschaftlicher Schuppen, wenn es tatsächlich zum Aufbewahren landwirtschaftlicher Produkte genutzt wird.

cc) Garagen, überdachte Stellplätze und Abstellplätze für Fahrräder, die die Höhen- und Längenmaße an den Nachbargrenzen nach § 8 Abs. 9 LBauO einhalten, bedürfen nach § 62 Abs. 1 Nr. 1 f LBauO bis zu 50 m² und einer mittleren Wandhöhe der Außenwände von jeweils nicht mehr als 3,20 m keiner Baugenehmigung, es sei denn sie sollen im Außenbereich oder in der Umgebung von Kultur- und Naturdenkmälern errichtet werden.

dd) Einfriedungen sind aus Gründen der Verfahrensvereinfachung nach § 62 Abs. 1 Nr. 6a LBauO genehmigungsfrei gestellt, soweit sie nicht im Außenbereich oder in der Umgebung von Kultur- und Naturdenkmälern stehen sollen. Im Außenbereich sind Weidezäune sowie offene Einfriedungen von Grundstücken, die einem land- oder forstwirtschaftlichen Betrieb oder einem Betrieb der gartenbaulichen Erzeugung etwa zum Schutz von land- und forstwirtschaftlichen Kulturen, dem Schutz von Wildgehegen zu Jagdzwecken oder dem Schutz von Verkehrswegen dienen (s. § 35 Abs. 1 Nr. 1 und 2 BauGB), genehmigungsfrei mit Ausnahme derjenigen, die in der Umgebung von Kultur- und Naturdenkmälern errichtet werden sollen. Unter einer offenen Einfriedung ist nicht eine Einfriedung zu verstehen, die das Grundstück nicht auf allen Seiten umgibt, sondern eine Einfriedung, bei der die Bauteile kleiner sind als die Zwischenräume. Ein Maschendrahtzaun ist daher keine geschlossene, sondern eine offene Einfriedung.

ee) Werbeanlagen, die in § 52 Abs. 1 LBauO definiert werden, im Innenbereich sind nach § 62 Abs. 1 Nr. 8a LBauO unter anderem bis zu einer Größe von 1 m² genehmigungsfrei. Dabei kommt es bei beidseitig oder mehrseitig beschrifteten Werbeanlagen auf die jeweils von einem bestimmten Standort aus sichtbare Werbefläche an

C. Verfahrensvorschriften

(OVG Münster, BauR 1986, 549). Durch eine Gestaltungssatzung nach § 88 Abs. 1 LBauO kann die Zulässigkeit von Werbeanlagen geregelt werden.

ff) Baugenehmigungsfrei sind nach § 62 Abs. 1 Nr. 11a LBauO selbstständige **Aufschüttungen** oder Abgrabungen bis zu 300 m² Grundfläche und bis zu 2 m Höhe oder Tiefe.

gg) Unbedeutende Anlagen sind nach Nr. 11k des § 62 Abs. 1 LBauO genehmigungsfrei. Es handelt sich dabei um Vorhaben, die wegen ihrer geringen Größe oder ihren geringen Auswirkungen auf die Umgebung keine baurechtliche Relevanz haben (z. B. Solaranlage: VGH Mannheim, NVwZ 1989, 230).

Hinweis:

Auch eine bei isolierter Betrachtungsweise genehmigungsfreie Anlage kann als Teil einer Gesamtanlage genehmigungspflichtig sein (OVG Saarlouis, BRS 28 Nr. 98; vgl. auch BVerwG, NVwZ 1994, 294).

Bsp.:
Eine Einfriedigung im Innenbereich ist nach Nr. 6 des § 62 Abs. 1 Satz 1 LBauO genehmigungsfrei. Wenn die Einfriedigung aber einen Bolzplatz umgibt, müssen beide als Einheit gesehen werden und unterliegen der Genehmigungspflicht (OVG Münster, BauR 2000, 81).
Beachte: Die Genehmigungsfreiheit entbindet nicht von der Verpflichtung zur Einhaltung der Anforderung, die durch baurechtliche und sonstige (z. B. landespflegerische) öffentlich-rechtliche Vorschriften an bauliche Anlagen sowie andere Anlagen und Einrichtungen gestellt werden (§ 62 Abs. 3 LBauO).

c) Vereinfachtes Genehmigungsverfahren - § 66 LBauO

Bei der Einführung des vereinfachten Verfahrens im Jahre 1986 ging der Gesetzgeber davon aus, dass bei Bauvorhaben, bezüglich deren kein besonderes Interesse der Allgemeinheit daran besteht, die Wahrung der öffentlichen Sicherheit und Ordnung durch Beachtung der bautechnischen Bestimmungen durch die Bauaufsichtsbehörde zu überprüfen, sich die Prüfung der Baubehörde auf die sonstigen Anforderungen beschränken kann, insbesondere auf die Einhaltung der städtebaurechtlichen Vorschriften. Im vereinfachten Genehmigungsverfahren wird eine Baugenehmigung erteilt, allerdings ist der materielle Prüfungsumfang gegenüber dem Genehmigungsverfahren nach §§ 61, 70 LBauO beschränkt. Die Vorhaben, bei denen ein vereinfachtes Verfahren durchzuführen ist, weil sie weder nach § 62 LBauO genehmigungsfrei sind noch nach § 67 LBauO von der Baugenehmigungspflicht freigestellt sind, sind in § 66 Abs. 1 LBauO abschließend aufgezählt. Eine Erweiterung oder Analogie zu diesem Katalog ist nicht zulässig, auch wenn ein Vorhaben mit einem in § 66 Abs. 1 Satz 1 Nr. 1 bis 9 LBauO aufgeführten Vorhaben vergleichbar sein sollte. Für die in Absatz 1 aufgezählten neun Vorhaben ist das vereinfachte Genehmigungsverfahren zwingend durchzuführen. Durch das Dritte Gesetz zur Änderung der LBauO vom 15.06.2015 wurde für weitere Bauvorhaben das vereinfachte Genehmigungsverfahren eingeführt.

Bereits durch die LBauO von 1999 wurde in § 66 Abs. 2 LBauO für bestimmte Vorhaben das vereinfachte Genehmigungsverfahren für anwendbar erklärt. Nach Absatz 2 des § 66 LBauO kann auch für ein größeres und risikoreicheres Bauvorhaben ein vereinfachtes Verfahren durchgeführt werden. Die Gebäudeklassen, auf die sich § 66 Abs. 2 Satz 1 LBauO bezieht, sind in § 2 Abs. 2 LBauO definiert. Voraussetzung für ein vereinfachtes Genehmigungsverfahren ist: Spätestens bei Baubeginn müssen der Bauaufsichtsbehörde Erklärungen über die ordnungsgemäße Aufstellung der Standsicherheitsnachweise, des Wärmeschutzes und, soweit erforderlich, des Schallschutzes vorliegen. Abzugeben sind diese Erklärungen von den Personen, die die Nachweise aufgestellt und erforderlichenfalls geprüft haben.

Dem Bauherrn steht ein eigentliches Wahlrecht zwischen vereinfachtem und uneingeschränktem Genehmigungsverfahren nicht zu. Er kann jedoch dadurch, dass er auf die Beteiligung von Sachverständigen und Prüfingenieuren für Baustatik verzichtet, die Durchführung eines umfassenden Genehmigungsverfahrens erreichen. Er kann aber auch, wenn die Grundvoraussetzungen des § 66 Abs. 2 Satz 1 LBauO sowie des § 67 Abs. 1 Satz 1 LBauO erfüllt sind, nach § 67 Abs. 5 LBauO das Freistellungsverfahren verlangen.

Im vereinfachten Verfahren beschränkt sich die Prüfung des Vorhabens gemäß § 66 Abs. 3 Satz 1 LBauO auf die Zulässigkeit des Vorhabens nach den **Bestimmungen des Baugesetzbuches** (§§ 30, 33, 34, 35 und 36 BauGB) und der sonstigen öffentlich-rechtlichen Vorschriften. Nach Sinn und Zweck des vereinfachten Verfahrens können mit den sonstigen öffentlich-rechtlichen Vorschriften nicht solche des Bauordnungsrechts gemeint sein (OVG Koblenz, AS RP-SL 26, 227 und 267; BVerwG, NVwZ-RR 1998, 157). Die Bauaufsichtsbehörde ist nicht befugt, das Prüfprogramm des vereinfachten Genehmigungsverfahrens zu erweitern (OVG Koblenz, Urt. v. 22.10.2008 - 8 A 10942/08.OVG -, juris).

Allerdings können im Einzelfall durchaus Gründe der Verfahrensvereinfachung - ein Normzweck des § 66 LBauO - für eine Einbeziehung bauordnungsrechtlicher Vorschriften in die Prüfung sprechen (OVG Koblenz, Urt. v. 23.10.2002 - 8 A 10994/02.OVG -, ESOVGRP). Eine solche Prüfung, die dann auch gerichtlich voll überprüfbar ist, kann angezeigt sein, wenn bereits im Verwaltungsverfahren zwischen Bauherrn, Nachbarn und Bauaufsichtsbehörde unterschiedliche Auffassungen bestehen, die auf jeden Fall eine Entscheidung der Behörde, wenn auch im Wege des späteren Einschreitens auf einen entsprechenden Nachbarantrag hin erfordern würden. Denn ungeachtet des reduzierten Prüfungsumfangs hat die Bauaufsichtsbehörde auch im vereinfachten Genehmigungsverfahren die ihr allgemein in § 59 LBauO übertragene Pflicht, für die Einhaltung der öffentlich-rechtlichen Vorschriften zu sorgen und die zu diesem Zweck nach pflichtgemäßem Ermessen erforderlichen Maßnahmen zu treffen. Das insoweit der Behörde eingeräumte Ermessen zum bauaufsichtlichen Tätigwerden soll und kann demgemäß bereits anlässlich des Baugenehmigungsverfahrens und im Baugenehmigungsverfahren ausgeübt werden, soweit dies zur Einhaltung der öffentlich-rechtlichen Vorschriften erforderlich ist. Denn an der Erteilung einer Genehmigung für ein Vorhaben, dessen Verwirklichung durch eine Baueinstellungsverfügung verhindert oder dessen Beseitigung verlangt werden kann, besteht kein **Sachbescheidungsinteresse** (OVG Koblenz, Urt. v. 22.10.2008 - 8 A 10942/08.OVG -, juris; VGH Kassel, Beschl. v. 01.10.2010 - 4 A 1907/10.Z -, juris).

Nach dem Urteil des OVG Koblenz vom 05.08.1993 (1 A 11772/92.OVG, BRS 55 Nr. 130) haben die Bauaufsichtsbehörden auch die Einhaltung örtlicher Bauvorschriften, die eine Gemeinde nach § 88 LBauO erlassen hat, zu prüfen. Zwar sind die aufgrund des § 88 LBauO von einer Gemeinde erlassenen **örtlichen Bauvorschriften** solche des Bauordnungsrechts. Die Gemeinden sind aber zur Erreichung bestimmter städtebaulicher Ziele ermächtigt, Gestaltungsvorschriften zu erlassen und zu diesem Zweck die allgemeinen bauordnungsrechtlichen Anforderungen an Vorhaben in

C. Verfahrensvorschriften

gestalterischer Hinsicht zu modifizieren. Aufgrund dessen gehören die örtlichen Bauvorschriften zu den „sonstigen öffentlich-rechtlichen" Vorschriften, die die Bauaufsichtsbehörde im vereinfachten Verfahren zu prüfen hat.

Zu den **„sonstigen öffentlich-rechtlichen Vorschriften"** zählen z. B. die Bestimmungen des Denkmalschutzrechts (vgl. OVG Koblenz, AS RP-SL 19, 379), des Immissionsschutzrechts sowie des Natur- und Landespflegerechts.

Bei offensichtlichen Verstößen gegen nicht prüfpflichtige Vorschriften ist die Bauaufsichtsbehörde nicht gehindert, schon im Baugenehmigungsverfahren Maßnahmen zu ergreifen, die ein späteres bauaufsichtliches Einschreiten gegen ein dem materiellen Recht widersprechenden Vorhaben entbehrlich machen (OVG Koblenz, AS RP-SL 23, 321 und Urt. v. 04.12.1997 - 1 A 13162/96.OVG -). Kann der Rechtsverstoß nicht durch Auflagen vermieden werden, so muss nach Auffassung des OVG Koblenz die Behörde berechtigt sein, die Erteilung der Baugenehmigung auch im vereinfachten Genehmigungsverfahren abzulehnen. Eine Verpflichtung zur Ablehnung des Baugesuchs besteht aber nicht (OVG Koblenz, AS RP-SL 23, 321 und Urt.v. 17.07.1996 - 8 A 11337/95.OVG -), es sei denn, es bestünde bei Verwirklichung des Vorhabens eine erhebliche Gefahr für Gesundheit und Leben.

Nach § 66 Abs. 4 Satz 3 LBauO haben die Gemeinden zu prüfen, ob die Erschließung des Vorhabens nach § 6 LBauO und die Erfüllung der Stellplatzpflicht nach § 47 LBauO gesichert ist. Die **verkehrsmäßige Erschließung** nach Bundesrecht ist von der Bauaufsichtsbehörde auch im vereinfachten Verfahren zu überprüfen.

Zur Beschleunigung des Verfahrens wurde eine **Genehmigungsfiktion** für Vorhaben nach § 66 Absatz 1 Satz 1 LBauO nach Ablauf von einem Monat (§ 66 Abs. 5 Satz 5 LBauO) und für Vorhaben nach Absatz 2 Satz 1 von drei Monaten nach Feststellung der Vollständigkeit der Bauvorlagen eingeführt. Eine Frist zur Prüfung der Vollständigkeit des Bauantrags sieht § 66 LBauO zwar nicht vor. Daraus kann aber nicht der Schluss gezogen werden, dass die Bauaufsichtsbehörde sich für diese Feststellung unbegrenzt Zeit lassen kann. Es wird vielmehr davon auszugehen sein, dass sie die notwendige Prüfung der Vollständigkeit des Bauantrags binnen zehn Tagen durchführen kann. Diese Frist räumt § 65 Abs. 2 LBauO der Bauaufsichtsbehörde zur Prüfung der Vollständigkeit des Bauantrags in einem unbeschränkten Genehmigungsverfahren ein. Unterbleibt die schriftliche Bestätigung, dass die Bauunterlagen vollständig sind, und teilt die Bauaufsichtsbehörde dem Bauherrn lediglich mit, dass eventuell fehlende Unterlagen nachgefordert würden, so beginnt die ein- bzw. dreimonatige Entscheidungsfrist nach Ablauf von zehn Werktagen nach Eingang des Bauantrags zu laufen (VG Neustadt, Urt. v. 07.12.1998 - 11 K 1491/ 98.NW -) und die Genehmigungsfiktion des § 66 Abs. 5 Satz 5 LBauO greift ein. Die Vollständigkeit des Bauantrags ist unter Angabe des Datums ihrer Feststellung dem Bauherrn schriftlich zu bestätigen (§ 66 Abs. 5 Satz 1 LBauO). Diese Mitteilung stellt keinen Verwaltungsakt dar, sondern eine reine Verfahrenshandlung. Unterbleibt die Feststellung der Vollständigkeit des Bauantrags pflichtwidrig, so tritt die Genehmigungsfiktion nicht ein (OVG Koblenz, BauR 2002, 1228, 710; NVwZ-RR 2002, 264). Die Frist kann aber aus den in § 66 Abs. 5 Satz 3 und 4 LBauO genannten Gründen verlängert werden.

Ist die Genehmigungsfiktion nach § 66 Abs. 5 Satz 5 LBauO eingetreten, so hat die Bauaufsichtsbehörde auf Verlangen des Bauherrn den Eintritt der Genehmigungsfiktion schriftlich zu bestätigen (§ 66 Abs. 5 Satz 6 LBauO). Das Eingreifen der Genehmigungsfiktion kann der Bauherr im Rahmen einer **Feststellungsklage** nach § 43 VwGO feststellen lassen.

Der Absatz 5 des § 66 LBauO gilt aber nicht für Vorhaben im Außenbereich (§ 66 Abs. 5 Satz 7 LBauO).

d) Freistellungsverfahren - § 67 LBauO

255 Mit der Einführung des „Freistellungsverfahrens" in § 67 LBauO im Jahr 1995 sollte das Bauen weiter vereinfacht und beschleunigt werden. Nach der Neufassung des § 67 Abs. 1 Satz 2 LBauO kann auch aus Umwelt- und immissionsschutzrechtlichen Gründen ein Genehmigungsverfahren erforderlich sein.

Freistellungsverfahren bedeutet nicht, dass bestimmte Bauvorhaben keiner baurechtlichen Prüfung unterliegen; es wird ein Vorlage- und Prüfungsverfahren durchgeführt, das aber anderen Regelungen unterliegt als das unbeschränkte und das vereinfachte Genehmigungsverfahren. Vor Baubeginn muss der Bauherr die nach § 7 BauuntPrüfVO (GVBl. 1997, 133, zuletzt geändert am 24.09.2007 (GVBl. S. 197) erforderlichen Bauunterlagen bei der Gemeindeverwaltung (§ 63 Abs. 1 LBauO) einreichen.

Die Bauunterlagen sind dann von der Gemeinde daraufhin zu überprüfen, ob das Bauvorhaben den Festsetzungen des Bebauungsplanes entspricht und die Erschließung gesichert ist (§ 67 Abs. 1 Satz 1 LBauO). Bei verbandsangehörigen Gemeinden tritt an die Stelle der Gemeindeverwaltung die Verbandsgemeindeverwaltung. Die Frage, die sich hier stellt, lautet, wer in diesen Fällen die **Erklärung der Gemeinde** abgibt. Die Erklärung nach Absatz 1 Satz 2, dass ein Genehmigungsverfahren durchgeführt werden soll, gibt die Gemeinde ab, wenn sie beabsichtigt eine Veränderungssperre nach § 14 BauGB zu beschließen oder eine Zurückstellung nach § 15 BauGB zu beantragen. Für beides ist im Verhältnis der Verbandsgemeinde zur Ortsgemeinde aber nur die Ortsgemeinde zuständig, weil den Verbandsgemeinden nach § 67 Abs. 2 Satz 1 GemO i. V. m. § 203 Abs. 2 BauGB lediglich die Flächennutzungsplanung übertragen worden ist, nicht aber die Aufstellung von Bebauungsplänen. Da aber die Verbandsgemeinde nach § 68 Abs. 1 Satz 1 GemO die Verwaltungsgeschäfte der Ortsgemeinden in deren Namen und in deren Auftrag führt, gibt auch sie die Erklärungen nach § 67 LBauO gegenüber dem Bauherrn ab; allerdings ist die Verbandsgemeinde hierbei an die Beschlüsse der Ortsgemeinderäte gebunden.

Nach § 67 Abs. 1 Satz 2 LBauO kann die Gemeinde die Durchführung eines Genehmigungsverfahrens verlangen.

Die Erklärung der Gemeinde nach § 67 Abs. 3 Satz 2 LBauO, dass ein Genehmigungsverfahren durchgeführt werden soll, ist nicht in das Belieben der Gemeinde gestellt. Sie kann diese Erklärung, die kein Verwaltungsakt, sondern eine schlichte Verwaltungshandlung ist, nur abgeben, wenn sie beabsichtigt,

- eine Veränderungssperre nach § 14 BauGB zu beschließen,
- eine Zurückstellung nach § 15 BauGB zu beantragen oder
- wenn sie der Auffassung ist, dass dem Vorhaben öffentlich-rechtliche Vorschriften entgegenstehen.

Die Gemeinde kann entsprechend dem **Prüfungsumfang** im vereinfachten Genehmigungsverfahren auch im Freistellungsverfahren nur prüfen, ob dem Vorhaben Bestimmungen des Baugesetzbuches oder sonstige öffentlich-rechtliche Vorschriften außerhalb der Landesbauordnung entgegenstehen, z. B. solche des Immissions-, Natur-, Wasser- oder Denkmalschutzes. Würde sie auch die Einhaltung von bauordnungsrechtlichen Vorschriften prüfen und wegen deren Verletzung die Durchführung

C. Verfahrensvorschriften

eines vereinfachten Genehmigungsverfahrens für erforderlich halten, so wäre im Rahmen jenes Genehmigungsverfahrens die Beachtung der bauordnungsrechtlichen Vorschriften nicht zu prüfen.

Der Bauherr ist im Freistellungsverfahren nicht von der Verpflichtung entbunden, die Anforderungen, die durch baurechtliche und sonstige öffentlich-rechtliche Vorschriften an bauliche Anlagen gestellt werden, einzuhalten (§ 67 Abs. 4 i. V. m. § 62 Abs. 3 LBauO). Dies gilt selbstverständlich auch für die Normen, deren Einhaltung im Freistellungsverfahren nicht Prüfungsgegenstand ist. Die Bauaufsichtsbehörde sollte, wenn sie entsprechende Verstöße erkennt, den Bauherrn darauf hinweisen und ihn über mögliche Folgen (z. B. Baueinstellung oder Beseitigungsanordnung) informieren.

Mit dem Vorhaben darf dann einen Monat nach Vorlage der erforderlichen Bauunterlagen bei der Gemeinde begonnen werden; teilt die Gemeinde dem Bauherrn vor Ablauf dieser Frist schriftlich mit, dass kein Genehmigungsverfahren durchgeführt werden soll, darf mit dem Vorhaben bereits begonnen werden (§ 67 Abs. 2 LBauO). Vom Freistellungsverfahren werden erfasst **Vorhaben nach § 66 Abs. 1 Satz 1 Nr. 1 LBauO**, das sind vor allem Wohngebäude der Gebäudeklassen 1 bis 3 einschließlich ihrer Nebengebäude und Nebenanlagen (Nr. 1), sonstige Gebäude der Klasse 2. Voraussetzung für die Zulässigkeit des Freistellungsverfahrens ist, dass das Vorhaben im Geltungsbereich

- eines qualifizierten Bebauungsplans im Sinne des § 30 Abs. 1 BauGB oder
- eines Vorhaben- und Erschließungsplans im Sinne des § 12 BauGB liegt und
- die Erschließung gesichert ist.

Unabdingbar für die Durchführung eines Freistellungsverfahrens ist die Existenz eines rechtsgültigen Bebauungsplans oder Vorhaben- und Erschließungsplans; bei Mängeln, die zur Nichtigkeit des Bebauungsplans führen würden, ist daher ein Baugenehmigungsverfahren nach §§ 61, 63 und 70 LBauO durchzuführen (zu Mängeln: OVG Koblenz, BRS 49 Nr. 28).

Gegen das Freistellungsverfahren können durchaus Bedenken geltend gemacht werden. Denn man verlässt sich erklärtermaßen auf die - zuweilen nur recht eingeschränkt vorhandene - Gesetzestreue von Bauherrn und Architekten. Das Freistellungsverfahren bringt aber auch für den Bauherrn nicht nur Vorteile, denn der Wegfall einer Baugenehmigung hat zur Folge, dass es auch keine Bestandskraft einer Baugenehmigung mehr gibt, so dass die Nachbarn bis zur zeitlichen Grenze der Verwirkung gegen das Bauvorhaben vorgehen können, und zwar nicht nur öffentlich-rechtlich mit einem Antrag bzw. einer Klage auf Einschreiten der Bauaufsichtsbehörde, sondern auch zivilrechtlich mit einer Klage auf Beseitigung (vgl. Rn. 379 ff.). Vorläufigen Rechtsschutz kann ein Nachbar mit einem Antrag auf Erlass einer einstweiligen Anordnung nach § 123 VwGO begehren.

e) Zustimmungsbedürftige Vorhaben öffentlicher Bauherren - § 83 LBauO

Bauliche Anlagen des Bundes und der Länder sowie ihrer rechtsfähigen Anstalten, Körperschaften und Stiftungen bedürfen an Stelle der Baugenehmigung der Zustimmung der Bauaufsichtsbehörde, wenn sie unter Leitung eigener geeigneter Fachkräfte vorbereitet und ausgeführt werden (§ 83 Abs. 1 LBauO). Der Antrag auf Zustimmung ist nach § 83 Abs. 2 LBauO bei der Gemeindeverwaltung einzureichen. Hinsichtlich der geeigneten Fachkräfte ist auf § 63 Abs. 3 i. V. m. § 65 Abs. 4 LBauO und LVO über die Anerkennung von Prüfingenieuren, Prüfstellen und Prüfämtern für Baustatik (PrüfingVO - vom 03.07.1989, GVBl. S. 178), geändert durch LVO vom 09.03.2011 (GVBl. S. 47) hinzuweisen. Diese Vorhaben müssen auch den materiellrechtlichen Anforderungen des öffentlichen Baurechts entsprechen (BVerwG, BRS 46 Nr. 158; Hoppe, DVBl. 1983, 1077).

Vorhaben, die der Landesverteidigung dienen, sind der oberen Bauaufsichtsbehörde vor Baubeginn in geeigneter Weise zur Kenntnis zu bringen; der Zustimmung der oberen Bauaufsichtsbehörde bedarf es, wenn für das Vorhaben eine Umweltverträglichkeitsprüfung oder eine Vorprüfung nach dem Recht über die Umweltverträglichkeitsprüfung durchzuführen ist.

Die nach § 83 Abs. 1 LBauO notwendige Zustimmung ist gegenüber einer anderen Körperschaft oder Anstalt des öffentlichen Rechts und gegenüber Nachbarn ein Verwaltungsakt im Sinne des § 35 VwVfG (so OVG Münster, NWVBl. 1991, 420; VGH Kassel, BauR 1993, 329; vgl. auch OVG Hamburg, BRS 38 Nr. 194 und Nr. 174; offen gelassen OVG Saarlouis, BRS 50 Nr. 186).

f) Der Bauaufsicht nicht unterliegende Vorhaben - § 84 LBauO

257 Nach § 84 Satz 1 LBauO bedarf es keines bauaufsichtlichen Verfahrens, wenn nach anderen Rechtsvorschriften eine Genehmigung, Bewilligung oder Erlaubnis erforderlich ist. Die hiervon betroffenen Anlagen sind in § 84 Satz 1 LBauO aufgezählt. Die für den Vollzug dieser Rechtsvorschriften zuständigen Behörden nehmen die Aufgaben nach § 59 LBauO wahr.

2. Bauaufsichtsbehörde - § 58 LBauO

258 Für baurechtliche Maßnahmen sind die unteren Bauaufsichtsbehörden zuständig, soweit nichts anderes bestimmt ist (§ 60 LBauO). Untere Bauaufsichtsbehörden sind zunächst nach § 58 Abs. 1 Nr. 3 LBauO die Kreisverwaltung, in kreisfreien und großen kreisangehörigen Städten die Stadtverwaltung.

Das fachlich zuständige Ministerium, d. h. das Ministerium für Finanzen, konnte im Einvernehmen mit dem für das Kommunalrecht zuständigen Ministerium, d. h. dem Ministerium des Innern und für Sport, durch Rechtsverordnung die Aufgaben der unteren Bauaufsichtsbehörde für die in den §§ 62 und 66 Abs. 1 LBauO aufgeführten Vorhaben auf die Verbandsgemeindeverwaltung oder die Verwaltung einer verbandsfreien Gemeinde auf Antrag der betreffenden Körperschaft widerruflich übertragen, insoweit ist dann die Verbandsgemeindeverwaltung oder die Verwaltung der verbandsfreien Gemeinde untere Bauaufsichtsbehörde (§ 58 Abs. 1 Nr. 3 LBauO). Eine entsprechende Landesverordnung zur Übertragung von Aufgaben der unteren Bauaufsichtsbehörde auf die Verbandsgemeindeverwaltung oder die Verwaltung einer verbandsfreien Gemeinde wurde am 17.09.1991 (GVBl. S. 342), geändert durch LVO vom 30.09.2002 (GVBl. S. 379) erlassen. Diese Übertragungsmöglichkeit wurde durch das Dritte Landesgesetz zur Änderung der LBauO vom 16.06.2015 (GVBL. S. 77) abgeschafft. Soweit aber eine Übertragung der Aufgaben der unteren Bauaufsichtsbehörde auf die Verbandsgemeindeverwaltung besteht, ist nach § 58 Abs. 1 Satz 2 LBauO diese untere Bauaufsichtsbehörde.

Nach § 58 Abs. 3 LBauO müssen die unteren Bauaufsichtsbehörden mit geeigneten Fachkräften besetzt sein.

C. Verfahrensvorschriften 155

Die Gebietskörperschaften erfüllen die Aufgabe als staatliche Aufgabe (Auftragsangelegenheit).
Nach § 58 Abs. 1 Nr. 1 und Nr. 2 LBauO ist die Struktur- und Genehmigungsdirektion obere Bauaufsichtsbehörde, das Ministerium für Finanzen oberste Bauaufsichtsbehörde.

3. Baugenehmigung - § 70 LBauO

a) Voraussetzungen für die Erteilung der Baugenehmigung

Nach § 70 Abs. 1 Satz 1 LBauO ist die Baugenehmigung zu erteilen, wenn dem Vorhaben keine **baurechtlichen oder sonstigen öffentlich-rechtlichen Vorschriften** entgegenstehen. Denn aufgrund der Eigentumsgarantie des Art. 14 Abs. 1 GG hat der Grundstückseigentümer einen Anspruch im Rahmen der Gesetze bauen zu dürfen (BVerfGE 35, 263, [276]); privatrechtliche Hinderungsgründe bleiben aber nach § 70 Abs. 1 Satz 2 LBauO außer Betracht. Zu prüfen hat die Bauaufsichtsbehörde das gesamte Bauplanungsrecht, also BauGB, BauNVO, Bebauungspläne und Satzungen nach § 34 Abs. 4 und § 35 Abs. 6 BauGB, das materielle und formelle Bauordnungsrecht (LBauO) einschließlich örtlicher Bauvorschriften nach § 88 LBauO sowie alle sonstigen öffentlich-rechtlichen Vorschriften, die besondere Anforderungen an bauliche Anlagen, deren Errichtung und Nutzung stellen.

259

Zu den sonstigen öffentlich-rechtlichen Vorschriften zählen auch die Vorschriften des UVPG, was nunmehr in § 70 Abs. 1 Satz 2 und Abs. 6 LBauO entsprechend geregelt ist. Die Rechtsprechung des BVerwG (NVwZ 2007, 831), dass es sich bei der Umweltverträglichkeitsprüfung um Verfahrensrecht handele, ist durch die Grundsatzentscheidung des EuGH (Urt. v. 03.03.2011 - C-50/09 -, NVwZ 2011, 929), dass der UVP materiell-rechtliche Bedeutung zukomme, überholt.

Von der Bauaufsichtsbehörde sind solche Vorschriften nicht zu prüfen, die durch Rechtsverordnung nach § 87 Abs. 4 LBauO ausgenommen sind oder die aufgrund spezialgesetzlicher Bestimmungen in die Zuständigkeit einer anderen Behörde fallen (VGH München, NVwZ 1994, 305; VGH Mannheim, NVwZ-RR 1991, 140, 248 u. 540; BauR 1996, 532; BauR 2003, 492; a.M. OVG Bautzen, BRS 57 Nr. 187; OVG Münster, BauR 2003, 1870).

Bedarf es außer der Baugenehmigung einer Genehmigung oder Erlaubnis einer anderen Behörde, so ist die Baugenehmigung zu versagen, wenn die andere Genehmigung oder Erlaubnis nicht erteilt wurde (BVerwGE 26, 287). Denn in diesem Fall steht das Bauvorhaben nicht im Einklang mit anderen öffentlich-rechtlichen Vorschriften. Eine Baugenehmigung unter der Bedingung der Genehmigungserteilung einer anderen Behörde ist in Rheinland-Pfalz nicht möglich, weil die LBauO keine gesonderte Baufreigabe vorsieht.

Für Rheinland-Pfalz gilt insofern die sog. **Schlusspunkttheorie** (s. OVG Koblenz, Beschl. v. 25.07.2007 - 8 A 10587/07.OVG -, juris; Ortloff, NVwZ 2003, 660), wonach die Baugenehmigung den Schlusspunkt des behördlichen Zulassungsverfahrens bildet und daher erst erteilt werden darf, wenn alle anderen sonst noch notwendigen behördlichen Entscheidungen vorliegen. Das Bundesverwaltungsgericht hat dazu entschieden, das Verhältnis von Baugenehmigung zu sonstigen Genehmigungen richte sich nach dem jeweiligen Landesrecht (BVerwGE 99, 351; NJW 1997, 1085).

Voraussetzung für den Vorrang einer spezialgesetzlichen Regelung ist allerdings, dass das Spezialgesetz ein besonderes Genehmigungsverfahren vorsieht. Ist dieses nicht der Fall, muss die Bauaufsichtsbehörde auch die Einhaltung von spezialgesetzlichen Anforderungen an das Bauvorhaben überwachen (BVerwG, NVwZ 1986, 203).

Bsp.:
1. Über die Einhaltung des § 22 BImSchG ist im Baugenehmigungsverfahren zu entscheiden, da §§ 22 ff. BImSchG kein besonderes Genehmigungsverfahren vorsehen (BVerwG, NVwZ 1987, 884; NVwZ 1989, 666).
2. Die Baugenehmigung kann wegen Verstoßes gegen strafrechtliche Vorschriften (Verbot der Prostitution nach Art. 297 EGStGB) verweigert werden (OVG Koblenz, BauR 2002, 1692), da es insoweit keinen Verfahrensabschluss durch Verwaltungsakt gibt.

Hinweis:

Das formelle Verhältnis zwischen Baugenehmigung und sonstigen spezialgesetzlichen Gestattungen wird unter Rn. 268 ff. behandelt.

b) Abweichungen - § 69 LBauO

260 Das Bauordnungsrecht kennt mit § 69 LBauO ebenso wie das Bauplanungsrecht (§ 31 BauGB) die Möglichkeit, Ausnahmen von baurechtlichen Regelungen zuzulassen. § 69 LBauO und § 31 BauGB sind aber scharf zu trennen, weil § 31 BauGB sich ausschließlich auf bauplanungsrechtliche Vorschriften bezieht. § 69 Abs. 1 Satz 1 LBauO befasst sich hingegen ausschließlich mit Abweichungen von bauaufsichtlichen Anforderungen, die sich aus der Landesbauordnung oder aus Vorschriften ergeben, die aufgrund der Landesbauordnung erlassen worden sind, also auf bauordnungsrechtliche Normen.

Nach § 69 LBauO können Abweichungen zugelassen werden, wenn sie

- unter Berücksichtigung des Zwecks der jeweiligen Anforderungen und
- unter Würdigung der nachbarlichen Interessen mit den öffentlichen Belangen vereinbar sind
- und in der Landesbauordnung oder in den auf ihrer Grundlage erlassenen Vorschriften nichts anderes bestimmt ist.

Diese Voraussetzungen müssen in jedem Fall einer Abweichung erfüllt sein unabhängig davon, ob von baurechtlichen oder bautechnischen Anforderungen abgewichen werden soll.

Wenn auch § 69 Abs. 1 Satz 1 LBauO davon spricht, dass die Bauaufsichtsbehörde Abweichungen zulassen „kann", so steht diese Entscheidung doch nicht in ihrem Ermessen. Wenn die Voraussetzungen für die Zulassung einer Abweichung vorliegen, hat die Bauaufsichtsbehörde aufgrund des verfassungsrechtlich garantierten Eigentums (Art. 14 GG) die Abweichung zuzulassen. Allerdings dürfte die Frage, ob der Bauaufsichtsbehörde ein Ermessen gegeben ist, kaum praktische Bedeutung haben. Denn es lassen sich kaum sachgerechte Ermessenserwägungen für eine Versagung der Abweichung denken, wenn die Tatbestandsvoraussetzungen des § 69 Abs. 1 LBauO vorliegen; in aller Regel wird deshalb eine Ermessensreduzierung auf Null gegeben sein.

C. Verfahrensvorschriften

Eine Abweichung von technischen Anforderungen kann nur zugelassen werden, wenn der Bauherr der Bauaufsichtsbehörde nachweist, dass dem Zweck der Anforderung auf andere Weise entsprochen wird (§ 69 Abs. 1 Satz 2 LBauO). Diese Vorschrift soll ermöglichen, neuartige technische Entwicklungen auch dann zu verwenden, wenn sie von der Landesbauordnung oder den technischen Baubestimmungen (§ 3 Abs. 3 u. 4 LBauO) abweichen.

Für Abweichungen von Satzungsbestimmungen mit örtlichen Bauvorschriften gilt § 69 LBauO gemäß § 88 Abs. 7 Satz 1 LBauO entsprechend. Vor der Zulassung von Abweichungen ist die Gemeinde zu hören (§ 88 Abs. 7 Satz 2 LBauO).

Bei baugenehmigungspflichtigen Anlagen bedarf es keines besonderen Antrags auf Zulassung einer Abweichung. Denn in dem Bauantrag ist zugleich ein entsprechender konkludenter Antrag auf Zulassung einer Abweichung zu sehen (vgl. BVerwG, BRS 50 Nr. 171 zu § 31 BauGB). Die Bauaufsichtsbehörde hat daher, wenn sie erkennt, dass eine Abweichung in Betracht kommen könnte, dies auch zu prüfen.

§ 69 Abs. 2 LBauO enthält eine Regelung für die Fälle, in denen bei baulichen Anlagen, die keiner Baugenehmigung bedürfen, von bauordnungsrechtlichen Anforderungen, von den Festsetzungen eines Bebauungsplans, einer sonstigen städtebaulichen Satzung oder nach § 34 Abs. 2 Halbsatz 2 BauGB von Bestimmungen der Baunutzungsverordnung über die zulässige Art der baulichen Nutzung abgewichen werden soll. Diese Regelung ergänzt § 62 Abs. 3 LBauO, wonach auch baugenehmigungsfreie Anlagen die Anforderungen erfüllen müssen, die durch baurechtliche und sonstige öffentlich-rechtliche Vorschriften gestellt werden. Die Zulassung der Abweichung ist in diesen Fällen **schriftlich zu beantragen**. Für das Verfahren gelten nach § 69 Abs. 2 Satz 2 LBauO die Vorschriften über den Bauantrag, seine Behandlung, die Beteiligung der Nachbarn, die Baugenehmigung und die Ersetzung des gemeindlichen Einvernehmens (§§ 63, 65, 68, 70 und 71 LBauO) entsprechend.

Die Frage der Zulässigkeit von Abweichungen kann nach § 72 Satz 1 Halbsatz 2 LBauO auch Gegenstand einer Bauvoranfrage nach § 72 LBauO sein.

c) Privatrechtliche Einwendungen gegen die Baugenehmigung

Nach § 70 Abs. 1 Satz 2 LBauO ergeht die Baugenehmigung **unbeschadet privater Rechte Dritter**, da sie nur die Vereinbarkeit des Vorhabens mit öffentlich-rechtlichen Vorschriften feststellt. Daraus folgt, dass die Erteilung der Baugenehmigung die privaten Rechtsverhältnisse am Baugrundstück nicht berührt. Der Inhaber eines privaten Rechts, z. B. eines Wegerechts oder eines Erbbaurechts (OVG Koblenz, Urt. v. 26.08.1998 - 8 A 11238/96.OVG -), muss also nicht befürchten, dass ihm die Ausübung seines Rechts durch die Erteilung der Baugenehmigung unmöglich gemacht oder erschwert werden könnte. Rechtsschutz wird insoweit von den Zivilgerichten gewährt.

Bsp.:
Wenn die Baugenehmigung wegen fehlerhafter Eintragung der Grundstücksgrenze im Lageplan zu einer Überbauung des Nachbargrundstücks führt, berührt das die Rechtmäßigkeit der Baugenehmigung nicht; der Nachbar muss sich hiergegen zivilrechtlich (§ 1004 BGB) zur Wehr setzen (VGH Mannheim, NJW 1996, 3429).

Es wurde deshalb früher grundsätzlich angenommen, dass die Bauaufsichtsbehörde die privatrechtlichen Verhältnisse unbeachtet lassen müsse. Dies würde jedoch dazu führen, dass die Bauaufsichtsbehörde verpflichtet wäre, ein möglicherweise umfangreiches Baugenehmigungsverfahren zu betreiben, obwohl erkennbar ist, dass der Antragsteller wegen entgegenstehender privater Rechte von der Baugenehmigung gar keinen Gebrauch machen kann. In einem derartigen Fall fehlt es am sog. **Sachbescheidungsinteresse** (BVerwGE 50, 282 u. 42, 115; Sauthoff, BauR 2013, 415). Die Bauaufsichtsbehörde kann in derartigen Fällen unter Hinweis auf entgegenstehende private Rechte den Bauantrag ablehnen, sie ist hierzu aber nicht verpflichtet (BVerwGE 42, 115 u. 50, 282). Von dieser Möglichkeit ist aber nur dort Gebrauch zu machen, wo die entgegenstehenden privaten Rechte offensichtlich sind (VGH Mannheim, NVwZ-RR 1995, 563). Es ist nicht Sache der Bauaufsichtsbehörde, über die Wirksamkeit von privatrechtlichen Nutzungsverträgen zu entscheiden oder gar Nachlassstreitigkeiten zu regeln. Sie kann aber nach § 63 Abs. 5 LBauO, wenn das Grundstück nicht im Eigentum des Bauherrn steht, die Einverständniserklärung des Grundeigentümers zu dem Bauvorhaben verlangen. Da die verfassungsrechtliche Grundlage für die Baugenehmigung nicht nur in Art. 14 Abs. 1 GG, sondern auch in Art. 2 Abs. 1 GG zu sehen ist, ist nämlich nicht Voraussetzung, dass der Bauherr Eigentümer des Baugrundstücks ist (BVerwGE 42, 115).

d) Auflagen und Bedingungen

262 Die Baugenehmigung kann unter Auflagen und Bedingungen erteilt werden (§ 36 VwVfG; s. dazu Labrenz, NVwZ 2007, 161). Dies folgt aus § 70 Abs. 1 Satz 5 LBauO und § 36 Abs. 1 VwVfG. Da sich aus Art. 2, 14 GG ein Rechtsanspruch auf die Baugenehmigung ergibt, kann und soll die Bauaufsichtsbehörde ein durch **Auflagen oder Bedingungen** behebbares Hindernis beseitigen (vgl. § 36 Abs. 1 VwVfG). Die Bauaufsichtsbehörde darf eine Baugenehmigung nicht ablehnen, wenn sich der Versagungsgrund durch eine Auflage oder Bedingung beseitigen lässt (VGH Mannheim, BRS 22 Nr. 143).

Grundsätzlich ist eine Auflage ein selbstständiger Verwaltungsakt, die Bedingung dagegen nicht. Diese Unterscheidung spielt für den Rechtsschutz keine Rolle. Nach der **neueren Rechtsprechung des Bundesverwaltungsgerichts** (BVerwGE 112, 221) sind **alle Nebenbestimmungen** unabhängig von ihrer Rechtsnatur **mit der Anfechtungsklage anzugreifen**, sofern es nicht offensichtlich ist, dass Baugenehmigung und Nebenbestimmung untrennbar miteinander verbunden sind, so dass eine isolierte Aufhebung der Nebenbestimmung nicht möglich ist (BVerwG, NVwZ 2013, 805). Diese neue Erkenntnis entbindet den Bauherrn von der Klärung der Frage, wie eine Nebenbestimmung rechtlich einzuordnen ist und welche Klageart er wählen muss. Dem Umstand, dass eine Baugenehmigung ohne die für ihre Rechtmäßigkeit erforderlichen Nebenbestimmungen dann verwirklicht werden kann, kann durch die Anordnung des Sofortvollzugs der Nebenbestimmungen gemäß § 80 Abs. 2 Nr. 4 VwGO begegnet werden.

Diese Rechtsprechung des Bundesverwaltungsgerichts ist in der Literatur ganz überwiegend anerkannt (s. zum Meinungsstand: OVG Lüneburg, NVwZ-RR 2013, 597; Kopp/Schenke, VwGO, § 42 Rn. 23ff.). Die Kritik an der Rechtsprechung des Bundesverwaltungsgerichts (vgl. Kopp/Ramsauer, VwVfG, § 36 Rn. 63ff) richtet sich vor allem dagegen, dass die Frage, ob eine Nebenbestimmung von der Baugenehmigung abgetrennt werden und isoliert angefochten werden kann, außer bei Offensichtlichkeit erst bei der Begründetheit des Rechtsmittels zu prüfen ist, nämlich bei der Frage, ob die belastende Nebenbestimmung isoliert aufgehoben werden kann. Das ist nur der Fall, wenn der begünstigende Verwaltungsakt ohne die Nebenbe-

C. Verfahrensvorschriften

stimmung sinnvoller- und zweckmäßigerweise bestehen bleiben kann. Fehlt es hieran, ist die Anfechtungsklage gegen die Nebenbestimmung nicht begründet. Die richtige Klageart kann daher erst nach Prüfung der Begründetheit der Klage festgestellt werden. Ein prozessualer Nachteil entsteht hieraus nicht. Kann der Bauherr nicht beurteilen, ob die Nebenbestimmung von der Baugenehmigung abgetrennt und isoliert angefochten werden kann, hat er die Möglichkeit, einen Hauptantrag auf Aufhebung der Nebenbestimmung und einen Hilfsantrag auf Erteilung einer Baugenehmigung ohne Nebenbestimmung zu stellen.

Von einer Nebenbestimmung zu unterscheiden ist eine teilweise Ablehnung des Bauantrags, z. B. das Verbot der Nutzung bestimmter Räume im Untergeschoss zu Aufenthaltszwecken. In diesem Fall wird dem Bauantrag nicht in vollem Umfang entsprochen, so dass der Bauherr Verpflichtungsklage erheben muss. Die Abgrenzung zwischen einer teilweisen Ablehnung des Bauantrags und einer Auflage kann im Einzelfall erhebliche Schwierigkeiten bereiten.

Bsp.:
Genehmigung einer Feuerungsanlage mit der „Maßgabe", nur schwefelarmes Heizöl zu verfeuern. Das BVerwG hat hierin eine inhaltliche Beschränkung des Bauantrags durch die Baugenehmigung gesehen anders als die Vorinstanz (BVerwGE 69, 37).

e) Rechtswirkungen der Baugenehmigung

Die Baugenehmigung hat eine **doppelte Rechtswirkung**: Zum einen stellt sie fest, **263** dass dem Bauvorhaben keine öffentlich-rechtlichen Vorschriften entgegenstehen (**Feststellungswirkung**), zum anderen gestattet sie dem Bauherrn die Errichtung des Bauwerks (**Gestattungswirkung**; BVerwG, DVBl. 1991, 751; BVerwGE 48, 242 u. 68, 241; NVwZ 1989, 863 u. 1163; 1990, 559). Die Baugenehmigung erschöpft sich aber nicht in der Gestattung des Bauens, sie erlaubt auch die dauernde Nutzung des gemäß der Baugenehmigung gebauten und unterhaltenen Bauvorhabens (BVerwG, DVBl 1991, 751; OVG Koblenz, BRS 18 Nr. 145; OVG Saarlouis, BauR 1991, 195). Der Inhalt und der Umfang der Baugenehmigung werden durch die Bauunterlagen bestimmt. Dabei ist es nicht von Bedeutung, ob die Baugenehmigung rechtmäßig oder rechtswidrig ist (OVG Münster, NVwZ 1988, 943; VGH Mannheim, NVwZ-RR 1990, 171). Solange die Baugenehmigung wirksam ist, kommt daher das Verlangen eines Abbruchs eines zwar materiell rechtswidrigen, aber entsprechend der Baugenehmigung errichteten Bauvorhabens nicht in Betracht.

Im vereinfachten Baugenehmigungsverfahren nach § 66 LBauO beschränkt sich die Prüfung der Bauaufsichtsbehörde auf das materielle Bauplanungsrecht sowie sonstige öffentlich-rechtliche Vorschriften (nicht Bauordnungsrecht). Daher ist auch die Feststellungswirkung der Baugenehmigung im vereinfachten Genehmigungsverfahren beschränkt (OVG Koblenz, AS RP-SL 23, 321).

Die Baugenehmigung wirkt nach § 70 Abs. 1 Satz 2 LBauO für und gegen den **Rechtsnachfolger**; dies gilt auch für die der Baugenehmigung beigefügten Auflagen. Wegen des „dinglichen" Charakters der Baugenehmigung geht bei einer Übertragung des Grundstückseigentums die dem früheren Eigentümer erteilte Baugenehmigung ohne weiteres auf den neuen Eigentümer über. Diese Wirkungen treten sowohl bei der ausgenutzten als auch bei der nicht ausgenutzten Baugenehmigung ein.

264 Die **Baugenehmigung erlischt** nach § 74 Abs. 1 LBauO, wenn mit dem Bau nicht innerhalb von vier Jahren begonnen wurde oder die Bauausführung vier Jahre unterbrochen worden ist. Die Frist beginnt mit der wirksamen Bekanntgabe der Baugenehmigung an den Bauherrn (§§ 43 Abs. 1 Satz 1, 31 Abs. 2 VwVfG). Die Ausführung eines Vorhabens gilt nur dann als begonnen oder als nicht unterbrochen, wenn innerhalb der Frist wesentliche Bauarbeiten ausgeführt wurden (§ 74 Abs. 1 Satz 2 LBauO). Für ersteres ist der Zeitpunkt der Aushebung der Baugrube maßgebend (OVG Saarlouis, BRS 39 Nr. 220; BRS 44 Nr. 150). Wird für mehrere Bauwerke insgesamt eine Baugenehmigung erteilt, dann muss innerhalb der Vier-Jahres-Frist des § 74 Abs. 1 LBauO mit allen Bauwerken begonnen worden sein (VGH Mannheim, VBlBW 1999, 309). Durch die Erhebung eines Nachbarwiderspruchs wird der Lauf der Frist des § 74 Abs. 1 LBauO nicht gehemmt, da der Nachbarwiderspruch nach § 212a BauGB kraft Gesetzes keine aufschiebende Wirkung hat. Trifft der Bauherr mit der Bauaufsichtsbehörde eine Absprache, dass er wegen des Nachbarwiderspruchs nicht mit dem Bauvorhaben beginnt, obwohl die Bauarbeiten rechtlich zulässig sind, erlischt die Baugenehmigung nicht nach vier Jahren (OVG Koblenz, Urt. v. 07.07.1994 - 1 A 11656/93.OVG -). Wird die aufschiebende Wirkung eines Nachbarwiderspruchs nach § 80 Abs. 5 VwGO angeordnet, so ist der Ablauf der Frist des § 74 Abs. 1 LBauO gehemmt. Kann der Bauherr aufgrund von Umständen, auf die er keinen Einfluss hat, nicht bauen, so läuft die Baugenehmigung nicht aus.

Bsp.:
Der Bauherr kann sein Gebäude nicht aufstocken, solange darunter eine U-Bahn-Strecke gebaut wird (OVG Münster, NVwZ 2013, 1499).

Nach Meinung des VGH Mannheim (VBlBW 1999, 269) wird die Geltungsdauer der Baugenehmigung unterbrochen, beginnt also nach Wegfall des Hindernisses erneut zu laufen. Nach anderer Ansicht wird die Frist nur gehemmt (OVG Münster, NVwZ 2013, 1499; VGH Kassel, BRS 29 Nr. 123; OVG Bautzen, BRS 59 Nr. 196).

Schließlich erlischt die Baugenehmigung, wenn ein Bauwerk errichtet wird, das von der Baugenehmigung hinsichtlich Standort, Nutzungsart oder Gestaltung soweit abweicht, dass eine Identität zwischen Bauwerk und Baugenehmigung nicht mehr besteht.

Bsp.:
Statt eines genehmigten zweigeschossigen Garagenanbaus mit Trockenraum im Obergeschoss wird ein dreigeschossiger Anbau mit Wohnräumen errichtet (VGH Mannheim, VBlBW 1982, 199).

Die Landesbauordnung enthält keine Regelung dazu, ob bzw. wie lange die Baugenehmigung bei einer **Nutzungsunterbrechung oder Nutzungsaufgabe** weiter gilt. § 74 LBauO kommt insoweit nicht zur Anwendung, weil diese Vorschrift nur die Errichtung des Bauvorhabens betrifft. Das Bundesverwaltungsgericht (BVerwGE 98, 235) hat früher in diesen Fällen das zu § 35 Abs. 4 Nr. 3 BauGB entwickelte „Zeitmodell" angewandt (BVerwG, BauR 2007, 1697). Danach sollte der durch die Baugenehmigung vermittelte Bestandsschutz spätestens nach einer dreijährigen Nutzungsunterbrechung erlöschen. Diese Rechtsprechung hat das Bundesverwaltungsgericht mittlerweile aufgegeben. Nach Errichtung eines Bauwerks erlischt eine Baugenehmigung nur, wenn sie zurückgenommen (§ 48 VwVfG) oder widerrufen (§ 49 VwVfG) wird oder wenn sie sich auf andere Weise erledigt (§ 43 Abs. 2 VwVfG). Eine Erledigung auf andere Weise kann eintreten, wenn das Regelungsobjekt wegfällt, z.B. ein genehmigter Betrieb endgültig eingestellt wird (BVerwGE 143, 87) oder wenn eine genehmigte Nutzung auf Dauer durch eine andere Nutzung ersetzt wird (VGH Mannheim, BauR 2009, 1881; krit. Fischer, BauR 2014, 2022).

Bsp.:
1. Ein Landwirtschaftsbetrieb mit 60 Zuchtsauen wird wegen Krankheit des Betriebsinhabers größtenteils eingestellt und erst acht Jahre später von Sohn des Inhabers im früheren Umfang fortgesetzt. Der VGH Mannheim (BauR 2009, 1881) hat angenommen, dass die Baugenehmigung nicht erloschen sei.
2. Eine Baugenehmigung ist durch die Einstellung der Nutzung als Diskothek durch den Pächter und die Entfernung der von ihm eingebrachten Ausstattung im Jahr 1992 und die anschließende Nutzungsunterbrechung bis zur Wiederaufnahme der Nutzung 2010 nicht erloschen (OVG Koblenz, NVwZ-RR 2013, 672).

Die Baugenehmigung erlischt ferner durch einen **Verzicht** des Bauherrn (OVG Hamburg, BauR 2000, 1840). Der Verzicht kann ausdrücklich erklärt werden, aber auch konkludent erfolgen, insbesondere durch die Einreichung eines neuen Bauantrags, wenn damit eindeutig klargestellt wird, dass das ursprünglich beantragte Bauvorhaben aufgegeben wird (VGH Mannheim, NVwZ 1995, 280; s. auch NVwZ 2014, 1597).

Nach § 74 Abs. 2 LBauO kann die Geltungsdauer der Baugenehmigung um vier Jahre verlängert werden. Die **Verlängerung** kann auch rückwirkend erfolgen, sofern der Verlängerungsantrag noch vor Ablauf der Vier-Jahres-Frist bei der Bauaufsichtsbehörde eingegangen ist. § 74 Abs. 2 LBauO eröffnet der Behörde allerdings kein Ermessen hinsichtlich der Verlängerung einer Baugenehmigung. Vielmehr muss diese verlängert werden, sofern das Bauvorhaben weiterhin den baurechtlichen Vorschriften entspricht (OVG Münster, BRS 47 Nr. 140). Ist das nicht der Fall oder erkennt die Behörde, dass die ursprüngliche Erteilung rechtswidrig war, muss sie eine Verlängerung ablehnen (BVerwG, BauR 1988, 712). Eine Verlängerung ist, wie sich aus der Formulierung „jeweils" ergibt, mehrmals möglich. Denn bei unveränderter Rechtslage hat der Bauherr einen Anspruch auf Erteilung einer Baugenehmigung, so dass eine Verlängerung sich als bloße Verfahrenserleichterung für Bauherr und Bauaufsichtsbehörde darstellt. Das zwischenzeitliche Inkrafttreten eines Bebauungsplans kann das Einvernehmen der Gemeinde nach § 36 BauGB erforderlich machen. In jedem Fall ist die Gemeinde über die Verlängerung einer Baugenehmigung zu informieren. **265**

f) Verhältnis der Baugenehmigung zu sonstigen Genehmigungen

Die Baugenehmigung hat nur **baurechtliche Wirkungen**; soweit für das beabsichtigte Vorhaben oder seine Nutzung eine Genehmigung nach sonstigen Gesetzen erforderlich ist, ist diese neben der Baugenehmigung einzuholen. Die Erteilung der Baugenehmigung kann davon abhängig gemacht werden, dass zuvor eine nach einer anderen gesetzlichen Regelung erforderliche Genehmigung eingeholt wird (sog. Schlusspunkttheorie, wonach die Baugenehmigung der Schlusspunkt aller Genehmigungsverfahren, OVG Koblenz, BauR 2007, 1857; a. A. sog. Separationsmodell - vgl. BVerwGE 74, 315; VGH Mannheim, NVwZ-RR 1991, 540). Eine Bindungswirkung der Baugenehmigung für andere Verfahren tritt ein, wenn in einem anderen spezialgesetzlichen Verfahren dasselbe zu prüfen ist wie im Baugenehmigungsverfahren, weil insoweit die Feststellungswirkung der Baugenehmigung eine abweichende Beurteilung der Rechtslage nicht mehr zulässt. **266**

Bsp.:
Soweit in der Baugenehmigung die Vereinbarkeit der Gaststätte mit der Umgebung bejaht worden ist, darf diese Frage in der gaststättenrechtlichen Entscheidung nicht abweichend beurteilt

werden (BVerwGE 80, 258 = NVwZ 1989, 258). Dagegen tritt durch eine Ablehnung der Baugenehmigung eine Bindung der Gaststättenbehörde nicht ein, weil insoweit keine - negative - Feststellungswirkung des Genehmigungsbescheids gegeben ist (BVerwG, NVwZ 1990, 559; OVG Bremen, NVwZ 1994, 80). Die Gaststättenbehörde ist allerdings durch die Baugenehmigung für eine Gaststätte nicht gehindert, die Gaststättenerlaubnis wegen spezieller gaststättenrechtlicher Versagungsgründe, z. B. Unzuverlässigkeit des Gastwirts, zu versagen. Eine Bindung der Baubehörde durch die Erteilung der Gaststättenerlaubnis tritt nicht ein, weil die Gaststättenerlaubnis keine Feststellungswirkung hat (VGH München, NVwZ 1988, 1140; VGH Mannheim, NVwZ 1990, 1094).

aa) § 144 Abs. 1 Nr. 1 BauGB

267 Eine Baugenehmigung darf versagt werden, weil die ebenfalls erforderliche sanierungsrechtliche Genehmigung nach § 144 BauGB noch nicht erteilt wurde (BVerwG, BRS 57 Nr. 186).

bb) § 9 Abs. 1 FStrG

268 Danach darf außerhalb von Ortsdurchfahrten an Bundesautobahnen im Bereich von 0-40 m, an Bundesstraßen im Bereich von 0-20 m kein Hochbau errichtet werden, ferner keine bauliche Anlage, die eine unmittelbare oder mittelbare Zufahrt zu einer Bundesstraße hat (hierzu BVerwGE 54, 328; BVerwGE 74, 217); das gleiche gilt nach § 22 Abs. 1 LStrG für den 0-20 m Streifen entlang der Landesstraßen und für den 0-15 m Streifen entlang der Kreisstraßen.

Von diesem absoluten Anbauverbot kann nach § 9 Abs. 8 FStrG bzw. § 22 Abs. 5 LStrG eine Ausnahme zugelassen werden. Die Voraussetzungen hierfür sind die gleichen wie für eine Befreiung nach § 31 Abs. 2 BauGB (BVerwGE 48, 123 u. 74, 217; NVwZ-RR 2001, 713).

Für die Entscheidung über die Zulassung einer Ausnahme ist nach § 22 Abs. 5 LStrG die für die Genehmigung der baulichen Anlage zuständige Behörde zuständig, die allerdings die **Zustimmung der Straßenbaubehörde** (s. § 49 LStrG) einholen muss.

Dagegen besteht im Bereich von 40-100 m entlang der Bundesautobahnen bzw. von 20-40 m entlang der Bundesstraßen nur ein **relatives Anbauverbot** (§ 9 Abs. 2 FStrG); das gleiche gilt nach § 23 Abs. 1 LStrG für die Errichtung, wesentliche Änderung oder wesentliche andersartige Nutzung von baulichen Anlagen jeder Art außerhalb der zur Erschließung der anliegenden Grundstücke bestimmten Teile der Ortsdurchfahrten in einer Entfernung bis 40 m bei Landesstraßen und bis 30 m bei Kreisstraßen. Bauliche Anlagen dürfen dort nur mit Zustimmung der Straßenbaubehörde errichtet werden; ebenso ist für die wesentliche Änderung oder wesentliche Nutzungsänderung einer unmittelbar oder mittelbar an Landes- oder Kreisstraßen angeschlossenen baulichen Anlage die Zustimmung der Straßenbaubehörde erforderlich (§ 23 Abs. 3 LStrG; s. dazu BVerwGE 54, 328; NJW 1982, 2569). Diese Zustimmung ist nach BVerwGE 16, 116 kein Verwaltungsakt, sondern ein Verwaltungsinternum. Sie darf nach § 9 Abs. 3 FStrG bzw. § 23 Abs. 6 LStrG nur aus Gründen der Sicherheit und Leichtigkeit des Verkehrs sowie wegen Ausbauabsichten versagt werden; in diesem Fall ist nicht auf Erteilung der Zustimmung, sondern auf **Erteilung der Baugenehmigung zu klagen**.

C. Verfahrensvorschriften 163

cc) § 76 LWG i. V. m. § 36 WHG

Wenn für eine Anlage eine wasserrechtliche Erlaubnis oder Bewilligung notwendig 269
ist, dann bedarf es keines bauaufsichtlichen Verfahrens. Gemäß § 84 Satz 1 Nr. 1
LBauO bedürfen u. a. Anlagen an oberirdischen Gewässern keines bauaufsichtlichen
Verfahrens, wenn für diese nach anderen Rechtsvorschriften eine Genehmigung,
Bewilligung oder Erlaubnis erforderlich ist. Dies hat zur Folge, dass in den Fällen, in
denen ein Vorhaben einer wasserrechtlichen Genehmigung oder Erlaubnis bedarf,
aus Gründen der Verwaltungsvereinfachung die zuständige Wasserbehörde in dem
wasserrechtlichen Erlaubnisverfahren über die Baugenehmigung materiell mitent-
scheidet, ohne dass eine förmliche Baugenehmigung zusätzlich zu der fachgesetz-
lich geregelten Behördenentscheidung ausgesprochen werden müsste (OVG
Koblenz, NVwZ-RR 2008, 312 u. Urt. v. 30.11.2015 - 1 A 10317/15.OVG -, juris). § 84
Satz 1 Nr. 1 LBauO enthält aber in seinem letzten Halbsatz eine Rückausnahme für
Gebäude, so dass diese uneingeschränkt der Bauaufsicht unterliegen (vgl. Jeromin
in: Jeromin/Schmidt/Lang, LBauO, 3. Auflage 2012, § 84 Rn. 3). Die Zuständigkeits-
verlagerung im Falle von Gebäuden auf die Baugenehmigungsbehörde führt indessen nicht dazu, dass nur das Prüfprogramm der Baugenehmigungsbehörde erweitert und diese bei der wasserrechtlichen Fragen in der Baugenehmigung mitentscheiden
muss mit der Folge, dass die wasserrechtliche Genehmigung entbehrlich wird. Vielmehr hat die Baugenehmigungsbehörde nach dem eindeutigen Wortlaut des § 76
Abs. 6 Satz 2 LWG „auch über die Erteilung der Genehmigung nach Absatz 1" zu
entscheiden, d.h. sie muss zwei rechtlich selbstständige Verwaltungsakte erlassen
(s. VG Neustadt, Beschl. v. 10.09.1999 - 4 L 2168/99.NW -, juris).

Von den wasserrechtlichen Vorschriften ist im Baugenehmigungsverfahren vor allem
die Festsetzung eines Wasserschutzgebiets (§ 19 WHG und § 13 LWG) bedeutsam.
Die Beschränkungen reichen hier vom absoluten Bauverbot im engeren Schutzbereich (Zone I und II) bis zu dem wesentlich weniger störenden Verbot der Lagerung
von wassergefährdenden Flüssigkeiten in dem weiteren Schutzbereich (Zone III). Außerdem sind nach § 78 Abs. 3 WHG in Überschwemmungsgebieten (vgl. § 88 ff.
LWG) für die Errichtung und Änderung baulicher Anlagen Ausnahmegenehmigungen
der oberen Wasserbehörde erforderlich.

dd) Naturschutzrecht

Im **Naturschutzrecht** ist nach §§ 14, 15 BNatSchG ein Eingriff in die Natur und die 270
Landschaft unzulässig, wenn der Naturhaushalt oder das Landschaftsbild erheblich
beeinträchtigt wird (s. dazu BVerwG, NuR 2009, 398; Hendler/Brockhoff, NVwZ
2010, 733; Gellermann, NVwZ 2010,73) und ein solcher Eingriff nicht durch Ausgleichsmaßnahmen aufgefangen werden kann oder durch überwiegende öffentliche
Belange gerechtfertigt wird.

Die Eingriffsregelung des § 13 BNatSchG ist allerdings nach § 18 Abs. 2 Satz 2
BNatSchG nur im Außenbereich, nicht aber im beplanten (§ 30 BauGB) oder nicht
beplanten Innenbereich (§ 34 BauGB) oder im Bereich eines in der Aufstellung befindlichen Bebauungsplans (§ 33 BauGB) anzuwenden. Für den Anwendungsbereich
der §§ 30, 33 BauGB ist der Rückgriff auf § 13 BNatSchG deswegen entbehrlich,
weil die Eingriffsregelung bereits bei der Aufstellung des Bebauungsplans nach § 1a
Abs. 2 Nr. 3 BauGB zu berücksichtigen war (s. dazu oben Rn. 26). Im nicht beplanten
Innenbereich spielen Belange des Naturschutzes und der Landschaftspflege in der

Regel keine Rolle, so dass auf eine Anwendung des § 13 BNatSchG verzichtet werden kann.

Ferner kann die Festsetzung eines Natur- oder Landschaftsschutzgebietes nach §§ 23 und 26 BNatSchG einem Bauvorhaben entgegenstehen. Während in einem Naturschutzgebiet in der Regel überhaupt nicht gebaut werden darf (absolutes Veränderungsverbot, OVG Lüneburg, NuR 2009, 719), begründet eine Landschaftsschutzverordnung nur ein relatives Bauverbot, d. h. es dürfen nur solche Bauvorhaben errichtet werden, die dem Schutzzweck der Landschaftsschutzverordnung nicht zuwiderlaufen (§ 26 Abs. 2 BNatSchG, s. dazu BVerwG, BauR 2008, 1420; VGH München, NuR 2013, 357). Eine von der Naturschutzbehörde erteilte Befreiung ist bindend für die Bauaufsichtsbehörde (BVerwG, NVwZ 2004, 1242). Erfordert ein Bauvorhaben aber eine naturschutzrechtliche Befreiung, weil es in einem Natur- oder einem Landschaftsschutzgebiet liegt, ersetzt die Baugenehmigung die naturschutzrechtliche Befreiung (§ 67 BNatSchG); das Einvernehmen der zuständigen Naturschutzbehörde ist aber einzuholen.

Eine Landschaftsschutzverordnung kann grundsätzlich auch den Innenbereich erfassen, muss dann aber in ihrem Regelungsgehalt Rücksicht darauf nehmen, dass die Grundstücke Baulandqualität haben (VGH Kassel, NVwZ RR 1997, 25; OVG Lüneburg, NVwZ RR 1996, 132; vgl. auch BVerwGE 55, 272).

ee) Immissionsschutzrecht

271 Die **immissionsschutzrechtliche Genehmigung** von genehmigungsbedürftigen Anlagen nach §§ 4 ff. BImSchG umfasst nach § 13 BImSchG auch die baurechtliche Zulassung; es besteht insoweit eine **Konzentrationswirkung** der immissionsschutzrechtlichen Genehmigung. Art und Umfang der genehmigten Anlage ergeben sich aus dem Genehmigungsbescheid einschließlich der der Genehmigung zugrunde liegenden Unterlagen (OVG Lüneburg, Beschl. v. 12.07.2011 - 12 LA 184/09 -, juris).

§ 22 BImSchG ist bei immissionsträchtigen Anlagen - nicht nur bei Gewerbebetrieben, sondern auch bei sonstigen Anlagen im Sinne des § 3 Abs. 5 BImSchG zu beachten (vgl. BVerwGE 68, 69 - Kirchenglocken; BVerwGE 81, 197 - Sportplatz; NVwZ 1987, 494 und 1989, 666 - Volksfest; NJW 1988, 2396 - Feuerwehrsirene; VGH München, NVwZ-RR 2007, 462 - gemeindliche Mehrzweckhall; OVG Koblenz, NVwZ 2012, 1347 - Kinderspielplatz; OVG Weimar, BauR 2012, 635 - Kindertagesstätte). Nach § 22 BImSchG sind Immissionen zu vermeiden bzw. zu reduzieren, soweit dies technisch möglich und wirtschaftlich zumutbar ist. Die Vorschrift enthält allerdings kein Verbot von unvermeidbaren Immissionen, auch wenn dadurch die Nachbarschaft erheblich beeinträchtigt wird. Andererseits geht § 22 BImSchG vom „**dynamischen Immissionsschutz**" aus; denn die Vorschrift gilt nicht nur für die Errichtung, sondern auch für das Betreiben einer Anlage. Dies bedeutet, dass auch genehmigte Vorhaben den steigenden Anforderungen des Immissionsschutzrechts entsprechen müssen und sich - z. B. bei einer Herabsetzung der Grenzwerte - nicht darauf berufen können, dass die immissionsschutzrechtlichen Anforderungen zum Zeitpunkt der Erteilung der Baugenehmigung geringer gewesen seien (BVerwG, NVwZ 1996, 379).

Ist eine Anlage nach § 6 BImSchG i. V. m. der 4. BImSchV genehmigungspflichtig, schließt die Genehmigung nach § 6 BImSchG alle anderen Genehmigungen, also auch die Baugenehmigung ein.

C. Verfahrensvorschriften

Hinweis:
Zur Entwicklung des Immissionsschutzrechts: Koch/Prall, Koch/Kahle, NVwZ 2006, 1006; Koch/Braun, NVwZ 2010, 1199 u. 1271 243

ff) Denkmalschutzrecht

In Altstadtgebieten spielt häufig das **Denkmalschutzrecht** eine Rolle. In Rheinland- 272 Pfalz stehen nach § 3 DSchG alle erhaltenswerten Gebäude kraft Gesetzes unter Denkmalschutz. Ein Kulturdenkmal muss nach § 2 DSchG grundsätzlich erhalten und gepflegt werden (s. dazu VGH Mannheim, BRS 44 Nr. 128). Veränderungen und der Abbruch geschützter (s. §§ 8, 10 DSchG) Kulturdenkmäler können von der unteren Denkmalschutzbehörde (s. § 24 DSchG) nach § 13a Abs. 3 DSchG im Einvernehmen mit der Denkmalfachbehörde (s. § 25 DSchG) zugelassen werden.

Hinweis:
Eine Übersicht über das Denkmalschutzrecht findet sich bei Neuenfeld, BauR 2012, 889 u. 2013, 397

gg) Planfeststellungen

Nach § 75 Abs. 1 VwVfG ist neben einem Planfeststellungsbeschluss eine andere 273 behördliche Entscheidung nicht erforderlich; durch den Planfeststellungsbeschluss werden alle öffentlich-rechtlichen Beziehungen zwischen dem Träger des Vorhabens und den durch den Plan betroffenen Personen geregelt (Konzentrationswirkung des Planfeststellungsbeschlusses).

4. Baugenehmigungsverfahren

Das Verfahren zur Erteilung einer Baugenehmigung beginnt mit der **Stellung eines** 274 **Bauantrags**, der schriftlich bei der Gemeindeverwaltung, bei verbandsangehörigen Gemeinden bei der Verbandsgemeindeverwaltung einzureichen ist (§ 63 Abs. 1 LBauO). Der Bauantrag muss bestimmt sein, um das geplante Bauvorhaben kenntlich zu machen (BVerwG, NVwZ-RR 1993, 66; unrichtige Bezeichnung ist unschädlich, wenn Vorhaben eindeutig zu erkennen: OVG Münster, NWVBl. 1993, 422; OVG Saarlouis, AS RP-SL 24, 438: widersprüchliche Darstellungen). Dem Bauantrag sind alle für die Beurteilung des Vorhabens und die Bearbeitung des Antrags erforderlichen Unterlagen (Bauunterlagen) beizufügen (§ 63 Abs. 2 LBauO). Die Gestaltung der Baupläne ist in der Landesverordnung über Bauunterlagen und die bautechnische Prüfung (BauuntPrüfVO) vom 16.06.1987 (GVBl. S. 165), zuletzt geändert durch LVO vom 24.09.2007 (GVBl. S. 197) geregelt. Die Bauunterlagen müssen von einem bauvorlageberechtigten Entwurfsverfasser (§ 64 LBauO) unterschrieben sein. Wer bauvorlageberechtigt ist, sagt § 64 Abs. 2 LBauO. Dies sind in erster Linie Architekten, die aufgrund des Architektengesetzes Rheinland-Pfalz die Berufsbezeichnung Architekt zu führen berechtigt sind (§ 64 Abs. 2 Satz 1 Nr. 1 LBauO). Hierfür ist eine Eintragung in die Architektenliste in Rheinland-Pfalz nach § 3 Architektengesetz erforderlich. Die Verfassungsmäßigkeit einer solchen Regelung ist vom Bundesverfassungsgericht (BVerfGE 28, 364 zum damaligen § 90 Abs. 5 BauO BW) bestätigt worden.

Die Bauaufsichtsbehörde hat nach § 65 Abs. 2 Satz 1 LBauO binnen zehn Werktagen nach Eingang des Bauantrags bei ihr zu prüfen, ob der Bauantrag und die Bauunterlagen vollständig, andere Behörden und Stellen zu beteiligen und sachverständige Personen heranzuziehen sind. Innerhalb dieser Frist hat nur die Prüfung der Vollständigkeit der Unterlagen zu erfolgen, keine Prüfung der materiellen Zulässigkeit des Bauvorhabens. Die Frist kann für schwierige Bauanträge unangemessen kurz sein. Hält die Bauaufsichtsbehörde diese Frist nicht ein, hat dies aber keine unmittelbaren Folgen.

Ist der Bauantrag unvollständig oder weist er sonst erhebliche Mängel auf, z. B. legt der Bauherr keine prüfungsfähigen Unterlagen vor, so fordert die Bauaufsichtsbehörde den Bauherrn innerhalb einer angemessenen Frist zur Nachbesserung auf, § 65 Abs. 2 Satz 2 LBauO. Meinungsverschiedenheiten zwischen Bauherr und Bauaufsichtsbehörde, was eine angemessene Frist ist, können aber entstehen. Werden die Mängel innerhalb der gesetzten Frist nicht behoben, gilt der Antrag als zurückgenommen, § 65 Abs. 2 Satz 3 LBauO. Es tritt also eine **Rücknahmefiktion** ein. Es bedarf somit nicht länger einer den Bauantrag zurückweisenden Entscheidung der Bauaufsichtsbehörde, die in der Praxis immer wieder Gegenstand verwaltungsgerichtlicher Auseinandersetzungen war und erst dann nach Vorlage der fehlenden Unterlagen ihre Erledigung fand. Es bleibt dem Bauherrn unbenommen, erneut einen vollständigen Bauantrag einzureichen (s. LT-Drs. 16/4333, S. 52).

Da die Baugenehmigung ein antragsbedürftiger Verwaltungsakt ist, ist eine ohne Antrag erteilte Baugenehmigung zwar rechtswidrig, aber nicht nichtig. Denn der Antrag kann nachgeholt werden (§ 45 Abs. 1 Nr. 1 VwVfG). Die Bauaufsichtsbehörde kann bei Schwarzbauten den Bauherrn auffordern, Bauvorlagen einzureichen und dies gegebenenfalls mit Zwangsmitteln durchsetzen (vgl. BVerwG, NVwZ 1990, 659 zum Antragsgebot im Rahmen eines Baugebots). Derartige Maßnahmen sind auf § 59 LBauO zu stützen (s. dazu unten Rn. 306).

275 Die Eigentümer benachbarter Grundstücke (Nachbarn) sind gemäß § 68 Abs. 1 LBauO am Genehmigungsverfahren zu beteiligen, da das Bauplanungs- und das Bauordnungsrecht sowie sonstige öffentlich-rechtliche Vorschriften auch Belange des Nachbarn schützen können und diesem materielle subjektiv-öffentliche Rechte verleihen können. § 68 LBauO regelt allerdings nur die verfahrensrechtliche **Beteiligung der Nachbarn**. Die Vorschrift enthält keine Aussage dazu, wer die Verletzung materieller Rechte durch das geplante Vorhaben geltend machen kann. Dies ergibt sich aus dem materiellen Recht. Eine generelle Beteiligung der Nachbarn sieht die Landesbauordnung nicht vor.

Der Bauherr hat nach § 68 Abs. 1 Satz 2 LBauO den Nachbarn den Lageplan und die Bauzeichnungen zur Unterschrift vorzulegen, wenn Abweichungen von Bestimmungen erforderlich sind, die auch dem Schutz nachbarlicher Interessen dienen. Insoweit haben die Nachbarn ein formell subjektives-öffentliches Recht auf Beteiligung, d. h. auf Vorlage der Bauunterlagen. Die Unterschrift des Nachbarn auf den Bauunterlagen (Lageplan und Bauzeichnungen) gilt als **Zustimmung** (§ 68 Abs. 1 Satz 3 LBauO). An diese Zustimmung sind auch Rechtsnachfolger gebunden, weil das Zustimmungserfordernis auf grundstücksbezogenen Gründen beruht. Ein Eigentümerwechsel an dem Nachbargrundstück lässt öffentlich-rechtliche Abwehrrechte nicht wieder aufleben (OVG Koblenz, BRS 28 Nr. 142).

C. Verfahrensvorschriften

Die **Nachbarunterschrift** bedeutet aber nur die Zustimmung zu dem konkreten Bauvorhaben (OVG Saarlouis, BRS 33 Nr. 178; 40 Nr. 209 und 54 Nr. 186). Mit dem Eingang der Bauunterlagen bei der Bauaufsichtsbehörde wird der Verzicht des Nachbarn auf Einwendungen gegen das Bauvorhaben wirksam und kann ab diesem Zeitpunkt nicht mehr frei widerrufen werden (OVG Koblenz, AS RP-SL 21, 147). Er kann aber wegen Willensmängel angefochten werden, z. B. wegen arglistiger Täuschung oder Irrtums über den Erklärungsinhalt (OVG Saarlouis, AS RP-SL 16, 398). Verweigert der Nachbar seine Unterschrift, so hat der Bauherr dies der Bauaufsichtsbehörde unter Angabe der Gründe mitzuteilen (§ 68 Abs. 1 Satz 4 LBauO).

Die Bauaufsichtsbehörde benachrichtigt die Nachbarn nach § 68 Abs. 2 LBauO, wenn sie beabsichtigt von Bestimmungen, die auch dem Schutz nachbarlicher Interessen dienen, **Abweichungen** zuzulassen. Bei einer Mehrheit von Eigentümern eines angrenzenden Grundstücks genügt die Mitteilung an eine dieser Personen (§ 68 Abs. 3 LBauO). Die Benachrichtigung muss den Hinweis enthalten, dass in den Lageplan und in die Bauzeichnungen Einsicht genommen werden kann und Einwendungen innerhalb von zwei Wochen nach Zustellung der Mitteilung bei der Bauaufsichtsbehörde schriftlich oder zur Niederschrift erhoben werden können (§ 68 Abs. 2 LBauO). Unterbleibt die Nachbarbenachrichtigung, dann wird dieser Mangel durch eine spätere Anhörung im Widerspruchsverfahren geheilt (§ 45 VwVfG).

Die Landesbauordnung enthält keine ausdrückliche Präklusionsregelung hinsichtlich Nachbareinwendungen (**Präklusion**). Präkludiert ist aber der schweigende oder die Zustimmung verweigernde Nachbar mit dem Einwand, er sei an dem Verfahren nicht beteiligt worden. Aber auch eine materielle Präklusion kann eintreten; wäre dem nämlich nicht so, dann würde die Zwei-Wochen-Frist des § 68 Abs. 2 Satz 3 LBauO ihren Zweck, zur Beschleunigung des Verfahrens beizutragen und die Rechtssicherheit des Bauherrn zu erhöhen, verfehlen. Die Grundsätze zur materiellen Präklusion, die es seit längerem im Fachplanungsrecht (z. B. § 73 Abs. 4 VwVfG; § 17a Nr. 7 FStrG) gibt, können auch auf die Landesbauordnung übernommen werden.

Zur Wahrung der Zwei-Wochen-Frist ist es erforderlich, aber auch ausreichend, dass die Einwendungen dem Grunde nach konkretisiert werden. Es muss also erkennbar sein, in welcher Hinsicht sich der Nachbar in seinen Rechten verletzt fühlt. Ein bloßes „Nein" bzw. ein nicht näher konkretisierter „Einspruch" reicht nicht aus (VGH Mannheim, NVwZ 1998, 986; VBlBW 2000, 115). Der Nachbar muss z. B. angeben, ob er eine Immissionsbelastung, einen zu geringen Abstand oder eine Veränderung des Gebietscharakters befürchtet; eine bestimmte Norm muss er dagegen nicht bezeichnen. Das Bundesverfassungsgericht (NJW 1982, 2173; eb. BVerwGE 60, 297) hält eine materielle Präklusion grundsätzlich für zulässig, weil man vom mündigen Bürger verlangen kann, dass er seine Rechte innerhalb bestimmter Fristen wahrnimmt. Die Frist des § 68 Abs. 2 Satz 3 LBauO ist aber mit zwei Wochen kurz bemessen, während § 73 Abs. 3 und 4 VwVfG für das Fachplanungsrecht eine Einwendungsfrist von sechs Wochen vorsieht. Die kurze Frist ist verfassungsrechtlich nur erträglich, wenn bei Fristversäumung Wiedereinsetzung in den vorigen Stand gemäß § 32 VwVfG gewährt wird (so BVerwGE 60, 297 für die materielle Präklusion im Atomrecht; BVerwGE 66, 99 für die wasserrechtliche Planfeststellung).

Im Baugenehmigungsverfahren kann die **Mitwirkung anderer Behörden** erforderlich sein. Parallel zur Benachrichtigung der Nachbarschaft holt die Bauaufsichtsbehörde gemäß § 65 Abs. 5 Satz 1 LBauO die Zustimmung, das Einvernehmen, die Genehmigung oder die Erlaubnis anderer Behörden ein, wenn die Erteilung der Baugenehmigung von einer entsprechenden Entscheidung einer anderen Behörde abhängig ist (sog. Schlusspunkttheorie). Eine nach landesrechtlichen Vorschriften erforderliche Entscheidung nach § 65 Abs. 5 Satz 1 LBauO gilt als erteilt, wenn sie nicht innerhalb eines Monats nach Eingang des Ersuchens unter Angabe der Gründe versagt wird (§ 65 Abs. 5 Satz 3 LBauO), es sei denn diese Frist wurde auf begründeten Antrag der anderen Behörde verlängert. Gemäß § 65 Abs. 5 Satz 3 LBauO findet die Fiktionswirkung aber nur Anwendung, wenn nach landesrechtlichen Vorschriften die Zustimmung einer anderen Behörde erforderlich ist; bundesrechtliche Regelungen werden von § 65 Abs. 5 Satz 3 LBauO nicht erfasst, da insoweit dem Land die Regelungskompetenz fehlt. Allerdings können bundesrechtliche Vorschriften eine Fiktionsregelung enthalten, wie z. B. § 36 Abs. 2 Satz 2 BauGB.

277 Die **Entscheidung** über den Bauantrag und gegebenenfalls über die Einwendungen der Angrenzer muss nach § 70 Abs. 1 Satz 4 LBauO **schriftlich** erfolgen. Eine mündlich erteilte Baugenehmigung ist unwirksam.

Eine Begründung der Baugenehmigung und ihrer Nebenbestimmungen ist nach § 70 Abs. 1 Satz 4 Halbsatz 2 LBauO nur erforderlich, wenn Einwendungen von Nachbarn nicht entsprochen wird. In diesem Fall ist eine Ausfertigung des Bauscheins mit Rechtsbehelfsbelehrung den Nachbarn gemäß § 70 Abs. 3 Satz 2 LBauO zuzustellen (zur Rechtsmittelfrist bei unterbliebener Zustellung s. unten Rn. 318f.).

278 Die Baugenehmigung gibt noch keine Berechtigung zum Baubeginn. Mit der Ausführung des genehmigungsbedürftigen Vorhabens darf erst begonnen werden, wenn die (Teil-) Baugenehmigung zugestellt worden ist oder durch Fristablauf nach § 66 Abs. 5 Satz 5 (Vereinfachtes Verfahren) oder § 73 Abs. 1 Halbsatz 2 LBauO (Teilbaugenehmigung) als erteilt gilt und der Baubeginn mindestens eine Woche vorher schriftlich der Bauaufsichtsbehörde angezeigt wird (§ 77 LBauO). Die früher obligatorische Rohbau- und Schlussabnahme des Bauvorhabens gibt es nicht mehr. Nach § 78 LBauO steht die Bauüberwachung im Ermessen der Bauaufsichtsbehörde.

279 Nach § 79 Abs. 1 Satz 1 LBauO darf eine bauliche Anlage erst benutzt werden, wenn sie ordnungsgemäß fertig gestellt und sicher benutzbar ist. Genehmigungsbedürftige bauliche Anlagen und bauliche Anlagen, für die das Freistellungsverfahren nach § 67 LBauO durchgeführt worden ist, dürfen nach Satz 2 frühestens eine Woche nach dem in der Anzeige nach § 78 Abs. 2 Satz 1 oder 2 LBauO genannten Zeitpunkt der abschließenden Fertigstellung benutzt werden. Eine frühere Benutzung kann auf Antrag zugelassen werden, wenn keine Bedenken hinsichtlich der öffentlichen Sicherheit und Ordnung bestehen (§ 79 Abs. 1 Satz 3 LBauO).

5. Aufhebung einer Baugenehmigung

a) Rücknahme einer rechtswidrigen Baugenehmigung

280 Da die Landesbauordnung keine spezialgesetzliche Regelung über die Rücknahme der Baugenehmigung enthält, bildet § 1 LVwVfG i. V. m. § 48 VwVfG die Rechtsgrundlage für die **Rücknahme der Baugenehmigung** (s. dazu Schenke, DVBl 1989, 433). Daraus folgt, dass die Bauaufsichtsbehörde eine baurechtliche Fehlentscheidung, d. h. die Erteilung einer Baugenehmigung entgegen öffentlich-rechtlichen Vorschriften, nach § 48 Abs. 4 VwVfG nur innerhalb eines Jahres seit Kenntnis der Rechtswidrigkeit der Baugenehmigung zurücknehmen kann. Dabei reicht es für den Beginn der Jahresfrist nicht aus, dass die Behörde die Tatsachen kennt, die die Rechtswidrigkeit begründen. Vielmehr muss die Behörde auch erkannt haben, dass die Baugenehmigung rechtswidrig ist (so BVerwG, NVwZ 1986, 119 u. 2002, 485).

Die Rücknahme der Baugenehmigung steht im pflichtgemäßen **Ermessen** der Bauaufsichtsbehörde. Hierbei sind die Belange des Bauherrn, insbesondere sein Vertrauensschutz und das Interesse der Allgemeinheit an der Verhinderung rechtswidriger Bauten bzw. der Wiederherstellung eines rechtmäßigen Zustands gegeneinander abzuwägen (VGH München, BRS 38 Nr. 164; OVG Münster, BRS 39 Nr. 157). Es stehen sich also gegenüber das Vertrauen des Bauherrn in den Bestand der Baugenehmigung und der Grundsatz der Gesetzmäßigkeit der Verwaltung. Hierbei ist die Möglichkeit des Ausgleichs von Vermögensschaden einerseits und die Schwere des Gesetzesverstoßes andererseits zu berücksichtigen (BVerwG, NJW 1975, 1240). Auf Vertrauensschutz kann sich der Bauherr nicht berufen, wenn er durch falsche Angaben in den Bauunterlagen die Erteilung der Baugenehmigung bewirkt hat. Unredliches Verhalten oder Kenntnis eines Dritten, wie des Entwurfsverfassers, das zur Erteilung der Baugenehmigung geführt hatte, muss sich der Bauherr als dasjenige eines Erfüllungsgehilfen zurechnen lassen. Die Teilrücknahme einer Baugenehmigung zur Herstellung rechtmäßiger Zustände kommt nur dann in Betracht, wenn die Baugenehmigung sich auf mehrere selbstständige Bauvorhaben bezieht; im anderen Fall muss sie insgesamt zurückgenommen werden (OVG Saarlouis, BRS 58 Nr. 146).

Für die durch eine Rücknahme der Baugenehmigung entstandenen Vermögensschäden ist der Bauherr nach § 48 Abs. 3 VwVfG zu entschädigen; ferner kann der Bauherr einen Amtshaftungsanspruch nach Art. 34 GG, § 839 BGB geltend machen (BGHZ 60, 112; UPR 2008, 347 u. 443). Bei einem Amtshaftungsanspruch stellt allerdings der vertragliche Schadensersatzanspruch gegen den Architekten eine anderweitige Ersatzmöglichkeit im Sinne des § 839 Abs. 1 Satz 2 BGB dar, der den Anspruch ausschließt (BGH, NVwZ 1993, 602).

281

Die Beschränkungen für die Rücknahme einer Baugenehmigung gelten nach **§ 50 VwVfG** nicht, wenn ein Nachbar Widerspruch gegen die Baugenehmigung eingelegt hat und der Widerspruch noch nicht bestandskräftig zurückgewiesen wurde. Denn in diesem Fall durfte der Bauherr nicht auf den Fortbestand der ihm erteilten Baugenehmigung vertrauen. Voraussetzung für eine Anwendung des § 50 VwVfG ist allerdings, dass der Widerspruch nicht unzulässig oder offensichtlich unbegründet war (BVerwG, NVwZ 1983, 285; BVerwGE 105, 354; OVG Bautzen, NVwZ 1993, 488).

Maßgebend für die Frage der Rechtmäßigkeit der Rücknahme ist der Zeitpunkt der letzten Entscheidung, im Falle eines Klageverfahrens also der letzten mündlichen Verhandlung des Gerichts.

In der Rechtsprechung des Bundesverwaltungsgerichts (NVwZ-RR 1996, 628) ist geklärt, dass im Rahmen der Nachbarklage nach Genehmigungserteilung eingetretene **Änderungen der Rechtslage** zugunsten des Bauherrn berücksichtigt werden müssen, denn es wäre nicht sinnvoll und mit der verfassungsmäßigen Garantie des Eigentums nicht vereinbar, eine (bei ihrem Erlass fehlerhafte) Baugenehmigung aufzuheben, obwohl sie im Hinblick auf die inzwischen geänderte Rechtslage sogleich nach der Aufhebung wieder erteilt werden müsste. Die für diese Rechtsprechung maßgebenden verfassungsrechtlichen Gesichtspunkte gelten für die Rücknahme einer Baugenehmigung entsprechend. Sie ist auf die Behauptung gestützt, das genehmigte Gebäude sei materiell baurechtswidrig. Darüber hinaus führt die Rücknahme die formelle Baurechtswidrigkeit herbei und schafft damit die Grundlage für ein Beseitigungsverlangen der Behörde. Es entspricht vor dem Hintergrund der möglichen Folgen dem verfassungsrechtlich geschützten Interesse des Bauherrn, dass die Behauptung der Rechtswidrigkeit der Baugenehmigung nach Maßgabe der

Sach- und Rechtslage im Zeitpunkt der gerichtlichen Entscheidung beurteilt wird (so auch OVG Münster, Urt. v. 27.06.1996 - 7 A 3590/91 -, juris).

b) Widerruf einer rechtmäßigen Baugenehmigung

282 Der Widerruf einer rechtmäßigen Baugenehmigung ist wegen Fehlens einer spezialgesetzlichen Regelung auf § 49 VwVfG zu stützen. Dies ist dann zulässig, wenn in der Baugenehmigung ein **Widerrufsvorbehalt** (s. § 70 Abs. 2 LBauO, z.B. bei Werbeanlagen) als Nebenbestimmung aufgenommen wurde (§ 49 Abs. 2 Satz 1 Nr. 1 VwVfG) oder wenn eine mit der Baugenehmigung verbundene Auflage nicht erfüllt wurde (§ 49 Abs. 2 Satz 1 Nr. 2 VwVfG). Im Falle eines Widerrufsvorbehalts ist zu prüfen, ob dieser Vorbehalt wirksam war. Der Widerruf wegen nachträglicher Rechtsänderung nach § 49 Abs. 2 Satz 1 Nr. 4 VwVfG setzt voraus, dass von der Baugenehmigung noch kein Gebrauch gemacht wurde.

6. Bauvorbescheid - § 72 LBauO

283 Bereits vor Einreichung eines förmlichen Baugesuchs können nach § 72 LBauO einzelne Fragen durch einen Bauvorbescheid abgeklärt werden, in der Regel geht es dabei um die bauplanungsrechtliche Frage der grundsätzlichen Bebaubarkeit des Grundstücks (sog. Bebauungsgenehmigung, vgl. BVerwG, BauR 1987, 538). Es reicht dabei aus, dass die grundsätzliche Bebaubarkeit des Grundstücks mit einem bestimmten Vorhaben hinsichtlich einzelner Voraussetzungen geklärt werden soll (BVerwG, NVwZ 1995, 894; VGH München, NVwZ-RR 2008, 377; VGH Mannheim, NVwZ-RR 2011, 393).

Der Bauvorbescheid wird vom Bundesverwaltungsgericht (BVerwGE 48, 242 u. 69, 1 u. 68, 241) als **vorweggenommener Teil der Baugenehmigung**, und zwar des feststellenden Teils der Baugenehmigung verstanden. Soweit über eine baurechtliche Zulässigkeitsfrage durch einen Bauvorbescheid entschieden worden ist, ist diese Frage damit **abschließend geklärt**; die Bauaufsichtsbehörde ist hieran im Baugenehmigungsverfahren gebunden (VGH Mannheim, BauR 2003, 840; OVG Münster, NVwZ 1997, 1006). Der Bauvorbescheid wird in die nachfolgende Baugenehmigung nur „nach Art eines Baukastenprinzips" übernommen (OVG Greifswald, BRS 73 Nr. 10).

Die Bindung tritt auch für den Nachbarn ein, soweit ihm der Bauvorbescheid zugestellt worden ist oder er auf sonstige Weise von ihm Kenntnis erlangt hat (BVerwG, BRS 22 Nr. 184). Soweit der Bauvorbescheid zu Unrecht erteilt wurde, kann er nach § 48 VwVfG zurückgenommen werden (OVG Berlin, NVwZ-RR 1988, 6). Dieses steht nicht im Widerspruch zur Bindungswirkung des Bauvorbescheids. Denn ein Bauvorbescheid kann keine stärkere Rechtsposition vermitteln als eine Baugenehmigung, die zurückgenommen werden kann (s. oben Rn. 280).

Die Bindungswirkung des Bauvorbescheids besteht auch dann, wenn sich die Sach- oder Rechtslage zwischenzeitlich geändert hat, da der Bauvorbescheid ein Verwaltungsakt ist und die Wirksamkeit eines Verwaltungsakts durch **nachträgliche Rechtsänderungen** nicht berührt wird (BVerwG, NJW 1984, 1473). Die Bauaufsichtsbehörden können den Bauvorbescheid aber in diesem Fall unter den Voraussetzungen des § 49 Abs. 2 Satz 1 Nr. 4 VwVfG widerrufen (OVG Koblenz, BRS 36 Nr. 171).

C. Verfahrensvorschriften

Die Bauaufsichtsbehörde hat sich auf die Prüfung der zur Beantwortung gestellten Fragen zu beschränken, auch wenn zweifelhaft ist, ob das Bauvorhaben nicht an anderen Zulässigkeitsvoraussetzungen scheitern wird. **284**

Bsp.:
Eine auf die Vereinbarkeit des Vorhabens mit § 34 BauGB beschränkte Bauanfrage ist auch dann positiv zu bescheiden, wenn die nach § 4 LBO erforderliche öffentlich-rechtlich gesicherte Zufahrt zu einer öffentlichen Straße nicht besteht (BVerwGE 61, 218).

Etwas Anderes gilt aber, wenn das Hindernis für die Zulässigkeit des Bauvorhabens schlechterdings nicht ausräumbar ist; in diesem Fall fehlt das Sachbescheidungsinteresse (BVerwGE 48, 242 und 61, 128).

Trotz der Formulierung, der Bauvorbescheid „könne" erteilt werden, besteht in analoger Anwendung des § 70 LBauO ein **Rechtsanspruch** auf einen Bauvorbescheid, wenn öffentlich-rechtliche Vorschriften dem Bauvorhaben nicht entgegenstehen (VGH Mannheim, UPR 2006, 42).

Der Bauvorbescheid gilt nach § 72 Satz 2 LBauO vier Jahre, d. h. vor Ablauf der Vier-Jahres-Frist muss der Bauantrag gestellt worden sein (VGH Kassel, BauR 1989, 451). Der Bauherr kann, wie die Verweisung des § 72 Satz 3 LBauO auf § 74 Abs. 2 LBauO zeigt, den Bauvorbescheid um vier Jahre verlängern lassen - der Verlängerungsantrag muss aber noch vor Ablauf der Geltungsdauer des Bauvorbescheids gestellt worden sein. Eine Verlängerung setzt allerdings voraus, dass das Bauvorhaben weiterhin genehmigungsfähig ist (OVG Lüneburg, NVwZ-RR 1995, 247; OVG Münster, BRS 47 Nr. 140).

Außer durch einen Bauvorbescheid kann eine Bindung der Bauaufsichtsbehörde auch durch eine **schriftliche Zusicherung** (§ 38 Abs. 1 Satz 1 VwVfG) auf Erteilung einer Baugenehmigung oder einen öffentlich-rechtlichen Vertrag mit entsprechender Verpflichtung eintreten (vgl. OVG Münster, BauR 1988, 68). Voraussetzung ist, dass die Zusicherung von dem für die Erteilung einer Baugenehmigung zuständigen Beamten der Bauaufsichtsbehörde stammt; aus diesem Grund sind Erklärungen des Ortsbürgermeisters rechtlich unbeachtlich.

7. Tektur- oder Nachtragsbaugenehmigung

Wenn die **Tektur- oder Nachtragsbaugenehmigung** auch nicht in der Landesbauordnung geregelt ist, so ist sie in der Praxis doch von Bedeutung. Mittels dieser Genehmigung können kleinere Änderungen eines bereits genehmigten aber noch nicht - vollständig - ausgeführten Bauvorhabens zugelassen werden (OVG Saarlouis, BRS 55 Nr. 150). Bei der Frage, ob der Bauherr bei der Bauausführung von den genehmigten Bauplänen so wesentlich abweicht, dass er nicht das zugelassene, sondern ein anderes Bauvorhaben verwirklicht, ist zu prüfen, ob durch die Abweichung Belange, die bei der Erteilung der Baugenehmigung zu berücksichtigen waren, erneut oder ob andere Belange berührt werden, so dass sich die Frage der Zulässigkeit des Bauvorhabens neu stellt (OVG Saarlouis, SKZ 1995, 113/17). Die Tektur- oder Nachtragsbaugenehmigung ist eine Ergänzung der ursprünglichen Baugenehmigung, so dass sie nur während deren Geltungsdauer beantragt werden kann (VGH München, BRS 42 Nr. 167; VGH Mannheim, BRS 57 Nr. 191). **285**

8. Teilbaugenehmigung - § 73 LBauO

286 Nach § 73 Abs. 1 LBauO kann die Bauaufsichtsbehörde nach Einreichung eines Bauantrages und vor Erteilung der Baugenehmigung den Beginn der Bauarbeiten für die Baugrube und für einzelne Teile oder Bauabschnitte des Vorhabens auf schriftlichen Antrag genehmigen. Der Erlass einer **Teilbaugenehmigung** steht im pflichtgemäßen Ermessen der Bauaufsichtsbehörde. Nach allgemeiner Meinung besteht kein Rechtsanspruch auf ihre Erteilung (Jeromin, LBauO Rheinland-Pfalz, § 73 Rn. 6 m. w. Nachw.). Durch die Teilbaugenehmigung wird ein abschnittsweises und damit zügiges Bauen ermöglicht. Mit der Teilbaugenehmigung wird die materielle Rechtmäßigkeit bestimmter Teile des Bauvorhabens festgestellt und insoweit die Bauausführung freigegeben. Vor Erlass der Teilbaugenehmigung ist daher das Vorhaben in bauordnungsrechtlicher und im Wesentlichen auch in bauplanungsrechtlicher Hinsicht zu prüfen (OVG Koblenz, NVwZ-RR 1991, 286; VGH Kassel, BRS 22 Nr. 159; BRS 55 Nr. 144). Die Teilbaugenehmigung entfaltet insoweit auch Bindungswirkung, d. h. sie setzt sich gegen eine nach ihrem Erlass eingetretene und für den Bauherrn ungünstige Änderung der Sach- und Rechtslage durch (vgl. BGH, BRS 40 Nr. 178). Nachträgliche Anforderungen können nach § 73 Abs. 2 LBauO aber gestellt werden, wenn sich herausstellt, dass diese im Hinblick auf die öffentliche Sicherheit oder Ordnung geboten sind.

9. Typengenehmigung - § 75 LBauO

287 Das Gesetz sieht in § 75 LBauO zur Vereinfachung des Genehmigungsverfahrens für bauliche Anlagen, die in derselben Ausführung an mehreren Stellen errichtet werden sollen (z. B. Fertiggaragen, Fertighäuser) die Erteilung einer allgemeinen Genehmigung durch das Prüfamt für Baustatik vor, wenn die baulichen Anlagen den bauaufsichtlichen Vorschriften entsprechen und ihre Brauchbarkeit für den jeweiligen Verwendungszweck nachgewiesen ist. Diese **Typenprüfung**, die dem Hersteller erteilt wird, bezieht sich auf bauordnungsrechtliche Fragen der Bautechnik und der Konstruktion. Ihre Erteilung entbindet nicht von der Verpflichtung, eine Baugenehmigung einzuholen (§ 75 Abs. 4 LBauO), da die Zulässigkeit des Bauvorhabens an dem konkreten Standort geprüft werden muss. Bei dieser Prüfung muss die Bauaufsichtsbehörde aber die bei der Typengprüfung entschiedenen Fragen nicht mehr prüfen, was zur Beschleunigung des Verfahrens beiträgt.

10. Fliegende Bauten - § 76 LBauO

288 **Fliegende Bauten** sind bauliche Anlagen, die dazu geeignet und bestimmt sind, an verschiedenen Orten wiederholt aufgestellt und zerlegt zu werden (§ 76 Abs. 1 Satz 1 LBauO; OVG Saarlouis, BRS 46 Nr. 202 - Verkaufszelt; VGH Mannheim, BRS 39 Nr. 146 - Fertigbauhalle kein fliegender Bau). Bei diesen Bauten handelt es sich um bauliche Anlagen im Sinne der Landesbauordnung, nicht aber des Baugesetzbuchs (BVerwG, NJW 1977, 2090). Fliegende Bauten bedürfen vor ihrer erstmaligen Aufstellung einer Ausführungsgenehmigung (§ 76 Abs. 2-6 LBauO). Nach Absatz 7 des § 76 LBauO dürfen fliegende Bauten, die einer Ausführungsgenehmigung bedürfen (vgl. § 76 Abs. 2 LBauO), unbeschadet anderer Vorschriften nur in Gebrauch genommen werden, wenn ihre Aufstellung der Bauaufsichtsbehörde des Aufstellungsorts unter Vorlage des Prüfbuchs angezeigt wurde und die Fliegenden Bauten von ihr abgenommen wurden (Bauaufsichtliche Anforderungen an Fliegende Bauten - Rundschreiben des Ministeriums der Finanzen vom 01.12.2015 - 13 201-465).

11. Baulast - § 86 LBauO

Unter einer Baulast versteht die Landesbauordnung die freiwillig gegenüber der Bauaufsichtsbehörde übernommene Verpflichtung des Grundstückseigentümers zu einem bestimmten Tun, Dulden oder Unterlassen, das sich auf sein Grundstück bezieht und sich nicht bereits aus öffentlich-rechtlichen Vorschriften ergibt (§ 86 Abs. 1 Satz 1 LBauO; s. dazu Hürth, ZfBR 1997, 12). Durch die Einräumung einer Baulast können die einem Bauvorhaben entgegenstehenden öffentlich-rechtlichen Hindernisse ausgeräumt werden. Die Baulast kann auch eine bauplanungsrechtliche Verpflichtung sichern (VGH Mannheim, NVwZ-RR 2007, 662 u. 2010, 41). Die praktisch wichtigsten Fälle ergeben sich aus § 35 Abs. 5 BauGB sowie §§ 9, 11 Abs. 2, 13 Abs. 2, 26 Abs. 2 und 47 Abs. 3 LBauO.

289

Ein Anspruch gegen den Eigentümer eines benachbarten Grundstücks auf Übernahme einer Baulast besteht grundsätzlich nicht und zwar auch dann nicht, wenn ein Grundstück ohne eine Baulast nicht bebaubar ist (Neuhäuser, NVwZ 1996, 738). Allerdings kann aus der Bestellung einer **Grunddienstbarkeit** ausnahmsweise die Verpflichtung zur Übernahme einer Baulast abgeleitet werden, wenn nämlich sonst die durch die Dienstbarkeit gesicherte Verpflichtung zur Ermöglichung der Bebauung an öffentlich-rechtlichen Hindernissen scheitern würde (BGH, NJW 1989, 1607; NVwZ 1990, 192).

Die Baulast stellt eine öffentliche Last dar, die **keine subjektiven Rechte** begründet, und zwar auch dann nicht, wenn sie zugunsten eines Dritten (in der Regel des Nachbarn) übernommen wurde (BGH, NJW 1978, 1430; OVG Koblenz, Beschl. v. 27.01.1995 - 1 B 10183/95.OVG -; OVG Münster, NJW 1988, 1043); sie kann allerdings von einer entsprechenden privatrechtlichen Vereinbarung begleitet sein. Die Baulast wirkt auch gegenüber dem Rechtsnachfolger (§ 86 Abs. 1 Satz 2 LBauO).

Die Baulast bedarf einer **formgebundenen Erklärung gegenüber der Bauaufsichtsbehörde** (§ 86 Abs. 2 Satz 1 LBauO) und muss öffentlich beglaubigt sein. Sie ist bedingungsfeindlich, d. h. ihre Wirksamkeit kann nicht von dem Eintritt einer Bedingung abhängig gemacht werden (VGH Mannheim, BRS 35 Nr. 164; OVG Münster, NJW 1996, 275).

Sie wird nach § 86 Abs. 1 und 3 Satz 1 LBauO in das von der Bauaufsichtsbehörde zu führende Baulastenverzeichnis eingetragen und mit dieser **Eintragung** nach § 86 Abs. 1 Satz 2 LBauO wirksam (VG Neustadt/Weinstr., Beschl. v. 28.04.2003 - 4 L 795/03.NW -, ESOVGRP; Verwaltungsvorschrift des Ministeriums der Finanzen und des Ministeriums des Innern und für Sport vom 28.12.2000, MinBl. 2001, S. 150 zur Einrichtung und Führung des Baulastenverzeichnisses, Nachweis der Baulasten im Liegenschaftskataster; MinBl. 2010, 208 u. 2015, 248). Trotz Eintragung ist die Baulast unwirksam, wenn die eingetragene Verpflichtung keinen baulastfähigen Inhalt hat (VGH Mannheim, NVwZ-RR 1992, 172) oder ihr die nötige Bestimmtheit fehlt (VGH Kassel, NVwZ-RR 1990, 6; OVG Münster, NJW 1993, 1284; VGH Mannheim, NuR 1992, 329).

Die Baulast erlischt nach § 86 Abs. 4 LBauO durch einen schriftlichen **Verzicht der Bauaufsichtsbehörde**, der ein Verwaltungsakt ist. Der Verzicht ist nach Satz 2 dieser Vorschrift auszusprechen, wenn an der Baulast kein öffentliches Interesse mehr besteht. Durch ein gemeinsames Handeln des Grundstückseigentümers und des begünstigten Nachbarn kann eine Baulast somit nicht ohne Mitwirkung der Bauaufsichtsbehörde beseitigt werden; hierin liegt der Unterschied zu einer Grunddienstbarkeit. Der rechtliche Charakter der Eintragung einer Baulast und demzufolge der Löschung als actus contrarius ist umstritten (kein Verwaltungsakt: VGH Mannheim, NVwZ-RR 2007, 662; Verwaltungsakt: OVG Münster, BRS 57 Nr. 204; beurkundender Verwaltungsakt: VG Neustadt, Beschl. v. 28.04.2003 - 4 L 795/03.NW -, juris).

In das Baulastenverzeichnis kann jeder, der ein berechtigtes Interesse darlegt, Einsicht nehmen und sich Abschriften erteilen lassen (§ 86 Abs. 5 LBauO).

12. Beseitigungsverfügung - § 81 LBauO

a) Voraussetzungen

290 Nach § 81 LBauO kann die teilweise oder vollständige Beseitigung einer Anlage, die im Widerspruch zu baurechtlichen oder sonstigen öffentlich-rechtlichen Vorschriften über die Errichtung, die Änderung, die Instandhaltung oder die Nutzungsänderung dieser Anlagen errichtet wurde, angeordnet werden, wenn nicht auf andere Weise rechtmäßige Zustände hergestellt werden können. Werden Anlagen im Widerspruch zu öffentlich-rechtlichen Vorschriften genutzt, kann deren Nutzung ebenfalls nach § 81 LBauO untersagt werden. Zusammen mit der Beseitigung des Gebäudes können die Entfernung der Einrichtungsgegenstände oder sonstigen Zubehörs sowie der Abtransport des Bauschutts und die Einebnung der Baugrube angeordnet werden (OVG Saarlouis, DÖV 1978, 144; VGH Mannheim, BRS 48 Nr. 188).

Nach § 81 LBauO kann die Beseitigung einer **baulichen Anlage** verlangt werden. Der Begriff der baulichen Anlage wird in § 2 Abs. 1 Satz 1 LBauO definiert. Bauliche Anlagen sind danach mit dem Erdboden verbundene, aus Bauprodukten hergestellte Anlagen. Nach Satz 2 der Vorschrift besteht eine Verbindung mit dem Erdboden auch dann, wenn die Anlage nach ihrem Verwendungszweck dazu bestimmt ist, überwiegend ortsfest benutzt zu werden. Dieses Tatbestandsmerkmal ist ebenfalls dann gegeben, wenn zwischen dem Vorhaben und dem zu seiner Ausführung vorgesehenen Grundstück eine erkennbar verfestigte Beziehung besteht. Dies ist der Fall, wenn nicht ortsfeste Objekte oder Einrichtungen längere Zeit oder immer wieder für kürzere Zeit an einer bestimmten Stelle abgestellt werden (OVG Koblenz, Beschl. v. 27.01.2004 - 8 A 10051/04.OVG -; BVerwGE 44, 59).

Arten von baulichen Anlagen

Fahrbare Anlagen:

- Verkaufsstände und Verkaufswagen sind bauliche Anlagen, wenn sie als Ersatz für eine ortsfeste Anlage dienen, auch wenn sie nicht ständig aufgestellt werden (VGH Mannheim, BRS 39 Nr. 143; OVG Lüneburg, BauR 1993, 454; OVG Saarlouis, BRS 54 Nr. 141: Hähnchen-Grillstation; VG Dessau, LKV 2002, 589: mobile Feldküche; VG Neustadt, Beschl. v. 02.09.2002 - 2 L 2176/02.NW -: Imbisswagen; VG Koblenz, Urt. .v. 16.06.2005 - 1 K 505/05.KO -: Wohnmobil abgestellt zum Zweck der Prostitution)
- Wohnwagen und Wohnflöße werden als bauliche Anlagen angesehen, wenn sie als Ersatz für ein festes Gebäude - Wochenendhaus - dienen (BVerwGE 44, 59; Hess. VGH, NVwZ 1988, 165; OVG Saarland, NVwZ 1989, 1082).
- Kraftfahrzeuge oder Kfz.-Anhänger, die zwar bestimmungsgemäß am Straßenverkehr teilnehmen, aber zeitweise so außerhalb des Straßenverkehrs geparkt wer-

den, dass sie die Funktion einer ortsfesten Werbeanlage erfüllen, sind bauliche Anlagen. Entscheidend für diese Wertung ist aber, dass die Gesamtumstände den Schluss zulassen, die Teilnahme am Straßenverkehr sei - jedenfalls vorübergehend - beendet und die Werbefläche solle an einem günstigen Standort ihrem erkennbaren Bestimmungszweck nach ihre Werbewirkung entfalten (OVG Koblenz, Beschl. v. 12.12.2005 - 8 A 11197/05.OVG -). Es kommt dabei weniger auf die Dauer des Aufstellens an einem bestimmten Ort an als darauf, ob die objektiven Umstände das abgestellte Fahrzeug wie eine Werbeanlage wirken lassen. Diese Voraussetzungen erfüllen die fahrenden Reklamen wie Taxen, Omnibusse, Straßenbahnen sowie Verkaufs- oder Werkstattwagen nicht. Diese am Straßenverkehr teilnehmenden Fahrzeuge unterliegen nur den straßenverkehrsrechtlichen Vorschriften auch hinsichtlich der Werbeflächen (Knauff, BayVBl 2005, 521).

Ortsfeste Einrichtungen

Um solche handelt es sich bei zwar mobilen, aber überwiegend an einem Ort genutzten Einrichtungen.

Bsp.:
auf einem Gelände abgestellter Imbisswagen (VG Neustadt, Beschl. v. 02.09.2002 - 2 L 2176/02.NW -); Blumenverkaufswagen (OVG Saarlouis, Beschl. v. 12.07.1985 - 2 W 1395,85 -, SKZ 1986, 115); zum Zwecke der Prostitution regelmäßig auf Wirtschaftswegen abgestelltes Wohnmobil (VG Koblenz, Urt. v. 16.06.2005 - 1 K 505/05.KO -, juris).

Fiktive bauliche Anlagen

In § 2 Abs. 1 Satz 3 LBauO findet sich ein Fiktionskatalog von Anlagen und Einrichtungen, die als bauliche Anlagen gelten.

Nach einer verbreiteten Faustformel kann eine Beseitigungsverfügung nur ergehen, **291** wenn die bauliche Anlage **formell und materiell baurechtswidrig** ist (BVerwG, NVwZ 1989, 353; NVwZ 2002, 1250; OVG Koblenz, Urt. v. 07.11.1996 - 1 A 13500/95. OVG -; OVG Lüneburg, NVwZ-RR 1996, 6; Ortloff, NVwZ 2006, 1006; Lindner, JuS 2014, 118). **Formelle Rechtswidrigkeit** bedeutet, dass die bauliche Anlage nicht durch eine Baugenehmigung gedeckt wird (OVG Münster, NVwZ 1988, 943; VGH Mannheim, BRS 66 Nr. 195); bei einem genehmigungsfreien Vorhaben kann selbstverständlich eine formelle Baurechtswidrigkeit nicht verlangt werden, hier reicht die materielle Baurechtswidrigkeit für eine Beseitigungsverfügung aus (VGH Mannheim, BauR 1991, 75). Ist eine materiell-rechtlich unzulässige bauliche Anlage genehmigt worden, kann die Beseitigung erst angeordnet werden, wenn die Baugenehmigung bestandskräftig aufgehoben oder der sofortige Vollzug dieser Maßnahme angeordnet wurde (OVG Münster, a.a.O.). Unbedenklich ist es aber, wenn die Beseitigung zwar zusammen mit der Rücknahme der Baugenehmigung angeordnet wird, aber erst nach der Bestandskraft der Rücknahme vollzogen werden darf (OVG Lüneburg, NVwZ 1996, 605; VGH Mannheim, VBlBW 2004, 264) oder der sofortige Vollzug dieser Maßnahme angeordnet wurde (OVG Saarlouis, NVwZ 1985, 430).

Da somit die Formel „formelle und materielle Baurechtswidrigkeit" als Voraussetzung für eine Beseitigungsverfügung sehr verkürzt ist, verwendet der VGH Mannheim stattdessen folgende Formulierung:

Eine Beseitigungsverfügung ist zulässig, wenn das Vorhaben seit seiner Errichtung im Widerspruch zu materiellem Baurecht steht und nicht durch eine Baugenehmigung gedeckt ist (VGH Mannheim, VBlBW 2004, 264).

Materielle Rechtswidrigkeit liegt vor, wenn die bauliche Anlage im Widerspruch zu **292** öffentlich-rechtlichen Vorschriften steht. Die Unterscheidung zwischen formeller und materieller Rechtswidrigkeit ist im Baurecht anders als z. B. im Wasserrecht (vgl. BVerwG, BRS 33 Nr. 191; BVerfGE 58, 300 Nassauskiesungs-Beschluss) erforderlich, da das Recht zum Bauen Inhalt des Eigentums im Sinne des Art. 14 Abs. 1 GG ist. Aus der Eigentumsgarantie folgt ein Anspruch auf Erteilung der Baugenehmigung, wenn das Bauvorhaben den materiell-rechtlichen Vorschriften entspricht. Daher bedarf es neben der formellen Illegalität auch der materiellen Rechtswidrigkeit einer Anlage.

Materielle Baurechtswidrigkeit bedeutet hier, dass die bauliche Anlage seit ihrer Erstellung ununterbrochen gegen öffentlich-rechtliche Vorschriften verstößt. Stand die bauliche Anlage irgendwann einmal in Einklang mit dem materiellen Baurecht, dann genießt sie Bestandsschutz, so dass ihre Beseitigung nicht mehr angeordnet werden kann (BVerwG, NJW 1971, 1624). Nach dieser Rechtsprechung kann die Beseitigung einer baulichen Anlage auch dann nicht verlangt werden, wenn die bauliche Anlage zwar nicht im Zeitpunkt ihrer Errichtung, aber später während eines namhaften Zeitraums materiell rechtmäßig war (passiver Bestandsschutz; s. Gohrke/Bresahn, NVwZ 1999, 932 m. w. Nachw.; a. A. Dürr, VBlBW 2000, 457). Die materielle Baurechtswidrigkeit kann auch in der Nichtbeachtung einer durch Baulast gesicherten Baubeschränkung liegen (VGH Mannheim, VBlBW 1984, 179).

Die materielle Baurechtswidrigkeit kann nach der Rechtsprechung des Bundesverwaltungsgerichts (BVerwGE 48, 271) nicht schon daraus abgeleitet werden, dass ein Bauantrag für das zu beseitigende Vorhaben bestandskräftig abgelehnt wurde; anders ist es bei einem rechtskräftigen Urteil eines Verwaltungsgerichts. Denn durch die Rechtskraft wird hier bindend festgestellt, dass das Bauvorhaben baurechtlich unzulässig ist (OVG Koblenz, Beschl. v. 18.10.2005 – 8 A 11101/05.OVG -). Demgegenüber bedeutet die Bestandskraft der Ablehnung des Bauantrags nur, dass das Baugenehmigungsverfahren abgeschlossen ist. Der Bauherr ist aber nach Ansicht des Bundesverwaltungsgerichts durch die Bestandskraft nicht gehindert, denselben Bauantrag nochmals zu stellen; die Bauaufsichtsbehörde ist wegen Art. 14 GG verpflichtet, erneut eine sachliche Entscheidung über die Zulässigkeit des Bauvorhabens zu treffen. Diese Rechtsprechung des Bundesverwaltungsgerichts weicht von den sonstigen Grundsätzen über die Bestandskraft eines Verwaltungsakts ab, wonach nur bei einer geänderten Sach- oder Rechtslage eine erneute Sachentscheidung über einen bereits früher gestellten Antrag verlangt werden kann (kritisch Gaentzsch, NJW 1986, 879).

293 Schließlich ist es **tatbestandliche Voraussetzung** für eine Beseitigungsverfügung, dass **nicht auf andere Weise rechtmäßige Zustände** geschaffen werden können. Dieses Tatbestandsmerkmal ist Ausdruck des verfassungsrechtlichen Grundsatzes der Verhältnismäßigkeit. Auf andere Weise können insbesondere rechtmäßige Zustände hergestellt werden, wenn die bauliche Anlage durch rechtliche oder tatsächliche Maßnahmen legalisiert werden kann, z. B. durch die Erteilung einer Ausnahme oder Befreiung sowie die Anordnung von Auflagen (VGH Mannheim, BRS 66 Nr. 195) oder durch Aufstellung eines Bebauungsplans (VGH Mannheim, BauR 1989, 193); dieses setzt aber bereits konkrete Planungsabsichten der Gemeinde voraus (VGH Mannheim, VBlBW 2004, 263).

Die Bauaufsichtsbehörden sind zwar in der Regel nicht verpflichtet, von sich aus Vorschläge zu machen, wie durch eine bauliche Veränderung, z. B. eine räumliche Verkleinerung oder eine Entfernung der für ein Wohngebäude typischen Bauteile wie Fenster, Teppichboden, Terrasse usw. ein rechtmäßiger Zustand hergestellt werden kann, vielmehr ist es Sache des Bauherrn, derartige Vorschläge zu unterbreiten

(BVerwG NVwZ-RR 1997, 273; OVG Koblenz, Urt. v. 14.03.1996 - 1 A 12053/95.OVG - und Beschl. v. 27.10.2004 - 1 A 11617/04.OVG -; VGH Mannheim, BRS 66 Nr. 195; OVG Lüneburg, BauR 2000, 87). Etwas Anderes hat aber dann zu gelten, wenn sich eine bestimmte Maßnahme zur Schaffung eines rechtmäßigen Zustands geradezu aufdrängt, z. B. die Entfernung einer überdachten Terrasse bei einem sonst unauffälligen Gebäude (BVerwG, BRS 15 Nr. 118; OVG Saarlouis, BRS 30 Nr. 179).

Die Baubehörde muss prüfen, ob zur Herstellung eines rechtmäßigen Zustands der vollständige Abbruch erforderlich ist. Die **Anordnung der vollständigen Beseitigung** einer baulichen Anlage wäre rechtswidrig, wenn zur Herstellung eines rechtmäßigen Zustands eine Nutzungsuntersagung ausreichend wäre (OVG Saarlouis, BRS 40 Nr. 230 und BRS 52 Nr. 232). Dabei ist allerdings zu beachten, dass eine Nutzungsuntersagung dann nicht ausreicht, wenn der rechtswidrige Zustand gerade in der objektiven Erscheinungsform und Nutzungsmöglichkeit des Gebäudes liegt. Ein objektiv als Wochenendhaus geeignetes Gebäude verstößt nämlich auch dann gegen § 35 Abs. 3 BauGB, wenn es tatsächlich zum Abstellen von Geräten genutzt wird.

Auch wenn § 81 LBauO umfassend von einem Widerspruch zu öffentlich-rechtlichen Vorschriften spricht, so ist doch eine einschränkende Auslegung dahingehend geboten, dass die Bauaufsichtsbehörde nicht wegen eines Verstoßes gegen Vorschriften einschreiten darf, deren Überwachung zu den Aufgaben einer anderen Behörde gehört (BVerwG, NVwZ 1992, 480 für Abfallrecht; VGH Kassel, BauR 2000, 555). Liegt allerdings außer dem Verstoß gegen spezialgesetzliche Vorschriften auch ein Verstoß gegen baurechtliche Bestimmungen vor, kann wegen letzterem die Bauaufsichtsbehörde einschreiten.

Bsp.:
Ungenehmigte Lagerung von Klärschlamm verstößt nicht nur gegen das Abfallrecht, sondern stellt zugleich eine rechtswidrige Lagerstätte nach § 2 Abs. 1 Satz 2 Nr. 2 LBauO dar, so dass auch die Bauaufsichtsbehörde tätig werden darf (OVG Koblenz, NVwZ 1994, 511; BVerwG, NVwZ 1994, 296 für Straßenaufbruchmaterial).

Der Erlass einer Beseitigungsverfügung steht, wenn die Voraussetzungen des § 81 LBauO erfüllt sind, im **Ermessen** der Bauaufsichtsbehörde („kann"). Es liegt aber im öffentlichen Interesse, dass die Bauaufsichtsbehörde ihrem gesetzlichen Auftrag entsprechend dafür Sorge trägt, dass die Vorschriften des materiellen Baurechts eingehalten werden. Dies tut sie in aller Regel durch den Erlass einer Beseitigungsverfügung (intendiertes Ermessen). Die Behörde kann, will sie intentionsmäßig entscheiden, auf Ermessenserwägungen in der Beseitigungsverfügung verzichten, solange der Fall hierzu nicht ausnahmsweise Anlass gibt (BVerwG, NJW 1998, 2233). Es reicht also das Vorliegen der tatbestandlichen Voraussetzungen des § 81 LBauO regelmäßig für das Ergehen einer Beseitigungsverfügung aus. Demzufolge sind auch die Anforderungen an die Begründungspflicht nach § 39 Abs. 1 Satz 3 VwVfG reduziert (VGH München, BayVBl. 1991, 754). Aus der Begründung muss sich aber ergeben, dass die Behörde von einer Ermessensentscheidung und nicht von einer gebundenen Entscheidung ausgegangen ist. Es reicht also aus, dass die Bauaufsichtsbehörde zum Ausdruck bringt, dass der beanstandete Zustand wegen seiner Rechtswidrigkeit beseitigt werden soll (OVG Koblenz, Beschl. v. 04.07.2002 - 8 A 10736/02.OVG - u. Urt. v. 20.04.2006 - 8 A 10119/06.OVG -; OVG Weimar, BRS 58 Nr. 208).

294

b) Verhältnismäßigkeit

295 Bei Erlass einer Beseitigungsverfügung muss die Behörde den **Grundsatz der Verhältnismäßigkeit** beachten; der Schaden für den Betroffenen darf nicht außer Verhältnis zu dem öffentlichen Interesse an der Beseitigung eines Gebäudes stehen (BVerwG, NVwZ 1989, 353; NVwZ-RR 1997, 273).

Die Bauaufsichtsbehörde muss Umstände, die vom Regelfall abweichen, berücksichtigen. Dies kann sein das Gewicht des Baurechtsverstoßes oder eine später aufgehobene Baugenehmigung (BVerwG, BauR 1994, 740). Da das öffentliche Baurecht grundstücksbezogen ist, müssen wirtschaftliche oder persönliche (Gesundheitszustand) Verhältnisse des Betroffenen nicht in die Erwägungen eingestellt werden (OVG Münster, BauR 1994, 746; OVG Koblenz, Urt. v. 11.10.2007 - 1 A 10555/07.OVG -, juris). Im Rahmen der Vollstreckungsentscheidungen können persönliche Umstände berücksichtigt werden (OVG Rheinland-Pfalz, Urteil vom 07.05.1991 - 1 A 10297/94.OVG -).

Bsp.:
1. Es ist unverhältnismäßig, die Rückversetzung einer Außenwand, die um wenige Zentimeter den Grenzabstand unterschreitet, zu verlangen, wenn diese Maßnahme 20.000 DM kostet (OVG Lüneburg, BauR 1984, 277; s. aber VGH München, BRS 36 Nr. 215 und OVG Saarlouis, Beschl. v. 11.03.1983 - 2 W 2045/82 -, SKZ 1983, 245/14).
2. Drohende Obdachlosigkeit macht eine Abbruchsverfügung nicht rechtswidrig, denn es ist davon auszugehen, dass die Gemeinde eine Obdachlosenunterkunft zur Verfügung stellen wird (VGH Mannheim, BRS 39 Nr. 223).
3. Es ist unverhältnismäßig wegen fehlender Erschließung den Abbruch eines Gebäudes anzuordnen, wenn der Nachbar die Benutzung eines Privatwegs gestattet (BVerwG, NVwZ 1989, 353).

Hatte die Behörde sich in der Vergangenheit gegenüber dem Bauherrn bereit erklärt, die streitgegenständliche illegale bauliche Anlage unter bestimmten Voraussetzungen (z. B. eine Hütte im Außenbereich nur zur Aufbewahrung von Gerätschaften zu nutzen) zu dulden (vgl. VG Gera, Urt. v. 22.07.2004 - 4 K 631/04.Ge -), ist die Bauaufsichtsbehörde grundsätzlich bereits nach einem einmaligen Verstoß gegen die Bedingungen der Duldungszusage nicht mehr an diese Zusage gebunden und kann die Beseitigung des Bauwerks verlangen.

Der Grundsatz der Verhältnismäßigkeit hindert die Bauaufsichtsbehörden bei **Schwarzbauten** nicht, auch die Beseitigung größerer Bauwerke zu verlangen, denn der Bauherr hat in einem solchen Fall bewusst auf eigenes Risiko gebaut und muss deshalb auch einen größeren finanziellen Schaden hinnehmen (BVerwG, NVwZ-RR 1997, 273; OVG Lüneburg, BauR 2000, 87); insbesondere bei Wochenendhäusern im Außenbereich ist in der Regel die Beseitigung geboten. Etwas Anderes hat aber zu gelten, wenn z. B. durch Ausweisung eines Wochenendhausgebiets gemäß § 10 BauNVO in absehbarer Zeit mit der Legalisierung des rechtswidrig errichteten Gebäudes zu rechnen ist (VGH Mannheim, BauR 1989, 193).

c) Gleichheitsgrundsatz

296 Im Rahmen der Ermessensentscheidung kommt dem **Gleichheitsgrundsatz** aus Art. 3 Abs. 1 GG erhebliche Bedeutung zu. Dieser Grundsatz verpflichtet die Bauaufsichtsbehörde zu einem nach Zeitpunkt und Weise gleichmäßigen Vorgehen gegen rechtswidrige Zustände, soweit nicht in der Sache begründete Umstände Abweichungen, d. h. eine Ungleichbehandlung, rechtfertigen. In gleich gelagerten Fällen muss die Behörde das ihr eingeräumte Ermessen gleichmäßig ausüben (BVerwG, BRS 60 Nr. 163; VGH Mannheim, NVwZ-RR 1997, 465), sonst handelt sie willkürlich und damit ermessensfehlerhaft. Ein solches ermessensfehlerhaftes Vorgehen liegt vor, wenn die Behörde gegen eine im räumlichen Zusammenhang mit der zu beseitigenden baulichen Anlage vorhandene vergleichbare, rechtswidrige Anlage ohne sachlichen Grund nicht einschreitet oder für diese in zeitlichem Zusammenhang eine Duldung oder sogar eine Genehmigung erteilt (OVG Koblenz, Urt. v. 02. 12. 1999 - 1 A 10091/99.OVG -; OVG Saarlouis, BRS 54 Nr. 207) oder die Behörde sich in einem Vergleich in einem anderen Verfahren verpflichtet, ein derartiges Gebäude zu dulden (VGH Mannheim, NJW 1989, 603; OVG Münster, NVwZ 1988, 370). Erst wenn sich überhaupt kein sachlicher Gesichtspunkt für eine differenzierte Behandlung gleich erscheinender Fälle findet, ist Art. 3 GG verletzt (BVerwG, BRS 58 Nr. 209; BRS 58 Nr. 210; OVG Lüneburg, NVwZ-RR 1994, 249).

Durch einen rechtlichen oder tatsächlichen Irrtum der Bauaufsichtsbehörde bei der Beurteilung anderer Bauvorhaben tritt aber keine Ermessenseinschränkung ein (VGH Kassel, NJW 1984, 318). Eine Berufung auf Art. 3 GG setzt weiterhin voraus, dass der „Berufungsfall" in räumlicher Nähe des zu beseitigenden Gebäudes liegt (VGH Mannheim, VBIBW 1982, 402; NJW 1984, 319). Eine Verletzung des Gleichbehandlungsgebots kann nicht darauf gestützt werden, dass vergleichbare Baulichkeiten z. B. in anderen Landkreisen geduldet werden. Das OVG Koblenz orientiert sich regelmäßig an dem Gemarkungsteil, in dem die betroffene Anlage gelegen ist (Urt. v. 14. 03.1996 - 1 A 12053/95.OVG - u. v. 02.12. 1999 - 1 A 10091/00.OVG -; Beschl. v. 07.01.1997 - 1 B 13180/96.OVG -).

Eine Verpflichtung der Bauaufsichtsbehörde gegen alle rechtswidrigen Bauten gleichzeitig und schlagartig vorzugehen, was in der Regel auch die ihr zur Verfügung stehenden Personalkapazitäten übersteigen würde, besteht nicht. Sie darf sich auf einzelne Fälle beschränken, wenn sich hierfür sachliche Gründe anführen lassen (OVG Koblenz, Urt. v. 27.11.2003 - 1 A 10353/03.OVG -). Ein objektives Differenzierungskriterium kann das Alter einer baulichen Anlage sein. So kann die Behörde gegen ein neues Vorhaben vorgehen, obwohl sie ältere Anlagen duldet (OVG Münster, BRS 40 Nr. 239). Abgestellt werden kann auch auf die Lage der Anlage (BVerwG, BRS 17 Nr. 141) und die absehbare Möglichkeit einer Legalisierung (OVG Münster, BRS 40 Nr. 239). Persönliche Kriterien (Alter, Krankheit) sind hingegen keine geeigneten Differenzierungskriterien (VGH Mannheim, NJW 1989, 603).

Eine allgemeingültige zeitliche Grenze für ein unterschiedliches Vorgehen gegen baurechtswidrige Zustände lässt sich aus dem Gleichbehandlungsgebot nicht ableiten (BVerwG, Beschl. v. 18. 04. 1996 - 4 B 38.96 -).

Sind aber auf engem Raum viele illegale baulichen Anlage vorhanden, fordert die Rechtsprechung von der Behörde ein **Beseitigungskonzept**, nach dem sie vorzugehen beabsichtigt und auch tatsächlich vorgeht (BVerwG, BRS 57 Nr. 248; OVG Koblenz, Beschl. v. 05.10.2005 - 8 A 11129/05.OVG -). Willkürlich handelt sie danach dann, wenn sie ohne Konzept und ohne sachlichen Grund allein Maßnahmen gegen einen Betroffenen ergreift.

Die Bauaufsichtsbehörde muss demnach ein planvolles Eingriffs-, Heilungs- und Sanierungskonzept hinsichtlich aller im betroffenen Gebiet vorhandenen unzulässigen baulichen Anlagen erstellen. Dies setzt zunächst eine Bestandsaufnahme dieser Baulichkeiten voraus. Anschließend kann die Behörde ein nach sachgerechten Kriterien abgestuftes Vorgehen wählen. So kann sie zuerst gegen neuere und später gegen ältere Bauwerke einschreiten (OVG Saarlouis, BRS 57 Nr. 251). Abgewartet werden darf auch der Ausgang eines Musterprozesses betreffend eine bauliche Anlage. Ein solches Beseitigungskonzept muss gleichmäßig und lückenlos durchgeführt werden (OVG Bremen, BRS 56 Nr. 206). Eine Verpflichtung der Behörde, in regelmäßigen Abständen das Konzept daraufhin zu überprüfen, ob weitere ungenehmigte bauliche Anlagen errichtet oder an bestandsgeschützten Vorhaben Veränderungen vorgenommen wurden, besteht nicht (VGH Mannheim, BauR 1996, 699). Es reicht aus, dass die Behörde ihr bekannt gewordene Fälle überprüft.

Die Behörde kann trotz eines solchen Beseitigungskonzepts von ihr dabei gemachte Fehler korrigieren (BVerwG, BRS 32 Nr. 129) oder sich für die Zukunft aus sachlichen Gründen von ihrer bisherigen Praxis lösen und nach einem neuen Konzept vorgehen. Sie hat dabei aber einen bereits entstandenen Vertrauensschutz zu beachten.

Unabhängig von einem solchen Beseitigungskonzept kann die Bauaufsichtsbehörde aber gegen formell und materiell baurechtswidrige neue Baulichkeiten zeitnah einschreiten (OVG Saarlouis, BRS 57 Nr. 251). Die Überprüfung einer Vielzahl beanzeigter Baurechtsverstöße würde nämlich entsprechende Arbeitskraft bei der Baubehörde binden. Würde man uneingeschränkt das vorherige Aufstellen eines Konzepts verlangen, könnte in einer solchen Situation möglicherweise über sehr lange Zeiträume nicht eingeschritten werden. Ein Einschreiten gegen aktuell errichtete Anlagen wäre nicht möglich und eine weitere Verfestigung rechtswidriger Zustände könnte die Folge sein. In einer solchen Situation ist es vor dem Hintergrund des gesetzlichen Auftrags der Bauaufsichtsbehörde nach § 59 Abs. 1 LBauO sachgerecht, wenn sie gegen ein gerade erst errichtetes Bauvorhaben einschreitet (OVG Koblenz, Beschl. v. 27.10.1998 - 1 A 10106/98.OVG -; VG Koblenz, Urt. v. 18.01.2005 - 7 K 2225/04.KO -, juris). Sie müsste ansonsten der Entwicklung tatenlos zusehen und könnte erst mit einem gewissen Zeitabstand einschreiten.

d) Verwirkung

297 Die Verwirkung ist ein Unterfall der unzulässigen Rechtsausübung wegen Verstoßes gegen den auch im öffentlichen Recht geltenden Grundsatz von Treu und Glauben (§ 242 BGB).

Die Bauaufsichtsbehörde kann die Befugnis zum Erlass einer Beseitigungsverfügung nicht verwirken, denn eine Verwirkung hoheitlicher Befugnisse ist nicht möglich (OVG Lüneburg, BRS 64 Nr. 198; VGH München, Beschl. v. 18.07.2008 – 9 ZB 05.365 -, juris; OVG Münster, NVwZ-RR 2009, 364; OVG Koblenz, BauR 2012, 1634; VGH Mannheim, BauR 2009, 485 zum Bodenschutzrecht; unklar: OVG Münster, BauR 2014, 1450; zur Verwirkung allgemein: BVerwGE 149, 211). Andernfalls wäre ein Einschreiten auch nicht mehr möglich, wenn es um die Abwehr von Gefahren für Leib oder Leben geht. Allerdings kann ein Einschreiten ermessensfehlerhaft sein, wenn die Behörde trotz Kenntnis des rechtswidrigen Bauvorhabens jahrelang nichts unternimmt und durch entsprechendes Verhalten den Eindruck erweckt, sie habe sich mit dem Gebäude abgefunden (OVG Koblenz, BauR 2012, 1634; OVG Berlin, NVwZ 1990, 176; BVerwG, Beschl. v. 01.04.2004 - 4 B 17.04 -, juris). Bloße Untätigkeit der Behörde reicht allerdings nicht aus (VGH Mannheim, BRS 32 Nr. 186, in diesem Fall hatte die Baubehörde früher einmal nach Besichtigung des Gebäudes sowie der Nachbargebäude den Abbruch eines benachbarten Hauses angeordnet, der Bauherr hatte daraufhin umfangreiche Ausbauarbeiten vorgenommen).

C. Verfahrensvorschriften

Durch den bloßen Zeitablauf kann keine Verwirkung eintreten (VGH Kassel, NJW 1984, 318). Neben dem Zeitablauf und der Vertrauensgrundlage durch entsprechendes Verhalten der Behörde - ein positives Tun - muss ferner hinzukommen, dass der Eigentümer einen Vertrauenstatbestand geschaffen hat, d. h. Aufwendungen vorgenommen hat, die im Fall einer Beseitigung des Gebäudes verloren wären (OVG Koblenz, BRS 36 Nr. 216 u. Urt. v. 12.06.2012 - 8 A 10291/12-, juris).

e) Adressat einer Beseitigungsverfügung

Als Adressat einer Beseitigungsverfügung kommen die nach § 54 LBauO Verantwortlichen in Betracht. Dies sind in der Regel der Grundstückseigentümer, der Inhaber der tatsächlichen Gewalt sowie der Bauherr. Die Verantwortlichkeit des Bauherrn endet nicht mit der Fertigstellung des Bauwerks, da er nach § 54 Abs. 2 Satz 1 LBauO dafür verantwortlich ist, dass bauliche Anlagen sowie Grundstücke den baurechtlichen Vorschriften entsprechen. Die einmal begründete Verantwortlichkeit des Bauherrn für Maßnahmen, die er durchgeführt hat, bleibt damit bestehen (VG Neustadt/Weinstr., Urteil vom 16.09.1999 - 2 K 53/99.NW -).

298

Die Entscheidung, wer in Anspruch genommen wird, steht im Ermessen der Behörde und richtet sich nach Art und Dringlichkeit der Gefahr sowie der erforderlichen Maßnahme. Ein allgemeingültiges Rangverhältnis zwischen Zustands- und Handlungsstörer besteht nicht. Bei Gleichrangigkeit mehrerer Verantwortlichen kann die Bauaufsichtsbehörde wählen, an wen sie sich halten will (**Auswahlermessen**). Entscheidend sind die Umstände des Einzelfalls. Der Grundsatz der Verhältnismäßigkeit und das Gebot effektiver und schneller Gefahrenbeseitigung sind dabei zu beachten. Allgemein wird aber der Handlungsstörer vor dem Zustandsstörer in Anspruch zu nehmen sein (OVG Koblenz, Urt. v. 25.01.1990 - 1 A 77/87 -, u. Urt. v. 16.08.2005 - 8 A 11910/04.OVG -, juris).

Etwas Anderes gilt aber dann, wenn der Handlungsstörer unbekannt ist und ohne Schwierigkeiten auf den Zustandsstörer zurückgegriffen werden kann, auch wenn diesem die rechtswidrigen Zustände nicht bekannt waren oder er sie nicht zur Kenntnis nehmen will (OVG Koblenz, NVwZ 2010, 755). So kann z. B. statt von den Pächtern und Nutzern von dem Betreiber eines Campingplatzes die Beseitigung der illegalen Anlagen verlangt werden (OVG Koblenz, Urt. v. 16.11.1995 - 1 A 3305/94.OVG-).

Besondere Probleme können bei einer Beseitigungsverfügung dadurch entstehen, dass der Verpflichtete nur **Miteigentümer** ist oder aber das Gebäude zwischenzeitlich verkauft oder vermietet wurde (OVG Koblenz, AS RP-SL 29, 6). In der Rechtsprechung ist anerkannt, dass eine Beseitigungsverfügung nicht gegen alle Miteigentümer gerichtet werden muss (VGH Mannheim, NVwZ 1992, 392). Denn der Umstand, dass der Adressat der Verfügung nicht allein verfügungsberechtigt ist, berührt nicht die Rechtmäßigkeit, sondern lediglich die Vollstreckbarkeit der Beseitigungsanordnung. Die Behörde kann die Anordnung allerdings gegen den Willen der übrigen an der Anlage Berechtigten nur durchsetzen, wenn sie auch gegen die übrigen Miteigentümer eine Beseitigungsverfügung, zumindest aber eine **Duldungsverfügung** erlässt (BVerwG, BauR 1972, 32 und 298; OVG Koblenz, Urt. v. 19.01.1995 - 1 A 11330/94.OVG -; VGH München, NVwZ-RR 2002, 609; OVG Lüneburg, NuR 1986, 34 - Vollstreckung gegen einen Campingplatzbetreiber hinsichtlich der einzelnen Eigentümer der Wohnwagen). Stimmt der Dritte dem Vollzug einer erlassenen Beseitigungsverfügung zu, so bedarf es keiner Duldungsverfügung zur Überwindung entgegenstehender Rechte und sie darf nicht ergehen (OVG Koblenz, NVwZ-RR 2004, 239 u. Beschl. v. 04.11.2011 - 8 A 10888/11.OVG -, juris). Die Duldungsverfügung ist auf die Generalklausel des § 59 LBauO zu stützen (OVG Koblenz, Urt. v. 11.10.2007 - 1 A 10555/07.OVG -, juris); bei einer Klage hiergegen ist nur zu prüfen, ob der Duldungsverpflichtete durch die Beseitigung des Gebäudes in seinen Rechten verletzt wird (VGH Mannheim, BRS 38 Nr. 206 u. 202).

299 Durch die Veräußerung des Gebäudes oder den Tod des Adressaten der Beseitigungsverfügung wird die Rechtmäßigkeit nicht beeinträchtigt, die Verfügung wirkt gemäß § 81 Satz 3 LBauO unmittelbar auch gegenüber dem vertraglichen oder gesetzlichen **Rechtsnachfolger**. Denn die Beseitigungsverfügung ist ein objektbezogener Verwaltungsakt, dessen Rechtmäßigkeit von der Person des jeweiligen Eigentümers unabhängig ist (so BVerwG, NJW 1971, 1624; OVG Berlin-Bbrg., Beschl. V. 13.01.2006 - 10 S 25.05 -, juris).

Der Eigentümer eines zu beseitigenden Gebäudes kann sich nicht darauf berufen, er habe das Gebäude ganz oder teilweise vermietet und könne es deshalb nicht beseitigen (BVerwG, NVwZ 1995, 272). Wenn der **Mieter** nicht auszieht, muss die Bauaufsichtsbehörde auch ihm gegenüber jedenfalls vor der Vollstreckung der Beseitigungsverfügung durch Ersatzvornahme eine Duldungsverfügung erlassen (BVerwG, NVwZ 1995, 272; OVG Münster, NVwZ-RR 1995, 635). Die Frage, ob die Beseitigungsverfügung zur Kündigung des Mietverhältnisses berechtigt, beurteilt sich nach Privatrecht, worüber die Zivilgerichte zu befinden haben. Besteht kein Kündigungsrecht des Vermieters, ist die Verfügung nicht vollziehbar (BVerwG, BauR 2013, 75).

Ist die Beseitigungsverfügung bestandskräftig, dann kann sie gegenüber dem Adressaten oder seinem Rechtsnachfolger durch Ersatzvornahme oder Zwangsgeld, unter Umständen sogar durch Zwangshaft durchgesetzt werden (§ 61ff. LVwVG). Bei der Vollstreckung ist folgende Vorgehensweise zu beachten:

Ein bestimmtes Zwangsmittel muss durch einen Verwaltungsakt angedroht werden, der mit der Beseitigungsverfügung verbunden werden kann (§ 66 Abs. 2 Satz 1 LVwVG; OVG Saarlouis, BRS 57 Nr. 251 bzgl. Art des Zwangsmittels). Für die Erfüllung der Beseitigungspflicht ist eine angemessene Frist zu setzen (vgl. § 66 Abs. 1 Satz 2 LVwVG; VGH Kassel, NVwZ 1990, 584 zur fehlenden Frist; VGH München, BRS 29 Nr. 177; OVG Koblenz, NVwZ 1986, 763). Nach erfolglosem Fristablauf ist das angedrohte Zwangsmittel durch Verwaltungsakt festzusetzen (OVG Saarlouis, BRS 54 Nr. 214). Die Kosten für eine Ersatzvornahme können angefordert werden; die Behörde muss die Ersatzvornahme nicht vorfinanzieren (§ 63 LVwVG; BVerwG, NJW 1976, 1703). Sind die Kosten der Ersatzvornahme tatsächlich höher, so kann die Behörde den noch nicht beglichenen Teil nachfordern (OVG Berlin, BRS 57 Nr. 253). Diese Kosten kann die Behörde mittels Leistungsbescheid geltend machen (VGH München, BayVBl. 1995, 694; VGH Mannheim, NVwZ-RR 1997, 74; OVG Berlin, NVwZ-RR 1995, 575).

Einwendungen sind im Vollstreckungsverfahren (s. dazu Rasch, BauR 1988, 266) nur noch soweit zulässig, als eine Verletzung der Vorschriften des Verwaltungsvollstreckungsgesetzes gerügt wird, die Sach- oder Rechtslage sich nachträglich geändert hat (BVerwG, MDR 1977, 607; BRS 32 Nr. 195) oder aber der Betroffene einwendet, er sei gar nicht Rechtsnachfolger (VGH Kassel, NVwZ 1985, 281).

Weiterhin ist folgende Rechtsprechung des OVG Koblenz (Urt. v. 25.11.2009 - 8 A 10502/09.OVG -, NVwZ-RR 2010, 214) zu beachten: Die Androhung eines Zwangsmittels stellt eine Maßnahme der Zwangsvollstreckung dar. Bereits die Androhung des Zwangsmittels begründet den Beginn der (mehrstufigen) Vollstreckung, nicht

C. Verfahrensvorschriften

erst ihre Festsetzung. Daher müssen bereits zu diesem Zeitpunkt grundsätzlich sämtliche Vollstreckungsvoraussetzungen gegeben sein und es darf kein Vollstreckungshindernis bestehen. Ein solches liegt aber vor, wenn der Pflichtige einer Beseitigungsverfügung nicht nachkommen kann, ohne in zivilrechtliche Rechte Dritter (z. B. ein Miteigentumsrecht eines Dritten) einzugreifen. Die Zwangsmittelandrohung darf deshalb nur dann mit dem Grundverwaltungsakt verbunden werden, wenn keine Vollstreckungshindernisse eine Befolgung der behördlichen Anordnung unmöglich machen, d. h. eine erforderliche Duldungsverfügung muss gleichzeitig mit der Zwangsmittelandrohung ergehen. Andernfalls ist die Zwangsmittelandrohung (nicht bereits der Grundverwaltungsakt) rechtswidrig.

13. Nutzungsuntersagung - § 81 LBauO

Nach § 81 Satz 1 LBauO kann die Bauaufsichtsbehörde die Nutzung einer baulichen Anlage untersagen, wenn zwar nicht die Anlage selbst, wohl aber ihre **Nutzung im Widerspruch zu öffentlich-rechtlichen Vorschriften** steht. **300**

Eine Nutzungsuntersagung kann nach der Rechtsprechung des OVG Koblenz bereits dann ausgesprochen werden, wenn die Nutzung nur **formell baurechtswidrig** ist (BRS 58 Nr. 202). Die Grundsätze zum Erlass einer Beseitigungsverfügung (formelle und materielle Baurechtswidrigkeit) lassen sich nur eingeschränkt auf die Nutzungsuntersagung übertragen, weil letztere Maßnahme jederzeit rückgängig gemacht werden kann, wenn sich herausstellt, dass die Nutzung den baurechtlichen Vorschriften nicht zuwiderläuft. Der „Schwarznutzer" soll aber auch nicht besser gestellt werden als der gesetzestreue Gebäudeeigentümer, der zunächst eine Baugenehmigung einholt (so OVG Münster, BauR 2009, 1719; VGH München, NVwZ-RR 2006, 754; OVG Lüneburg, NVwZ-RR 2005, 607; OVG Koblenz, BauR 1997, 103). Die Behörde kann aber die in ihrem Ermessen stehende Nutzungsuntersagung auch bereits auf eine materielle Baurechtswidrigkeit der baulichen Anlage stützen. Ist unklar, ob die Nutzung materiell-rechtlich zulässig ist oder nicht, kann eine Nutzungsuntersagung wegen bloßer formeller Baurechtswidrigkeit ausgesprochen werden (VGH Mannheim, NVwZ 1990, 480).

Die Nutzungsuntersagung darf nur so weit gehen, wie dies zur Beseitigung des rechtswidrigen Zustands notwendig ist (VGH Mannheim, VBlBW 1995, 59). Da auch eine Nutzungsuntersagungsverfügung nach § 81 Satz 1 LBauO nur ergehen darf, wenn nicht auf andere Weise rechtmäßige Zustände herzustellen sind, kommt eine solche Verfügung nicht in Betracht, wenn offensichtlich ist, dass eine Genehmigung der Nutzung auf Antrag erteilt werden muss. Dann kann dem Eigentümer nach § 81 Satz 2 LBauO aufgegeben werden, einen Bauantrag zu stellen und Bauvorlagen einzureichen und ihm anschließend eine Baugenehmigung erteilt werden. Dagegen kommt eine Nutzungsuntersagung nicht in Betracht (OVG Saarlouis, BauR 1984, 614; OVG Lüneburg, NVwZ 1989, 170).

Bsp.:
Eine Nutzungsuntersagung ist unzulässig, wenn die Rechtswidrigkeit des Bauvorhabens durch eine Befreiung beseitigt werden kann und die rechtlichen Voraussetzungen hierfür vorliegen (VGH Mannheim, BauR 1996, 605).

Mit der Nutzungsuntersagung kann die Anordnung verbunden werden, die für die unzulässige Nutzung eingebrachten Gegenstände zu entfernen (OVG Koblenz, BauR 2006, 1734; VGH München, BauR 2008, 1598 u. Beschl. v. 29.05.2015 - 9 ZB 14.2580 -, juris).

Untersagt werden kann nicht nur eine ausgeübte Nutzung, vielmehr kann zur Gefahrenabwehr auch eine **präventive Nutzungsuntersagung** ergehen (OVG Koblenz, NVwZ-RR 2007, 308 zur bordellartigen Nutzung). Auch im Falle einer vorübergehenden Nutzungsunterbrechung wird eine Nutzungsuntersagung nicht unverhältnismäßig (OVG Koblenz, BauR 2010, 2099).

301 Bei **vermieteten Gebäuden** kann die Nutzungsuntersagung sowohl an den Eigentümer als auch an den Mieter gerichtet werden (VGH Kassel, DÖV 1984, 377). Die an den Eigentümer gerichtete Nutzungsuntersagung verbietet ihm lediglich die Selbstnutzung sowie eine Neuvermietung (VGH Mannheim, VBlBW 1991, 220), zwingt ihn aber nicht zur Kündigung eines bereits bestehenden Mietverhältnisses (VGH Kassel, BRS 40 Nr. 229). Deshalb kann der Mieter auch nicht gegen eine Nutzungsuntersagung Rechtsmittel einlegen, die lediglich an den Eigentümer adressiert ist (VGH Mannheim, VBlBW 1984, 19); ebenso ist auch eine Beiladung des Mieters in einem Klageverfahren des Eigentümers gegen die Nutzungsuntersagung nicht erforderlich (BVerwG, BauR 1988, 355).

14. Baueinstellung - § 80 LBauO

302 Die Bauaufsichtsbehörde kann nach § 80 Abs. 1 LBauO die Baueinstellung verfügen, wenn Bauarbeiten im Widerspruch zu baurechtlichen oder sonstigen öffentlich-rechtlichen Vorschriften ausgeführt werden. Dies ist insbesondere dann der Fall, wenn genehmigungspflichtige Bauarbeiten ohne Baugenehmigung ausgeführt werden und genehmigungsfreie Bauvorhaben im Widerspruch zu materiellen baurechtlichen Vorschriften (OVG Münster, NVwZ-RR 2002, 564). Vor Beginn der Bauarbeiten kann eine Baueinstellung nicht erfolgen, auch nicht bei Beginn bloßer Vorbereitungsmaßnahmen für den Bau, und auch nicht mehr nach Abschluss der Bauarbeiten (OVG Koblenz, Beschl. v. 01.04.1993 - 8 B 10597/93.OVG -; a. A. VGH Mannheim, NVwZ-RR 1994, 72 auch vor Baubeginn).

Der Nachbar kann auf der Grundlage des § 59 Abs. 1 LBauO die Verpflichtung der Bauaufsichtsbehörde auf präventive Untersagung des Baubeginns begehren (VG Neustadt, Beschl. v. 09.05.2000 - 4 L 925/00.NW -, juris). Die Baueinstellung kann ferner angeordnet werden, wenn der Bauherr bei der Errichtung eines Bauwerks von den genehmigten oder den nach §§ 66, 67 LBauO eingereichten Bauvorlagen abweicht (OVG Saarlouis, BRS 39 Nr. 220) oder die bauliche Anlage nach Erlöschen oder Rücknahme der Baugenehmigung errichtet wurde (OVG Saarlouis, BRS 39 Nr. 220 u. NVwZ 1985, 430). Dabei ist es nicht von Bedeutung, ob das Bauvorhaben materiell-rechtlich zulässig ist (VGH Mannheim, BRS 23 Nr. 203; OVG Münster, BRS 16 Nr. 133; BRS 22 Nr. 208 und BRS 47 Nr. 197). Steht das Bauvorhaben aber offensichtlich mit den einschlägigen materiell-rechtlichen Bestimmungen in Einklang, so kann keine Baueinstellung ergehen (OVG Saarlouis, SKZ 1978, 50/15).

Wird eine Baueinstellung nicht beachtet, kann die Bauaufsichtsbehörde die Baustelle nach § 80 Abs. 2 LBauO **versiegeln**, aber nur wenn der zugrunde liegende Verwaltungsakt unanfechtbar oder nach § 80 Abs. 2 Satz 1 Nr. 4 VwGO für sofort vollziehbar erklärt worden ist. Die Geräte und Baustoffe können sichergestellt werden (VGH Mannheim VBlBW 1982, 140; 1989, 106). Bei der Versiegelung handelt es sich um keinen Verwaltungs-, sondern einen Realakt des Vollzugs, der als spezialgesetzlich geregelter Fall der Anwendung unmittelbaren Zwangs keiner vorherigen Androhung gemäß §§ 66, 65 LVwVG bedarf (VG Neustadt, Beschl. v. 17.02.2003 - 4 L 239/03.NW -, ESOVGRP). Eine Maßnahme nach § 80 LBauO kommt nicht mehr in

Betracht, wenn das Gebäude bereits fertig gestellt ist (OVG Saarlouis, SKZ 1987, 139/13).

Die mündlich verfügte Baueinstellung muss unverzüglich schriftlich bestätigt werden, sonst wird sie ohne weiteres wirkungslos (OVG Saarlouis, SKZ 1984, 103/21).

Die Versiegelung und die Beschlagnahme sind in der Landesbauordnung abschließend geregelt, so dass nicht auf die allgemeinen verwaltungsvollstreckungsrechtlichen Vorschriften zurückgegriffen werden kann (OVG Saarlouis, BRS 24 Nr. 203).

15. Maßnahmen nach § 59 LBauO

Schließlich kann die Bauaufsichtsbehörde nach § 59 Abs. 1 und 2 LBauO generell diejenigen Maßnahmen treffen, die zur Einhaltung der baurechtlichen sowie sonstiger öffentlich-rechtlicher Vorschriften über die Errichtung und Unterhaltung von baulichen Anlagen erforderlich sind. Es handelt sich hierbei um eine § 9 POG entsprechende **Generalklausel**. 303

Schwierigkeiten kann die Abgrenzung der Anwendungsbereiche von § 59 und § 81 LBauO bereiten. § 81 LBauO ist die speziellere Vorschrift, setzt aber voraus, dass die Anlage von Anfang an rechtswidrig war. Bei später eingetretener Baurechtswidrigkeit, z. B. wegen mangelhafter Unterhaltung des Gebäudes, kann die Bauaufsichtsbehörde nur nach § 59 LBauO einschreiten. Gestützt auf die Generalklausel kann die Bauaufsichtsbehörde alle Maßnahmen anordnen, die erforderlich sind, um ihre Überwachungsaufgabe zu erfüllen und die Einhaltung des Rechts sicherzustellen (OVG Koblenz, AS RP-SL 24, 294; DVBl. 2010, 59).

§ 59 LBauO ist außerdem Ermächtigungsgrundlage für eine Duldungsverfügung gegenüber einem dinglich Berechtigten (OVG Koblenz, Urt. 12.04.1995 - 8 A 12675/94 -; VG Neustadt, Urt. v. 06.09.2013 - 4 K 460/13.NW -, juris). Diese Verfügung ist notwendig, wenn der Pflichtige rechtlich oder tatsächlich auf die Mitwirkung des Dritten angewiesen ist (vgl. Rn. 299).

16. Anforderungen nach § 85 LBauO

Die Bauaufsichtsbehörde kann nach § 85 Abs. 1 Satz 1 LBauO bei rechtmäßig begonnenen oder bestehenden baulichen Anlagen sowie anderen Anlagen und Einrichtungen im Sinne des § 1 Abs. 1 Satz 2 nachträglich Anforderungen stellen, wenn dies zur Abwehr von erheblichen Gefahren für die öffentliche Sicherheit, insbesondere für Leben oder Gesundheit, erforderlich ist. Voraussetzung ist, dass für die bauliche Anlage eine Baugenehmigung erteilt wurde oder es sich um ein von der Baugenehmigungspflicht freigestelltes Bauvorhaben nach § 67 LBauO handelt. Maßnahmen nach § 85 LBauO sind nur möglich, wenn formeller Bestandsschutz besteht, ansonsten können nachträgliche Anforderungen an eine bauliche Anlage nur auf die Generalklausel des § 59 LBauO gestützt werden. 304

Nachträgliche Anforderungen können nur zur Abwehr einer erheblichen Gefahr für die öffentliche Sicherheit gestellt werden, eine abstrakte Gefahr reicht danach nicht aus (VGH Kassel, NVwZ-RR 2000, 581).

IV. Nachbarschutz

1. Allgemeines

305 Das Nachbarrecht unterteilt sich in das öffentliche und das private Nachbarrecht (vgl. Stühler, BauR 2004, 614). Das **öffentliche Nachbarrecht** (zur Einführung: Dürr, JuS 2007, 432; VBlBW 2015, 319) ergibt sich im Wesentlichen aus den baurechtlichen Bestimmungen, ferner dem Bundesimmissionsschutzgesetz sowie sonstigen spezialgesetzlichen Regelungen, z. B. § 5 Gaststättengesetz. Das **private Nachbarrecht** ist vor allem in §§ 906 ff. BGB sowie den landesrechtlichen Nachbargesetzen geregelt, in Rheinland-Pfalz im Nachbarrechtsgesetz v. 21.07.2003 (GVBl. S. 209). Zu beachten ist dabei, dass Streitigkeiten aus dem Nachbarrechtsgesetz stets vor den Zivilgerichten auszutragen sind.

Die grundsätzliche Berechtigung des öffentlich-rechtlichen Nachbarschutzes wird seit BVerwGE 11, 95 und 22, 129 nicht mehr in Frage gestellt. Die **Baugenehmigung** ist ein **Verwaltungsakt mit Doppelwirkung**, der mit der Begünstigung des Bauherrn zugleich den Nachbarn belastet bzw. belasten kann; daher muss diesem schon aufgrund des Art. 19 Abs. 4 GG eine Rechtsschutzmöglichkeit eröffnet werden (BVerwGE 22, 129).

306 Die privatrechtliche Abwehrmöglichkeit nach § 1004 BGB ist nicht ausreichend, da es z. B. gegen eine Störung der Wohnruhe durch Verkehrslärm oder einen Entzug der Besonnung und Belichtung keinen privatrechtlichen Schutz gibt; umgekehrt kann sich auch der Gewerbetreibende nicht mit privatrechtlichen Mitteln gegen eine heranrückende Wohnbebauung schützen, die die Fortführung seines Betriebes aus immissionsschutzrechtlichen Gründen in Frage stellen kann. Ein umfassender Ausgleich der Belange des Bauherrn und der Nachbarn kann nur im Rahmen des öffentlichen Rechts erfolgen. Im Übrigen sind Bundesverwaltungsgericht und Bundesgerichtshof darum bemüht, die Abwehrrechte des Nachbarn im **öffentlichen Recht und im Zivilrecht parallel** auszugestalten (vgl. Seibel, BauR 2005, 1409). So ist die Anforderung an eine unzumutbare Beeinträchtigung im Sinne des § 3 BImSchG bzw. des Gebots der Rücksichtnahme (s. unten Rn. 317) identisch mit einer wesentlichen Beeinträchtigung im Sinne des § 906 BGB (BGHZ 70, 102; BGHZ 148, 201; BVerwGE 79, 254 u. 81, 197). Nach § 906 Abs. 1 Satz 2 BGB liegt eine unwesentliche Beeinträchtigung in der Regel vor, wenn die Immissionsgrenzwerte oder -richtwerte nicht überschritten werden (s. dazu BGH, NVwZ-RR 2007, 596). Grundsätzlich bietet das öffentliche Recht dem Nachbarn primär präventiven Schutz, das Zivilrecht primär repressiven (nachträglichen) Schutz.

Eine gewisse **Verknüpfung des öffentlichen und des privaten Nachbarrechts** ergibt sich allerdings dadurch, dass nach der Rechtsprechung des Bundesgerichtshofs die dem Schutz der Nachbarn dienenden öffentlich-rechtlichen Vorschriften zugleich Schutzgesetze im Sinne des § 823 Abs. 2 BGB sind, so dass bei Verletzung derartiger Vorschriften Schadensersatzansprüche sowie Beseitigungs- und Unterlassungsansprüche entsprechend § 1004 BGB vor den Zivilgerichten geltend gemacht werden können (BGHZ 66, 354; NJW 1970, 1180; NZM 2013, 344; OLG Frankfurt, NJW-RR 2013, 793). Nach der Rechtsprechung des Bundesgerichtshofs (NJW 1997, 55) kann sogar eine der Baugenehmigung beigefügte Auflage, die dem Schutz des Nachbarn dient, von diesem durch eine zivilgerichtliche Klage durchgesetzt werden.

IV. Nachbarschutz

Ferner können auch bei der Beurteilung, ob ein Bauvorhaben die Nachbarschaft rechtswidrig beeinträchtigt und daher Abwehransprüche nach §§ 1004, 906 BGB gegeben sind, die **Festsetzungen eines Bebauungsplans nicht außer Betracht** bleiben. Wer gemäß dem Bebauungsplan baut und das Gebäude nutzt, handelt nicht rechtswidrig und kann daher auch zivilrechtlich nicht zur Unterlassung gezwungen werden (Finkelnburg/Ortloff/Otto, II, S. 216). Die Gegenmeinung beruft sich demgegenüber darauf, dass § 906 BGB nur auf die Ortsüblichkeit abstellt und davon abweichende Festsetzungen eines Bebauungsplans daher unbeachtlich seien (so BGH, NJW 1976, 1204; 1983, 751; Hagen, NVwZ 1991, 817). Dem ist entgegenzuhalten, dass jede mit höheren Emissionen verbundene Nutzung aufgrund der Festsetzung eines Bebauungsplans von vornherein unzulässig wäre, wenn nur die bereits vorhandene und damit ortsübliche Beeinträchtigung hingenommen werden müsste (Dolderer, DVBl. 1998, 19). Ein Bebauungsplan ist eine Rechtsnorm und damit auch für zivilrechtliche Rechtsbeziehungen maßgeblich.

Dagegen kann eine **Baugenehmigung** zivilrechtliche Abwehransprüche des Nachbarn nicht ausschalten, weil die Baugenehmigung nach § 70 Abs. 1 Satz 2 LBauO unbeschadet der privaten Rechte Dritter ergeht.

2. Begriff des Nachbarn

Nach der verwaltungsgerichtlichen Rechtsprechung ist Nachbar nicht nur der Eigentümer der angrenzenden Grundstücke im Sinne des § 68 Abs. 1 LBauO, sondern jeder, der von der Errichtung oder der Nutzung der baulichen Anlage in **seinen rechtlichen Interessen betroffen** wird (BVerwGE 28, 131; NJW 1983, 1507, weitere Rspr.-Nachweise bei Mager/Fischer, VBlBW 2015, 313). Aus dem Schutzzweck einer generell nachbarschützenden Vorschrift folgt, ob sie alle unmittelbar an das Baugrundstück angrenzenden Grundstücke schützen will oder auch die Grundstücke in der weiteren Umgebung. Die Regelungen über die Abstandsflächen sollen nur die unmittelbar an das Baugrundstück angrenzenden Nachbargrundstücke schützen. Der Kreis der Nachbarn ist hingegen bei einem emissionsträchtigen Gewerbebetrieb wesentlich weiter zu ziehen als bei einem Einfamilienhaus; das OVG Lüneburg (DVBl 1975, 190) hat z. B. bei einem Atomkraftwerk sogar eine 100 km entfernt wohnende Person als „Nachbar" angesehen. Der Kreis der Nachbarn wird allerdings mittlerweile räumlich auf Personen im Umkreis der Anlage beschränkt, die sich durch ihr enges räumliches Verhältnis zur Anlage von der Allgemeinheit unterscheiden (OVG Lüneburg, NVwZ 1985, 357 - Kraftwerk Buschhaus).

307

In rechtlicher Hinsicht werden bisher **nur dinglich Berechtigte als Nachbarn** anerkannt; dies sind Grundstückseigentümer und Inhaber einer eigentumsähnlichen Rechtsposition, nicht aber obligatorisch Berechtigte wie Mieter oder Pächter (BVerwG, NJW 1989, 2766; BVerwGE 82, 61; VGH Mannheim, VBlBW 2015, 81). Begründet wird dies damit, dass das Baurecht grundstücks- und nicht personenbezogen ist, also die objektiven Rechtsbeziehungen zwischen den Grundstücken regelt und Anknüpfungspunkt hierfür ist das Eigentum. Der Eigentümer „repräsentiere" das Grundstück in den Rechtsbeziehungen zu anderen Grundstücken (so OVG Berlin, NVwZ 1989, 267). Es komme hinzu, dass der Kreis der dinglich Berechtigten mit Hilfe des Grundbuchs überschaubar und in der Regel konstant sei, während die obligatorischen Rechte an den Nachbargrundstücken weniger leicht feststellbar und einem häufigen Wechsel unterworfen seien.

308

An dieser Rechtsansicht ist auch nach der Entscheidung des Bundesverfassungsgerichts (BVerfGE 89, 1), mit der dieses Gericht das Mietrecht an einer Wohnung unter den Schutz des Art. 14 GG gestellt hat und von Eigentum und Mietrecht als zwei konkurrierenden Eigentumspositionen spricht, festzuhalten, auch wenn das Bundesverfassungsgericht das Mietrecht mit dem Erbbaurecht vergleicht. Diese Gleichstellung der Wohnungsmiete mit dinglichen Nutzungsrechten erfolgte für das Mietrecht, in dem es ausschließlich um das Verhältnis Mieter - Vermieter geht, nicht aber um eine für das öffentliche Baurecht bedeutsame Verfestigung der - vom Grundstückseigentümer abgeleiteten Beziehung des Mieters zum Grundstück (BVerwG, NJW 1994, 1233 u. NVwZ 1998, 956; VGH Mannheim, VBlBW 2006, 394; VGH München, NVwZ-RR 2007, 371; OVG Berlin-Bbrg., Beschl. v. 09.07.2012 - OVG 2 N 16.12 – und OVG Lüneburg, Beschl. v. 22.12.2012 - 1 ME 212/11 -, beide in juris; a. A. Seibel. BauR 2003, 1674). Für alle Miet- oder Pachtverhältnisse bleibt es also dabei, dass nur dem Eigentümer oder sonstigen dinglich Berechtigten die nachbarlichen Abwehransprüche zustehen.

Eine Ausnahme sollte aber für die Inhaber von eingerichteten und ausgeübten Gewerbebetrieben, die nach der Rechtsprechung des Bundesverfassungsgerichts (BVerfGE 30, 335; 45, 173) den Schutz des Art. 14 GG genießen, gemacht werden. Ihnen sollten eigene baurechtliche Abwehrrechte gegen eine Beeinträchtigung ihres Gewerbebetriebs eingeräumt werden (a.M. aber BVerwG, NJW 1989, 2766; NVwZ 1991, 566; DVBl 1989, 1056). Allerdings kann sich der Pächter bei einer planungsrechtlichen Beeinträchtigung an den Verpächter halten (BVerwG, NVwZ 1998, 956).

Soweit nicht das Eigentum, sondern andere Rechtsgüter, insbesondere Leben und Gesundheit (Art. 2 Abs. 2 GG) geschützt werden sollen, kann auch der obligatorisch Berechtigte, wie Mieter oder Pächter, uneingeschränkt einen baurechtlichen Abwehranspruch geltend machen (BVerwG, NVwZ 2000, 1050; BVerfG, NJW 2002, 1638). Das gleiche muss auch für Rechtsnormen gelten, die nicht speziell das Eigentum, sondern andere Rechtsgüter schützen wollen, wie dies z. B. beim Immissionsschutz der Fall ist.

309 Zu den **dinglich Berechtigten**, die Rechtsmittel gegen eine dem Nachbarn erteilte Baugenehmigung einlegen können, zählen in erster Linie die Eigentümer, nicht nur der Alleineigentümer, sondern auch die Miteigentümer am Gemeinschaftseigentum. Letztere sind nach § 1011 BGB berechtigt, die Ansprüche aus dem Eigentum Dritten gegenüber in Ansehung der ganzen Sache geltend zu machen. Dies gilt aber dann nicht, wenn er eine einem anderen Miteigentümer erteilte Baugenehmigung betreffend ein gemeinschaftliches Grundstück anfechten will.

Nicht angreifen kann der Grundstückseigentümer aber eine seinem Mieter erteilte Baugenehmigung. Dem Eigentümer stehen insoweit ausschließlich private, aber keine subjektiv-öffentlichen Rechte zu (VGH München, NVwZ-RR 2006, 303; s. dazu Schübel/Pfister, JuS 2007, 24ff.).

Aus seinem dinglichen Recht kann der Grundstückseigentümer auch dann keine Rechte herleiten, wenn er das Grundeigentum nur erworben hat, um daraus Abwehrrechte gegen ein bestimmtes Bauvorhaben herleiten zu können („Sperrgrundstück"). Es handelt sich in diesen Fällen um eine unzulässige Rechtsausübung (s. dazu BVerwG, NVwZ 2009, 302 u. 2012, 567).

Dinglich berechtigt sind auch der Erbbauberechtigte und der Nießbraucher (BVerwG, NVwZ 1993, 477) sowie der bereits durch eine Auflassungsvormerkung gesicherte Käufer (BVerwG, NJW 1983, 1626; NVZ 2013, 803). Ein Erbbauberechtigte kann sich aufgrund seiner eigentümerähnlichen Rechtsstellung gegen die für ein

IV. Nachbarschutz

benachbartes Grundstück ergangene Baugenehmigung wehren. Wurde aber einem Dritten für ein Bauvorhaben auf dem mit dem Erbbaurecht belasteten Grundstück eine Baugenehmigung erteilt, so kann er diese nicht anfechten.

Nicht zu einem Eigentümer gleichstehenden Berechtigten gehört der Inhaber eines dinglichen Vorkaufsrechts (VGH Mannheim, VBlBW 1995, 107), da der Eigentumserwerb von einer Bedingung abhängig ist, deren Eintritt ungewiss ist. Nicht berechtigt sind auch Personen, die erst ein Anwartschaftsrecht auf den Eigentumserwerb haben, ohne dass dieses durch eine Vormerkung gesichert ist (VGH München, BRS 28 Nr. 131).

Der **Wohnungseigentümer** kann gegenüber einer Beeinträchtigung seines Sondereigentums durch andere Bauvorhaben einen öffentlich-rechtlichen Abwehranspruch geltend machen (BVerwG, NVwZ 1990, 655; VGH München, BauR 2012, 1925; s. auch BVerfG, NVwZ-RR 2006, 726; Dötsch, NJW 2010, 911). Einen Verstoß gegen Rechte, die im gemeinschaftlichen Eigentum für das gesamte Grundstück wurzeln, können nach § 10 Abs. 6 WEG nur von der Wohnungseigentümergemeinschaft und nicht von einzelnen Sondereigentümern geltend gemacht werden (OVG Koblenz, Beschl. v. 27.04.2015 - 8 B 10304/15 -, juris). Dagegen können Streitigkeiten **innerhalb der Wohnungseigentümergemeinschaft** hinsichtlich der Nutzung einzelner Wohnungen oder des gemeinschaftlichen Eigentums nicht vor dem Verwaltungsgericht ausgetragen werden, weil hierfür ausschließlich das WEG maßgeblich ist und damit nach § 43 WEG das Amtsgericht zuständig ist; das gilt auch, soweit ein Mieter in einer Wohnung bauliche Maßnahmen durchführt (VGH Mannheim, VBlBW 1992, 24) oder die Störung vom Pächter eines Ladenlokals (Teileigentum nach § 1 Abs. 3 WEG) ausgeht (BVerwG, BauR 1998, 997).

Miterben können dagegen wegen § 2038 BGB nur gemeinsam, nicht jeder für sich allein Rechtsmittel wegen der Beeinträchtigung eines geerbten Grundstücks einlegen (VGH Mannheim, BauR 1992, 60). Die Erbengemeinschaft als solche ist nicht beteiligungsfähig nach § 61 Nr. 2 VwGO (vgl. BGH, NJW 2006, 3715). Allerdings kann ein Miterbe als Notgeschäftsführer nach § 2038 Abs. 1 Satz 2 BGB Rechtsmittel für die Erbengemeinschaft einlegen (VGH Mannheim, NJW 2013, 889; Dürr, VBlBW 2015, 819). Das gleiche gilt für eine BGB-Gesellschaft, da die Gesamthandgemeinschaft und nicht die einzelnen Gesellschafter Eigentümer sind (BVerwG, BauR 2010, 1202).

3. Geschützte Rechtsstellung des Nachbarn

Ein Rechtsmittel des Nachbarn ist nur begründet, wenn **nachbarschützende Normen** verletzt sind. Dagegen ist die Klage genauso wie der Widerspruch eines Nachbarn unbegründet, wenn die Baugenehmigung zwar rechtswidrig ist, aber die verletzten Vorschriften nicht dem Nachbarschutz dienen (st. Rspr. seit BVerwGE 22, 129; BVerwG, NVwZ 1992, 977; NVwZ 1997, 384; NVwZ 2008, 1012).

310

Bsp.:
1. Die Genehmigung einer Tennishalle auf einer durch Bebauungsplan ausgewiesenen Grünfläche ist zwar rechtswidrig, verletzt aber den Nachbarn der Grünanlage nicht in seinen Rechten, da die Festsetzung einer Grünfläche ausschließlich öffentlichen Belangen dient (VGH Kassel, BauR 1990, 709).
2. Die Genehmigung der Verdoppelung der Tribünenplätze eines Fußballstadions ohne gleichzeitige Anlage zusätzlicher Stellplätze verstößt zwar gegen § 37 Abs. 2 LBO. Gleichwohl kann der Nachbar dagegen nicht vorgehen, weil § 37 Abs. 1 u. 2 LBO nicht dem Schutz der Nachbarschaft dienen (OVG Münster, NVwZ-RR 1999, 366).

Trotz eines Verstoßes gegen eine nachbarschützende Norm kann das Rechtsmittel mangels eines Rechtsschutzbedürfnisses zurückgewiesen werden, wenn der **Nachbar tatsächlich nicht betroffen** wird (OVG Münster, NVwZ 1986, 317; VGH Mannheim, VBlBW 1992, 262; a. M. OVG Münster, NVwZ 2003, 361; Jacob, BauR 1984, 1; Mampel, BauR 1993, 44). Dies ist z. B. der Fall, wenn das Nachbargrundstück wegen steiler Hanglage oder geringer Breite überhaupt nicht bebaubar ist.

311 Ob eine Norm nachbarschützend ist, richtet sich zunächst nach ihrem Schutzzweck. Der Nachbar kann nur eine Verletzung solcher Normen rügen, die zumindest auch seinen Belangen dienen sollen (sog. **Schutznormtheorie**, BVerwG, NVwZ 2008, 1012; s. OVG Berlin, BauR 1985, 434 mit lesenswerter Darstellung der Entwicklung des Nachbarschutzes; zur Vereinbarkeit der Schutznormtheorie mit EU-Recht: EuGH, NVwZ 2014, 49; Gärditz, NVwZ 2014, 1 u. Schlacke, NVwZ 2014, 11). Letztlich wurzelt der Nachbarschutz im nachbarlichen Gemeinschaftsverhältnis und leitet sich daraus her, dass bestimmte Vorschriften auch der Rücksichtnahme auf individuelle Interessen oder deren Ausgleich untereinander dienen (so BVerwG 82, 61; BVerwGE 94, 151; BVerwGE 101, 364). So führt die Festsetzung eines allgemeinen Wohngebiets in einem Bebauungsplan einerseits dazu, dass die Grundstückseigentümer keine störenden Gewerbebetriebe errichten dürfen. Andererseits haben sie einen Rechtsanspruch darauf, dass auch ihr Nachbar keinen störenden Gewerbebetrieb errichtet.

312 Diese **nachbarschützende Zweckbestimmung** kann sich einmal bereits aus dem **Wortlaut** ergeben, z. B. § 8 Abs. 6 LBauO, der sogar den Umfang des Nachbarschutzes genau festlegt, oder § 47 Abs. 7 Satz 2 LBauO, der ausdrücklich die Wohnruhe in der Umgebung von Stellplätzen gewährleisten soll oder aus § 15 Abs. 1 Satz 2 BauNVO, wonach auf nachbarliche Belange Rücksicht zu nehme ist. Daneben kann die nachbarschützende Wirkung dem **Sinngehalt der Vorschrift** entnommen werden, so dienen z. B. die Vorschriften über Brandwände (§ 30 LBauO) erkennbar nachbarlichen Belangen. Schließlich ist ein Nachbarschutz dann anzunehmen, wenn die Grundstückseigentümer eine bau- und bodenrechtliche Schicksalsgemeinschaft bilden, d. h. der Vorteil des einen gleichzeitig der Nachteil eines anderen ist, was insbesondere bei der Ausweisung von Baugebieten durch entsprechende Bebauungspläne der Fall sein kann (BVerwGE 44, 244 u. NVwZ 2008, 427). Das Bundesverwaltungsgericht (BVerwGE 94, 151 = NJW 1994, 1548; NVwZ 1997, 384) spricht insoweit von einem **Austauschverhältnis** (s. Rn. 327). Umgekehrt scheidet ein Nachbarschutz aus, wenn die Vorschrift ausdrücklich oder ihrem Sinngehalt nach nur öffentlichen Belangen dienen soll, z. B. die in § 41 Abs. 2 LBauO normierte Verpflichtung zur einwandfreien Abwasserbeseitigung, oder wenn sie ausschließlich dem Schutz der Bewohner des Hauses dient, z. B. die Anforderungen der §§ 43 ff. LBauO an Aufenthaltsräume.

313 Ein Nachbarschutz konnte nach der früheren Rechtsprechung des Bundesverwaltungsgerichts auch unmittelbar aus Art. 14 GG abgeleitet werden, wenn das Eigentum an dem Grundstück durch bauliche Maßnahmen auf dem Nachbargrundstück schwer und unerträglich beeinträchtigt wurde (BVerwGE 32, 173 u. 44, 244 u. 50, 282). Es musste sich jedoch um schwerwiegende Beeinträchtigungen handeln, die die Grenze zur Enteignung überschreiten (BVerwGE 44, 244). Das Bundesverwaltungsgericht (BVerwGE 32, 173) sprach von offensichtlichen Missgriffen der Baubehörde. Das Bundesverwaltungsgericht hat diese Rechtsprechung aber inzwischen weitgehend aufgegeben (BVerwGE 89, 69 u. 101, 364).

IV. Nachbarschutz

Das Bundesverwaltungsgericht übernimmt auch für den Nachbarschutz seine zuvor entwickelte Rechtsprechung zum Bestandsschutz (s. dazu Rn. 167), wonach sich aus Art. 14 GG grundsätzlich keine subjektiven Rechte ergeben, weil es dafür der inhaltlichen Ausgestaltung des Eigentumsbegriffs durch den Gesetzgeber bedarf. Diese Rechtsprechung ist zwar deswegen problematisch, weil bei einer Beeinträchtigung des Nachbargrundstücks, die dessen Nutzbarkeit durch Lärm, vollständige Verschattung oder Ausschluss der Zugänglichkeit unzumutbar einschränkt, der Eigentumsschutz nicht davon abhängen kann, ob der Gesetzgeber ein Schutzgesetz erlässt. Gleichwohl ist dieser Rechtsprechung im Ergebnis schon deswegen zuzustimmen, weil jeder Eingriff in das Eigentumsrecht zugleich das Rücksichtnahmegebot verletzt, so dass es für den Nachbarschutz im Bauplanungsrecht in der Regel keines Rückgriffs auf Art. 14 GG bedarf (so auch schon BVerwGE 86, 89; NVwZ 1996, 888).

314 Ein unmittelbar auf Art. 14 GG gestützter Nachbarschutz wird nur dann anerkannt, wenn das Grundstück der Nachbarn durch das genehmigte Bauvorhaben unmittelbar gegenständlich in Anspruch genommen wird.

Bsp.:
Nach der Bebauung eines nicht an eine Straße grenzenden Grundstücks würde dem Bauherrn nach § 917 BGB ein Notwegrecht über das Nachbargrundstück zustehen (BVerwGE 50, 282).

Bei einer **unmittelbaren Inanspruchnahme** seines Grundstücks durch Notwegrechte, Durchleitungsrechte nach § 26 NachbG o. ä. kann der Nachbar sein Abwehrrecht unmittelbar auf Art. 14 GG stützen und zwar auch dann, wenn die Beeinträchtigung nicht schwer und unerträglich ist (BVerwGE 50, 282; NJW 1974, 817; BRS 60 Nr. 182). Denn in diesem Fall wird der Kernbereich des Art. 14 GG berührt; niemand muss einen rechtswidrigen unmittelbaren Zugriff auf sein Grundstück dulden, unabhängig davon, ob es sich dabei um einen zivilrechtlichen oder einen öffentlich-rechtlichen Eingriff handelt.

Die Grundsätze zum Nachbarschutz des Art. 14 GG gelten auch für **Art. 2 Abs. 2 GG**. Der Schutz von Leben und Gesundheit kann nicht geringer sein als der des Eigentums (BVerwG, NJW 1978, 554). Ein Rückgriff auf Art. 2 Abs. 2 GG ist aber durchweg entbehrlich, weil bereits weit vor einer Gefährdung der Gesundheit der Schutz des § 22 BImSchG bzw. das Gebot der Rücksichtnahme eingreift (vgl. VGH Mannheim, NVwZ-RR 1995, 561). In der Praxis wird eine Verletzung des Art. 2 Abs. 2 GG vor allem bei der Gefährdung durch elektromagnetische Strahlungen von Mobilfunkanlagen geltend gemacht (s. Budzinski, NVwZ 2013, 404), allerdings durchweg ohne Erfolg (BVerfG, NJW 2002, 1638; BVerwG, NVwZ 1996, 1023; OVG Koblenz, NVwZ-RR 2002, 17; OVG Münster, DVBl. 2009, 327; VG Freiburg, BauR 2010, 661). Wegen einer Beeinträchtigung des Kleinklimas durch „Verbau" einer Frischluftschneise wird Art. 2 Abs. 2 GG nicht verletzt (VGH Mannheim, NVwZ-RR 1995, 561).

Ein Abwehrrecht aus Art. 2 Abs. 2 GG besteht nicht, wenn keine (eventuell sehr geringe) Gefahr für die Gesundheit existiert, sondern nur ein jenseits der Schwelle der praktischen Vernunft liegendes Besorgnispotential (BVerfGE 49, 89 - Schneller Brüter Kalkar; BVerfG, NVwZ 2009, 171 - atomares Zwischenlager; BVerwG, NVwZ 2012, 1338 - Forschungszentrum für Impfstoffe).

4. Nachbarschutz durch Verfahrensvorschriften

315 Im Anschluss an die Rechtsprechung des Bundesverfassungsgerichts (BVerfGE 53, 30 - KKW Mülheim-Kärlich; BVerfGE 56, 216 - Asylverfahren) wird auch in der baurechtlichen Literatur die Frage diskutiert, ob in der Verletzung von **Verfahrensvorschriften** zugleich ein Verstoß gegen Art. 14 GG liegt (s. dazu Schlichter, NVwZ 1983, 647 und Berl. Komm. vor § 29 ff. Rn. 55). Diese Frage ist grundsätzlich zu verneinen (OVG Münster, NVwZ-RR 2004, 408). Das Bundesverfassungsgericht hält nur solche Verfahrensvorschriften für drittschützend, die nach dem Willen des Gesetzgebers die Grundrechte des betroffenen Bürgers grundlegend sichern sollen (s. VGH Mannheim, VBlBW 2006, 314; VGH München, Beschl. v. 03.09.2015 - 15 ZB 12.2142 -, juris).

Eine **unterlassene Beteiligung der Nachbarn** im Baugenehmigungsverfahren verletzt den Nachbarn zwar in seinem formellen Recht, eine materiell-rechtliche Fehlerhaftigkeit der Baugenehmigung folgt daraus aber nicht. Er ist durch Unterlassungs- und Beseitigungsansprüche hinreichend geschützt, die allerdings nur durchgreifen, soweit der Drittbetroffene durch das Vorhaben in seinen materiellen Rechten verletzt ist (OVG Münster, NVwZ-RR 2004, 408). Die formelle Fehlerhaftigkeit wird dadurch geheilt, dass der Nachbar im Widerspruchsverfahren Gelegenheit zu einer Stellungnahme erhält (§ 45 VwVfG). Die unterbliebene Anhörung kann daher nicht zur Aufhebung einer Baugenehmigung führen.

Eine Verletzung von Rechten des Nachbarn kann sich allerdings daraus ergeben, dass eine Baugenehmigung nicht den Anforderungen des § 37 VwVfG an die **Bestimmtheit eines Verwaltungsaktes** entspricht und daher nicht feststellbar ist, ob bzw. in welchem Maß der Nachbar in seinen Rechten betroffen wird (OVG Münster, NVwZ-RR 1996, 311 - fehlende Festlegung der Geländeoberfläche, so dass die für die Abstandsfläche maßgebliche Außenwandhöhe nicht bestimmbar ist; VGH Mannheim, VBlBW 2007, 383; VGH München, NVwZ-RR 2008, 80; OVG Münster, BauR 2013, 1078).

Bsp.:
Der Nachbar wird wegen fehlender Bestimmtheit der Baugenehmigung nicht in seinen Rechten verletzt, wenn bei der Genehmigung eines Bootsverleihs die Betriebszeiten nicht angegeben werden (VGH München, NVwZ-RR 2013, 791).

Nach der Rechtsprechung des Bundesverwaltungsgerichts kann sich der Nachbar, der ein zulässiges Rechtsmittel eingelegt hat, auch darauf berufen, dass eine Baugenehmigung ohne die erforderliche Umweltverträglichkeitsprüfung erteilt wurde. Das Bundesverwaltungsgericht beruft sich dabei auf § 4 Abs. 1 und 3 UmwRG (NVwZ 2012, 573; s. auch VGH Mannheim, NVwZ-RR 2014, 634).

Eine Verletzung von Rechten des Nachbarn liegt nicht vor, wenn ein genehmigungspflichtiges Vorhaben ohne Baugenehmigung errichtet wird (OVG Lüneburg, NVwZ 2008, 374; OVG Münster, BauR 2014, 975) - der Nachbar kann aber ein Einschreiten der Bauaufsichtsbehörde beantragen, wenn der **Schwarzbau** gegen nachbarschützende Normen des materiellen Baurechts verstößt.

316 Das Bundesverwaltungsgericht hat eine Verletzung von Rechten des Nachbarn auch dann verneint, wenn ein **Großvorhaben ohne** Durchführung der nach § 1 Abs. 3 BauGB in solchen Fällen erforderlichen **Bauleitplanung** genehmigt wird (NVwZ 1983, 92; NVwZ-RR 1997, 682; eb. OVG Münster, NVwZ-RR 2006, 306). Das Bundesverwaltungsgericht begründet dies damit, dass es nach § 1 Abs. 3 BauGB keinen

IV. Nachbarschutz

Anspruch auf Aufstellung eines Bebauungsplans gebe. Gibt es aber keinen Anspruch auf eine Bauleitplanung, kann durch eine unterbliebene Bauleitplanung auch keine Verletzung von Rechten der Grundstückseigentümer eintreten. Der von einem Großvorhaben betroffene Nachbar hat zwar ein Recht darauf, dass seine Belange berücksichtigt werden, hierzu bedarf es aber keines förmlichen Verfahrens nach § 3 BauGB. Die Berücksichtigung der Belange im Rahmen der durch das Rücksichtnahmegebot gebotenen Abwägung reicht aus.

5. Gebot der Rücksichtnahme

Das Bundesverwaltungsgericht versucht, die Problematik der nachbarschützenden Wirkung baurechtlicher Vorschriften generell dadurch zu lösen, dass es auf das Gebot der Rücksichtnahme zurückgreift und baurechtlichen Normen im Rahmen des Gebots der Rücksichtnahme nachbarschützende Wirkung zuerkennt. Ziegert (BauR 1984, 19) hat das Gebot der Rücksichtnahme deshalb zu Recht als „archimedischen Punkt" im System des Nachbarschutzes des Bundesverwaltungsgerichts bezeichnet. **317**

Das baurechtliche Gebot der Rücksichtnahme soll einen angemessenen **Ausgleich** zwischen den Belangen des Bauherrn und seiner Umgebung bewirken (hierzu insbes. BVerwGE 52, 122 u. 82, 343; NVwZ-RR 1997, 516 mit komprimierter Zusammenfassung der Rechtsprechung des BVerwG; Stühler, BauR 2009, 1076 u. 2011, 1576). Jeder Bauherr muss bedenken, welche Folgen die Verwirklichung seines Bauvorhabens für die Umgebung haben wird. Er muss unter Umständen sogar ein nach den baurechtlichen Vorschriften zulässiges Vorhaben unterlassen, wenn dadurch eine schwere Beeinträchtigung der Umgebung eintritt. Allerdings muss niemand eigene Interessen zurückstellen, um gleichgewichtige Belange anderer zu schonen (BVerwGE 52, 172). Auf nicht genehmigte Bauvorhaben muss keine Rücksicht genommen werden (BVerwG, BauR 1992, 491; NVwZ 1994, 165; VGH Mannheim, VBlBW 1995, 481); ebenso nicht auf Erweiterungsabsichten, soweit diese nicht bereits im vorhandenen Gebäudebestand angelegt sind (BVerwG, DVBl 1993, 652 - Schweinemastanstalt). Das Gebot der Rücksichtnahme verlangt eine **Abwägung der Belange aller betroffenen Personen**; fällt diese Abwägung zugunsten der Umgebung aus, muss der Bauherr hierauf Rücksicht nehmen (BVerwG, NVwZ 1996, 397; VGH Mannheim, BauR 2011, 1800). Dies setzt voraus, dass der Nachbar einer ihm in Hinblick auf die jeweilige Situation billigerweise nicht mehr zumutbaren Beeinträchtigung ausgesetzt ist (BVerwG, BauR 1985, 68 - Zufahrt zum Parkhaus einer Hochschule; VGH Mannheim, BauR 2006, 1863).

Bsp.:
1. Das Gebot der Rücksichtnahme ist verletzt, wenn ein Landwirt eine Schweinemastanstalt für 300 Schweine unmittelbar neben einem Wohngebäude errichtet, obwohl er ohne weiteres einen den Nachbarn weniger belästigenden Standort wählen könnte (BVerwGE 52, 1222; s. auch VGH Mannheim, VBlBW 2008, 452).
2. Eine Schweinemastanstalt mit 500 Schweinen verstößt auch in einem Dorf gegen das Gebot der Rücksichtnahme (OVG Münster, NVwZ 1988, 376).
3. Die Errichtung eines Raubtierzwingers in einer fast ausschließlich dem Wohnen dienenden näheren Umgebung verstößt gegen das Rücksichtnahmegebot (OVG Koblenz, Urt. v. 10.11.1983 - 8 A 77/83 -).
4. Der Bauherr braucht wegen des Gebots der Rücksichtnahme keinen größeren als den gesetzlichen Grenzabstand einzuhalten, auch wenn das Bauvorhaben infolge eigener Fehlplanungen des Nachbarn (zu geringer Grenzabstand und zu kleine Fenster) erhebliche Nach-

teile für den Nachbarn zur Folge hat (BVerwG, NVwZ 1989, 1060; VGH Mannheim, VBlBW 2000, 113 u. 116).
5. Es verstößt gegen das Gebot der Rücksichtnahme, wenn in einem mit zwei- und dreigeschossigen Wohnhäusern bebauten Gebiet ein zwölfgeschossiges Wohn- und Geschäftshaus genehmigt wird (BVerwG, BauR 1981, 354).
6. Aber: Errichtung eines viergeschossigen Gebäudes neben Gebäude mit zwei Geschossen verstößt nicht gegen das Rücksichtnahmegebot (OVG Magdeburg, BauR 2012, 756). Wenn aber zusätzlich die zulässige Geschossfläche um 55 % und außerdem Festsetzungen über die Gebäudehöhe und die Zahl der Wohnungen erheblich überschritten werden, kann sich daraus insgesamt ein Verstoß gegen das Gebot der Rücksichtnahme ergeben (VGH Mannheim, NVwZ-RR 2008, 159).
7. Das Gebot der Rücksichtnahme ist verletzt, wenn eine Tennisübungswand in etwa 40 m Entfernung von einem Wohnhaus errichtet wird (OVG Saarlouis, BRS 42 Nr. 70).
8. Wegen der zu erwartenden immissionsschutzrechtlichen Probleme ist es rücksichtslos, neben einem großen Schreinereibetrieb ein Studentenwohnheim zu errichten (VGH Mannheim, BauR 1992, 45; eb. OVG Münster, BauR 1996, 222: Wohnhaus neben genehmigtem Schrottlagerplatz; BVerwG, NVwZ 2013, 372).
9. Die Erweiterung eines Kundenparkplatzes verstößt gegen das Gebot der Rücksichtnahme, wenn durch die Abgase der Fahrzeuge die benachbarten Felder eines Landwirts, der sich auf Bioland-Produkte spezialisiert hat, mit Schadstoffen belastet werden (OVG Lüneburg, BauR 1993, 440).
10. unzureichende Zahl von Stellplätzen kann bei unzumutbarer Störung durch den Parksuchverkehr gegen das Rücksichtnahmegebot verstoßen (OVG Bremen BauR 2003, 509; eb. OVG Münster NVwZ-RR 2006,306; VGH Mannheim, NVwZ-RR 2008, 600).
11. Eine erhebliche Überschreitung der im Bebauungsplan festgesetzten Zahl der Wohnungen kann gegen das Gebot der Rücksichtnahme verstoßen (hier: neun Wohnungen statt der nach dem Bebauungsplan zulässigen zwei Wohnungen: BVerwGE 89, 69).
12. Der Bauherr braucht wegen des Gebots der Rücksichtnahme keinen größeren als den gesetzlichen Grenzabstand einzuhalten, auch wenn das Bauvorhaben infolge eigener Fehlplanungen des Nachbarn (zu geringer Grenzabstand und zu kleine Fenster) erhebliche Nachteile für den Nachbarn zur Folge hat (BVerwG NVwZ 1989, 1060; VGH Mannheim VBlBW 2000, 113 u. 116).
13. Eine Windkraftanlage kann wegen ihrer „optischen bedrängenden Wirkung" infolge der Drehbewegungen der Rotorblätter rücksichtslos gegenüber einer nahe gelegenen Wohnbebauung sein (BVerwG, NVwZ 2007, 336).
14. Verstoß gegen das Rücksichtnahmegebot, wenn bei einer Reihenhausanlage von einem großflächigen Balkon Einsicht in das nur 1m entfernte Schlafzimmerfenster des Nachbarn möglich ist (OVG Münster, BauR 2006, 342; OVG Magdeburg, Baur 2012, 756; a. A. VGH München, BauR 2006, 501: Schutz durch Gardinen möglich; OVG Saarlouis, BauR 2013, 442; s. auch OVG Koblenz, BauR 2015, 239).
15. Kein Verstoß gegen das Rücksichtnahmegebot, wenn durch ein Bauvorhaben die freie Aussicht des Nachbarn eingeschränkt wird (BVerwG, NVwZ 1995, 895; OVG Magdeburg, BauR 2012, 756; a. A. VGH München, BauR 2003, 657).

Das Gebot der Rücksichtnahme verpflichtet nicht nur den Bauherrn zur Rücksichtnahme, sondern auch den Nachbarn, soweit es um schützenswerte Belange des Bauherrn geht.

Bsp.:
Wenn in einem durch Bebauungsplan festgesetzten allgemeinen Wohngebiet eine eigentlich als störender Gewerbebetrieb dort unzulässige Autolackiererei genehmigt wurde, kann dies nicht dazu führen, dass das Nachbargrundstück wegen der Immissionen dieses Betriebs nicht mit einem Wohnhaus bebaut werden darf. Vielmehr muss ein Kompromiss zwischen den beiderseitigen Interessen gefunden werden, z. B. durch eine bessere Isolierung des Betriebsgebäudes, eine Veränderung der Arbeitsabläufe oder notfalls auch durch den Einbau von Schallschutzfenstern in das Wohnhaus (BVerwGE 98, 235 - lesenswert!; BVerwG, NVwZ 2000, 1050; OVG Münster, BauR 2012, 476 - Errichtung eines Mehrfamilienhauses neben lärmintensivem Holzverarbeitungsbetrieb).

318 Das Gebot der Rücksichtnahme hat nicht uneingeschränkt nachbarschützende Wirkung. Wenn z. B. auf die historische Dachlandschaft Rücksicht genommen werden muss, so verstößt ein Flachdach zwar gegen das Rücksichtnahmegebot, aber nicht

IV. Nachbarschutz

gegen die subjektiven Rechte der benachbarten Gebäudeeigentümer. Nachbarschutz kommt dem Rücksichtnahmegebot nur zu, wenn in „**qualifizierter und zugleich individualisierter Weise**" auf die Belange der Nachbarn Rücksicht genommen werden muss (BVerwGE 52, 122 u. 67, 334 sowie 82, 343; NVwZ-RR 1997, 516). Dabei hängt das Maß der Rücksichtnahme nach der zitierten Rechtsprechung von einer Abwägung der beiderseitigen Belange ab.

Nach der Rechtsprechung des Bundesverwaltungsgerichts stellt das Gebot der Rücksichtnahme kein allgemeines baurechtliches Gebot dar, sondern hat nur insoweit nachbarschützende Wirkung, als der Gesetzgeber es als **einfachrechtliches Gebot** in verschiedenen baurechtlichen Vorschriften normiert hat (BVerwGE 89, 69; Wolf, NVwZ 2013, 247; Dürr, VBlBW 2015, 319). Die Gegenansicht stützt das Gebot der Rücksichtnahme dagegen unabhängig von den baurechtlichen Vorschriften auf eine entsprechende Anwendung des im Zivilrecht aus § 242 BGB abgeleiteten nachbarlichen Gemeinschaftsverhältnisses. Das Gebot der Rücksichtnahme ist nach h. M. bei Außenbereichsvorhaben ein ungeschriebener öffentlicher Belang im Sinne des § 35 Abs. 3 BauGB (BVerwGE 52, 122 u. NVwZ 2007, 336). Das Bundesverwaltungsgericht greift zur Ableitung des Rücksichtnahmegebots auch auf **§ 35 Abs. 3 Satz 1 Nr. 3 BauGB** (schädliche Umwelteinwirkungen) zurück (NVwZ 1994, 687; eb. OVG Münster, BauR 2006, 2034). Ferner wurde es im nicht beplanten Innenbereich als Merkmal des Einfügens dem Tatbestand des **§ 34 BauGB** zugeordnet (BVerwG, NJW 1981, 1973; NVwZ 1987, 128; OVG Bautzen, BauR 2006, 1104). Schließlich soll das Gebot der Rücksichtnahme bei Vorhaben im beplanten Bereich in **§ 15 Abs. 1 BauNVO** (unzumutbare Beeinträchtigung der Nachbarschaft) verankert sein, soweit das Vorhaben den §§ 2 ff. BauNVO entspricht (BVerwGE 67, 334 u. 101, 364; NVwZ 2000, 1050).

319

Wenn das Bauvorhaben nach §§ 22 ff. BauNVO unzulässig ist und nur aufgrund einer Befreiung von den Festsetzungen eines Bebauungsplans zugelassen werden könnte, leitet das Bundesverwaltungsgericht das Gebot der Rücksichtnahme aus der nach **§ 31 Abs. 2 BauGB** gebotenen Würdigung nachbarlicher Belange ab (BVerwGE 82, 343).

Das Gebot der Rücksichtnahme dient im Bereich des Baunachbarrechts nicht zu einer allgemeinen Billigkeitslösung. Es ist keine allgemeine Härteklausel, die über den speziellen Vorschriften des Städtebaurechts steht, sondern Bestandteil einzelner gesetzlicher Vorschriften (Graf, JA 2006, 19). Soweit der Gesetzgeber normativ festgelegt hat, was der Bauherr darf und damit der Nachbar hinzunehmen hat, muss es dabei sein Bewenden haben (BVerwGE 68, 58).

Bsp.:
1. Die Vorschriften über die Abstandsflächen tragen dem Interesse des Nachbarn an der Belichtung und Belüftung seines Grundstücks Rechnung, so dass er sich insoweit gegenüber einer Nachbarbebauung nicht auf das Gebot der Rücksichtnahme berufen kann (BVerwG, NVwZ 1985, 653; OVG Koblenz, BauR 2012, 931; VGH Mannheim, VBlBW 2014, 16).
2. Für die Beeinträchtigung durch eine Schweinehaltung bietet das Gebot der Rücksichtnahme keinen weitergehenden Schutz als §§ 5 Abs. 1 Nr. 1, 22 Abs. 1 Nr. 1 BImSchG (BVerwG, BauR 1993, 445).
3. Erfüllt eine Garage die für die Zulassung an der Grenze erforderlichen Voraussetzungen, so genügt sie hinsichtlich der durch die Grenzabstandsbestimmungen geschützten Belange ohne weiteres den Anforderungen des Rücksichtnahmegebots (OVG Saarlouis, NJW 1985, 2439).
4. Hält ein Bauvorhaben - Rasensportanlage - die bauordnungsrechtlich für den Lärmschutz von Nachbargrundstücken festgesetzte Zumutbarkeitsgrenze ein, ist für das Rücksichtnahmegebot kein Raum (OVG Koblenz, BRS 44 Nr. 184).

Der Grundsatz, dass das Gebot der Rücksichtnahme keine weitergehenden Anforderungen stellt als die bauordnungsrechtlichen Abstandsvorschriften (OVG Koblenz, BauR 2012, 931), gilt grundsätzlich trotz der unterschiedlichen Funktionen von Bauplanungs- und Bauordnungsrecht. Zu überdenken ist der Grundsatz jedenfalls dann, wenn die nach Bauordnungsrecht einzuhaltende Abstandsfläche stark reduziert ist (s. dazu: OVG Münster, NVwZ-RR 2009, 459, lesenswert; OVG Bautzen, BauR 2006, 1104; a. M. OVG Berlin-Bbrg., BauR 2010, 441). Zu berücksichtigen ist insoweit der unterschiedliche Schutzzweck der Abstandsregelung und des Rücksichtnahmegebots. Das Rücksichtnahmegebot schützt das ungestörte Wohnen, was nicht Zweck der Abstandsflächenregelung ist (s. Rn. 218). Die Abstandsflächenregelungen stellen auch anders als das Rücksichtnahmegebot z. B. nicht darauf ab, ob das Bauvorhaben eine „erdrückende" Wirkung auf das Nachbargebäude ausüben wird (VGH Mannheim, NVwZ-RR 2008, 159; OVG Koblenz, Urt. v. 18.06.2015 - 1 A 10775/14 -, juris). Trotz der dogmatischen Unterschiede zwischen Rücksichtnahmegebot und Abstandsflächenregelung ist aber festzuhalten, dass in der Regel bei Einhaltung der Abstandsflächenvorschriften ein Verstoß gegen das Rücksichtnahmegebot entfällt (BVerwG, NVwZ 1999, 879).

Soweit es um Immissionen geht, wird die Grenze des Zumutbaren durch die technischen Regelwerke (TA-Lärm - s. dazu Boeddinghaus UPR 1999, 321 -, TA-Luft, DIN-Vorschriften, VDI-Richtlinien sowie insbes. Verordnungen nach § 7 BImSchG) festgelegt (BVerwGE 68, 58 u. 98, 235; NVwZ 2000, 1050). Die angeführten technischen Regelwerke legen allerdings keine Grenzwerte, sondern nur sog. Orientierungswerte fest. Diese können im Einzelfall auch überschritten werden, soweit dieses nicht zu einer Gesundheitsgefährdung führen kann (VGH Mannheim, NVwZ-RR 2011, 393).

320 Das Gebot der Rücksichtnahme hat somit nur dort eine konstitutive nachbarschützende Wirkung, wo eine gesetzliche Regelung des Interessenkonflikts zwischen Bauherrn und Nachbarn fehlt, wie dies z. B. bei § 35 Abs. 2 BauGB oder beim baugebietsüberschreitenden Nachbarschutz der Fall ist.

6. Übersicht über die nachbarschützenden Normen

a) §§ 30 - 33 BauGB

321 Die Festsetzung eines Bebauungsplans über die zulässige bauliche Nutzung durch Ausweisung von Baugebieten nach **§§ 2-11 BauNVO** sind nach allgemeiner Ansicht **nachbarschützend**, weil die Eigentümer im Plangebiet eine bau- und bodenrechtliche Schicksalsgemeinschaft (Austauschverhältnis) bilden (BVerwGE 44, 244 u. 94, 151; NVwZ 2008, 427). Aus diesem Austauschverhältnis folgt ein sog. **Gebietserhaltungsanspruch** der Eigentümer von Grundstücken im Geltungsbereich eines Bebauungsplans (BVerwGE 101, 364; VGH München, NVwZ-RR 2004, 248 u. NVwZ 2012, 825; OVG Münster, NVwZ-RR 2012, 132; Stühler, BauR 2011, 1576; Kirchberg, VBlBW 2015, 225). Unter dem Gebietserhaltungsanspruch versteht man den Schutzanspruch des Nachbarn auf die Bewahrung der Gebietsart nach der BauNVO. In seinem Urteil vom 16.09.1993 (BVerwGE 94, 151) hat das Bundesverwaltungsgericht dazu ausgeführt, bauplanungsrechtlicher Nachbarschutz beruhe auf dem Gedanken des wechselseitigen Austauschverhältnisses. Weil und soweit der Eigentümer eines Grundstücks in dessen Ausnutzung öffentlich-rechtlichen Beschränkungen unterworfen ist, kann er deren Beachtung grundsätzlich auch im Verhältnis zum

IV. Nachbarschutz

Nachbarn durchsetzen. Der Hauptanwendungsfall im Bauplanungsrecht für diesen Grundsatz sind die Festsetzungen eines Bebauungsplans über die Art der baulichen Nutzung. Durch sie werden die Planbetroffenen im Hinblick auf die Nutzung ihrer Grundstücke zu einer rechtlichen Schicksalsgemeinschaft verbunden. Die Beschränkung der Nutzungsmöglichkeiten des eigenen Grundstücks wird dadurch ausgeglichen, dass auch die anderen Grundeigentümer diesen Beschränkungen unterworfen sind. Soweit die Gemeinde durch die BauNVO zur Festsetzung von Baugebieten (§§ 2-9 BauNVO) ermächtigt wird, schließt diese Ermächtigung deshalb ein, dass die Gebietsfestsetzung grundsätzlich nachbarschützend sein muss. Eine nicht nachbarschützende Gebietsfestsetzung würde gegen das Abwägungsgebot des § 1 Abs. 7 BauGB verstoßen.

Der Gebietserhaltungsanspruch ist zu unterscheiden, von dem sich aus § 15 BauNVO ergebenden Rücksichtnahmegebot (s. Stüer, BauR 2011, 1576). Während der Gebietserhaltungsanspruch auf die generelle Vereinbarkeit von Vorhaben mit dem Baugebiet abstellt, betrifft § 15 Abs. 1 BauNVO die Vereinbarkeit eines an sich zulässigen konkreten Bauvorhabens mit dem Baugebiet. Rechtsdogmatisch geht der Gebietserhaltungsanspruch dem Anspruch auf Rücksichtnahme vor (BVerwG, NVwZ 2011, 748).

Der Gebietserhaltungsanspruch, also der Nachbarschutz aus der Festsetzung eines Baugebiets, geht demnach weiter als der Schutz aus dem Rücksichtnahmegebot in § 15 Abs. 1 Satz 2 BauNVO, der voraussetzt, dass der Nachbar in unzumutbarer Weise konkret in schutzwürdigen Interessen betroffen wird (BVerwGE 67, 334). Auf die Bewahrung der festgesetzten Gebietsart hat der Nachbar nach der Rechtsprechung des Bundesverwaltungsgerichts auch dann einen Anspruch, wenn das baugebietswidrige Vorhaben im jeweiligen Einzelfall noch nicht zu einer tatsächlich spürbaren und nachweisbaren Beeinträchtigung des Nachbarn führt (BVerwG, NVwZ 2000, 1054). Im Rahmen des nachbarlichen Gemeinschaftsverhältnisses soll nämlich jeder Planbetroffene das Eindringen einer gebietsfremden Nutzung und damit die schleichende Umwandlung des Baugebiets verhindern können. Der Abwehranspruch wird daher grundsätzlich bereits durch die Zulassung eines mit der Gebietsfestsetzung unvereinbaren Vorhabens ausgelöst. Weil und soweit der Eigentümer eines Grundstücks in dessen Ausnutzung öffentlich-rechtlichen Beschränkungen unterworfen ist, kann er deren Beachtung auch im Verhältnis zum Nachbarn durchsetzen.

Diese Rechtsprechung hat keine ungeteilte Zustimmung erfahren, weil auch im Geltungsbereich eines Bebauungsplans Art. 14 GG einen nachbarlichen Abwehranspruch nur verlange, um eine Beeinträchtigung der Nutzungsmöglichkeiten des eigenen Grundstücks abwehren zu können (VGH München, NVwZ-RR 2004, 248; Gelzer/Bracher/Reidt Rn. 2049).

Ein **gebietsübergreifender Schutz** des Nachbarn vor gebietsfremden Nutzungen im angrenzenden Plangebiet unabhängig von konkreten Beeinträchtigungen besteht grundsätzlich nicht. Zwischen einem Grundstück außerhalb des Plangebiets und dem Grundstück innerhalb des Plangebiets fehlt es an dem für ein Plangebiet typischen wechselseitigen Verhältnis, das die in einem Plangebiet zusammengefassten Grundstücke zu einer bau- und bodenrechtlichen Schicksalsgemeinschaft zusammenschließt (BVerwG, NVwZ 2008, 427; OVG Koblenz, BauR 2010, 60 und Beschl. v. 14.08.2012 - 1A 10404/12 -).

Ausnahmsweise kann aber einer Baugebietsfestsetzung eine über die Plangebietsgrenze hinausreichende drittschützende Wirkung zukommen und damit dem Nachbarn des Baugebiets ein baugebietsübergreifendes Abwehrrecht zustehen, wenn der Bebauungsplan dies ausdrücklich vorsieht (VGH München, NVwZ-RR 1999, 226; OVG Koblenz, BauR 2000, 527 u. OVG Koblenz, Beschl. v. 12.11.2008 - 8 B 11029/08.OVG -). Erforderlich ist aber, dass sich aus der Begründung des Bebauungsplans oder anderen Unterlagen des Planaufstellungsverfahrens ein entsprechender Planungswille der Gemeinde eindeutig entnehmen lässt. Der Nachbarschutz für ein außerhalb der Grenzen des Plangebiets belegenes Grundstück bestimmt sich ansonsten bundesrechtlich nach dem in § 15 Abs. 1 Satz 2 BauNVO enthaltenen Gebot der Rücksichtnahme. In diesem Rahmen kommt es auf die konkreten örtlichen Verhältnisse an.

Ob Festsetzungen nach § 1 Abs. 4-10 BauNVO nachbarschützend sind, hängt vom Zweck der jeweiligen Festsetzung ab. Eine generalisierende Aussage ist insoweit nicht möglich (OVG Koblenz, BauR 2003, 1341; OVG Lüneburg, NVwZ 2004, 1010).

Den **§§ 12-14 BauNVO** wird vom Bundesverwaltungsgericht nachbarschützende Wirkung beigemessen, weil sie inhaltlich eine Ergänzung der Baugebietsfestsetzung nach §§ 2 ff BauNVO darstellen (zu § 12 BauNVO: BVerwGE 94, 151; siehe auch Sarnighausen, NVwZ 1996, 7; Dürr, BauR 1997, 7; zu § 13 BauNVO: BVerwG, NVwZ 1996, 787; zu § 14 BauNVO: BVerwG, NVwZ 2004, 1247).

322 Der Nachbarschutz geht in räumlicher Hinsicht so weit, wie das Bauvorhaben Wirkungen auf andere Grundstücke entfaltet. **§ 15 Abs. 1 S. 2 BauNVO** verbietet auch unzumutbare konkrete Störungen in der Umgebung des Baugebiets. Daraus folgt, dass der Eigentümer eines Grundstücks außerhalb des Geltungsbereichs des Bebauungsplans eine Verletzung des Bebauungsplans rügen kann (sog. planübergreifender Nachbarschutz - s. dazu BVerwGE 44, 244; NVwZ 2008, 427; BauR 2013, 935). Da in Bezug auf Grundstückseigentümer außerhalb des Geltungsbereichs des Bebauungsplans aber kein bau- und bodenrechtliches Ausgleichsverhältnis besteht, kann der außerhalb des Bebauungsplangebiets gelegene Grundstückseigentümer nur eine Verletzung des Rücksichtnahmegebots rügen (VGH München, NVwZ-RR 1999, 226; OVG Münster, BauR 1997, 279; VGH Mannheim, VBlBW 1997, 62; a. M. OVG Münster, NVwZ-RR 2003, 818).

Bsp.:
Die Bewohner eines Wohngebiets können sich dagegen zur Wehr setzen, dass in einem unmittelbar angrenzenden Baugebiet, welches durch Bebauungsplan als allgemeines Wohngebiet ausgewiesen ist, eine große Gaststätte genehmigt wird (VGH Mannheim, BRS 49 Nr. 26).

323 Da das Gebot der Rücksichtnahme bei der Aufstellung eines Bebauungsplans zu beachten ist (s. dazu oben Rn. 52), ist es bei der Prüfung der Vereinbarkeit eines Vorhabens mit dem Bebauungsplan in der Regel nicht nochmals zu prüfen (BVerwG, NVwZ 2013,372). Lediglich bei § 15 BauNVO spielt das Gebot der Rücksichtnahme eine Rolle; diese Vorschrift wird vom Bundesverwaltungsgericht (BVerwGE 67, 334 u. 82,343) geradezu als gesetzliche Ausprägung des Gebots zur Rücksichtnahme verstanden und hat daher insoweit nachbarschützende Wirkung. Das Rücksichtnahmegebot kann zur Bewältigung eines nachbarlichen Konflikts im Geltungsbereich eines Bebauungsplans nur herangezogen werden, wenn der Bebauungsplan für eine derartige Konfliktbewältigung noch „offen" ist (BVerwG, NVwZ 2014, 69). Dies ist nach Ansicht des Bundesverwaltungsgerichts dann nicht mehr der Fall, wenn der Konflikt nach den Vorstellungen des Gemeinderats im Bebauungsplan bewältigt wurde. Ist diese Bewältigung nicht gelungen, dann führt dies zur Nichtigkeit des Bebauungsplans, nicht aber zur Konfliktbewältigung mit Hilfe des Gebots der Rücksichtnahme.

IV. Nachbarschutz

Dagegen sind die **sonstigen Festsetzungen des Bebauungsplans**, z. B. die zulässige Überbauung der Grundstücke (Grundflächen- und Geschossflächenzahl), die Festsetzung von Baugrenzen und Baulinien oder der zulässigen Geschosszahl nur dann nachbarschützend, wenn sich aus dem Bebauungsplan ergibt, dass diese Festsetzungen erlassen wurden, um private Belange zu schützen (BVerwG, NVwZ 1996, 170; BauR 1995, 823; OVG Koblenz, BRS 18 Nr. 126; VGH Mannheim, VBlBW 2008, 273). Wird das Maß der baulichen Nutzung und die zulässige Überbauung der Grundstücke aus Gründen der städtebaulichen Gestaltung geregelt, dann haben diese Festsetzungen keine nachbarschützende Wirkung (BVerwG, NVwZ 1996, 170; VGH Mannheim, NVwZ-RR 2000, 348 - straßenseitige Baugrenze). Anders ist es aber, wenn durch die Beschränkung der baulichen Nutzung eine aufgelockerte Bebauung (Villenviertel) zur Gewährleistung der Wohnruhe bewirkt werden soll oder sonstige Umstände ergeben, dass der Schutz der Grundstückseigentümer bezweckt wird (BVerwG, BauR 1973, 238; NVwZ 1985, 748). Bei seitlichen Baugrenzen ist sogar im Regelfall eine nachbarschützende Wirkung zu bejahen (VGH Mannheim, NJW 1992, 1060; VBlBW 2000, 112; NVwZ-RR 2005, 397; OVG Lüneburg, BauR 2000, 1844). 324

Bsp.:
1. Die Festsetzung von Baugrenzen oder Gebäudehöhen kann nachbarschützend sein, wenn dadurch erkennbar für die Hinterlieger die Aussicht freigehalten werden soll (OVG Münster, BRS 28 Nr. 129; VGH Mannheim, NVwZ-RR 1990, 394; so auch BVerwG, BRS 40 Nr. 92).
2. Die einheitliche Festsetzung einer rückwärtigen Baugrenze für alle Grundstücke einer Reihenhausgruppe kann nachbarschützend sein (OVG Saarlouis, BRS 58 Nr. 172; OVG Koblenz, BauR 2015, 239).
3. Ausweisung des „gesamten Geltungsbereichs" eines Bebauungsplans als „überwiegend für die Bebauung mit Familienheimen vorgesehene Fläche" ist nachbarschützend (OVG Saarlouis, BRS 36 Nr. 198).

Nach diesen Grundsätzen kann in der Regel neben der Festsetzung seitlicher Baugrenzen nur noch die Festsetzung von Doppelhäusern (OVG Münster, BauR 2012, 1100 u. 1206; BVerwG, NVwZ-RR 2014, 509) nachbarschützende Wirkung haben. Sonstige Festsetzungen über das Maß der baulichen Nutzung, der Bauweise und der überbaubaren Flächen erfolgen in der Regel ausschließlich aus gestalterischen Gründen und sind daher nicht nachbarschützend (BVerwG, NVwZ 1996, 170; NVwZ 2000, 1055; VGH Mannheim, NVwZ-RR 2005, 1433; VBlBW 2007, 387 u. VBlBW 2008, 273).

Ausnahmsweise kann nach Ansicht des Bundesverwaltungsgerichts (BVerwGE 67, 334 u. 82, 334 u. 89, 69) eine Abweichung von einer grundsätzlich nicht nachbarschützenden Festsetzung eines Bebauungsplans einen nachbarlichen Abwehranspruch begründen, wenn nämlich das Bauvorhaben gegen das **Gebot der Rücksichtnahme** verstößt (s. dazu oben Rn. 317f.). Dies kommt wohl nur bei einem erheblichen Überschreiten der zulässigen Geschosszahl oder Geschossflächenzahl in Betracht, wenn das Volumen des Bauvorhabens den Nachbarn „erdrückt" oder sein Gebäude „eingemauert" wird bzw. eine „Gefängnishofsituation" entsteht (VGH Mannheim, NVwZ-RR 2005, 89; OVG Magdeburg, BauR 2012, 756; OVG Koblenz, Beschl. v. 27.04.2015 - 8 B 10304/15.OVG -, juris).

Die nachbarschützende Wirkung des Gebots der Rücksichtnahme ergibt sich dabei nach der Rechtsprechung des Bundesverwaltungsgerichts aus § 15 Abs. 1 Satz 2 BauNVO, wonach eine unzumutbare Störung der Nachbarschaft unzulässig ist. Diese Vorschrift findet Anwendung, wenn ein Bauvorhaben nach §§ 2-14 BauNVO zwar grundsätzlich zulässig ist, sich aber wegen der konkreten Ausgestaltung im Einzelfall gleichwohl als rücksichtslos gegenüber der Nachbarschaft erweist (BVerwGE 82,

343; NVwZ 2000, 1050; OVG Hamburg, BauR 2009, 1556). Wenn dagegen die Festsetzungen des Bebauungsplans bei der Erteilung der Baugenehmigung missachtet werden, ist das Gebot der Rücksichtnahme aus § 31 Abs. 2 BauGB abzuleiten (BVerwGE 82, 343).

325 **§ 31 Abs. 2 BauGB** ist insoweit nachbarschützend, als von einer nachbarschützenden Norm Befreiung erteilt wird (so BVerwG, NJW 1977, 1789; OVG Münster, BauR 2009, 1409). Nach § 31 Abs. 2 BauGB sind die nachbarlichen Belange in jedem Fall, also auch bei nicht nachbarschützenden Normen zu würdigen, wobei die Würdigung unter Berücksichtigung des Gebots der Rücksichtnahme zu erfolgen hat (BVerwGE 82, 343; VGH Mannheim, NVwZ-RR 2010, 383). § 31 Abs. 2 BauGB kommt daher auch dann nachbarschützende Wirkung zu, wenn die Norm, von der befreit wird, selbst nicht nachbarschützend ist. Dies ist die konsequente Fortentwicklung des in BVerwGE 67, 334 entwickelten Grundsatzes, dass auch bei nicht nachbarschützenden Festsetzungen im Rahmen des Gebots der Rücksichtnahme ein Nachbarschutz in Betracht kommt. Bei Befreiungen von nachbarschützenden Festsetzungen stellt dagegen jede nicht durch § 31 Abs. 2 BauGB gedeckte Abweichung eine Verletzung von Rechten des Nachbarn dar, ohne dass es auf einen Verstoß gegen das Gebot der Rücksichtnahme ankommt.

Wird ein Bauvorhaben im Vorgriff auf einen zukünftigen Bebauungsplan nach **§ 33 BauGB** genehmigt, dann wird der Nachbar in seinen Rechten verletzt, soweit die zukünftigen Festsetzungen des Bebauungsplans nachbarschützende Wirkung haben werden (OVG Koblenz, BauR 2012, 1362; VGH Mannheim, NVwZ-RR 2014, 455); im Verhältnis Bauherr - Nachbar wird also fingiert, dass der Bebauungsplanentwurf schon rechtswirksam sei.

Dagegen begründet eine **Veränderungssperre** (§ 14 BauGB), die zur Sicherung der Planung erlassen wurde, keine nachbarlichen Abwehrrechte (BVerwG, BauR 1989, 186). Denn die Veränderungssperre dient nur dem öffentlichen Interesse (vgl. § 14 Abs. 2 BauGB), sie soll nicht zugleich auch private Belange schützen.

b) § 34 BauGB

326 Nach gefestigter Rechtsprechung (BVerwG, NJW 1981, 1973; NJW 1986, 1703; NVwZ 2000, 552; OVG Münster, NVwZ-RR 2009, 459; VGH Mannheim, NVwZ-RR 2010, 383 u. 387; a. A. VGH Kassel, NVwZ-RR 2009, 99) ist **§ 34 Abs. 1 BauGB** nur insoweit nachbarschützend, als dem **Gebot der Rücksichtnahme** Nachbarschutz zukommt. Das Gebot der Rücksichtnahme ist nach Ansicht der zitierten Rechtsprechung dabei in dem Tatbestandsmerkmal des Einfügens in § 34 Abs. 1 BauGB enthalten. Ein Verstoß gegen das Rücksichtnahmegebot wird im Rahmen des § 34 BauGB in der Regel nur anerkannt bei unzumutbaren Immissionsbelastungen sowie bei einer unzumutbaren Einschränkung der Belichtung und Besonnung, also den sog. Erdrückungs- oder Einmauerungsfällen (s. Rn. 319).

Im Übrigen kommt § 34 Abs. 1 BauGB keine nachbarschützende Wirkung zu, weil es an einem Austauschverhältnis durch eine Planungsentscheidung fehlt (so BVerwG, NVwZ 1996, 888). Demgegenüber hat **§ 34 Abs. 2 BauGB** nach der Rechtsprechung des Bundesverwaltungsgerichts (BVerwGE 94, 151) hinsichtlich der Art der baulichen Nutzung nach §§ 2 ff. BauNVO in vollem Umfang **nachbarschützende Wirkung**. Das Bundesverwaltungsgericht begründet dies mit der durch § 34 Abs. 2 BauGB bezweckten Gleichstellung des beplanten und des nicht beplanten Innenbe-

IV. Nachbarschutz

reichs. Hinsichtlich des Maßes der baulichen Nutzung verbleibt es dagegen dabei, dass Nachbarschutz nur im Rahmen des Gebots der Rücksichtnahme gewährt wird.

Die vom Bundesverwaltungsgericht vorgenommene Differenzierung zwischen Abs. 1 und 2 des § 34 BauGB ist nicht gerechtfertigt, weil nichts dafür spricht, dass der Gesetzgeber bei § 34 Abs. 1 BauGB nur einen auf schwerwiegende Eingriffe beschränkten Nachbarschutz zuerkennen wollte. Das Gebot des Einfügens gebietet nicht weniger als §§ 2 ff. BauNVO einen Ausgleich der Interessen von Bauherrn und Nachbarschaft. Es spricht daher einiges dafür, § 34 BauGB generell insoweit Nachbarschutz zuzuerkennen, als es um diejenigen Tatbestände geht, denen auch im beplanten Bereich ein Nachbarschutz zukommt (VGH Kassel, NVwZ-RR 2009, 99; Fickert/Fieseler vor §§ 2-9 Rn. 30.2; weitere Nachweise bei Brügelmann/Dürr § 34 Rn. 154).

c) § 35 BauGB

Nach der früheren Rechtsprechung des Bundesverwaltungsgerichts (BVerwGE 28, 268; BauR 1989, 454) war **§ 35 Abs. 1 BauGB** nachbarschützend, soweit die Privilegierung der in Absatz 1 aufgeführten Vorhaben durch die Zulassung eines anderen Bauvorhabens beeinträchtigt wurde.

327

Zur Begründung führte das Bundesverwaltungsgericht aus, der Gesetzgeber habe die privilegierten Vorhaben generell dem Außenbereich zugeordnet und damit eine der Ausweisung eines Baugebiets nach §§ 3 ff. BauNVO vergleichbare generelle Regelung getroffen. Diese Rechtsprechung hat das Bundesverwaltungsgericht (NJW 2000, 552; eb. VGH Mannheim, VBlBW 2006, 313) dahingehend modifiziert, dass auch der Inhaber eines privilegierten Vorhabens im Außenbereich sich **nur auf einen Verstoß gegen das Rücksichtnahmegebot** berufen kann, da der Außenbereich nicht wie ein durch Bebauungsplan überplanter Bereich durch eine einheitliche bauliche Nutzung geprägt wird und daher auch keine bodenrechtliche Schicksalsgemeinschaft besteht. Der Unterschied zur früheren Rechtsprechung ist im praktischen Ergebnis nicht bedeutsam, da es in der Regel rücksichtslos ist, wenn eine mit der vorhandenen Bebauung im Außenbereich nicht zu vereinbarende Nutzung vorgenommen werden soll. Dies ist insbesondere der Fall bei einer Errichtung eines Wohngebäudes in der Nachbarschaft eines emittierenden Landwirtschafts- oder Gewerbebetriebs im Außenbereich, wenn dadurch die Privilegierung in Frage gestellt wird.

Bsp.:
1. Der Inhaber einer Gärtnerei mit einer Holzheizanlage im Außenbereich kann die Errichtung eines Wohnhauses in der Nachbarschaft nicht verhindern, weil die Privilegierung der Gärtnerei sich nicht auf die Art der Heizung bezieht (BVerwG, NVwZ 2000, 552).
2. Kein Nachbarschutz eines Landwirts gegen die Errichtung eines Wohnhauses neben seinem Landwirtschaftsbetrieb (OVG Lüneburg, BauR 1988, 321).
3. Es verstößt gegen das Gebot der Rücksichtnahme, wenn neben einem vorhandenen Segelflugplatz eine Windkraftanlage errichtet wird (BVerwG, BauR 2005, 1138).

Der Eigentümer eines nach § 35 Abs. 2 BauGB genehmigten Gebäudes kann sich gegen die Zulassung weiterer Bauvorhaben wenden, soweit er sich auf eine Verletzung des Rücksichtnahmegebots berufen kann (BVerwGE 52, 122).

Einen **Gebietserhaltungsanspruch** gibt es **im Außenbereich nicht**. Die Rechtsprechung des Bundesverwaltungsgerichts zum Innenbereich beruht auf der Erwägung, dass die Gebietsfestsetzungen nach der BauNVO die Planbetroffenen oder die

Grundstückseigentümer in einem unbeplanten Bereich nach § 34 Abs. 2 BauGB zu einer Gemeinschaft verbindet, in der die Beschränkung der Nutzungsmöglichkeiten dadurch ausgeglichen wird, dass auch die anderen Eigentümer denselben Beschränkungen unterworfen sind. Der auf die Erhaltung der Gebietsart gerichtete Nachbarschutz setzt also Gebiete voraus, die - wie die Baugebiete der BauNVO - durch eine einheitliche bauliche Nutzung gekennzeichnet sind. Daran fehlt es im Außenbereich. Der Außenbereich ist kein Baugebiet, sondern soll tendenziell von Bebauung freigehalten werden. Vorhaben gemäß § 35 Abs. 1 BauGB sind zwar im Außenbereich privilegiert zulässig, aber nur dann, wenn öffentliche Belange nicht entgegenstehen. Wegen der unterschiedlichen Privilegierungstatbestände des § 35 Abs. 1 BauGB fehlt dem Außenbereich ein bestimmter Gebietscharakter, dessen Erhaltung gerade das Ziel des Nachbarschutzes in den Baugebieten der Baunutzungsverordnung ist. Zum Schutze eines im Außenbereich privilegierten Betriebes ist deshalb das in § 35 BauGB enthaltene drittschützende Rücksichtnahmegebot ausreichend (BVerwG, NVwZ 2000, 552).

d) Erschließung

328 Nach §§ 29 ff. BauGB darf eine Baugenehmigung nur erteilt werden, wenn die **Erschließung** gesichert ist; diese Anforderung ist **nicht nachbarschützend** (BVerwGE 50, 282). Eine Ausnahme ist nur dann zu machen, wenn wegen der fehlenden Erschließung ein Notwegrecht nach § 917 BGB beansprucht werden könnte (BVerwGE 50, 282).

Nur ausnahmsweise kann der Nachbar sich bei einer unzureichenden Erschließung auf einen Verstoß gegen das Rücksichtnahmegebot berufen, wenn durch das neue Bauvorhaben die Erschließung seines eigenen Grundstücks unzumutbar beeinträchtigt wird (Mampel, Nachbarschutz Rn. 1058).

e) Bauordnungsrecht

329 Im Bauordnungsrecht hat vor allem die Frage des Nachbarschutzes der Abstandsflächenregelung der § 8 LBauO Bedeutung. Diese Vorschrift soll die Belichtung und Besonnung des Nachbargrundstücks schützen und ein Übergreifen von Bränden erschweren. § 8 Abs. 1 LBauO verlangt, dass grundsätzlich um ein Gebäude herum eine Fläche unbebaut bleibt und zwar unabhängig davon, in welchem Abstand zur Grenze das Gebäude steht. Durch die Forderung des § 8 Abs. 2 LBauO, dass nämlich die Abstandsfläche auf dem eigenen Grundstück liegen muss, wird aber zugleich ein Abstand zwischen dem Gebäude und der Grundstücksgrenze sichergestellt. Es ist deshalb unbestritten, dass die Regelung des **§ 8 LBauO nachbarschützend** ist (OVG Koblenz, BRS 28 Nr. 144; AS RP-SL 22, 1). Auf eine tatsächliche Beeinträchtigung kommt es nicht an (OVG Koblenz, AS RP-SL 15, 151; OVG Saarlouis, AS RP-SL 19, 153).

330 Im Übrigen genügt es, den **Nachbarschutz der bauordnungsrechtlichen Vorschriften** in der nachfolgenden Übersicht zusammenzufassen.

IV. Nachbarschutz

(ja = nachbarschützend, nein = nicht nachbarschützend)

§ 5 LBauO (Gestaltung): nein (OVG Saarlouis, BRS 44 Nr. 162; Entsch. v. 21.10.1991 - 2 R 56/88 -, juris); Gemeinden können Störung des Straßen- und Ortsbildes rügen (OVG Koblenz, AS RP-SL 13, 388; BRS 55 Nr. 130)

§ 6 LBauO (Bebauung der Grundstücke): nein (OVG Koblenz, Beschl. v. 29.03.1996 - 1 B 10261/96.OVG -; VG Neustadt/Weinstr., Beschl. v. 07.09.2009 - 4 L 828/09.NW -, juris)

§ 8 LBauO (Abstandsflächen): ja, s. Rn. 329

§ 13 Abs. 1 Satz 2 LBauO (Standsicherheit bzgl. Nachbargrundstück): ja (OVG Koblenz, Beschl .v. 03.05.1990 - 1 B 10757/90.OVG -; uneingeschränkt: OVG Saarlouis, BRS 58 Nr. 181)

§ 15 LBauO: ja (OVG Koblenz, NVwZ-RR 2014, 30)

§ 16 Abs. 2 LBauO (Schallschutz): ja (OVG Koblenz, AS RP-SL 15, 415 u. AS RP-SL 20, 40)

§ 17 Abs. 2 LBauO (Verkehrssicherheit): nein (VGH Mannheim, BRS 38 Nr. 127; OVG Saarlouis, BRS 54 Nr. 195)

§ 30 LBauO (Brandschutz): ja (OVG Koblenz, BRS 36 Nr. 202 u. BRS 40 Nr. 211; Öffnungen in Brandwänden: OVG Koblenz, AS RP-SL 13, 374)

§ 32 LBauO (Dächer): ja (für außen liegende Brandwände: OVG Koblenz, AS RP-SL 22, 344 zu § 28 Abs. 5 Satz 2 LBauO 1995;)

§ 47 Abs. 7 Satz 2 LBauO (Anordnung und Ausführung von Stellplätzen): ja (OVG Koblenz, BRS 36 Nr. 200; VG Mainz, Beschl. v. 04.05.2007 - 3 L 159/07 -, ESOVGRP)

§ 48 Abs. 1 Satz 1 LBauO (Ställe): ja (OVG Koblenz, AS RP-SL 16, 81; OVG Saarlouis, BRS 30 Nr. 158 und BRS 44 Nr. 165; Rinderstall: DÖV 1976, 574)

§ 48 Abs. 5 Satz 2 LBauO (Festlegung der Mindestabstände): ja (OVG Koblenz, AS RP-SL 13, 430)

§ 88 LBauO: baugestalterische Vorschriften: nein (OVG Münster, NVwZ-RR 2007, 744 - Dachform)

Ein **allgemeines „Umweltrecht"**, d. h. ein Anspruch auf gesunde Umwelt wird bisher abgelehnt (BVerwGE 54, 311). Das Bundesverwaltungsgericht hat aber erklärt, bei Beeinträchtigung der Gesundheit durch ein Bauvorhaben könne sich ein Abwehrrecht aus Art. 2 Abs. 2 GG ergeben (s. Rn. 314). **331**

7. Verzicht und Verwirkung im Nachbarrecht

Der Nachbar kann auf die ihm zustehenden öffentlich-rechtlichen Abwehransprüche **verzichten** (BVerwG, BRS 28 Nr. 125; OVG Koblenz, BRS 38 Nr. 180; VGH Kassel, BRS 56 Nr. 181; OVG Münster, BauR 2001, 89). Dies ändert allerdings nichts daran, dass die Bauaufsichtsbehörde die Baugenehmigung dennoch ablehnen muss, wenn die Vorschrift, auf deren Einhaltung der Nachbar verzichtet, neben den Belangen des Nachbarn auch öffentliche Belange schützen soll (BVerwG, NVwZ 2000, 1050; VGH Mannheim, NVwZ-RR 1996, 310). Das ist z. B. bei der Abstandsregelung des § 8 LBauO der Fall, die nicht nur dem privaten Interesse an Belichtung und Belüftung, sondern auch dem öffentlichen Interesse an erfolgreicher Brandbekämpfung **332** dient. Ein im Baugenehmigungsverfahren beachtlicher **Verzicht** kann nur **gegenüber der Bauaufsichtsbehörde** ausgesprochen werden (OVG Koblenz, AS RP-SL 16, 292; OVG Münster, BauR 2004, 62). Ein Verzicht gegenüber dem Bauherrn stellt eine privatrechtliche Vereinbarung dar, die nach § 70 Abs. 1 LBauO nicht beachtet werden muss (OVG Saarlouis, BRS 40 Nr. 209), aber beachtet werden kann. Ein gegenüber der Bauaufsichtsbehörde erklärter Verzicht auf die Einhaltung nachbarschützender Normen kann nach Erteilung der Baugenehmigung nicht mehr widerrufen werden (VGH Mannheim, BRS 27 Nr. 164; VGH München, BauR 1980, 85; OVG Münster, BauR 2001,89). Die durch die Unterschrift auf die Baupläne erklärte Zustimmung des Nachbarn wird mit dem Zugang bei der Bauaufsichtsbehörde wirksam und kann von diesem Zeitpunkt an nicht mehr widerrufen werden (h. M. siehe dazu Schlemminger/Fuder, NVwZ 2004, 129, 133; OVG Saarlouis, BRS 33 Nr. 178; VGH München, BayVBl. 2006, 246; a. A. OVG Koblenz, BauR 2013, 1849). Der Verzicht kann allerdings unter den Voraussetzungen der §§ 119 ff. BGB angefochten werden (OVG Saarlouis, BRS 38 Nr. 179; OVG Münster, BauR 2001, 89).

Ein **Verzicht** kann aber nur dann angenommen werden, wenn der Nachbar dies **eindeutig erklärt**. Es reicht nicht aus, dass der Nachbar im Anhörungsverfahren keine Einwendungen erhebt (VGH Mannheim, BRS 27 Nr. 164) oder seine Einwendungen zurücknimmt (VGH Mannheim, BRS 30 Nr. 91; 32 Nr. 164). In der Unterschrift unter die Baupläne liegt der Verzicht (§ 68 Abs. 1 Satz 3 LBauO; OVG Koblenz, DVBl 1982, 369; OVG Saarlouis, AS RP-SL 19, 153; OVG Münster, BauR 2001, 89), der sich aber nur auf das in den Bauplänen dargestellte Bauvorhaben bezieht (OVG Saarlouis, BRS 40 Nr. 209; BRS 54 Nr. 186).

Der Verzicht bindet auch die Rechtsnachfolger (VGH Kassel, BRS 56 Nr. 181).

333 Schließlich kann das Recht des Nachbarn, sich auf nachbarschützende Normen zu berufen, auch durch **Verwirkung** untergehen (s. dazu OVG Greifswald, NVwZ-RR 2003, 17 - u. OVG Lüneburg, NVwZ-RR 2011, 807 lesenswert; OVG Koblenz, BauR 2013, 316; VGH Mannheim, VBlBW 2015, 31). Dies ist nach der Rechtsprechung des Bundesverwaltungsgerichts (BVerwGE 44, 294 u. 78, 35; eb. VGH Mannheim, BauR 2012, 1637) vor allem dann der Fall, wenn der Nachbar trotz sicherer Kenntnis vom Bauvorhaben **ein Jahr lang nichts unternimmt, insbesondere keine Rechtsmittel einlegt (formelle Verwirkung)**. Das Bundesverwaltungsgericht begründet dies mit dem nachbarschaftlichen Gemeinschaftsverhältnis, das den Nachbarn verpflichtet, seine Einwendungen nicht unangemessen spät zu erheben; die Jahresfrist beruht auf einer analogen Anwendung des § 58 Abs. 2 VwGO.

Dabei kommt es für den **Beginn der Jahresfrist** nicht darauf an, wann der Nachbar tatsächlich Kenntnis vom Bauvorhaben gehabt hat; maßgeblich ist vielmehr, wann der Nachbar das Bauvorhaben hätte zur Kenntnis nehmen müssen (BVerwG, NVwZ 1988, 532).

Der Nachbar kann seine Abwehrrechte auch aus materiell-rechtlichen Gründen verwirken. Dies setzt voraus, dass der Nachbar lange Zeit seine Rechte nicht geltend gemacht hat (Vertrauensgrundlage), so dass der Bauherr darauf vertraut, der Nachbar habe sich mit dem Bauwerk abgefunden (Vertrauenstatbestand) und er infolgedessen Maßnahmen ergreift, deren Rückgängigmachung ihm nicht zugemutet werden kann (Vertrauensbetätigung; s. VGH Mannheim, VBlBW 2015, 31). Nur bei Vorliegen aller drei Voraussetzungen, tritt eine **materielle Verwirkung** ein.

Aber auch vor Ablauf der Jahresfrist können Nachbarrechte verwirkt werden, wenn nämlich der Nachbar durch sein Verhalten beim Bauherrn den berechtigten Eindruck erweckt, er werde keine Einwendungen gegen das Bauvorhaben erheben (vgl. BVerwG, NVwZ 1991, 1182; OVG Saarlouis, BRS 58 Nr. 110).

Bsp.:
1. Der Nachbar legt Widerspruch ein, obwohl er vom Bauherrn eine Entschädigung von 3,2 Mill. DM (2-facher Grundstückswert) erhalten hatte als Ausgleich für die zu erwartenden Beeinträchtigungen (OVG Münster, BauR 2004, 62).
2. Der Nachbar gestattet zunächst dem Bauherrn, eine Leitung für Fertigbeton über das Grundstück des Nachbarn zu legen und legt danach Widerspruch gegen die Baugenehmigung ein (OVG Münster, NVwZ-RR 1993, 397; OVG Greifswald, NVwZ-RR 2003, 17).
3. Der Nachbar hatte vor der Einlegung des Rechtsmittels das Baugrundstück an den Bauherrn verkauft und dessen Baukonzeption gekannt (VGH Mannheim, NVwZ-RR 1991, 171).

Die Verwirkung tritt immer dann ein, wenn der Nachbar die Errichtung des Bauvorhabens zur Kenntnis nimmt und gleichwohl erst nach der Fertigstellung des Vorhabens Rechtsmittel einlegt (BVerwG, NVwZ-RR 1991, 111) oder aber ausdrücklich erklärt, er sei mit dem Bauvorhaben einverstanden und werde nichts dagegen unternehmen (BVerwG, NJW 1988, 730).

Die Verwirkung setzt nicht voraus, dass es sich um ein genehmigtes Bauvorhaben handelt; auch gegenüber einem **Schwarzbau** kann das Recht, nachbarliche Abwehransprüche zu erheben, verwirkt werden (BVerwG, BauR 1997, 281; OVG Koblenz, BRS 39 Nr. 185; OVG Saarlouis, BRS 40 Nr. 218).

Die Verwirkung nachbarlicher Abwehrrechte wirkt auch gegenüber dem Rechtsnachfolger des Nachbarn (VG Neustadt/Weinstr., Urt. v. 27.10.1998 - 11 K 340/ 98. NW -; VGH Mannheim, VBlBW 1992, 103).

8. Anspruch auf Einschreiten der Bauaufsichtsbehörde

Umstritten ist, ob der von einem rechtswidrigen, nicht genehmigten oder unter Überschreitung der Baugenehmigung errichteten Bau betroffene Nachbar grundsätzlich nur einen Anspruch auf eine ermessensfehlerfreie Entscheidung der Bauaufsichtsbehörde über ein Einschreiten zu seinen Gunsten hat (VGH Mannheim, NVwZ-RR 2008, 162; VGH München, NVwZ-RR 2009, 628) oder ob grundsätzlich ein Anspruch des Nachbarn auf Einschreiten besteht, sofern keine speziellen Gründe vorliegen, hiervon abzusehen (so BVerwG, BauR 2000, 1318; OVG Münster, BauR 2009, 1716; OVG Lüneburg, BauR 2012, 933; OVG Bautzen, BauR 2014, 978; s. dazu Mehde/Hansen, NVwZ 2010, 14). Für die erste Ansicht spricht, dass §§ 59, 81 LBauO eine Ermessensermächtigung enthalten und der Bauherr einen Anspruch darauf hat, dass die Bauaufsichtsbehörde hiervon Gebrauch macht. Eine Ermessensentscheidung gegen ein Einschreiten ist jedenfalls dann geboten, wenn die Verletzung der nachbarschützenden Vorschriften nur zu einer unbedeutenden Beeinträchtigung des Nachbarn führt (OVG Münster, BauR 2009, 1716; VGH München, NVwZ-RR 2009, 628: Unterschreiten der Abstandsfläche um 5 cm; VGH Mannheim, VBlBW 2015, 31). Es wird auf die jeweilige Einzelsituation ankommen.

Bsp.:
Überschreitet eine Grenzgarage die zulässige Höhe um 30 cm, dann ist das zwar kein Bagatellfall mehr, aber andererseits nicht so schwerwiegend, dass der Nachbar einen Anspruch auf Einschreiten hat (OVG Lüneburg, BauR 2012, 933).

Das OVG Koblenz hingegen sieht eine Pflicht zum Einschreiten der Bauaufsichtsbehörde dann, wenn Nachbarrechte beeinträchtigt sind und dies auch für den Fall, dass z. B. die gesetzlich vorgeschriebene Abstandsfläche nur um wenige Zentimeter nicht eingehalten wird (BauR 2010, 904 u. 2012, 77).

335 Voraussetzung ist aber in jedem Fall, dass der Nachbar in seinen Rechten verletzt wird. Verstößt das Bauvorhaben lediglich gegen nicht nachbarschützende Normen, hat der Nachbar keinen Anspruch auf fehlerfreie Ermessensentscheidung (OVG Saarlouis, AS RP-SL 14, 214 u. 25, 51).

Wenn der Nachbar mit Erfolg die **Baugenehmigung angefochten** hat, aber das Bauvorhaben wegen des Wegfalls der aufschiebenden Wirkung des Rechtsmittels nach § 212a BauGB in der Zwischenzeit errichtet worden ist, räumt das Bundesverwaltungsgericht (BauR 2000, 1318; eb. VGH Mannheim, BauR 2003, 1716) dem Nachbarn in der Regel einen Anspruch gegenüber der Bauaufsichtsbehörde auf Erlass einer Beseitigungsverfügung ein, weil nur auf diese Weise der durch die Baugenehmigung bewirkte Eingriff in das Eigentumsrecht des Nachbarn rückgängig gemacht werden könne. Das Bundesverwaltungsgericht trägt damit der **Folgenbeseitigungslast der Behörde** Rechnung, da ansonsten die erfolgreiche Nachbarklage im Ergebnis sinnlos bleiben würde.

Eine Ausnahme von dem Grundsatz, dass der Nachbar einen Anspruch auf Einschreiten der Bauaufsichtsbehörde nur bei schwerwiegender Betroffenheit in einer geschützten Rechtsposition hat, ist wohl für das Freistellungsverfahren zu machen (vgl. für das Kenntnisgabeverfahren VGH Mannheim, NVwZ-RR 1995, 490; Uechtritz NVwZ 1996, 640). Da hier das die Belange des Nachbarn sichernde Baugenehmigungsverfahren entfällt, muss ihm als Kompensation wohl ein Anspruch auf ein Einschreiten der Bauaufsichtsbehörde durch Erlass eines Bauverbots nach § 59 LBauO bzw. eine Baueinstellung nach § 80 LBauO zuerkannt werden, wenn nachbarschützende Normen missachtet wurden und die nachbarlichen Belange mehr als nur geringfügig berührt sind. Allerdings wird der Nachbar damit gegenüber einem jedenfalls in verfahrensmäßiger Hinsicht rechtmäßig begonnenen Bauwerk besser gestellt als gegenüber einem Schwarzbau.

Die Möglichkeit des Nachbarn, die Verletzung nachbarschützender Baurechtsnormen im Rahmen eines zivilrechtlichen Unterlassungs- oder Beseitigungsanspruchs geltend zu machen, wurde bereits unter Rn. 306 erörtert. Die Bauaufsichtsbehörde ist berechtigt, den Nachbarn hierauf zu verweisen (BVerwG, NVwZ 1998, 395).

9. Nachbarschutz bei öffentlichen Einrichtungen

336 Soweit eine öffentliche Einrichtung aufgrund einer **Baugenehmigung oder Zustimmung** (vgl. § 83 LBauO) errichtet und betrieben wird, muss der davon betroffene Nachbar **Rechtsmittel gegen die Baugenehmigung oder Zustimmung** einlegen. Unterlässt er dies, kann er später keine öffentlich-rechtlichen Abwehransprüche mehr geltend machen (VGH Mannheim VBlBW 1988, 433; VGH München NVwZ 1999, 87). Etwas Anderes gilt bei einer der Genehmigung nicht mehr entsprechenden Nutzung der Einrichtung, z. B. Mopedrennen Jugendlicher auf einem gemeindlichen Sportplatz (BVerwG, NVwZ 1990, 858; VGH München, NVwZ-RR 2007, 462).

Bei einer Beeinträchtigung durch eine öffentliche Einrichtung, die **ohne eine Baugenehmigung** geschaffen worden ist, hat der Anlieger unstreitig die Möglichkeit, eine **Unterlassungsklage** zu erheben, sofern er die Beeinträchtigung nicht zu dulden braucht (BVerwGE 79, 254 - Feuerwehrsirene; BVerwGE 81, 197; NVwZ 1991, 884 - Sportplatz; VGH Mannheim, NVwZ 2012, 837 - Kinderspielplatz; NVwZ-RR 1989,

IV. Nachbarschutz

137 - Sportplatz eines Schulzentrums; VGH Mannheim, VBlBW 1985, 60 - kommunaler Festplatz; VGH München, NVwZ-RR 1989, 532 - kommunaler Grillplatz; VGH München, NVwZ 1997, 96 - Wertstoffhof; OVG Münster, NVwZ 2001, 1181 u. VGH Kassel, NVwZ-RR 2000, 668 - Wertstoffcontainer; VGH München, NVwZ 1999, 87 - kommunale Mehrzweckhalle; OVG Münster, BauR 2000, 81 - Bolzplatz; VGH Mannheim, VBlBW 2000, 483 - Jugendhaus).

Als **Anspruchsgrundlage** dieses Unterlassungsanspruchs wird teilweise allein, teilweise auch nebeneinander Art. 2 Abs. 2 und 14 GG (BVerwGE 79, 254), eine analoge Anwendung des § 1004 BGB (BVerwG, DVBl 1974, 239; VGH München, NVwZ-RR 2007, 239) oder ein Folgenbeseitigungsanspruch (VGH Mannheim, NJW 1985, 2352; OVG Münster, BauR 1989, 715) angegeben. Die Frage, welche dieser drei Alternativen zutreffend ist, hat jedoch keine große praktische Bedeutung, denn in allen Fällen sind die Voraussetzungen für einen derartigen Anspruch identisch (so auch BVerwGE 81, 197; OVG Koblenz, NVwZ 2012, 1347). Die öffentliche Einrichtung muss gegen eine den Nachbarn schützende Norm verstoßen. Als solche nachbarschützenden Normen kommen in Betracht vor allem die baurechtlichen Vorschriften einschließlich des Gebots der Rücksichtnahme sowie § 22 BImSchG (BVerwGE 81, 197; VGH Mannheim, NVwZ 2012, 837).

Streitig ist, ob neben dem Unterlassungsanspruch gegenüber der Gemeinde bzw. dem sonstigen öffentlich-rechtlichen Träger der Einrichtung auch ein **Einschreiten der Bauaufsichtsbehörde** verlangt werden kann (so VGH Mannheim, VBlBW 1983, 25; Dürr, NVwZ 1982, 297) oder ob diese Möglichkeit bei öffentlichen Einrichtungen ausscheidet, weil eine öffentlich-rechtliche Körperschaft nicht der Hoheitsgewalt einer anderen Körperschaft unterworfen ist (so OVG Münster, NJW 1984, 1982; VGH Kassel, NVwZ-RR 2006, 315). In diesem Fall muss der Nachbar sich direkt an den öffentlichen Bauherrn wenden und gegebenenfalls mit einer Leistungsklage die Beseitigung des baurechtswidrigen Zustandes gegenüber dem öffentlichen Bauherrn geltend machen.

Die Frage, in welchem Umfang die Nachbarn die Störung durch eine öffentliche Einrichtung hinnehmen müssen, lässt sich nicht einheitlich beantworten, sondern hängt von der jeweiligen **Situation des Baugebiets und der Funktion der Einrichtung** ab (BVerwGE 81, 197; VGH Mannheim VBlBW 1996, 108). Grundsätzlich besteht auch für öffentliche Einrichtungen kein Sonderrecht (BVerwG a.a.O.). Allerdings muss der Nachbar einer solchen öffentlichen Einrichtung wegen der spezifischen Funktion der Anlage Beeinträchtigungen hinnehmen, die er bei sonstigen, etwa gewerblichen, Anlagen nicht zu dulden braucht. Dieses gilt insbesondere für **Kinderspielplätze**. Obwohl diese für die unmittelbare Nachbarschaft durchaus störend sein können, muss die Nachbarschaft jedenfalls Kinderspielplätze normaler Größe und Ausstattung auch im Wohngebiet hinnehmen (BVerwG, DVBl 1974, 777; UPR 1992, 182; VGH Mannheim, BauR 1985, 535; NVwZ 1990, 988; VGH München, NVwZ 1989, 269). In § 22 Abs. 1a BImSchG hat der Gesetzgeber festgelegt, dass der Lärm von Kinderspielplätzen einschließlich Ballspielplätzen im Regelfall keine schädlichen Umwelteinwirkungen darstellt. Daraus folgt, dass gegen derartige Anlagen grundsätzlich kein nachbarlicher Abwehranspruch besteht (OVG Koblenz, NVwZ 2012, 1347 - absolutes Toleranzgebot gegenüber Kinderspielplätzen; VGH Mannheim, NVwZ 2012, 837; OVG Weimar, BauR 2012, 635).

337

Besondere Probleme treten bei **Sportanlagen** auf (s. dazu Birk, VBlBW 2000, 97; Uechtritz, NVwZ 2000, 1006; Stüer/Middelbeck, BauR 2003, 38; Stühler, BauR 2006,

1671). Sportanlagen werden häufig gerade dann benutzt, wenn ein besonderes Ruhebedürfnis besteht, nämlich nach Feierabend und am Wochenende. Es besteht zwar ein öffentliches Interesse an einer sportlichen Betätigung, was durch günstig zu erreichende Sportanlagen gefördert wird; andererseits darf dieses nicht einseitig zulasten der Wohnruhe gehen (s. dazu BVerwGE 81, 197; NVwZ 1991, 884; 2000, 1050; OVG Münster, NVwZ-RR 1995, 435). Ein Ausgleich kann auch insoweit nur mit Hilfe des Gebots der Rücksichtnahme gefunden werden (VGH Mannheim, NVwZ 1992, 389). Nach der Rechtsprechung des Bundesverwaltungsgerichts muss der Anlieger einer Sportanlage eine regelmäßige Immissionsbelastung am Samstagnachmittag hinnehmen, nicht aber am Abend nach 19 Uhr und am Sonntag. Gelegentliche Ausnahmen von diesem Grundsatz sind aber unbedenklich (VGH Mannheim, VBIBW 1993, 131).

Die Frage, welche Immissionsbelastung den Nachbarn eines Sportplatzes zugemutet werden kann, ist nunmehr durch die **18. BImSchV** vom 18.07.1991 - Sportanlagenlärmschutzverordnung - (BGBl. I S. 1578), in der Fassung vom 09.02.2006 (BGBl. I S. 324) festgelegt worden (BVerwG, NVwZ 1995, 992 u. 2000, 1050; Uechtritz, NVwZ 2000, 1006; Ketteler, NVwZ 2002, 1068; Stühler, BauR 2006, 1671), wobei eine Vorbelastung durch Lärm zu berücksichtigen ist (BVerwG, NVwZ 2000, 1050).

Wenn der Anlieger einer öffentlichen Einrichtung im Einzelfall eine unzumutbare Störung hinnehmen muss, räumt ihm das Bundesverwaltungsgericht (BVerwGE 79, 254 - Feuerwehrsirene in 15 m Abstand von Schlafzimmer- und Kinderzimmerfenstern) in entsprechender Anwendung der §§ 906 Abs. 2 BGB, 74 Abs. 2 Satz 3 VwVfG einen Anspruch auf eine Geldentschädigung ein. Dabei handelt es sich aber nicht um eine Entschädigung i. S. d. Art. 14 Abs. 3 GG, sondern um einen öffentlich-rechtlichen Ausgleichsanspruch, für den das Verwaltungsgericht zuständig ist (vgl. BVerwGE 77, 295).

V. Rechtsschutz im Baurecht

A. Rechtsschutz gegen Bauleitpläne

1. Flächennutzungsplan

Da der Flächennutzungsplan weder eine Satzung noch ein Verwaltungsakt ist (s. **338** oben Rn. 33), kann er weder mit einem Normenkontrollverfahren nach § 47 VwGO noch mit einer Anfechtungsklage nach § 42 VwGO angefochten werden (BVerwGE 119, 217). Das Bundesverwaltungsgericht (BVerwGE 128, 382) hat allerdings entschieden, der Flächennutzungsplan habe wegen der Ausschlusswirkung nach § 35 Abs. 3 Satz 2 BauGB Außenwirkung (s. dazu oben Rn. 158). In entsprechender Anwendung des § 47 Abs. 1 Nr. 1 VwGO könne daher die planerische Entscheidung einer Gemeinde, nach § 35 Abs. 1 Nr. 2-6 BauGB privilegierte Nutzungen durch die Ausweisung von Flächen dafür an anderen Standorten auszuschließen, mit einem **Normenkontrollantrag** angegriffen werden (BVerwGE 146, 10; s. dazu Bringewat, NVwZ 2013, 984). Ansonsten bleibt es dabei, dass ein Normenkontrollantrag gegen den Flächennutzungsplan unzulässig ist (BVerwGE 119, 217).

Wenn zu erwarten ist, dass auf der Grundlage des Flächennutzungsplans ein Bebauungsplan aufgestellt wird, der zu schweren Nachteilen für die Nachbargemeinde führt, kann diese nach dem Bundesverwaltungsgericht (BVerwGE 40, 323; eb. VGH München, NVwZ 1985, 837) **vorbeugende Feststellungs- oder Unterlassungsklage** erheben, dass die planende Gemeinde nicht berechtigt sei, ihre Bauleitplanung in diesem Bereich auf der Grundlage des Flächennutzungsplans fortzuführen. Vorbeugender Rechtsschutz ist zwar nach dem Klagesystem der Verwaltungsgerichtsordnung nur dann zulässig, wenn ein wirksamer nachträglicher Rechtsschutz nicht möglich oder jedenfalls nicht zumutbar ist (BVerwGE 40, 323 u. 54, 211). Das wird vom Bundesverwaltungsgericht in diesem Fall aber bejaht, weil die planungsrechtliche Situation sich verfestigt, wenn der Bebauungsplan aufgestellt wird und möglicherweise bereits Baugenehmigungen erteilt werden, bevor über einen Antrag der Gemeinde nach § 47 VwGO gegen den Bebauungsplan entschieden werden kann.

2. Bebauungsplan

Bebauungspläne können nach § 47 Abs. 1 Nr. 1 VwGO im Wege der **Normenkon-** **339** **trolle** gerichtlich überprüft werden. Ebenso kann eine Satzung nach § 34 Abs. 4 BauGB Gegenstand eines Normenkontrollverfahrens sein (vgl. VGH Mannheim, BauR 2005, 1132; VGH Kassel, NVwZ-RR 2010, 385) und eine Satzung nach § 35 Abs. 6 BauGB (OVG Berlin-Bbrg., BauR 2010, 587).

Die **Antragsfrist** beträgt nach § 47 Abs. 2 Satz 1 VwGO ein Jahr ab Bekanntmachung des Bebauungsplans. Die Frist kann ihren Zweck, den Bestand von Bebauungsplänen zu gewährleisten, allerdings nur eingeschränkt erfüllen. Auch nach Ablauf der Frist ist nämlich eine Inzidentkontrolle des Bebauungsplans im Rahmen einer verwaltungsgerichtlichen Klage zulässig (BT-Drucksache 13/3993 S. 10).

Bei unverschuldeter Fristversäumung kann Wiedereinsetzung in den vorigen Stand nach § 60 VwGO gewährt werden (str., bejaht von BVerwG, NVwZ-RR 2013, 387). Für die Gegenmeinung, die § 47 Abs. 2 Satz 1 VwGO als Ausschlussfrist versteht, die einer Wiedereinsetzung entgegensteht (s. hierzu Kopp/Schenke, VwGO, 20. Aufl.

2014 § 47 Rn. 83 m. w. Nachw.; OVG Münster, NVwZ-RR 2005, 290; offen gelassen VGH Mannheim, NVwZ-RR 2002, 610), findet sich im Wortlaut der § 47 und § 60 VwGO keine Stütze; sie erscheint daher vor dem Hintergrund des Gebots effektiven Rechtsschutzes (Art. 19 Abs. 4 GG) zu eng.

340 Nach § 47 Abs. 2a VwGO ist der Normenkontrollantrag gegen einen Bebauungsplan unzulässig, wenn der Antragsteller nur Einwendungen vorbringt, die er im Rahmen der öffentlichen Auslegung nicht oder verspätet geltend gemacht hat, aber hätte geltend machen können. Voraussetzung für den Eintritt der Präklusion ist, das die Bekanntmachung der öffentlichen Auslegung des Planentwurfs einen Hinweis auf diese Rechtsfolge enthalten hat (§ 47 Abs. 2a VwGO, § 3 Abs. 2 Satz 2 BauGB) und sie auch im Übrigen ordnungsgemäß erfolgt ist (BVerwG, BauR 2015, 221). § 47 Abs. 2a VwGO greift nach seinem eindeutigen Wortlaut nicht ein, wenn der Antragsteller im Normenkontrollverfahren auch neue Einwendungen vorbringt, daneben jedoch Einwendungen weiterverfolgt, die er bereits im Verfahren nach § 3 Abs. 2 BauGB erhoben hat. Ebenso wenig kommt es darauf an, ob diese Einwendungen geeignet waren, seine Antragsbefugnis zu begründen (VGH Mannheim, BauR 2014, 1243). Eine Präklusion tritt also regelmäßig nur dann ein, wenn der Antragsteller im Rahmen der öffentlichen Auslegung überhaupt keine Einwendungen vorgebracht hat. Dann allerdings ist der Normenkontrollantrag auch unzulässig, wenn sich der planenden Gemeinde die Einwendungen aufdrängen mussten (BVerwGE 138, 181).

Auf diese Präklusionsregelung könnte auch das Urteil des EuGH vom 15.10.2015 - C-137/14 - Auswirkungen haben (s. dazu EuGH, NVwZ 2015, 1665 m. Anm. von Keller/Rövekamp; Wendt, jurisPR-UmwR 11/2015 Anm. 2; Zeissler/Schmitz, UPR 2016, 1; Sinner, UPR 2016, 7).

Bei wiederholter öffentlicher Auslegung eines Bebauungsplanentwurfs nach seiner Änderung (§ 4a Abs. 3 Satz 1 BauGB) muss ein Antragsteller zur Vermeidung der Präklusion jedenfalls dann erneut Einwendungen erheben, wenn die Umplanung deshalb erfolgte, um seinen Interessen Rechnung zu tragen (BVerwGE 149, 88). Ein zulässiger Normenkontrollantrag wird nicht dadurch nachträglich unzulässig, dass die Gemeinde während des anhängigen Normenkontrollverfahrens ein ergänzendes Verfahren nach § 214 Abs. 4 BauGB durchführt und der Antragsteller im Rahmen einer erneuten öffentlichen Auslegung keine Einwendungen erhebt (BVerwG, NVwZ 2010, 782).

Die Präklusion nach § 47 Abs. 2a VwGO wirkt nur im Normenkontrollverfahren, nicht aber bei einer Inzidentkontrolle des Bebauungsplans.

341 Die **Antragsbefugnis** nach § 47 Abs. 2 VwGO verlangt, dass der Antragsteller eine Verletzung seiner Rechte geltend macht. Dies bezweckt nach den Gesetzesmaterialien (BT-Drucksache 13/3993 S. 9 und 10) eine Angleichung der Antragsbefugnis nach § 47 Abs. 2 VwGO an die Klagebefugnis nach § 42 Abs. 2 VwGO. Für die Antragsbefugnis gilt damit auch die sogenannte Möglichkeitstheorie. Dies bedeutet, dass eine Verletzung von Rechten des Klägers möglich sein muss (BVerwGE 44, 1 u. 107, 215).

Die Antragsbefugnis ist danach gegeben, wenn sich ein Eigentümer eines Grundstücks im Plangebiet gegen eine Festsetzung wendet, die unmittelbar sein Grundstück betrifft und damit nach Art. 14 Abs. 1 Satz 2 GG den Inhalt seines Grundeigentums bestimmt. Dies gilt auch für Inhaber anderer dinglicher Rechte, die unter den Schutz der Eigentumsgarantie fallen (BVerwG, BauR 2014, 90: dinglich gesichertes Geh- und Fahrrecht). Auf das Maß der Rechtsbeeinträchtigung kommt es bei einer möglichen unmittelbaren Eigentumsverletzung nicht an. Ebenso ist unerheblich, ob

A. Rechtsschutz gegen Bauleitpläne

die Beeinträchtigung beim Satzungsbeschluss für die Gemeinde erkennbar war (BVerwG, BauR 2014, 90).

Bsp.:
1. Ein Bebauungsplan untersagt in einem Kerngebiet die Errichtung von Sex-Shops. Gegen diese Festsetzung kann die Inhaberin einer Kette von Sex-Shops einen Normenkontrollantrag stellen, auch wenn sie das vorgesehene Ladengeschäft erst nach Inkrafttreten des Bebauungsplans erworben hatte; zuvor war dort ein Wollgeschäft (BVerwG, NVwZ 1989, 553).
2. Der Bebauungsplan weist ein Grundstück im Innenbereich als Fläche für Gartenbau aus. Falls der Eigentümer diese Fläche mit Wohngebäuden bebauen will, ist er auch dann antragsbefugt, wenn diese Festsetzung auf Wünschen eines früheren Grundstückseigentümers beruhte, der dort eine Gärtnerei betrieb (BVerwG, BauR 1994, 433).

Die Frage, ob eine Veränderung der bauplanungsrechtlichen Situation für den Grundstückseigentümer eine Rechtsverletzung darstellen kann, bestimmt sich nach dessen subjektiver Einschätzung.

Bsp.:
Ein Landwirt ist antragsbefugt, wenn er die als Baugelände festgesetzte Fläche weiterhin landwirtschaftlich nutzen will; dies gilt auch, wenn sich der Wert der Fläche durch den Bebauungsplan objektiv beträchtlich erhöht hat (BVerwG, NVwZ 1993, 563).

Eine Rechtsverletzung entfällt, wenn der Antragsteller ohne Bebauungsplan auch nicht anders bauen könnte als bei Anwendung des Bebauungsplans (OVG Lüneburg, BauR 1988, 307). Allein aus der Lage eines Grundstücks im Plangebiet folgt noch keine Antragsbefugnis eines Grundeigentümers (BVerwG, NVwZ 2000, 1413).

Bei Antragstellern, die **nur mittelbar betroffen** sind von den Festsetzungen eines **342** Bebauungsplans, kann sich die Antragsbefugnis aus einer möglichen Verletzung des Abwägungsgebots ergeben, dem nach der Rechtsprechung des Bundesverwaltungsgerichts drittschützender Charakter zukommt (BVerwGE 107, 215). Entscheidend ist dann, ob sie sich auf einen abwägungsrelevanten Belang berufen können (s. dazu Rn. 51). Wenn es einen solchen Belang gibt, besteht grundsätzlich auch die Möglichkeit, dass die Gemeinde ihn bei ihrer Abwägung nicht korrekt berücksichtigt hat (st. Rspr BVerwG, z. B. BauR 2013, 753). Antragsbefugt können daher auch Eigentümer und Nutzer von Grundstücken außerhalb des Plangebiets sein, soweit sie durch den Bebauungsplan in abwägungsrelevanten Belangen betroffen werden.

Bsp.:
Der Antragsteller ist Eigentümer eines Wohnhauses am Rande einer bewaldeten Fläche. Diese Fläche wird in einem Bebauungsplan als Kleingartenfläche mit Vereinsheim festgesetzt. Der Antragsteller befürchtet eine unzumutbare Störung durch das Vereinsheim (BVerwGE 107, 215).

Zu der schwierigen Frage, welche Belange abwägungsrelevant sind, kann zunächst **343** auf die Ausführungen zur Zusammenstellung des notwendigen Abwägungsmaterials verwiesen werden (s. Rn. 51). Grundsätzlich gilt, dass nur solche Belange die Antragsbefugnis begründen können, die gerade durch den angegriffenen Plan betroffen werden; andere Planungen spielen keine Rolle, auch wenn die Gemeinde eine Gesamtplanung abschnittsweise durch mehrere Pläne verwirklicht (s. hierzu BVerwG; BauR 2014, 58; BVerwGE 117, 58). Ausnahmen von diesem Grundsatz werden nur anerkannt, wenn eine bereits absehbare Betroffenheit in einem späteren Plangebiet zwangsläufige Folge des angegriffenen Plans ist oder ein enger konzeptioneller Zusammenhang beider Planungen besteht (BVerwGE 140, 41).

Bsp.:
1. Die Gemeinde stellt einen Bebauungsplan für einen neuen Stadtteil auf, der nach ihrer Konzeption durch den Ausbau einer Straße unter Inanspruchnahme von Grundflächen der An-

tragsteller erschlossen werden soll. Auch wenn der Ausbau der Straße erst Gegenstand einer späteren Planung sein soll, sind die Antragsteller bereits im Normenkontrollverfahren gegen den Plan für den neuen Stadtteil antragsbefugt (BVerwGE 140, 41).
2. Die Gemeinde stellt einen Bebauungsplan für ein Fachmarktzentrum mit Lebensmitteleinzelhandelsbetrieben auf. Zum Beleg der Einhaltung raumordnerischen Vorgaben beruft sie sich auf den geplanten Ausschluss des derzeit zulässigen Lebensmitteleinzelhandels im Nachbargebiet des Plangebiets. Der Inhaber eines Lebensmittelgeschäfts im Nachbargebiet kann bereits den Plan für das Fachmarktzentrum im Wege der Normenkontrolle gerichtlich überprüfen lassen (VGH Mannheim, VBlBW 2015, 341).

344 Die Frage der Antragsbefugnis hat das Normenkontrollgericht auf der Grundlage des Antragsvorbringens zu beurteilen. Der Antragsteller muss dafür hinreichend substantiiert Tatsachen vortragen (BVerwG, BauR 2013, 753). Das Gericht ist nicht befugt, in diesem Zusammenhang von sich aus den Sachverhalt weiter aufzuklären, um etwa zu prüfen, ob ein abwägungserheblicher Belang vorliegt. Es darf aber Vorbringen des Antragsgegners berücksichtigen, nach dem sich die Tatsachenbehauptungen des Antragstellers als offensichtlich unrichtig erweisen (BVerwG, BauR 2012, 1771). Die Frage, ob eine Verletzung abwägungserheblicher Belange tatsächlich vorliegt, muss jedoch der Prüfung der Begründetheit des Normenkontrollantrags vorbehalten bleiben. Daher kommt es für die Antragsbefugnis auch nicht darauf an, ob eine geltend gemachte Verletzung des Abwägungsgebots nach den Planerhaltungsvorschriften beachtlich wäre (BVerwG, BauR 2010, 1034).

345 Die Antragsbefugnis kann im Einzelfall **verwirkt** werden, wenn die Antragstellung gegen Treu und Glauben verstößt, etwa wenn der Antragsteller zunächst die Vorteile des Bebauungsplans für sich in Anspruch genommen hat und dann einen Normenkontrollantrag stellt, um Bauwünsche seiner Nachbarn abzuwehren (BVerwG, BauR 2013, 1101; OVG Koblenz, Beschl. v. 03.11.2014 - 1 B 10905/14, 1 B 11015/14 – zur Verwirkung der Rechtsbehelfsbefugnis eines Umweltverbandes).

346 Antragsbefugt sind nach § 47 Abs. 2 VwGO auch **Behörden**, die den Bebauungsplan bei ihren Amtshandlungen zu beachten haben (BVerwGE 81, 307; NVwZ 1990, 57; VGH Mannheim, NVwZ-RR 2006, 232), insbesondere die Bauaufsichtsbehörde. Sie darf einen Bebauungsplan, den sie für unwirksam hält, nach dem Grundsatz der Gesetzmäßigkeit der Verwaltung (Art. 20 Abs. 3 GG) nicht anwenden (VGH Kassel, NVwZ 1990, 885; Engel, NVwZ 2000, 1258). Ihr steht jedoch **nicht** die **Kompetenz** zu, ihn selbst als unwirksam zu **verwerfen** und dann über einen Bauantrag nach § 34 BauGB oder § 35 BauGB zu entscheiden (BGH, NVwZ 2013, 167; OVG Koblenz, NVwZ-RR 2013, 147: Normverwerfungskompetenz in Ausnahmefällen). Vielmehr hat sie nur die Möglichkeit, entweder die Gemeinde zu veranlassen, den Bebauungsplan gemäß § 1 Abs. 8 BauGB aufzuheben, oder aber selbst einen Normenkontrollantrag nach § 47 VwGO zu stellen.

Eine **Gemeinde** kann gegen einen Bebauungsplan einer Nachbargemeinde nicht als Behörde einen Antrag stellen, weil sie ihn nicht anzuwenden hat (VGH Mannheim, NVwZ 1987, 1088; s. dazu auch OVG Bautzen, NVwZ 2002, 110). Sie kann aber als juristische Person des öffentlichen Rechts antragsbefugt sein, wenn der Bebauungsplan das Selbstverwaltungsrecht der Gemeinde, insbesondere die Planungshoheit einschränkt; es ist nicht nötig, dass die Gemeinde bereits über eine hinreichend konkretisierte eigene Planung verfügt (BVerwG, NVwZ 1995, 694; OVG Lüneburg, NVwZ-RR 2006, 453).

Bsp.:

Die Gemeinde stellt einen Bebauungsplan für einen großflächigen Einzelhandelsbetrieb (§ 11 Abs. 3 BauNVO) auf. Die Nachbargemeinde sieht hierin einen Verstoß gegen das in § 2 Abs. 2

A. Rechtsschutz gegen Bauleitpläne

BauGB verankerte Gebot der interkommunalen Abstimmung (BVerwG, BauR 1994, 492; OVG Münster, NVwZ-RR 2006, 450; VGH Mannheim, VBlBW 2009, 218).

Wenn die Antragsbefugnis besteht, liegt in der Regel auch das erforderliche **Rechtsschutzbedürfnis** für den Normenkontrollantrag gegen den Bebauungsplan vor. Dafür genügt es, dass sich nicht ausschließen lässt, dass die gerichtliche Entscheidung für den Antragsteller rechtlich oder auch tatsächlich von Nutzen sein kann (BVerwG, BauR 2002, 1524; VGH Mannheim, BauR 2015, 816). Dies ist der Fall, wenn Anhaltspunkte dafür bestehen, dass die Gemeinde bei Unwirksamkeit ihres Plans einen neuen Bebauungsplan aufstellen wird, der für den Antragsteller möglicherweise günstigere Festsetzungen enthalten wird (BVerwG, NVwZ 1994, 269). Ansonsten fehlt das Rechtsschutzbedürfnis. Das Rechtsschutzbedürfnis für ein Normenkontrollverfahren entfällt auch, wenn die im Bebauungsplan ausgewiesene **Bebauung bereits verwirklicht** worden ist (BVerwGE 78, 85; NVwZ 2000, 194). Denn in diesem Fall hat der Antragsteller von der Feststellung, dass der Bebauungsplan unwirksam ist, keinen Nutzen, weil dadurch die Bestandskraft der Baugenehmigungen nicht berührt wird. Zwar besteht theoretisch die Möglichkeit, dass die Bauaufsichtsbehörde die Baugenehmigungen zurücknimmt. Diese Möglichkeit scheidet aber praktisch aus, wenn Gebäude bereits errichtet worden sind, weil es dem Vertrauensschutz zuwiderlaufen würde, eine Baugenehmigung für ein Vorhaben zurückzunehmen, das im Vertrauen auf einen Bebauungsplan errichtet wurde. Demgegenüber besteht durchaus eine gewisse Aussicht, dass nach einem erfolgreichen Normenkontrollverfahren eine auf den Bebauungsplan gestützte Baugenehmigung zurückgenommen werden kann, wenn das genehmigte Bauvorhaben noch nicht verwirklicht worden ist. Nur in einem derartigen Fall ist daher eine Antragsbefugnis zu bejahen (BVerwG, NVwZ 1992, 342). **347**

Ist ein Normenkontrollantrag zulässig, dann überprüft das Oberverwaltungsgericht die Gültigkeit des Bebauungsplans unter allen in Betracht kommenden Gesichtspunkten. Die Prüfung beschränkt sich also nicht - wie bei einer Anfechtungsklage - darauf, ob Rechte des jeweiligen Antragstellers missachtet worden sind (BVerwG, NVwZ 1992, 373; BauR 2002, 83; NVwZ-RR 2008, 889; NVwZ 2010, 1246), sondern stellt eine **objektive Rechtskontrolle** dar.

Die Entscheidung des Oberverwaltungsgerichts, dass ein Bebauungsplan unwirksam ist, ist nach § 47 Abs. 5 Satz 2 VwGO allgemein verbindlich und von der Gemeinde öffentlich bekannt zu machen. Demgegenüber wirkt eine ablehnende Entscheidung des Oberverwaltungsgerichts nur zwischen den Prozessparteien (BVerwGE 68, 15). **348**

Wenn sich der festgestellte Fehler des Bebauungsplans auf bestimmte Festsetzungen beschränkt, etwa die Ausweisung eines Grundstücks als öffentliche Grünfläche oder die Festsetzung einer bestimmten Baulinie, dann wird der Bebauungsplan nur **teilweise für unwirksam** erklärt. Dies setzt voraus, dass der verbleibende Teil des Bebauungsplans noch einen sinnvollen Regelungsgehalt behält und nicht nur noch einen Planungstorso darstellt (BVerwGE 82, 225 u. 88, 268; NVwZ 1994, 272). Wenn sich dagegen der Fehler auf den gesamten Bebauungsplan auswirkt, was z. B. regelmäßig bei Verfahrensfehlern der Fall ist, muss der gesamte Bebauungsplan für ungültig erklärt werden (BVerwG, DVBl 1968, 517; VGH Mannheim, DVBl 1985, 131 mit Anm. Lemmel). **349**

Wenn der Bebauungsplan Fehler aufweist, die nicht nach §§ 214, 215 BauGB unbeachtlich sind, wird er für unwirksam erklärt (§ 47 Abs. 5 Satz 2 VwGO). Die Gemeinde kann allerdings nach § 214 Abs. 4 BauGB bei behebbaren Fehlern den Bebauungsplan nach der Beseitigung des Fehlers rückwirkend in Kraft setzen (BVerwG, NVwZ 2010, 1894).

350 Besonderheiten bestehen, wenn eine nach § 3 UmwRG anerkannte Umweltschutzvereinigung einen Normenkontrollantrag gegen einen Bebauungsplan stellt. Nach § 2 Abs. 1, § 1 Abs. 1 Satz 1 Nr. 1 UmwRG i. V. m. § 2 Abs. 3 Nr. 3 UVPG i. V. m. Anlage 1 zum UVPG kann eine solche Vereinigung die Normenkontrolle von Bebauungsplänen beantragen, durch die die Zulässigkeit von bestimmten potentiell UVP-pflichtigen Vorhaben (s. dazu OVG Koblenz, BauR 2015, 225 m. w. Nachw.) begründet werden soll. Voraussetzung für die Rechtsbehelfsbefugnis nach § 2 Abs. 1 UmwRG ist anders als bei der Antragstellung nach § 47 Abs. 2 VwGO keine Verletzung in eigenen Rechten, sondern die Vereinigung muss geltend machen, dass der Plan Umweltschutzvorschriften widerspricht und sie in ihrem satzungsmäßigen Aufgabenbereich berührt (§ 2 Abs. 1 Nr. 1 und 2 UmwRG). Außerdem muss sie sich nach § 2 Abs. 1 Nr. 3 UmwRG, wie es auch § 47 Abs. 2a VwGO verlangt, im Rahmen des Verfahrens nach § 3 Abs. 2 BauGB zur Sache geäußert haben (s. zur Präklusion Rn. 340). Da anerkannte Umweltschutzverbände keine Träger öffentlicher Belange sind (BVerwGE 104, 367), gehören sie zur Öffentlichkeit i. S. d. § 3 BauGB (OVG Münster, Urt. v. 21.04.2015 - 10 D 21/12.NE -; OVG Lüneburg, NuR 2014, 568; a. A. wohl OVG Koblenz, BauR 2015, 224: Beteiligung nach § 4 BauGB).

351 Auf einen zulässigen Umweltrechtsbehelf erfolgt keine umfassende objektive Rechtmäßigkeitskontrolle des Bebauungsplans. Vielmehr prüft das Normenkontrollgericht nach der Regelung in § 2 Abs. 5 Satz 1 Nr. 2 UmwRG nur, ob Festsetzungen des Plans, die die Zulässigkeit eines UVP-pflichtigen Vorhabens begründen, gegen Umweltschutzvorschriften verstoßen und der Verstoß Umweltschutzbelange berührt, die die Vereinigung nach ihrer Satzung fördert.

3. Vorläufiger Rechtsschutz

352 § 47 Abs. 6 VwGO lässt auch im Normenkontrollverfahren **einstweilige Anordnungen** mit dem Ziel der vollständigen oder teilweisen Außervollzugsetzung des Bebauungsplans zu (dazu VGH Mannheim, NVwZ-RR 2000, 529). Voraussetzung ist, dass eine einstweilige Anordnung zur Abwehr schwerer Nachteile oder aus anderen wichtigen Gründen dringend geboten ist.

Zum teilweise umstrittenen Prüfungsmaßstab hat sich das Bundesverwaltungsgericht in einer neuen Entscheidung (BauR 2015, 968) geäußert. Danach sind zunächst die Erfolgsaussichten des anhängigen oder noch zu stellenden Normenkontrollantrags zu prüfen, soweit diese sich im Verfahren des einstweiligen Rechtsschutzes bereits absehen lassen. Ist dieser Antrag voraussichtlich unzulässig oder unbegründet, ist der Erlass einer einstweiligen Anordnung nicht dringend geboten. Ist der Normenkontrollantrag hingegen zulässig und voraussichtlich begründet, spricht dies für die Außervollzugsetzung. Damit der Erlass einer einstweiligen Anordnung dringend geboten ist, muss aber noch hinzukommen, dass ein Planvollzug so gewichtige Nachteile befürchten lässt, dass eine vorläufige Regelung unaufschiebbar ist. Das ist insbesondere dann der Fall, wenn durch den Planvollzug vollendete Tatsachen geschaffen würden, die den Rechtsschutz in der Hauptsache leerlaufen ließen.

Bsp.:
Der Vollzug des voraussichtlich unwirksamen Bebauungsplans würde das landwirtschaftlich genutzte Grundstück der Antragstellerin von jeglicher Erschließung abschneiden (BVerwG, BauR 2015, 968).

A. Rechtsschutz gegen Bauleitpläne

Der drohende Normvollzug als solcher genügt für den Erlass einer einstweiligen Anordnung nicht (vgl. VGH Mannheim, NVwZ-RR 2015, 367; OVG Münster, BauR 2014, 203).

Lassen sich die Erfolgsaussichten des Normenkontrollverfahrens nicht absehen, ist über den Erlass einer einstweiligen Anordnung - in Anlehnung an § 32 BVerfGG – im Wege einer Folgenabwägung zu entscheiden. Gegenüberzustellen sind die Folgen, die eintreten würden, wenn eine einstweilige Anordnung nicht ergänge, der Normenkontrollantrag aber Erfolg hätte, und die Nachteile, die entstünden, wenn die begehrte einstweilige Anordnung erlassen würde, der Normenkontrollantrag aber erfolglos bliebe. Der Erlass der einstweiligen Anordnung ist nur dann dringend geboten, wenn die dafür sprechenden Erwägungen die gegenläufigen Interessen deutlich überwiegen (BVerwG, BauR 2015, 968).

Bsp.:
Der Vollzug des Bebauungsplans wäre mit unzumutbaren Immissionen für den Antragsteller verbunden (OVG Münster, BauR 2006, 1091).

Umstritten ist, ob das Rechtsschutzbedürfnis für einen Antrag nach § 47 Abs. 6 VwGO entfällt, wenn die Festsetzungen des Plans durch die Erteilung entsprechender Baugenehmigungen bereits vollständig umgesetzt worden sind. Die von der Verwirklichung eines Bebauungsplans betroffenen Personen können in einem solchen Fall vorläufigen Rechtsschutz nach **§ 80a Abs. 3 VwGO** in Anspruch, so dass für eine einstweilige Anordnung nach § 47 Abs. 6 VwGO kein Bedürfnis mehr bestehen könnte (so VGH Mannheim, VBlBW 2013, 427; VGH München, NVwZ-RR 2010, 44; a. M. OVG Münster, BauR 2006, 1696; OVG Lüneburg, NVwZ 2002, 109). Die Realisierung eines bestimmten Bauvorhabens kann nur mit einem Antrag nach §§ 80a Abs. 3, 123 VwGO verhindert werden. Die Gemeinde kann auch einen Erfolg des Antragstellers im einstweiligen Rechtsschutzverfahren zum Anlass nehmen, den Plan zu seinen Gunsten zu ändern und eine erlassene Baugenehmigung aufgrund von §§ 48, 49, 51 VwVfG anzupassen (OVG Münster, Beschl. v. 10.04.2015 - 2 B 177/15.NE -, juris m. w. Nachw.).

Die Frage des Rechtsschutzbedürfnisses ist letztlich im Einzelfall danach zu beurteilen, ob eine stattgebende Entscheidung dem Antragsteller von Nutzen sein kann. Ein Nutzen ist auch bei bereits erteilter Baugenehmigung denkbar, wenn Anhaltspunkte für die Möglichkeit ihrer Rücknahme bestehen, weil z. B. ein nicht ohne weiteres zu heilender und im Verfahren des vorläufigen Rechtsschutzes feststellbarer Mangel des Plans in Rede steht.

Beschlüsse nach § 47 Abs. 6 VwGO können vom Gericht auch in entsprechender Anwendung von § 80 Abs. 7 VwGO auf Antrag oder von Amts wegen aufgehoben oder geändert werden (BVerwG, BauR 2015, 968; VGH Mannheim, NVwZ-RR 2015, 367).

Antragsgegner kann nur die Gemeinde sein, nicht aber die untere Bauaufsichtsbehörde, soweit die Erteilung einer Baugenehmigung auf der Grundlage des Bebauungsplans zu erwarten ist. Durch den Erlass der einstweiligen Anordnung wird der Vollzug des Bebauungsplans generell, d. h. nicht nur im Verhältnis zwischen den Verfahrensbeteiligten außer Kraft gesetzt (OVG Münster, NJW 1978, 342 u. 1980, 1013; VGH Kassel, DÖV 1983, 777; OVG Lüneburg, BRS 39 Nr. 44). Eine Anordnung nach § 47 Abs. 6 VwGO gegenüber der Bauaufsichtsbehörde kommt nicht in Betracht, weil diese im Hauptsacheverfahren nach § 47 Abs. 1 VwGO nicht beteiligt ist.

4. Inzidentkontrolle

353 Ferner kann die Rechtmäßigkeit eines Bebauungsplans inzident im Rahmen einer baurechtlichen Klage auf Erteilung einer Baugenehmigung bzw. gegen eine erteilte Baugenehmigung geprüft werden (zur Inzidentkontrolle durch die Verwaltung s. oben Rn. 346). Die Inzidentkontrolle ist unabhängig von der Einhaltung der Normenkontrollfrist des § 47 Abs. 2 Satz 1 VwGO möglich (BVerwG, BauR 2014, 87). Zu beachten sind aber die Rügefristen de § 215 Abs. 1 BauGB (OVG Lüneburg, BauR 2014, 516).

5. Verfassungsbeschwerde

354 Eine **Verfassungsbeschwerde** gegen einen Bebauungsplan ist nach der Rechtsprechung des Bundesverfassungsgerichts (BVerfGE 70, 35; NJW 1989, 1271; a. M. noch BVerfGE 31 364) zulässig, weil der Bebauungsplan unmittelbar den rechtlichen Status eines Grundstücks verändert, z. B. bei einer Ausweisung als Grünfläche die Baulandqualität beseitigt. Eine Verfassungsbeschwerde kommt aber erst in Betracht, wenn die Möglichkeit einer Normenkontrolle nach § 47 VwGO erschöpft ist (§ 90 Abs. 2 BVerfGG). Soweit die Festsetzungen des Bebauungsplans erst einer Umsetzung durch eine Baugenehmigung bedürfen, ehe sie einen Nachteil begründen, was z. B. bei der Festsetzung einer Baugrenze auf dem Grundstück des Antragstellers oder bei einer für den Antragsteller ungünstigen Festsetzung der Bebaubarkeit eines Nachbargrundstücks der Fall ist, muss zunächst der Verwaltungsakt abgewartet und dann hiergegen Rechtsmittel eingelegt werden (vgl. BVerfG, NJW 1986, 1483 und 1741; NJW 1989, 1271). Die Verfassungsbeschwerde muss innerhalb der Frist des § 93 Abs. 2 BVerfGG eingelegt werden (BVerfG, NVwZ 1992, 972). Allerdings wird der Bebauungsplan in der Regel verwirklicht sein, bevor das Bundesverfassungsgericht eine Entscheidung trifft (s. aber BVerfG, BauR 2003, 1338).

B. Rechtsschutz gegen baurechtliche Einzelentscheidungen

355 Der baurechtliche Verwaltungsprozess kennt im Wesentlichen drei verschiedene Klagetypen, nämlich die Klage auf Erteilung der Baugenehmigung, die Klage gegen eine Beseitigungsverfügung (bzw. Nutzungsuntersagung, Baueinstellung oder Anordnung nach § 59 LBauO) sowie die Baunachbarklage.

Alle baurechtlichen Klagen richten sich gegen die Behörde, die den Verwaltungsakt erlassen hat. Soweit eine Kreisverwaltung, in kreisfreien und großen kreisangehörigen Städten die Stadtverwaltung, die nach § 58 Abs. 1 LBauO untere Bauaufsichtsbehörde ist, verklagt wird, ist die Klage gegen den Kreis oder die Stadt usw. zu richten, denn der innerhalb der Gemeinde nach § 47 GemO zuständige Bürgermeister ist ein Organ der Gemeinde, und zwar auch dann, wenn er im Wege der Auftragsverwaltung staatliche Aufgaben wahrnimmt (§ 58 Abs. 4 LBauO).

B. Rechtsschutz gegen baurechtliche Einzelentscheidungen 217

1. Rechtsschutz zur Erlangung einer Baugenehmigung

a) Klage auf Erteilung einer Baugenehmigung

Die **Klage auf Erteilung der Baugenehmigung** oder eines Bauvorbescheids ist als **Verpflichtungsklage** zu erheben. Sie wirft keine prozessualen Schwierigkeiten auf. Dabei ist hinsichtlich der **maßgeblichen Sach- und Rechtslage** auf den Zeitpunkt der **letzten mündlichen Verhandlung** abzustellen, das gilt sowohl zugunsten wie zulasten des Bauherrn (BVerwGE 61, 128 u. 41, 227; NVwZ-RR 2012, 1631). Kann das Verwaltungsgericht die Bauaufsichtsbehörde nicht zur Erteilung einer Baugenehmigung verpflichten, weil das Bauvorhaben von der Bauaufsichtsbehörde noch nicht umfassend in rechtlicher und technischer Hinsicht geprüft worden ist, dann ergeht ein Bescheidungsurteil nach § 113 Abs. 5 Satz 2 VwGO. Das Gericht ist nicht verpflichtet, schwierige technische Fragen abzuklären, um die Sache spruchreif zu machen („steckengebliebenes Genehmigungsverfahren": OVG Koblenz, BRS Nr. 105 und Urt. v. 25.02.2015 - 8 A 10945/15.OVG -; OVG NRW, DVBl. 2011, 560). 356

Wenn eine zunächst begründete Klage auf Erteilung der Baugenehmigung infolge einer Änderung der Rechtslage unbegründet wird, kann der Bauherr gemäß § 113 Abs. 1 Satz 4 VwGO den Antrag auf Feststellung stellen, dass die Versagung der Baugenehmigung rechtswidrig war (BVerwGE 61, 128 u. 68, 360). Das für eine solche **Fortsetzungsfeststellungsklage** erforderliche berechtigte Interesse liegt regelmäßig in der Möglichkeit, Schadensersatz wegen Amtspflichtverletzung zu verlangen (vgl. dazu BGHZ 65, 182 ; 109, 380 u. 76, 375) oder Entschädigungsansprüche wegen enteignungsgleichen Eingriffs zu erheben (BGHZ 125, 258 u. 136,182; BVerwG, NVwZ-RR 2005, 383).

Soweit für die Erteilung der Baugenehmigung das **Einvernehmen der Gemeinde** nach § 36 BauGB erforderlich ist, ist diese nach § 65 Abs. 2 VwGO notwendig beizuladen (s. Rn. 179). Es empfiehlt sich ferner, jedenfalls diejenigen Nachbarn beizuladen, die gegen den Bauantrag Einwendungen erhoben haben; ein Fall der notwendigen Beiladung liegt aber nach Ansicht des Bundesverwaltungsgerichts (DVBl 1974, 767; NVwZ-RR 1993, 18; eb. VGH Mannheim, VBlBW 2009, 315) nicht vor, da nicht schon das Verpflichtungsurteil, sondern erst die aufgrund des Urteils ergehende Baugenehmigung den Nachbarn in seinen Rechten verletzt. 357

Wenn das Verwaltungsgericht die Bauaufsichtsbehörde zur Genehmigung eines Bauvorhabens verurteilt, das den Planungsvorstellungen der Gemeinde zuwiderläuft, kann diese trotz eines rechtskräftigen Urteils den Bau des Gebäudes noch verhindern, indem sie einen Aufstellungsbeschluss nach § 2 Abs. 1 BauGB fasst und zur Sicherung der Planung eine Veränderungssperre nach § 14 BauGB erlässt. Durch diese Veränderung der Sach- und Rechtslage entfällt der Anspruch aus dem verwaltungsgerichtlichen Urteil. Falls der Kläger gleichwohl auf einer Baugenehmigung bestehen sollte, kann die Bauaufsichtsbehörde nach § 173 VwGO, § 767 ZPO Vollstreckungsgegenklage erheben und feststellen lassen, dass eine Vollstreckung aus dem Urteil des Verwaltungsgerichts unzulässig ist (so BVerwG, NVwZ 1985, 563 u. 2003, 214). 358

b) Vorläufiger Rechtsschutz zur Erlangung einer Baugenehmigung

Der vorläufige Rechtsschutz bestimmt sich nach § 123 VwGO, da der Bauherr, wenn die Bauaufsichtsbehörde die Baugenehmigung nicht erteilt, in der Hauptsache Verpflichtungsklage erheben muss. Da durch eine einstweilige Anordnung aber nicht die 359

Hauptsache vorweggenommen werden darf (OVG Koblenz, AS RP-SL 20, 11; NVwZ-RR 1995, 411), scheitert normalerweise der Versuch, im Verfahren des vorläufigen Rechtsschutzes, die Erteilung einer Baugenehmigung zu erreichen. Denn das Bauvorhaben wäre wohl bereits verwirklicht, wenn eine Entscheidung in der Hauptsache - nach Widerspruchs- und Klageverfahren - ergehen würde. Daher besteht grundsätzlich keine Möglichkeit, durch eine einstweilige Anordnung eine Baugenehmigung zu erhalten.

Zwar kann auch trotz Vorwegnahme der Hauptsache eine einstweilige Anordnung ergehen, wenn ansonsten dem Bauherrn ein unzumutbarer und irreparabler Nachteil entstehen würde (VGH München, BRS 30 Nr. 127; OVG Koblenz, Beschl. v. 07.12.1995 - 1 B 13913/95.OVG -: einstw. Anordnung zur Gestattung einer Nutzungsänderung ausnahmsweise zulässig) und der Bauherr im Hauptsacheverfahren mit hoher Wahrscheinlichkeit obsiegen würde. Bei einer verzögerten Erteilung einer Baugenehmigung droht dem Bauherrn in aller Regel aber nur ein finanzieller Schaden. Diesen kann er unter Umständen als Schadensersatz wegen Amtspflichtverletzung geltend machen (BGH, NVwZ 1994, 405 und BRS 56 Nr. 148).

2. Rechtsschutz zur Feststellung der Genehmigungsfreiheit

a) Klage auf Feststellung der Genehmigungsfreiheit

360 Durch die Einführung des Freistellungsverfahrens nach § 67 LBauO kann es zwischen Bauherrn und Bauaufsichtsbehörde zum Streit darüber kommen, ob ein Bauvorhaben von der Baugenehmigung freigestellt ist. In diesen Fällen kann der Bauherr eine Feststellungsklage nach § 43 VwGO erheben und die gerichtliche Feststellung der Genehmigungsfreiheit beantragen. Es kann nämlich dem Bauherrn, der sein Bauvorhaben für nicht genehmigungspflichtig hält, nicht zugemutet werden, behördliche Eingriffsverfügungen oder ein nachbarliches Beseitigungsverlangen abzuwarten (OVG Saarlouis, BRS 55 Nrn. 83 und 142; OVG Berlin-Bbrg., Urt. v. 06.10.2015 - OVG 10 B 1.14 -, juris).

Der Bauherr kann aber keinen Rechtsbehelf gegen die Erklärung der Gemeinde nach § 67 Abs. 3 Satz 2 LBauO, dass ein Genehmigungsverfahren durchgeführt werden soll, einlegen. Denn die Erklärung der Gemeinde ist kein Verwaltungsakt, da ihr hierfür die erforderliche Regelung mit Außenwirkung im Sinne des § 35 Satz 1 VwVfG fehlt. Die Erklärung stellt eine schlichte Verfahrenshandlung dar. Widerspruch und Anfechtungsklage sind daher als Rechtsmittel nicht gegeben. Eine Feststellungsklage nach § 43 VwGO scheidet aber auch aus. Im Falle einer schuldhaften und rechtswidrigen Negativ-Erklärung kann dem Bauherrn aber aus dem Gesichtspunkt der Amtshaftung gemäß § 839 BGB i. V. m. Art. 34 GG ein Schadensersatzanspruch zustehen.

b) Vorläufiger Rechtsschutz auf Feststellung der Genehmigungsfreiheit

361 Herrscht zwischen Bauherr und Bauaufsichtsbehörde Uneinigkeit darüber, ob ein Bauvorhaben genehmigungsfrei ist, so muss der Bauherr in der Hauptsache Feststellungsklage nach § 43 VwGO erheben, einstweiliger Rechtsschutz kann daher allenfalls nach § 123 VwGO gewährt werden. Der Erlass einer einstweiligen Anordnung in Gestalt einer vorläufigen Feststellung ist aber unzulässig (OVG Koblenz, DVBl. 1986, 1215). Zum Wesen einer einstweiligen Anordnung gehört nämlich ein vollstre-

B. Rechtsschutz gegen baurechtliche Einzelentscheidungen

ckungsfähiger Inhalt. Dies ergibt sich aus dem Wort „Anordnung" und dem Verweis auf die §§ 923, 928 bis 932 und 945 ZPO.

3. Rechtsschutz gegen die Aufhebung einer Baugenehmigung

a) Klage gegen die Aufhebung einer Baugenehmigung

Ist eine Baugenehmigung widerrufen oder zurückgenommen worden, so kommt eine Anfechtungsklage nach § 42 VwGO in Betracht. Für deren Erfolg kommt es entgegen der grundsätzlichen Regel, dass die Sach- und Rechtslage im Zeitpunkt des Erlasses der letzten Behördenentscheidung maßgebend ist, auf die Rechtslage im Zeitpunkt der gerichtlichen Entscheidung an, wenn sich die Sach- und Rechtslage zugunsten des Bauherrn zwischenzeitlich geändert hat. **362**

b) Vorläufiger Rechtsschutz gegen die Aufhebung einer Baugenehmigung

Da der Bauherr gegen die Aufhebung einer Baugenehmigung Widerspruch einlegen und nach dessen Zurückweisung Anfechtungsklage nach § 42 VwGO erheben kann, kommt seinem Rechtsbehelf nach § 80 Abs. 1 Satz 1 VwGO aufschiebende Wirkung zu. Die Bauaufsichtsbehörde kann aber gemäß § 80 Abs. 2 Satz 1 Nr. 4 VwGO die sofortige Vollziehung des Aufhebungsbescheides anordnen. Das besondere öffentliche Interesse an der sofortigen Vollziehbarkeit des angegriffenen Bescheides hat sie zu begründen. Wurde der sofortige Vollzug angeordnet, kann der Bauherr die Wiederherstellung der aufschiebenden Wirkung seines Rechtsbehelfs beantragen (§ 80 Abs. 5 VwGO). **363**

4. Rechtsschutz gegen die Zurückstellung eines Bauantrags

a) Klage gegen die Zurückstellung eines Bauantrags

Wird ein Bauantrag gemäß § 15 BauGB von der Bauaufsichtsbehörde zurückgestellt, so kann der Bauherr gegen diese Entscheidung der Bauaufsichtsbehörde nach Zurückweisung seines hiergegen eingelegten Widerspruchs Anfechtungsklage nach § 42 VwGO erheben (OVG Lüneburg, BauR 2007, 522). Da dem Widerspruch und der Anfechtungsklage gegen die Zurückstellung eines Bauantrags aufschiebende Wirkung nach § 80 Abs. 1 VwGO zukommt, muss die Bauaufsichtsbehörde den Bauantrag weiterbearbeiten (VGH München, BRS 38 Nr. 163; OVG Münster, NVwBl. 1996, 479). Die Anfechtungsklage wird mit Ablauf des Zurückstellungszeitraums unzulässig; der Bauherr kann aber die Feststellung der Rechtswidrigkeit der Zurückstellung beantragen (VGH Kassel, BRS 55 Nr. 6). **364**

b) Vorläufiger Rechtsschutz gegen die Zurückstellung eines Bauantrags

Dem Widerspruch und der Anfechtungsklage gegen die Zurückstellung eines Bauantrags kommen nach § 80 Abs. 1 VwGO aufschiebende Wirkung zu, es sei denn, die Bauaufsichtsbehörde ordnet nach § 80 Abs. 2 Nr. 4 VwGO die sofortige Vollziehung des Bescheids an. Dann kann der Bauherr die Wiederherstellung der aufschiebenden Wirkung seines Rechtsbehelfs beantragen (§ 80 Abs. 5 VwGO). **365**

5. Rechtsschutz gegen eine Beseitigungsverfügung

a) Klage gegen eine Beseitigungsverfügung

366 Prozessual unproblematisch ist die Klage gegen eine Beseitigungsverfügung. Die richtige Klageart ist die **Anfechtungsklage**. Hinsichtlich der **maßgeblichen Sach- und Rechtslage** ist grundsätzlich auf die letzte Verwaltungsentscheidung, in der Regel den Zeitpunkt des Erlasses des Widerspruchsbescheids, abzustellen (BVerwGE 61, 209 u. 82; 260). Von diesem Grundsatz ist aber eine **Ausnahme** zu machen, wenn sich die Sach- und Rechtslage **nachträglich zugunsten des Klägers ändert**, denn es wäre sinnwidrig, die Rechtmäßigkeit einer Beseitigungsverfügung zu bestätigen, wenn dem Kläger auf einen neuen Bauantrag hin sofort eine Baugenehmigung erteilt werden müsste. Eine dem Kläger nachteilige Veränderung der Sach- und Rechtslage ist dagegen unbeachtlich (BVerwGE 5, 351; BauR 1986, 195; VGH Mannheim, BauR 1988, 566).

Mit der Vollziehung einer Beseitigungsverfügung erledigt sich der primäre Regelungsgehalt der Verfügung, denn insofern ist mit dem Untergang des Regelungsobjekts der Verwaltungsakt gegenstandslos geworden (OVG Koblenz, AS RP-SL 25, 405). Da die Beseitigungsverfügung aber noch rechtliche Wirkungen entfaltet, z. B. als Voraussetzung für eine Ersatzvornahme und Beitreibung von deren Kosten, kann auch ihre Rechtmäßigkeit weiterhin gerichtlich überprüft werden, und zwar im Rahmen einer Anfechtungsklage (OVG Koblenz, a.a.O. eingehend auf Gegenansichten).

b) Vorläufiger Rechtsschutz gegen eine Beseitigungsverfügung

367 Der Widerspruch und die Klage gegen eine Beseitigungsverfügung haben nach § 80 Abs. 1 VwGO **aufschiebende Wirkung**. Nach § 80 Abs. 2 Nr. 4 VwGO kann die Bauaufsichtsbehörde die sofortige Vollziehung der Beseitigungsverfügung anordnen, wenn ein besonderes öffentliches Interesse an der sofortigen Beseitigung der Anlage besteht. In der Regel wird ein solches besonderes öffentliche Interesse nicht gegeben sein, weil durch die Beseitigung vollendete Tatsachen geschaffen würden, die im Falle einer erfolgreichen Klage im Hauptsacheverfahren nicht mehr rückgängig gemacht werden könnten (OVG Münster, NVwZ 1998, 977).

Die Rechtsprechung hat in folgenden Fällen das **Vorliegen des besonderen öffentlichen Interesses bejaht**:

1. Von der baulichen Anlagen gehen Gefahren aus, die ein sofortiges Einschreiten erfordern (VGH Kassel, BRS 42 Nr. 270).
2. Die bauliche Anlage hat Vorbildwirkung, so dass eine alsbaldige Nachahmung zu befürchten ist (VGH Kassel, BRS 30 Nr. 182; a. A. VGH München, BRS 42 Nr. 221).
3. Die Rechtsordnung verlangt die alsbaldige Beseitigung einer offensichtlich rechtswidrigen baulichen Anlage (OVG Lüneburg, BRS 55 Nr. 296; s. auch VGH Kassel, BRS 42 Nr. 220 und Nr. 222).
4. Die Beseitigung ist ohne nennenswerten Substanzverlust oder nennenswerte Kosten durchzuführen (VGH Kassel, BRS 42 Nr. 220; VG Trier, Beschluss v. 29.04.2004 - 5 L 548/04.TR -, ESOVGRP).

Hat die Bauaufsichtsbehörde den baurechtswidrigen Zustand aber jahrelang geduldet, so kann sie in der Regel nicht die sofortige Vollziehung der Beseitigungsverfügung anordnen (VGH München, BRS 32 Nr. 187; einschränkend in BayVBl. 1975, 79; s. auch OVG Lüneburg, BRS 56 Nr. 210).

C. Nachbarklage

1. Nachbarklage gegen eine Baugenehmigung

Die Klage des Nachbarn gegen eine dem Bauherrn erteilte Baugenehmigung wirft abgesehen von der unter Rn. 305ff. erörterten Frage des Nachbarschutzes baurechtlicher Vorschriften keine schwierigen Probleme auf. Als Klageart kommt nur die **Anfechtungsklage** in Betracht. Hinsichtlich der maßgeblichen Sach- und Rechtslage gilt das zur Beseitigungsverfügung Gesagte mit der Abwandlung, dass bereits die nach Erlass der Baugenehmigung eintretende Änderung der Sach- oder Rechtslage zulasten des Bauherrn nicht berücksichtigt werden darf. Denn der Bauherr hat durch die Erteilung der Baugenehmigung eine durch Art. 14 GG geschützte Rechtsposition erlangt (BVerwGE 22, 129 u. 65, 313; NVwZ 1986, 205; VGH Mannheim, VBlBW 2011, 67). Eine Änderung zugunsten des Bauherrn muss aber berücksichtigt werden, denn ihm wäre auf einen neuen Bauantrag hin, eine Baugenehmigung zu erteilen (BVerwGE 22, 129 u. 65, 313; VGH Kassel, NVwZ-RR 2006, 230). Wird während des Prozesses eine nachträgliche Befreiung nach §§ 31 Abs. 2 BauGB, 69 LBauO erteilt, kann diese ohne besonderes Vorverfahren in den Prozess eingeführt werden (BVerwG, NJW 1971, 1147). **368**

Für die **Klagebefugnis** ist es ausreichend, dass der Vortrag des Klägers eine Verletzung seiner Rechte als Nachbar als möglich erscheinen lässt (BVerwGE 61, 295; bestätigt durch BVerfG, NVwZ 1983, 28). Voraussetzung dafür ist, dass der Kläger rechtlich und tatsächlich von den Auswirkungen des Bauvorhabens betroffen sein kann. Es ist nicht erforderlich, bereits im Rahmen der Zulässigkeitsprüfung der Klage der Frage nachzugehen, ob die möglicherweise nicht beachteten Normen nachbarschützend sind, sofern dies nicht von vornherein ausgeschlossen ist. Da in beinahe jedem Fall zumindest eine Verletzung des Gebots der Rücksichtnahme in Betracht kommt, ist die Klagebefugnis nur dann zu verneinen, wenn die zu prüfenden baurechtlichen Vorschriften unter keinem denkbaren Gesichtspunkt nachbarschützend sein können und auch ein Verstoß gegen das Rücksichtnahmegebot von vornherein ausscheidet. Im Übrigen ist die Frage der nachbarschützenden Wirkung baurechtlicher Vorschriften erst im Rahmen der Begründetheit der Klage zu prüfen, denn § 113 Abs. 1 VwGO verlangt für den Erfolg einer Anfechtungsklage nicht nur, dass die Baugenehmigung rechtswidrig ist, sondern auch dass der Kläger in seinen Rechten verletzt ist. Eine „Vorverlagerung" der Prüfung der nachbarschützenden Wirkung der in Betracht kommenden Normen ist schon deshalb abzulehnen, weil ansonsten abstrakt der Nachbarschutz bestimmter Normen erörtert wird, obwohl noch gar nicht feststeht, dass diese Normen überhaupt verletzt sind. **369**

Gleichfalls eine Frage der Begründetheit der Klage und nicht der Zulässigkeit ist es, ob der Nachbar eventuell mit seinen Abwehrrechten ausgeschlossen ist (Brandt, NVwZ 1997, 235). Selbst wenn der Nachbar keine Einwendungen erhoben hatte, ist er nicht von vornherein präkludiert, da in jedem Fall zu prüfen ist, ob die formellen Anforderungen an eine Präklusion erfüllt sind (s. Rn. 275).

Nachbarklage und Nachbarwiderspruch sind nur begründet, wenn die **Baugenehmigung gegen nachbarschützende Vorschriften** verstößt. Ist dies nicht der Fall, **370** muss das Rechtsmittel des Nachbarn auch dann zurückgewiesen werden, wenn die Baugenehmigung objektiv-rechtlich rechtswidrig ist.

Die Widerspruchsbehörde kann aber einen Widerspruch, der auf die Verletzung einer nicht nachbarschützenden Norm gestützt wird, zum Anlass nehmen, die Bauaufsichtsbehörde zur Rücknahme der Baugenehmigung nach § 48 VwVfG zu veranlassen, und kann notfalls, falls diese sich weigert, eine entsprechende fachaufsichtliche Weisung erlassen (Selbsteintrittsbefugnis der Fachaufsichtsbehörde). Wird über einen Nachbarwiderspruch nicht in angemessener Zeit entschieden, kann der Nachbar nach § 75 VwGO Untätigkeitsklage erheben; dasselbe gilt für den Bauherrn, weil er ein Interesse an einer unanfechtbaren Baugenehmigung hat (VGH Mannheim, VBlBW 1994, 350).

Die **Widerspruchsfrist** beträgt, wenn die Baugenehmigung dem Nachbarn nicht amtlich bekanntgegeben wurde, ein Jahr (§§ 68 Abs. 1 Satz 1, 70 Abs. 1, 58 Abs. 2 VwGO). Die Jahresfrist wird in dem Zeitpunkt in Lauf gesetzt, in dem der Nachbar sichere Kenntnis von der Erteilung der Baugenehmigung erlangt hat oder hätte erlangen können (OVG Saarlouis, AS RP-SL 25, 257). Der Nachbar kann sich nicht darauf berufen, dass die Baugenehmigung ihm nicht amtlich bekanntgegeben worden sei (BVerwGE 44, 294).

Legt der Nachbar erst nach **Ablauf der Widerspruchsfrist** ein Rechtsmittel ein, dann muss die Widerspruchsbehörde den Widerspruch als unzulässig zurückweisen und darf nicht - wie dies sonst im Widerspruchsverfahren oft der Fall ist - eine Sachentscheidung treffen, denn der Bauherr hat durch die Bestandskraft der Baugenehmigung eine unter dem Schutz des Art. 14 GG stehende Rechtsposition erlangt (BVerwG, NVwZ 1983, 285; NJW 1981, 395).

Die Nachbarklage ist stets gegen die Bauaufsichtsbehörde zu richten, die die Baugenehmigung erlassen hat und nicht gegen den Bauherrn; diesem gegenüber kann der Nachbar nur zivilrechtlich vorgehen. Der Bauherr ist aber nach § 65 Abs. 2 VwGO notwendig beizuladen.

2. Nachbarklage gegen einen Bauvorbescheid

371 Die Grundsätze über die Nachbarklage gegen eine Baugenehmigung gelten entsprechend, wenn der Nachbar sich gegen einen Bauvorbescheid wendet. Wird noch während des Widerspruchsverfahrens gegen den Bauvorbescheid eine Baugenehmigung erteilt, dann muss der Nachbar auch gegen diese Baugenehmigung Rechtsmittel einlegen (BVerwGE 68, 241, bspr. von Dürr, JuS 1984, 770; NVwZ 1989, 863; VGH Mannheim, NVwZ 1995, 716). Das Bundesverwaltungsgericht begründet dies damit, dass der Bauvorbescheid zwar den feststellenden Teil der Baugenehmigung vorwegnehme (s. dazu Rn. 283f.), aber erst die Baugenehmigung die Baufreigabe enthalte. Falls der Bauvorbescheid noch nicht bestandskräftig ist, muss nach Ansicht des Bundesverwaltungsgerichts im Rahmen der Klage gegen die Baugenehmigung auch die im Bauvorbescheid bereits entschiedene Frage geprüft werden; man muss daher die Baugenehmigung insoweit als Zweitbescheid ansehen (BVerwG, NVwZ 1989, 863 - bspr. von Schenke, DÖV 1990, 489; eb. OVG Greifswald, BauR 2009, 1399).

Daraus folgt allerdings nicht, dass der Bauvorbescheid durch die spätere Baugenehmigung gegenstandslos wird und ein noch anhängiges Rechtsmittelverfahren wegen Erledigung der Hauptsache einzustellen wäre (BVerwG, NVwZ 1995, 894). Denn der

C. Nachbarklage

Bauvorbescheid bleibt die Grundlage für die spätere Baugenehmigung, was insbesondere dann bedeutsam ist, wenn sich nach Erteilung des Bauvorbescheids die Rechtslage zum Nachteil des Bauherrn geändert hat (s. dazu BVerwG, NVwZ 1989, 863; Fluck, NVwZ 1990, 535).

Die Nachbarklage ist stets gegen die Bauaufsichtsbehörde richten, die den Bauvorbescheid erlassen hat und nicht gegen den Bauherrn. Diesem gegenüber kann der Nachbar nur zivilrechtlich vorgehen. Der Bauherr ist aber nach § 65 Abs. 2 VwGO notwendig beizuladen.

3. Nachbarklage auf Einschreiten der Bauaufsichtsbehörde

Wenn ein Bauvorhaben im **Freistellungsverfahren** (s. dazu Rn. 255) errichtet wird, gibt es keinen Verwaltungsakt, gegen den der Nachbar mit Rechtsmitteln vorgehen kann. Er ist daher darauf beschränkt, bei der Bauaufsichtsbehörde einen **Antrag auf Einschreiten** zu stellen (Mampel, UPR 1997, 267; Uechtritz, NVwZ 1996, 640; Otto, ZfBR 2012, 15), sofern das Bauvorhaben gegen nachbarschützende Normen verstößt, und, falls dieser abgelehnt wird, Widerspruch einzulegen und eventuell Klage zu erheben. Für diese Klage gelten ebenso wie für die Klage auf Einschreiten gegen ein ungenehmigtes baurechtswidriges Bauwerk auf dem Nachbargrundstück grundsätzlich dieselben Regeln wie für die Nachbarklage auf Aufhebung einer Baugenehmigung. Es ist eine Verpflichtungsklage - evtl. eine Bescheidungsklage nach § 113 Abs. 5 Satz 2 VwGO - zu erheben. Hinsichtlich der maßgeblichen Sach- und Rechtslage ist auf den Zeitpunkt der mündlichen Verhandlung abzustellen. Die Bauaufsichtsbehörde kann nur dann zu einem Einschreiten verpflichtet werden, wenn die Voraussetzungen hierfür noch gegeben sind (VGH Mannheim, NVwZ-RR 1995, 490). **372**

Soweit der Nachbar sich gegen ein ungenehmigtes Bauvorhaben oder eine ungenehmigte Nutzungsänderung zur Wehr setzen will, kommt in der Regel nur eine Bescheidungsklage nach § 113 Abs. 5 Satz 2 VwGO in Betracht, weil der Bauaufsichtsbehörde insoweit ein Ermessen zusteht; anders ist es nur, wenn das Ermessen wegen der Schwere des Eingriffs in die Rechte des Nachbarn auf Null reduziert ist (siehe dazu Rn. 248). **373**

4. Nachbarklage gegen öffentliche Bauvorhaben

Besonderheiten bestehen zum Teil bei einer Beeinträchtigung durch öffentliche Bauvorhaben. Bei der Zustimmung nach § 83 LBauO für Vorhaben des Bundes und der Länder handelt es sich um einen Verwaltungsakt mit Doppelwirkung im Sinne der §§ 80 Abs. 1, 80a VwGO (VGH Kassel, BRS 56 Nr. 175), der vom Nachbarn mit Widerspruch und Anfechtungsklage angefochten werden kann, wenn das Vorhaben gegen nachbarschützende Vorschriften verstößt. Widerspruch und Anfechtungsklage haben nach § 212a BauGB, der von einer „bauaufsichtlichen Zulassung" eines Vorhabens ausgeht, keine aufschiebende Wirkung. Der Nachbar muss daher zur Erlangung vorläufigen Rechtsschutzes einen Antrag auf Anordnung der aufschiebenden Wirkung des Rechtsbehelfs nach § 80 Abs. 5 VwGO stellen. **374**

5. Vorläufiger Rechtsschutz

a) Vorläufiger Rechtsschutz des Nachbarn gegen eine Baugenehmigung

375 Der vorläufige Rechtsschutz des Nachbarn hat dadurch eine grundlegende Veränderung erfahren, dass nach dem durch das BauROG 1998 eingeführten § 212 a BauGB Rechtsmittel gegen eine Baugenehmigung **keine aufschiebende Wirkung** haben (Müller-Wiesenhaken/Götze, BauR 2011, 1910). Der Bauherr kann nach § 77 LBauO mit Erteilung der Baugenehmigung und nach Anzeige der Bauarbeiten mindestens eine Woche vor Baubeginn mit dem Bau beginnen.

Soweit der Nachbar sich durch das genehmigte Vorhaben in seinen Rechten verletzt sieht und daher die Errichtung des Gebäudes während des noch laufenden Rechtsmittelverfahrens verhindern will, kann er entweder nach § 80a Abs. 1 Nr. 2 VwGO bei der Bauaufsichtsbehörde bzw. nach § 80 Abs. 4 VwGO bei der Widerspruchsbehörde oder nach § 80a Abs. 3 VwGO beim Verwaltungsgericht einen **Antrag auf Aussetzung der Vollziehung der Baugenehmigung** stellen.

§ 80a Abs. 3 Satz 2 VwGO verweist auf § 80 Abs. 5-8 VwGO und damit auch auf Abs. 6, wonach bei Abgabenbescheiden (§ 80 Abs. 2 Nr. 1 VwGO) vor der Stellung eines Antrags nach § 80 Abs. 5 VwGO zunächst bei der Behörde ein Antrag nach § 80 Abs. 4 VwGO auf Aussetzung der Vollziehung zu stellen ist. Die nach § 80a Abs. 3 Satz 2 VwGO gebotene Anwendung des § 80 Abs. 6 VwGO könnte dafür sprechen, dass auch im Verfahren nach § 80a Abs. 3 VwGO zunächst ein Antrag bei der Behörde auf Aussetzung der Vollziehung der Baugenehmigung gestellt werden muss (so VGH München, BayVBl. 1991, 723; OVG Lüneburg, NVwZ-RR 2010, 140 u. 552; NVwZ 2007, 478).

Dieses Ergebnis einer am Wortlaut des § 80a Abs. 3 Satz 2 VwGO orientierten Auslegung ist aber wenig überzeugend, weil es in aller Regel keinen Erfolg haben wird, bei der Behörde, die die Baugenehmigung erteilt hat, einen Antrag auf Aussetzung der Vollziehung zu stellen. Es handelt sich bei der Verweisung in § 80a Abs. 3 Satz 2 VwGO auf die nur für Abgabenstreitigkeiten geltende Regelung des § 80 Abs. 6 VwGO wohl um ein Redaktionsversehen (so OVG Koblenz, BauR 2004, 59; VGH Mannheim, NVwZ 1995, 292; OVG Bremen, NVwZ 1993, 592; VGH Kassel DVBl 1992, 45). Außerdem rechtfertigt der wegen § 212a BauGB jederzeit mögliche Baubeginn eine entsprechende Anwendung des § 80 Abs. 6 Nr. 2 VwGO (OVG Koblenz, NVwZ 1993, 591; OVG Lüneburg, NVwZ 1993, 592).

376 Bei der Entscheidung über den Antrag nach § 80 a Abs. 3 VwGO hat das Verwaltungsgericht im Rahmen der **nach §§ 80a Abs. 3, 80 Abs. 5 VwGO gebotenen Interessenabwägung** die Erfolgsaussichten des Rechtsmittels maßgeblich zu berücksichtigen (BVerfG, BauR 2009, 1285; BVerwG, NJW 1969, 2028 u. 1974, 1295; OVG Lüneburg, NVwZ 2007, 478). Daneben hat hier eine Interessenabwägung stattzufinden, welche Folgen es hat, wenn das genehmigte Bauvorhaben vor der Rechtskraft der Baugenehmigung erstellt wird (VGH Mannheim, BauR 1995, 829; Debus, NVwZ 2006, 49). Insbesondere ist zu berücksichtigen, dass durch die Errichtung des genehmigten Bauwerks vollendete Tatsachen geschaffen werden, die praktisch nicht mehr rückgängig gemacht werden können, wenn die Nachbarklage im Hauptsacheverfahren Erfolg haben sollte. Dieser Gesichtspunkt rechtfertigt es, bei unklarer Rechtslage in der Regel dem Interesse des Nachbarn den Vorrang einzuräumen (BVerfG, BauR 2009, 1285; OVG Münster, NVwZ 1998, 980; Berkemann, DVBl 1999, 446; a. M. OVG Lüneburg, NVwZ-RR 2010, 423; VGH München, NVwZ 1991, 1002; Uechtritz, BauR 1992, 1). Das Verwaltungsgericht trifft im Verfahren nach § 80a

Abs. 3 VwGO eine eigene Ermessensentscheidung (VGH Kassel, NVwZ 1993, 491; OVG Münster, NVwZ 1993, 279).

b) Vorläufiger Rechtsschutz des Nachbarn gegen ungenehmigte oder von der Genehmigung freigestellte Vorhaben

Bei einem ungenehmigt errichteten Bauvorhaben, das den Nachbarn in seinen Rechten verletzt, kann dieser mangels eines angreifbaren Verwaltungsakts nur bei der Bauaufsichtsbehörde einen Antrag auf Baueinstellung stellen und bei dessen Ablehnung eine einstweilige Anordnung gemäß § 123 VwGO beim Verwaltungsgericht beantragen (VGH Mannheim, NVwZ 1995, 490). 377

Das gleiche gilt für Vorhaben im Freistellungsverfahren. Hierzu hat der VGH Mannheim (BauR 1995, 219) für das Kenntnisgabeverfahren entschieden, dass der Nachbar wegen des Grundsatzes der Gewährung effektiven Rechtsschutzes Anspruch auf Erlass einer einstweiligen Anordnung hat, wenn eine Verletzung nachbarschützender Vorschriften wahrscheinlich ist und der Nachbar nicht nur geringfügig betroffen ist. Um Gewährung vorläufigen Rechtsschutzes kann der Nachbar bereits bei Gericht nachsuchen, bevor der Bauherr mit den Bauarbeiten begonnen hat (VG Neustadt/Weinstr., Beschl. v. 09.05.2000 - 4 L 925/00.NW -, juris).

D. Rechtsschutz der Gemeinde

Eine Gemeinde kann sich dagegen zur Wehr, wenn eine **Baugenehmigung ohne** ihr nach § 36 BauGB **erforderliches Einvernehmen** erteilt wird (s. Rn. 179), und zwar unabhängig davon, ob das Bauvorhaben rechtmäßig ist und die Gemeinde daher zur Erteilung des Einvernehmens verpflichtet ist (BVerwG, NVwZ 1992, 878). Unabhängig von der Rechtmäßigkeit des Bauvorhabens ist also die Klage der Gemeinde allein deswegen begründet, weil die ihre Planungshoheit schützende Vorschrift des § 36 Abs. 1 BauGB nicht beachtet wurde (BVerwG, NVwZ 2000, 1048 u. BauR 2010, 1738; OVG Koblenz, BRS 70 Nr. 103; a. A. VGH Kassel, NVwZ-RR 2009, 750). Ebenso ist eine Klagemöglichkeit der Gemeinde gegeben, wenn das Einvernehmen nach § 36 Abs. 2 Satz 3 BauGB ersetzt wird. 378

Eine Gemeinde kann auch einen Anspruch auf bauaufsichtliches Einschreiten mittels einer Baueinstellungsverfügung zur Sicherung der ihr durch § 36 Abs. 1 BauGB eingeräumten Rechtsstellung haben, wenn ein Bauvorhaben, das nur in einem Baugenehmigungsverfahren unter ihrer Beteiligung zugelassen werden darf, ohne die erforderliche Baugenehmigung ausgeführt wird und dadurch vollendete Tatsachen geschaffen würden (OVG Saarlouis, BRS 59 Nr. 221).

Schließlich kann sich die Gemeinde dagegen zur Wehr setzen, dass eine Beseitigungsverfügung bezüglich eines Gebäudes im Außenbereich auf ein Rechtsmittel des Eigentümers hin aufgehoben wird, weil sie dadurch in ihrer Planungshoheit, die durch § 36 BauGB geschützt wird, beeinträchtigt wird (BVerwG, NVwZ 2000, 148). Da die Gemeinde eine Baugenehmigung zur Errichtung eines solchen Gebäudes durch Verweigerung des Einvernehmens nach § 36 BauGB verhindern kann, muss ihr auch die Möglichkeit eingeräumt werden, sich gegen eine Aufhebung einer bereits angeordneten Beseitigung eines ungenehmigten Vorhabens im Außenbereich zur Wehr zu setzen. Diese Rechtsprechung muss auch auf die Aufhebung von Beseitigungsanordnungen im beplanten und nicht beplanten Innenbereich übertragen werden.

VI. Fälle

Fall 1 Normenkontrollverfahren, Grundsätze der Bauleitplanung, gerichtliche Überprüfung von Bebauungsplänen

Die Stadt S beabsichtigt, ein neues Wohngebiet zu schaffen, um der dringenden Nachfrage nach Wohnraum zu entsprechen. Zu den Themen Lärm und Klima holt sie Fachgutachten ein, auf deren Grundlage ein ausführlicher Umweltbericht erstellt wird. Der Planentwurf mit Begründung und Umweltbericht wird nach entsprechender Bekanntmachung, in der auf die Präklusion nach § 47 Abs. 2a VwGO hingewiesen wird, vom 1.-31. Juli öffentlich ausgelegt. Während dieser Zeit erhebt X Einwendungen, weil ihm durch das neue Wohngebiet die bisher freie Aussicht von seiner Gästeterrasse auf das Mittelrheintal versperrt werde und die Attraktivität seiner Gaststätte hierunter erheblich leiden würde.

Auch G erhebt als Inhaber eines Gerbereibetriebs am 15.08. Einwendungen mit der Begründung, die von seinem Betrieb ausgehenden sehr intensiven Gerüche würden zu einer schwerwiegenden Belästigung des nur 100 m entfernt liegenden Wohngebiets führen.

Der Gemeinderat von S weist beide Einwendungen zurück. X habe kein Recht auf freie Aussicht und seine wirtschaftlichen Interessen müssten gegenüber dem Bedarf an neuen Wohnungen zurücktreten. Die Einwendungen des G könnten unberücksichtigt bleiben, weil er sie verspätet vorgebracht habe. Der Gemeinderat beschließt den Bebauungsplan als Satzung; der Satzungsbeschluss wird am 15.10. öffentlich bekanntgemacht.

Darauf stellen G und X am 15.12. einen Normenkontrollantrag und berufen sich dabei auf ihre Einwendungen. X rügt zusätzlich, dass der Bebauungsplan zu kurz und ohne die Fachgutachten ausgelegt worden sei.

Wie wird das Oberverwaltungsgericht entscheiden?

I. Zulässigkeit

Nach § 47 Abs. 1 VwGO kann die Gültigkeit von Bebauungsplänen vom Oberverwaltungsgericht im Wege der Normenkontrolle überprüft werden.

1. Antragsfrist

Die einjährige Antragsfrist des § 47 Abs. 2 Satz 1 VwGO, die mit der Bekanntgabe des Bebauungsplans zu laufen begann, haben die Antragsteller eingehalten.

2. Antragsbefugnis

Einen Normenkontrollantrag kann nach § 47 Abs. 2 VwGO stellen, wer geltend macht, durch die Vorschrift oder ihre Anwendung in seinen Rechten verletzt zu werden.

Eine Verletzung von Rechten ist unter anderem dann gegeben, wenn das Recht auf angemessene Berücksichtigung der Belange der betroffenen Grundstückseigentümer bei der Abwägung nach § 1 Abs. 7 BauGB verletzt wird (BVerwGE 107, 215). Abwägungsrelevant sind dabei nicht nur subjektive Rechte, sondern auch sonstige private Belange mit städtebaulichem Bezug, die schutzwürdig und nicht nur geringwertig sind und für die Gemeinde erkennbar waren (s. Rn. 51).

Der Gemeinderat muss zum einen alle Belange in die Abwägung einbeziehen, deren Beeinträchtigung während der Auslegung des Bebauungsplans nach § 3 Abs. 2 BauGB geltend gemacht worden sind, sofern sie überhaupt schutzwürdig sind (BVerwG, BauR 2000, 243). Daneben muss der Gemeinderat aber auch solche Belange berücksichtigen, deren Beeinträchtigung so offenkundig ist, dass es der Erhebung von Einwendungen durch den Inhaber dieses Belangs nicht bedarf.

X hat während der Auslegung des Bebauungsplans vorgetragen, eine Verwirklichung des Bebauungsplans werde seine bisher ungehinderte Aussicht auf die freie Landschaft beseitigen. Es fragt sich, ob es sich dabei um einen abwägungsrelevanten Belang handelt. Das Interesse am Erhalt der Aussicht ist im Regelfall als geringwertig oder nicht schutzwürdig anzusehen und deshalb nicht abwägungserheblich (BVerwG, NVwZ 2000, 1413). Bei einer außergewöhnlichen Aussichtslage kann aber nicht mehr von einer Geringwertigkeit ausgegangen werden (VGH Mannheim, BauR 1998, 85). Da die Gaststätte des X wegen ihrer besonderen Aussichtslage eine besondere Anziehungskraft auf die Gaststättenbesucher ausübt, kann dem Interesse des X am Erhalt dieser Aussicht nicht die Schutzwürdigkeit abgesprochen werden. Er kann sich auf einen abwägungsrelevanten privaten Belang berufen und ist daher antragsbefugt.

3. Präklusion nach § 47 Abs. 2a VwGO

a) Auch die erst im Normenkontrollverfahren erhobene Rüge des X die Monatsfrist des § 3 Abs. 2 BauGB sei nicht eingehalten worden, führt nicht zur teilweisen Unzulässigkeit des Antrags. § 47 Abs. 2a VwGO greift nämlich nur dann ein, wenn sämtliche Einwendungen im Planauslegungsverfahren nicht oder nur verspätet vorgebracht worden sind (s. Rn. 346 u. 340). Der Normenkontrollantrag des X ist daher zulässig.

b) G könnte seine Einwendungen verspätet vorgebracht haben, womit sein Antrag unzulässig wäre.

Grundsätzlich muss der Gemeinderat im Rahmen der Abwägung nach § 1 Abs. 7 BauGB gemäß § 4a Abs. 6 BauGB alle von der Bauleitplanung betroffenen öffentlichen und privaten Belange berücksichtigen, soweit ihm diese bekannt sind oder hätten bekannt sein müssen. Derartige Belange müssen auch dann berücksichtigt werden, wenn der Träger des Belangs im Rahmen der Öffentlichkeitsbeteiligung nach § 3 Abs. 2 BauGB keine Anregungen vorgebracht hat. § 47 Abs. 2a VwGO erklärt aber einen Normenkontrollantrag für unzulässig, wenn der Antragsteller seine Betroffenheit nicht während der Planauslegung nach § 3 Abs. 2 BauGB geltend gemacht hat. Dies gilt auch für die Betroffenheit privater Belange, die sich dem Gemeinderat aufdrängen mussten (BVerwG, NVwZ 2011, 441). Voraussetzung ist, dass die Bekanntmachung der öffentlichen Auslegung des Planentwurfs gemäß § 47 Abs. 2a VwGO, § 3 Abs. 2 Satz 2 BauGB einen Hinweis auf diese Rechtsfolge enthalten hat und sie auch ordnungsgemäß erfolgt ist (BVerwG, BauR 2015, 221). Das ist hier der Fall, insbesondere sind die Themen der vorhandenen umweltbezogenen Stellungnahmen benannt worden.

Da G die ihm drohende Beeinträchtigung seines Betriebs wegen immissionsschutzrechtlicher Abwehransprüche der Bewohner des neuen Baugebiets verspätet vorgebracht hat, ist sein Normenkontrollantrag unzulässig.

VI. Fälle 229

II. Begründetheit des Normenkontrollantrags des X

Das Oberverwaltungsgericht prüft auf den zulässigen Normenkontrollantrag des X die Wirksamkeit des Bebauungsplans unter allen in Betracht kommenden Gesichtspunkten (objektive Rechtskontrolle; s. Rn. 347).

1. Formelle Fehler

a) Der Bebauungsplan ist vom 1.-31. Juli öffentlich ausgelegt worden. § 3 Abs. 2 BauGB verlangt eine Auslegung für die Dauer eines Monats. Ein Verstoß gegen § 3 Abs. 2 BauGB kann nach § 214 Abs. 1 Nr. 1 BauGB zur Nichtigkeit des Bebauungsplans führen. Dieser Fehler wird nach § 215 Abs. 1 BauGB unbeachtlich, wenn er nicht innerhalb eines Jahres gerügt wird. Der Wortlaut der Vorschrift lässt eindeutig erkennen, dass der Verfahrensfehler innerhalb der Jahresfrist von Amts wegen beachtlich ist.

Für die Fristberechnung kommt es darauf an, wann der Bebauungsplan ausgelegt wurde; es gilt also § 187 Abs. 2 Satz 1 BGB (so GemSenat OBG, BVerwGE 40, 363). Der Tag des Auslegens zählt also mit, so dass die Frist eingehalten worden ist, wenn der Plan vom 1.- 31. Juli (einschließlich) auslag (vgl. § 188 Abs. 2 Alt. 2 BGB).

b) Die Stadt hat nur den Umweltbericht, nicht die eingeholten Fachgutachten ausgelegt. § 3 Abs. 2 Satz 1 BauGB eröffnet der Gemeinde einen Beurteilungsspielraum, welche der bereits vorliegenden umweltbezogenen Stellungnahmen „wesentlich" und somit auszulegen sind. Dieser Beurteilungsspielraum ist eingehalten, wenn nur der Umweltbericht ausgelegt wird, in den alle vorhandenen umweltbezogenen Stellungnahmen wie hier eingearbeitet sind (VGH Mannheim, BauR 2011, 80).

c) Nicht befasst hat sich die Stadt damit, welche Immissionen des Betriebs des G auf das geplante Wohngebiet einwirken und welche immissionsschutzrechtlichen Abwehransprüche die Bewohner des neuen Gebiets daher gegen den Betrieb des G haben könnten. Dies erfordert aber das Gebot der Konfliktbewältigung und das Trennungsgebot (s. Rn. 52f.). Entgegen § 2 Abs. 3 BauGB hat die Stadt S daher die abwägungserheblichen Belange nicht ordnungsgemäß ermittelt.

Da dieser Ermittlungsfehler objektiv nachweisbar ist, ist er offensichtlich im Sinne von § 214 Abs. 1 Satz 1 Nr. 1 BauGB (s. Rn. 55f.). Für die nach § 214 Abs. 1 Nr. 1 BauGB erforderliche Kausalität zwischen dem Fehler im Abwägungsvorgang und Abwägungsergebnis reicht es aus, wenn die konkrete Möglichkeit besteht, dass der Gemeinderat bei Vermeidung des Fehlers eine andere Abwägungsentscheidung getroffen hätte (BVerwGE 64, 33; BauR 2004, 1130). Der Fehler im Abwägungsvorgang lässt sich hier anhand objektiver Beweisunterlagen, nämlich dem Gemeinderatsprotokoll über die Sitzung, in der über die vorgebrachten Anregungen entschieden worden ist, nachweisen. Es handelt sich deshalb um einen offensichtlichen Abwägungsfehler im Sinne des § 214 Abs. 1 Nr. 1 BauGB. In Anbetracht der Intensität der Geruchsbelästigung, die einen wesentlich größeren Abstand zwischen der bestehenden Gerberei und dem neuen Wohngebiet nahe legt, ist davon auszugehen, dass der Gemeinderat eine andere Planung vorgesehen hätte, wenn er die Belange des G in die Abwägung eingestellt hätte. Daher ist auch die nach § 214 Abs. 3 Satz 2 BauGB erforderliche Kausalität gegeben.

2. Materielle Fehler

Materielle Fehler sind nicht mehr zu prüfen. Der Ermittlungsfehler kann nach § 214 Abs. 3 Satz 2 BauGB nicht mehr als sonstiger Mangel im Abwägungsvorgang geltend gemacht werden.

Der Normenkontrollantrag des X ist begründet, obwohl die Abwägung der Belange des X nach den Grundsätzen zur gerichtlichen Überprüfung der Abwägung offensichtlich nicht zu beanstanden ist. Da sich der Mangel auf die gesamte Planung auswirkt, wird das Oberverwaltungsgericht daher den Bebauungsplan insgesamt für unwirksam erklären. Den Normenkontrollantrag des G wird es als unzulässig abweisen.

Fall 2 Bauen im beplanten Innenbereich, Befreiung, Nachbarklage

Der Volksbildungsverein e.V. betreibt seit längerer Zeit in einer alten Villa, die in einem durch Bebauungsplan ausgewiesenen reinen Wohngebiet liegt, eine Einrichtung der Erwachsenenbildung, in der 14-tägige Kurse durchgeführt werden. Da die Unterbringung der Kursteilnehmer in benachbarten Gasthäusern und Privatquartieren häufig Schwierigkeiten bereitet, will der V-Verein im Anschluss an die Villa einen Bettentrakt für 30 Personen anbauen. Gegen die von der Stadt S erteilte Baugenehmigung erhebt der Nachbar N Widerspruch und anschließend nach erfolglosem Widerspruchsverfahren Klage mit der Begründung, in einem reinen Wohngebiet sei ein Bettentrakt nicht zulässig. Während des verwaltungsgerichtlichen Verfahrens erteilt die Stadt daraufhin Befreiung von den Festsetzungen des Bebauungsplans als reines Wohngebiet.

Wird die Klage Erfolg haben?

I.Zulässigkeit

1.Klageart

Da die Baugenehmigung ein Verwaltungsakt ist, muss N Anfechtungsklage erheben.

2. Klagebefugnis

Die Klagebefugnis ist nur dann nicht gegeben, wenn der Kläger von dem angefochtenen Verwaltungsakt offensichtlich und eindeutig nach keiner Betrachtungsweise in seinen Rechten verletzt sein kann (BVerwGE 89, 69 u. 101, 364). Es kann hier nicht von vornherein ausgeschlossen werden, dass die Genehmigung eines Bettentrakts in einem reinen Wohngebiet unzulässig ist und die Festsetzung des Bebauungsplans auch dem Schutz der Nachbarn dienen soll. Ob dies tatsächlich der Fall ist, ist eine Frage der Begründetheit der Klage, nicht der Zulässigkeit.

2.Vorverfahren

Das nach §§ 68 ff. VwGO erforderliche Vorverfahren ist für die Baugenehmigung durchgeführt worden. N kann neben der Baugenehmigung auch die nachträglich erteilte Befreiung anfechten, ohne insoweit ein zweites Vorverfahren durchführen zu müssen, da die Befreiung in einem untrennbaren Zusammenhang mit der Baugenehmigung steht (BVerwG, NJW 1971, 1147).

II. Begründetheit

Eine Nachbarklage ist nur dann begründet, wenn die Baugenehmigung rechtswidrig ist und der Nachbar dadurch in seinen Rechten verletzt wird. Die Baugenehmigung muss mithin gegen nachbarschützende Normen des Baurechts verstoßen (BVerwGE 22, 129; 89, 69).

Hinweis: Ob man zunächst prüft, ob die Baugenehmigung gegen eine bestimmte baurechtliche Vorschrift verstößt und erst anschließend die Frage des Nachbarschutzes dieser Vorschrift untersucht oder umgekehrt vorgeht, ist eine reine Zweckmäßigkeitsfrage.

VI. Fälle

1. Die Baugenehmigung könnte gegen die Festsetzung des Bebauungsplans verstoßen, der das Gebiet als reines Wohngebiet ausweist. Nach § 3 Abs. 2 BauNVO sind in einem reinen Wohngebiet generell Wohngebäude zulässig. Wohnen im Sinne dieser Vorschrift bedeutet, dass die Benutzer der Räume dort ihren Lebensmittelpunkt haben (BVerwG, BauR 1996, 676). Wohnen ist davon abhängig, dass der Betroffene die Möglichkeit hat, auf eine gewisse Dauer sein häusliches Leben selbstbestimmt zu gestalten und zumindest in seinem engen räumlichen Umfeld Anwesenheit und Einwirkung fremder Personen auszuschalten. Dies ist bei einem Bettentrakt für ständig wechselnde Kursteilnehmer offensichtlich nicht der Fall.

Der Bettentrakt könnte aber nach § 3 Abs. 3 BauNVO als Ausnahme zulässig sein, wenn es sich dabei um einen kleinen Betrieb des Beherbergungsgewerbes handeln würde. Hierunter sind jedoch wegen der Verwendung des Begriffs „Gewerbe" nur auf Gewinnerzielung ausgerichtete Unternehmen zu verstehen (BVerwG, NVwZ 1993, 775). Beim Bettentrakt des V-Vereins steht jedoch die Unterbringung als solche, nicht dagegen die Gewinnerzielung im Mittelpunkt. Es handelt sich bei dem Bettentrakt auch nicht um ein nach § 3 Abs. 3 Nr. 2 BauNVO zulässiges Vorhaben für kulturelle Zwecke, weil es nicht den Bedürfnissen des Baugebiets dient, sondern von ortsfremden Personen genutzt wird. Ein Bettentrakt ist somit in einem reinen Wohngebiet nicht zulässig, so dass die Baugenehmigung rechtswidrig war.

2. Es bleibt zu prüfen, ob N durch den Verstoß gegen den Bebauungsplan in seinen Rechten verletzt wurde. Dies setzt voraus, dass die Festsetzungen des Bebauungsplans nachbarschützend sind. Voraussetzung hierfür ist, dass die Norm nach ihrem Sinn und Zweck zumindest teilweise auch dem Schutz privater Belange dienen soll (BVerwGE 78, 85 u. 94, 151 u. 101, 364). Die Ausweisung eines bestimmten Baugebiets soll nicht nur allgemein städtebaulichen Belangen dienen, sondern auch den Grundstückseigentümern im Plangebiet eine bestimmte Nutzungsart ermöglichen. Liegt ein Grundstück in einem Wohngebiet, dann ist durch die Ausweisung als Wohngebiet gewährleistet, dass auf den Nachbargrundstücken keine Nutzung stattfindet, die zu einer Störung der Wohnruhe führen kann. Die Grundstückseigentümer im Gebiet eines Bebauungsplans müssen im Interesse eines geordneten Zusammenlebens bestimmte Nutzungsbeschränkungen hinnehmen. Sie haben dafür andererseits den Vorteil, dass ihre Nachbarn den gleichen Beschränkungen unterliegen. Daraus folgt ein sog. Gebietserhaltungsanspruch der Grundstückseigentümer im Geltungsbereich eines Bebauungsplans. In der Rechtsprechung wird deshalb allgemein angenommen, dass die Festsetzungen des Gebietscharakters nach §§ 2 ff. BauNVO nachbarschützend sind (BVerwGE 27, 29; 44, 244; 94, 151).

3. Die somit bei Klageerhebung begründete Nachbarklage könnte jedoch durch die dem V-Verein während des gerichtlichen Verfahrens erteilte Befreiung von den Festsetzungen des Bebauungsplans unbegründet geworden sein. Eine während des verwaltungsgerichtlichen Verfahrens eintretende Änderung der Sach- und Rechtslage ist bei der Entscheidung des Rechtsstreits zu berücksichtigen, sofern sie sich zugunsten des Bauherrn auswirkt, weil es nicht sinnvoll ist, auf eine Nachbarklage hin eine Baugenehmigung aufzuheben, die wegen veränderter Sach- oder Rechtslage auf einen erneuten Antrag hin erteilt werden müsste (BVerwGE 22, 129 u. 65, 313).

Die Befreiung von den Festsetzungen des Bebauungsplans wäre gemäß § 31 Abs. 2 Nr. 1 BauGB rechtmäßig, wenn die Grundzüge der Planung nicht berührt werden, Gründe des Wohls der Allgemeinheit die Befreiung erfordern und die Abweichung auch unter Würdigung nachbarlicher Interessen mit den öffentlichen Belangen vereinbar ist. Da der Bettentrakt sich auf die benachbarten Grundstücke kaum negativ auswirken kann, werden die Grundzüge des mit der Ausweisung eines reinen Wohngebiets verfolgten Planungsziels, nämlich ein ruhiges Wohnen zu ermöglichen, nicht berührt (vgl. BVerwG, NVwZ 1999, 1110). Grundzüge der Planung werden außerdem berührt, wenn mit derselben Berechtigung mehrere Grundstückseigentümer im Bebauungsplangebiet eine Befreiung verlangen könnten (BVerwG, NVwZ 2000, 679). Dies ist hier nicht der Fall, weil es in der Umgebung keine vergleichbare Einrichtung gibt, die einen Bettentrakt benötigen könnte.

Gründe des Allgemeinwohls erfordern eine Befreiung, wenn ein Abweichen vom Bebauungsplan auf vernünftigen Erwägungen des Allgemeinwohls beruht (BVerwGE 59, 71). Dies ist hier der Fall, denn es liegt im öffentlichen Interesse, dass die vom V-Verein durchgeführten Kurse der Erwachsenenbildung nicht durch Schwierigkeiten bei der Unterbringung der Teilnehmer behindert werden. Belange der Nachbarn werden dadurch nicht nennenswert beeinträchtigt; ebenso stehen keine öffentlichen Belange der Befreiung entgegen. Die Stadt S hat deshalb zu Recht Befreiung von den Festsetzungen des Bebauungsplans erteilt.

Die Klage des N ist daher unbegründet.

Fall 3 Bauen im nicht beplanten Innenbereich, Klage auf Erteilung einer Baugenehmigung

Landwirt B ist Eigentümer eines Wiesengrundstücks, das mit einer Breite von 60 m an eine durch D-Dorf führende Straße grenzt. Die angrenzenden Grundstücke sind auf beiden Seiten mit größeren Wohn- und landwirtschaftlichen Gebäuden bebaut. Als B beantragt, ihm die Genehmigung für die Errichtung von drei Ferienhäusern auf seiner Wiese zu erteilen, lehnt die untere Bauaufsichtsbehörde dies ab mit der Begründung, das Wiesengrundstück zähle zum Außenbereich und sei im Flächennutzungsplan als landwirtschaftliche Nutzfläche ausgewiesen. Ferner entsprächen die drei kleinen Ferienhäuser nicht der weitläufigen Bauweise in der Umgebung. B könne im Übrigen ohnehin nicht bauen, weil er die Wiese an den Landwirt L verpachtet habe.

B erhebt nach erfolglosem Widerspruch Klage mit der Begründung, das beidseitig von bebauten Grundstücken umgebene Wiesengelände gehöre zum Innenbereich. Den Pachtvertrag mit dem L habe er wegen Eigenbedarfs gekündigt.

Wird die Klage Erfolg haben?

I. Zulässigkeit

Die Klage ist als Verpflichtungsklage offensichtlich zulässig.

II. Begründetheit

B hat nach § 70 Abs. 1 LBauO Anspruch auf Erteilung einer Baugenehmigung, wenn seinem Bauvorhaben keine öffentlich-rechtlichen Vorschriften entgegenstehen. Ob möglicherweise ein privatrechtlicher Anspruch des L auf weitere Nutzung des Wiesengeländes besteht, ist unbeachtlich, denn die Baugenehmigung wird nach § 70 Abs. 1 Satz 2 LBauO unbeschadet privater Rechte Dritter erteilt. Eine Ausnahme hiervon ist nur dann zu machen, wenn der Antragsteller wegen offensichtlich entgegenstehender privater Rechte von einer ihm erteilten Baugenehmigung keinen Gebrauch machen kann (BVerwGE 42, 115). Dieser Sonderfall liegt hier nicht vor. Die Bauaufsichtsbehörde muss nicht prüfen, ob die Kündigung des Pachtvertrags wirksam ist. Es ist nicht Aufgabe der Bauaufsichtsbehörde oder der Verwaltungsgerich-

VI. Fälle

te, im Einzelnen der Frage nachzugehen, ob ein privatrechtliches Rechtsverhältnis dem Bauvorhaben im Wege steht.

1. Es muss zunächst geklärt werden, ob sich die Zulässigkeit der Errichtung der Ferienhäuser bauplanungsrechtlich nach § 34 oder § 35 BauGB richtet.

Für die Abgrenzung zwischen Außen- und Innenbereich hat die Rechtsprechung folgende Grundsätze entwickelt: Wo die Grenze eines im Zusammenhang bebauten Ortsteils und damit die Grenze zwischen Innen- und Außenbereich verläuft, lässt sich nicht in Anwendung von geografisch-mathematischen Maßstäben bestimmen, sondern bedarf einer Beurteilung aufgrund einer Wertung und Bewertung des konkreten Sachverhalts (BVerwGE 41, 227ff.). Grundsätzlich endet der im Zusammenhang bebaute Ortsteil mit der letzten Bebauung. Mithin genügt es nicht, wenn das an eine vorhandene Bebauung anschließende Bauvorhaben nach seiner Errichtung mit dieser einen Bebauungszusammenhang bildet. Dies würde die Ausdehnung eines vorhandenen Bebauungszusammenhangs ermöglichen, was städtebaulich unerwünscht ist. Deshalb ist es ständige Rechtsprechung der mit Bausachen befassten Verwaltungsgerichte, dass der Bebauungszusammenhang grundsätzlich am letzten Baukörper endet. Die sich daran anschließenden selbstständigen Flächen gehören zum Außenbereich. Ob ein unbebautes Grundstück, das sich an einen Bebauungszusammenhang anschließt, diesen Zusammenhang fortsetzt oder ihn unterbricht, hängt von den tatsächlichen örtlichen Gegebenheiten ab, so insbesondere davon, ob die aufeinanderfolgende Bebauung trotz vorhandener Baulücken noch den Eindruck der Geschlossenheit oder Zusammengehörigkeit vermittelt (vgl. zusammenfassend und grundlegend dazu: BVerwGE 31, 22) oder ob noch andere Besonderheiten, wie Geländehindernisse (z. B. Dämme, Böschungen, Gräben, Flüsse oder eine Straße), Erhebungen oder Einschnitte gegeben sind, die den zur Bebauung vorgesehenen Bereich quasi in den Bebauungszusammenhang „hineindrücken". Fehlen indessen derartige Besonderheiten, so endet der Bebauungszusammenhang in aller Regel am letzten Baukörper.

Ausreichend zur Annahme eines Bebauungszusammenhangs i. S. d. § 34 BauGB ist auch nicht, dass das Baugrundstück von einer zusammenhängenden Bebauung umgeben ist. Erforderlich ist vielmehr weiter, dass das Grundstück selbst einen Bestandteil dieses Bebauungszusammenhanges bildet, selbst also an dem Eindruck der Geschlossenheit und Zusammengehörigkeit teilnimmt. Fehlt es daran, so liegt das Grundstück zwar geographisch, nicht jedoch auch im Sinne des § 34 BauGB innerhalb eines Bebauungszusammenhangs. Vielmehr handelt es sich dann um ein zwar von Bebauung umgebenes, selbst aber in seiner Bebaubarkeit nach § 35 BauGB zu beurteilendes Grundstück.

Entscheidend ist also, ob die Wiese noch als Baulücke angesehen werden kann, weil sie den Eindruck der Zusammengehörigkeit und Geschlossenheit der angrenzenden Bebauung nicht unterbricht. Dies wird man jedenfalls in einem Dorfgebiet bei einer Unterbrechung des Bebauungszusammenhangs in einem Bereich von 60 m noch bejahen können (vgl. VGH Mannheim, NVwZ-RR 2014, 931).

2. Hinsichtlich der Art der baulichen Nutzung ist zunächst § 34 Abs. 2 BauGB zu prüfen, da diese Regelung insoweit der des Absatz 1 vorgeht (BVerwG, NVwZ 2000, 1050). Nach § 34 Abs. 2 BauGB ist ein Bauvorhaben im nicht beplanten Innenbereich nur zulässig, wenn es in einem entsprechenden Gebiet, für das ein Bebauungsplan besteht, gemäß den Vorschriften der Baunutzungsverordnung zulässig wäre. Die Umgebung des Wiesengeländes ist als Dorfgebiet anzusehen. In einem Dorfgebiet sind Ferienhäuser nach § 5 Abs. 2 BauNVO zulässig, wobei es dahinstehen kann, ob es sich dabei um einen Betrieb des Beherbergungsgewerbes (Nr. 5 - verneint von BVerwG, BauR 1989, 440) oder um einen sonstigen nicht störenden Gewerbebetrieb (Nr. 6) handelt.

Hinsichtlich des Maßes der baulichen Nutzung und der Bauweise kommt es nach § 34 Abs. 1 BauGB darauf an, ob sich das Bauvorhaben in die nähere Umgebung einfügt. Dies bedeutet nach der Rechtsprechung des Bundesverwaltungsgerichts (BVerwGE 55, 369; NVwZ 1999, 524), dass der Rahmen einzuhalten ist, der durch die vorhandene Bebauung gebildet wird. Dabei ist nicht erforderlich, dass es sich um ein Bauvorhaben handelt, das in dieser Form schon in der Umgebung vorhanden ist (BVerwGE 67, 23); das Bauvorhaben darf lediglich keine städtebaulichen Spannungen hervorrufen. Dies ist insbesondere dann der Fall, wenn anzunehmen ist, dass die Zulassung eines derartigen Vorhabens eine Veränderung der bestehenden städtebaulichen Situation, die geprägt ist durch größere Wohn- und landwirtschaftliche Gebäude, einleitet (BVerwGE 44, 302).

Bei einer Baulücke von 60 m Breite stellen drei Ferienhäuser im ländlichen Bereich eine aufgelockerte Bauweise dar. Da die Ferienhäuser wesentlich kleiner sind als die in der Umgebung vorhandenen Gebäude, könnten sie städtebauliche Spannungen hervorrufen und sich nicht in die Umgebung einfügen, wenn sie eine sog. negative Vorbildwirkung entfalten (BVerwGE 44, 302; NVwZ 1995, 698). Dies ist jedoch hier nicht der Fall. Denn das hinter den drei Ferienhäusern gelegene Gelände zählt bereits zum Außenbereich und kann daher nicht mit Ferienhäusern bebaut werden (BVerwG, NJW 1982, 2512 - s. dazu auch Fall 4).

Hinweis: Wenn das Einfügen verneint werden müsste, könnten die drei Ferienhäuser nicht nach § 34 Abs. 3a BauGB genehmigt werden, da diese Vorschrift bei der Neuerrichtung einer gewerblichen Anlage nicht gilt.

3. Neben der Frage des Einfügens ist nach § 34 Abs. 1 BauGB zu prüfen, ob das Bauvorhaben das Ortsbild beeinträchtigt. Diese Tatbestandsvoraussetzung hat vor allem dann Bedeutung, wenn ein Bauvorhaben sich auffallend von der sonstigen Bebauung abhebt und damit ein in sich geschlossenes Ortsbild stört (BVerwG, NVwZ 1991, 51; NVwZ 2000, 1169). Ein Vorhaben, das sich im Sinne des § 34 Abs. 1 BauGB in die Umgebung einfügt, wird in aller Regel das Ortsbild nicht beeinträchtigen. Dies gilt auch für den hier zu behandelnden Fall.

4. Dem Flächennutzungsplan kommt im Rahmen des § 34 Abs. 1 BauGB keine Bedeutung zu. Der Flächennutzungsplan ist keine Rechtsnorm, denn er entfaltet nach § 7 BauGB lediglich gegenüber Behörden Bindungswirkung. Die Versagung einer Baugenehmigung für ein im Innenbereich gelegenes Grundstück wegen der Festsetzungen des Flächennutzungsplans scheidet schon deshalb aus, weil es sich dabei um einen unzulässigen Eingriff in die Baulandqualität des Grundstücks handeln würde (BVerwG, BauR 1981, 351).

Sonstige bauplanungsrechtliche Hinderungsgründe, die dem Bauvorhaben entgegenstehen könnten, sind nicht ersichtlich. Die Verpflichtungsklage ist daher begründet.

Fall 4

Bauen im Außenbereich, Beseitigungsverfügung, Bestandsschutz

E erwirbt eine im Außenbereich auf einer Weise am Waldrand gelegene Feldscheune, die er durch umfangreiche Baumaßnahmen (Einbau von Fenstern, Einziehen von

Trennwänden und Zwischendecken) in ein Wochenendhaus umwandeln will. Der entsprechende Bauantrag des E wird von der unteren Bauaufsichtsbehörde abgelehnt.

Mehrere Jahre später stellt die Behörde fest, dass E zwischenzeitlich die Scheune, wie beabsichtigt, in ein Wochenendhaus umgewandelt hat, und gibt ihm daraufhin die Beseitigung des Bauwerks auf.

E legt Widerspruch ein mit der Begründung, die Scheune genieße Bestandsschutz, so dass er sie einer für ihn sinnvollen Nutzung zuführen könne. Nachdem der Umbau bereits mehrere Jahre zurückliege, könne die Beseitigung des Bauwerks nicht mehr angeordnet werden, zumal in einer Entfernung von 200 m noch ein weiteres Wochenendhaus stehe, dessen Beseitigung die Behörde nicht verlange.

Der Widerspruch wird vom zuständigen Rechtsausschuss zurückgewiesen; dabei wird unter anderem ausgeführt, die Beseitigung des anderen Wochenendhauses komme nicht in Betracht, weil es bereits im Jahr 1960 errichtet worden sei.

Daraufhin erhebt E Klage beim Verwaltungsgericht und erklärt in der mündlichen Verhandlung unter Vorlage eines Grundbuchauszugs, er habe vor kurzem das Grundstück an seinen Sohn übereignet, so dass die Beseitigungsverfügung schon aus diesem Grund aufzuheben sei.

Wie wird das Verwaltungsgericht entscheiden?

I. Zulässigkeit

Gegen eine Beseitigungsverfügung ist Anfechtungsklage zu erheben. E ist als Adressat des Bescheids nach § 42 Abs. 2 VwGO klagebefugt.

Zweifelhaft könnte sein Rechtsschutzbedürfnis sein, nachdem er das Grundstück auf seinen Sohn übertragen hat. Ein Rechtsschutzbedürfnis wäre zu verneinen, wenn sich durch diesen Vorgang die Beseitigungsverfügung erledigt hätte und die Behörde gegenüber dem Sohn eine neue Beseitigungsverfügung erlassen müsste. Dies ist jedoch nicht der Fall, denn eine Beseitigungsverfügung wirkt nach § 81 Satz 3 LBauO auch gegenüber dem Rechtsnachfolger. Es handelt sich dabei nämlich um einen sachbezogenen Verwaltungsakt, der nicht von den persönlichen Verhältnissen hinsichtlich des Eigentums abhängig ist. Der Sohn ist aber nach §§ 173 VwGO, 265 Abs. 2 ZPO berechtigt, den Rechtsstreit anstelle des E fortzuführen. Solange er dies nicht tut, kann E weiterhin gemäß § 265 Abs. 2 ZPO die Klage gegen die Beseitigungsverfügung betreiben.

II. Begründetheit

1. Eine Beseitigungsverfügung kann gemäß § 81 LBauO erlassen werden, wenn das Gebäude seit seiner Errichtung gegen materielles Baurecht verstößt und nicht durch eine Baugenehmigung gedeckt ist (s. Rn. 167f.).

Die Umwandlung der Scheune in ein Wochenendhaus war nach §§ 60, 61 LBauO genehmigungspflichtig, denn für die neue Nutzung gelten weitergehende Anforderungen als für die frühere Nutzung. Eine Genehmigung ist aber nicht erteilt worden, den ablehnenden Bescheid der Bauaufsichtsbehörde hat E bestandskräftig werden lassen.

Es fragt sich, ob im Hinblick auf die Bestandskraft der Versagung der Baugenehmigung überhaupt noch die materielle Baurechtswidrigkeit geprüft werden muss. Die Bestandskraft eines Verwaltungsakts hat aber anders als die Rechtskraft eines Urteils nicht zur Folge, dass damit die Rechtslage zwischen den Beteiligten bindend festgestellt ist, vielmehr wird durch die Bestandskraft lediglich das Verwaltungsverfahren abgeschlossen. Die Bauaufsichtsbehörde muss daher trotz bestandskräftiger Versagung einer Baugenehmigung die materielle Baurechtswidrigkeit eines illegal errichteten Gebäudes überprüfen (BVerwGE 48, 271).

2. Ein Wochenendhaus ist nicht in § 35 Abs. 1 BauGB als privilegiertes und damit im Außenbereich grundsätzlich zulässiges Bauvorhaben angeführt. In Betracht kommt insoweit nur Nr. 4 dieser Vorschrift. Zwar werden Wochenendhäuser mit Vorliebe im Außenbereich errichtet. Das bedeutet aber nicht, dass sie nur dort ihren Zweck erfüllen können. Auch ein innerhalb eines Ortes gelegenes Gebäude kann durchaus eine sinnvolle Erholung am Wochenende ermöglichen. Im Übrigen setzt § 35 Abs. 1 Nr. 4 BauGB eine Wertung voraus, ob ein Bauvorhaben im Außenbereich errichtet werden „soll" (BVerwG, NVwZ 1995, 64). Das ist nicht der Fall, wenn das Vorhaben der privaten Erholung einzelner dient, weil der Außenbereich für die Erholung der Allgemeinheit zur Verfügung stehen soll (BVerwG, BauR 1992, 52). Wochenendhäuser sind daher nicht nach § 35 Abs. 1 Nr. 4 BauGB privilegiert (BVerwG, NVwZ 2000, 1048).

3. Das Wochenendhaus könnte nach § 35 Abs. 2 BauGB zulässig sein, wenn es keine öffentlichen Belange beeinträchtigt. Als beeinträchtigte Belange im Sinne des § 35 Abs. 3 BauGB kommen vor allem die natürliche Eigenart der Landschaft sowie die Entstehung einer Splittersiedlung in Betracht. Die natürliche Eigenart der Landschaft wird geprägt durch die dort anzutreffende Bodennutzung, im Außenbereich in der Regel Land- und Forstwirtschaft (BVerwGE 26, 111; BauR 2000, 1312). In einer derartigen Umgebung stellt ein Wochenendhaus einen Fremdkörper dar. Außerdem kann die Zulassung eines Wochenendhauses dazu führen, dass weitere gleichartige Vorhaben nicht mehr verhindert werden können und damit eine unerwünschte Zersiedelung des Außenbereichs (Entstehung einer Splittersiedlung) eingeleitet wird (BVerwGE 54, 74; NVwZ 2004, 982).

4. Die Umwandlung der Scheune in ein Wochenendhaus könnte aber durch § 35 Abs. 4 Nr. 1 BauGB gedeckt sein, da die vorhandene Bausubstanz zweckmäßig verwendet wird. Weitere Voraussetzung ist, dass die Umbaumaßnahmen nicht zu einer wesentlichen Änderung der äußeren Gestalt führen, was bejaht werden kann, wenn lediglich neue Fenster eingebaut werden. Eine Anwendung des § 35 Abs. 4 Nr. 1 BauGB scheitert aber daran, dass die Scheune im Feld steht, also nicht zu einer Hofstelle eines landwirtschaftlichen Betriebs gehört (BVerwG, BauR 2006, 1103).

5. Schließlich könnte der Gesichtspunkt des Bestandsschutzes einer Beseitigungsverfügung entgegenstehen. Der Bestandsschutz erlaubt jedoch nur Instandsetzungs- und Modernisierungsarbeiten, nicht aber einen umfassenden Umbau eines Bauwerks, der einem Neubau gleichkommt (BVerwGE 36, 296; NVwZ 2002, 92). Außerdem besteht Bestandsschutz nur im Rahmen der bisherigen Nutzung, eine Nutzungsänderung wird mithin nicht vom Bestandsschutz erfasst (BVerwGE 47, 185; BauR 1994, 737). E kann sich daher für seine Umbaumaßnahmen nicht auf Bestandsschutz berufen.

6. Da das umgebaute Gebäude somit formell und materiell baurechtswidrig ist, kann die Bauaufsichtsbehörde nach § 81 LBauO die Beseitigung anordnen. Die Befugnis der Behörde zum Erlass einer Beseitigungsverfügung wird nicht dadurch eingeschränkt, dass das Wochenendhaus bereits seit mehreren Jahren steht. Die Behörde kann ihr Recht zum Einschreiten grundsätzlich nicht verwirken (s. Rn. 297). Es müssen auf jeden Fall zusätzliche Umstände hinzukommen, aus denen der Eigentümer den Schluss ziehen kann, dass die Behörde gegen das rechtswidrig errichtete Bauwerk nicht vorgehen wird (BVerwGE 44, 339; OVG Koblenz, BRS 36 Nr. 216 u.

BauR 2012, 1634). Bloßer Zeitablauf reicht auf keinen Fall aus. Da es hier an einer von der Behörde geschaffenen Vertrauensgrundlage fehlt, kommt eine Verwirkung der Eingriffsbefugnis der Behörde überhaupt nicht in Betracht.

7. Die Bauaufsichtsbehörde muss beim Erlass von Abbruchsverfügungen ferner den Grundsatz der Verhältnismäßigkeit (s. Rn. 295) und den Gleichheitsgrundsatz beachten. E droht durch den Abbruch des Wochenendhauses ein beträchtlicher materieller Schaden. Gleichwohl ist die Maßnahme der Behörde im Hinblick auf die von einem Wochenendhaus im Außenbereich ausgehende Störung der natürlichen Eigenart der Landschaft nicht unverhältnismäßig, zumal E mit der ungenehmigten Umwandlung der Scheune in ein Wochenendhaus bewusst auf eigenes Risiko gehandelt hat (BVerwG, NVwZ-RR 1997, 273; OVG Lüneburg, BauR 2000, 87).

8. Die Behörde könnte jedoch den Gleichheitsgrundsatz missachtet haben, wenn sie von E die Beseitigung des Wochenendhauses verlangt, aber ein vergleichbares Gebäude in näherer Umgebung stehen lässt. Art. 3 GG verlangt jedoch nicht, dass die Behörde gegen alle rechtswidrigen Bauwerke vorgeht, sie kann vielmehr nach objektiven Kriterien, insbesondere der Auffälligkeit des Gebäudes oder dem Zeitpunkt der Errichtung differenzieren (s. Rn. 296). Es ist deshalb nicht zu beanstanden, dass die Bauaufsichtsbehörden gegen rechtswidrige Wochenendhäuser, die vor Inkrafttreten der LBauO 1961 errichtet worden sind, nicht einschreitet. Dies beruht auf der sachgerechten Erwägung, dass bis zu diesem Zeitpunkt die Vorstellung weit verbreitet war, dass Kleinbauten im Außenbereich zulässig seien.

Die zulässige Klage des E ist daher unbegründet.

Fall 5 Vorläufiger Rechtsschutz, Abstandsfläche

G ist Eigentümer eines in der Altstadt der Stadt S direkt an einer nur 4 m breiten Straße gelegenen Wohnhauses. Das Gebäude weist eine Außenwandhöhe von 10 m auf. Er erhält auf seinen Antrag hin von der Stadt die Genehmigung zur Errichtung eines Imbissstandes für gegrillte Fleischwaren im Erdgeschoss. Das Gebäude soll deswegen an dieser Gebäudeseite im Erdgeschoss ein Fenster (Kundentheke) erhalten. Gegen die Baugenehmigung legt N, Eigentümer des auf der anderen Seite der Gasse gelegenen Wohnhauses, Widerspruch ein mit der Begründung, die von der Grillstation ausgehende Brandgefahr sei ihm im Hinblick auf den geringen Abstand nicht zuzumuten.

Hat ein Antrag des N auf Gewährung vorläufigen Rechtsschutzes Aussicht auf Erfolg?

I. Zulässigkeit

Da der Widerspruch des N nach § 212a BauGB keine aufschiebende Wirkung hat, kann N nach §§ 80a Abs. 3, 80 Abs. 5 VwGO die Anordnung der aufschiebenden Wirkung seines Widerspruchs beantragen. Ein vorheriger Antrag bei der Bauaufsichtsbehörde nach § 80a Abs. 1 VwGO ist dabei nicht erforderlich; die Verweisung in § 80a Abs. 3 VwGO auf § 80 Abs. 6 VwGO wird als Redaktionsversehen angesehen (OVG Koblenz, BauR 2004, 59).

II. Begründetheit

1. Für die nach § 80a Abs. 3 VwGO zu treffende Ermessensentscheidung des Gerichts sind die gegenläufigen Interessen des Antragstellers an der Erhaltung des status quo bis zur rechtskräftigen Entscheidung über sein gegen die Baugenehmigung eingelegtes Rechtsmittel und das entgegenstehende Interesse des Bauherrn, unge-

achtet des eingelegten Rechtsmittels den Bau in Angriff nehmen zu können, abzuwägen. Dabei ist die aufschiebende Wirkung des Rechtsbehelfs anzuordnen, wenn ernstliche Zweifel an der Vereinbarkeit des Vorhabens mit nachbarschützenden Vorschriften bestehen. Demgegenüber ist der Antrag auf Gewährung vorläufigen Rechtsschutzes abzulehnen, wenn die Baugenehmigung offensichtlich nicht gegen nachbarschützende Normen verstößt. Lässt sich auch nach intensiver Prüfung nicht feststellen, ob der Rechtsbehelf des Nachbarn wahrscheinlich zum Erfolg führen wird, sind die Erfolgsaussichten also offen, ist eine umfassende Interessenabwägung vorzunehmen (s. OVG Lüneburg, NVwZ 2007, 478). Dabei hat der Gesetzgeber mit der Einfügung des § 212a BauGB keine materielle Bewertung der Interessen des Bauherrn und des die Baugenehmigung anfechtenden Nachbarn in dem Sinne vorgenommen, dass dem Interesse des Bauherrn an der sofortigen Vollziehbarkeit der Baugenehmigung regelmäßig ein höheres Gewicht zukommt (vgl. BVerwG, BauR 2002, 63). Der gesetzliche Ausschluss der aufschiebenden Wirkung der Klage hat lediglich zur Folge, dass die Behörde von der ihr sonst nach § 80 Abs. 2 Satz 1 Nr. 4 VwGO obliegenden Pflicht entbunden wird, das öffentliche Interesse an der sofortigen Vollziehung anhand der konkreten Gegebenheiten besonders zu begründen.

2. G benötigt für die Umwandlung des Erdgeschosses seines Wohnhauses in einen Imbissstand mit Grillbetrieb nach §§ 61, 62 LBauO eine Baugenehmigung. Denn für Gaststätten gelten sowohl bauplanungsrechtlich als auch bauordnungsrechtlich weitergehende Vorschriften als für Wohngebäude.

3. Die dem G erteilte Baugenehmigung könnte gegen die Abstandsflächenvorschrift des § 8 LBauO verstoßen. Fraglich ist allerdings, ob diese Vorschrift bei Nutzungsänderungen Anwendung findet. Dies könnte man mit der Begründung verneinen, ein Abstand sei nur bei der Errichtung, nicht aber bei der Nutzungsänderung eines ohne Beachtung des gesetzlich vorgeschriebenen Abstands errichteten Gebäudes einzuhalten. Anders ist es aber, wenn die neue Nutzung im Hinblick auf den Schutzzweck der Abstandsfläche (Belichtung und Belüftung sowie Brandschutz) für den Nachbarn wesentlich größere Beeinträchtigungen mit sich bringt als die frühere Nutzung (VGH Mannheim, NVwZ-RR 2010, 387) oder wenn die Nutzungsänderung dazu führt, dass eine privilegierte Grenzbebauung ihre Privilegierung verliert. In diesem Fall muss bei einer abstandsflächenrelevanten Nutzungsänderung die Abstandsfläche nach § 8 LBauO eingehalten werden. Die grenznahe Bebauung ist hier weder vor noch nach der Nutzungsänderung privilegiert. Da der Baukörper nicht verändert wird, ändern sich auch die Belichtungs- und Besonnungsverhältnisse nicht.

Die Baugenehmigung verstößt aber unter brandschutzrechtlichen Gesichtspunkten gegen Rechte des N. Nach § 15 Abs. 1 LBauO müssen bauliche Anlagen so angeordnet und beschaffen sein, dass der Entstehung eines Brandes und der Ausbreitung von Feuer und Rauch vorgebeugt wird und bei einem Brand die Rettung von Menschen und Tieren und wirksame Löscharbeiten möglich sind. Diese Vorschrift ist nachbarschützend (s. Rn. 330). Sie ist hier anzuwenden, weil nach § 3 Abs. 1, § 61 LBauO die Nutzungsänderung der Errichtung eines Gebäudes gleichsteht. Die Einzelheiten des Brandschutzes regelt § 30 LBauO. Nach § 30 Abs. 2 Satz 1 Nr. 1 LBauO sind Brandwände zum Abschluss von Gebäuden herzustellen, soweit die Abschlusswand in einem Abstand bis zu 2,50 m von der Nachbargrenze errichtet wird. Da das Gebäude des G nur einen Grenzabstand von 2 m einhält, ist eine Brandwand erforderlich. In einer Brandwand sind nach § 30 Abs. 8 Satz 1 LBauO Öffnungen nicht zulässig. Dagegen verstößt die Außenwand des G, die ein Fenster als Kundentheke erhalten soll. Eine Brandwand wäre nur dann entbehrlich und damit die Öffnung möglich, wenn ein Abstand von 5 m zu auf dem Nachbargrundstück bestehenden oder nach baurechtlichen Vorschriften zulässigen Gebäuden öffentlich-rechtlich gesichert ist (§ 30 Abs. 2 Satz 1 Nr. 1 LBauO). Dieser Ausnahmefall liegt hier nicht vor.

Da der Widerspruch somit Aussicht auf Erfolg hat, wird das Verwaltungsgericht die aufschiebende Wirkung des Rechtsmittels anordnen.

Literaturverzeichnis

1. Kommentare zum Baugesetzbuch

Battis/Krautzberger/Löhr, BauGB, 12. Aufl., 2014
Brügelmann, BauGB, Loseblatt-Ausgabe 93. Lfg. 2015
Ernst/Zinkahn/Bielenberg/Krautzberger, BauGB, 118. Lfg. 2015
Schrödter, 8. Aufl. 2015
Spannowsky/Uechtritz, 2. Aufl. 2014

2. Kommentare zur Baunutzungsverordnung

Fickert/Fieseler, 12. Aufl., 2014
Eine Kommentierung der BauNVO befindet sich ferner in den o.a. Kommentaren zum BauGB.

3. Kommentare zur LBauO

Jeromin, 3. Aufl., 2012

4. Lehrbücher und Monographien

Battis, Öffentliches Baurecht und Raumordnungsrecht, 6. Aufl., 2014
Finkelnburg/Ortloff/Kment, Öffentliches Baurecht, Bd. 1, 6. Aufl., 2011 und Bd. II, 6. Aufl., 2010
Hoppe/Bönker/Grotefels, Das öffentliche Bau- und Bodenrecht, 4. Aufl., 2010
Hoppenberg/Witt, Handbuch des öffentlichen Baurechts, 40. Lfg., 2015
Koch/Hendler, Baurecht, Raumordnungs- und Landesplanungsrecht, 5. Aufl., 2009
Stüer, Handbuch des Bau- und Fachplanungsrechts, 5. Aufl., 2015

5. Sonstige Literatur

Bosch/Schmidt, Praktische Einführung in das verwaltungsgerichtliche Verfahren, 9. Aufl., 2012
Finkelnburg/Jank, Vorläufiger Rechtsschutz im Verwaltungsstreitverfahren, 6 Aufl., 2011
Kopp/Ramsauer, Kommentar zum VwVfG,15. Aufl., 2014
Kopp/Schenke, Kommentar zur VwGO, 21. Aufl., 2015
Redeker/v. Oertzen, Kommentar zur VwGO, 16. Aufl., 2014
Schoch/Schneider/Bier, Kommentar zur VwGO, 28. Lfg. 2015
Sodan/Ziekow, Kommentar zur VwGO, 4. Aufl., 2014
Stelkens/Bonk/Sachs, Kommentar zum VwVfG, 8. Aufl., 2014

Stichwortverzeichnis

Abbruch s. Beseitigung
Abgrenzungssatzung 127
Ablösevertrag 239
Abrundungssatzung 138
Abstandsfläche 218ff.
- Abweichung 220
- Grenzbau 220
- Grenzgarage 230
- Lage 219
- Nachbarschutz 330
- Nutzungsänderung 222
- sonstige bauliche Anlagen 225ff.
- Tiefe 223
Abstimmungspflicht 24
Abwägung 46ff.
- Abwägungsbereitschaft 48
- Abwägungsdirektive 21f., 46
- Abwägungsergebnis 56
- abwägungserhebliche Belange 51
- Abwägungsfehler 55
- Abwägungsmangel 55
- Abwägungsvorgang 46ff.
- gerichtliche Überprüfung 55
Anbauverbot 268
Angrenzerbenachrichtigung 275
Anschlussbebauung 164
Anspruch auf Einschreiten der Baubehörde 334ff.
Artenschutz 18, 31, 153
Aufenthaltsraum 248
Auflagen 70, 254, 262
- Rechtsschutz 262
Ausfertigung 68, 89
Auslegung 64
Ausnahme 116, 122, 260, 268
Außenbereich 140ff.
- Abgrenzung 140
- begünstigte Vorhaben 170ff.
- Bestandsschutz 167ff.
- Biogasanlage 154
- Dienen 147
- Eigenverbrauch 144
- Flächennutzungsplan 156f., 160
- gemeindliche Planungshoheit 158, 166
- Gewinnzielung 144
- Landesplanung 158
- landwirtschaftlicher Betrieb 143
- Mitgezogener Betriebsteil 148
- Naturschutz 162
- natürliche Eigenart 163
- Nebenerwerbslandwirt 146
- nichtprivilegierte Vorhaben 159
- Nutzungsänderung 171
- Öffentliche Versorgungsbetriebe 149
- ortsgebundener Betrieb 150
- Pachtland 145
- Pferdezucht 144, 148
- privilegierte Vorhaben 142 ff.
- Raumordnung 165
- Rücksichtnahmegebot 166
- Splittersiedlung 164
- Tabuzone 157
- Umwelteinwirkungen 161
- Vorbildwirkung 164
- Wiederaufbau 172
- Windkraftanlage 153
- Wochenendhaus 152
Außenbereichssatzung 177
Aussetzung der Vollziehung 375
Automaten 94
Bauantrag 251
Baubeginn 255, 278
Baubehörden 258
Baueinstellung 302
Baufreigabe 259
Baufreiheit 1
Baugenehmigung 259ff.
- Abweichungen 260
- Antrag 251
- Auflage 262
- Ausnahmen 260
- Bedingungen 262
- Befreiungen 116
- Entscheidungsfrist 254
- Erlöschen 264
- Geltungsdauer 265
- Instandsetzung 251
- Klage 356
- Nachtragsgenehmigung 285
- Nutzungsänderung 252
- Präklusion 275
- private Rechte 261
- Prüfungsumfang 254

- Rechtsnachfolger 263
- Rechtswirkung 263
- Rücknahme 280
- Schlusspunkttheorie 259
- Umbauten 222
- Verhältnis zu sonstigen Genehmigungen 266ff.
- Verlängerung 265
- Widerruf 281

Baugrenze 82, 324

Baulast 289

Bauleitplanung 8 ff.
- Abstimmungspflicht, interkommunale 24
- Abwägung 46ff.
- Änderung 65
- Anspruch auf Aufstellung 20
- Aufstellungsbeschluss 60
- Ausfertigung 68
- Auflagen 70
- Auslegung 64
- Außerkrafttreten 76
- Begründung 72
- Bekanntmachung 71
- Beteiligung der Träger öffentl. Belange 63
- Bindung der Gemeinde 49
- Entwicklungsgebot 33f.
- Erforderlichkeit 14
- Geltungsdauer 76
- Genehmigung 69
- gerichtliche Kontrolle 55ff.
- Gesetzliche Schranken 21ff.
- Grundsätzliches 8
- kommunalrechtl. Fehler 86
- Konfliktbewältigung 54
- Landesplanung 22
- Lastenverteilung 53
- naturschutzrechtl. Eingriff 26
- Planungshoheit 11
- Planungsprinzipien 41ff.
- Problembewältigung 54
- Raumordnung 22
- Rechtsschutz 338ff.
- Umweltprüfung 32
- Verfahrensfehler 86
- vertragliche Verpflichtung 50
- Vorwegnahme der Planungsentscheidung 48
- Zuständigkeit 11

bauliche Anlage 93ff.
- baugenehmigungsbedürftige 251
- baugenehmigungsfreie 253
- zustimmungsbedürftige 256

Baulinie 114

Baulücke 129

Baunutzungsverordnung 96ff.
- Allgemeines Wohngebiet 98
- Art der baulichen Nutzung 79ff.
- Baugrenzen 82, 114
- Baulinien 82, 114
- bauordnungsrechtl. Festsetzungen 83
- Bauweise 113
- Einkaufszentren 103
- freie Berufe 106
- Gewerbegebiet 100
- Industriegebiet 101
- Maß der baulichen Nutzung 109ff.
- Mischgebiet 99
- Nebenanlagen 107
- Reines Wohngebiet 97
- Sondergebiete 102
- Systematik 79
- Vergnügungsstätten 104

Bauaufsichtsbehörde 258

Bauordnungsrecht 7, 211ff.

Bauplanungsrecht 8ff.

Bauvorbescheid 283f.

Bebauungsplan
- Abhängigkeit vom Flächennutzungsplan 33ff.
- Anspruch auf Aufstellung 20
- Art der baulichen Nutzung 96ff.
- Aufstellungsbeschluss 60
- Ausfertigung 68
- Auslegung 64
- Ausnahme 116ff.
- Bauen im Vorgriff auf Bebauungsplan 178
- Befreiung 117
- Begründung 72
- Bekanntmachung 71
- Beschleunigtes Verfahren 73
- Bestimmtheit 45
- Entwicklungsgebot 33
- Fehler 84ff.
- Funktionslosigkeit 76
- Geltungsdauer 76
- Heilung von Fehlern 89
- Inhalt 77ff.
- Innenentwicklung 74f.
- Inzidentprüfung 354
- Maß der baulichen Nutzung 109ff.
- Materiell-rechtliche Fehler 88

Stichwortverzeichnis

- Negativplanung 44
- Parallelverfahren 36
- Planentwurf 61
- Plangewährleistungsanspruch 20
- Problembewältigung 54
- qualifizierter Bebauungsplan 95
- Rechtsschutz 339ff.
- Satzungsbeschluss 67
- selbstständiger Bebauungsplan 37
- Teilunwirksamkeit 349
- Umweltbericht 32
- Vereinfachtes Verfahren 73
- Verfahren 59ff.
- Verfassungsbeschwerde 354
- vorzeitiger Bebauungsplan 38

Befangenheit 86

Befreiung 116ff.

Beiladung 182, 301, 357

Beseitigungsverfügung 290ff.
- Adressat 298f.
- Baurechtswidrigkeit 290
- Beseitigungskonzept 296
- Duldungsverfügung 298
- Ermessen 294
- Formelle Baurechtswidrigkeit 291
- Gleichheitsgrundsatz 296
- Klage 366
- Materielle Baurechtswidrigkeit 292
- Miteigentümer 298
- Rechtsnachfolger 299
- Verhältnismäßigkeit 295
- Vermietung 299
- Verwirkung 297
- Vollstreckung 299

Bestandsschutz 167ff.

Brandschutz 330

Campingplatz 76, 298

Dachgeschoss 81, 233

Denkmalschutz 272

Duldungsverfügung 298

Durchführungsvertrag 210

Einfriedung 83, 253

Eingriffsregelung 26

Einkaufszentrum 103

Einvernehmen 179ff.
- Ersetzung 181
- Rechtsschutz 183
- Rücknahme 182
- Schadensersatz 181
- Versagungsgründe 180

Entwicklungsgebot 33

Entwicklungssatzung 138

Erforderlichkeit
- Planerische Konzeption 16
- Verhinderungsplanung 44

Ergänzendes Verfahren 73

Ergänzungssatzung 138

Ermittlung des Abwägungsmaterials 51

Erschließung 185

Fachplanung 10, S25

Fahrradstellplätze 232

FFH-Gebiet 31

Flächennutzungsplan 33
- Inhalt 77
- Rechtsnatur 338
- Rechtsschutz 338
- Verhältnis zum Bebauungsplan 34f.

Fliegende Bauten 288

Folgekostenvertrag 207

Folgenbeseitigungsanspruch 191, 336

Freistellungsverfahren 255

Garagen 80, 230ff.

s. auch Stellplätze

Gebäude
- Landwirtschaftliche Gebäude 143ff.

Gebietserhaltungsanspruch 321

Gebot der Rücksichtnahme 166, 317ff.
- Bebauungsplan 323
- Rechtsgrundlage 319
- Trennungsgebot 52
- Verhältnis zu Abstandsflächen 319

Geländeoberfläche 110f., 223

Gemeinde
- Einvernehmen 179f.
- Klagebefugnis 183
- Planungshoheit 11

Gemeinderat
- Befangenheit 86
- öffentliche Sitzung 86

Gemengelage 133ff.

Genehmigungspflicht
- Instandhaltung 251
- Umbau 222

Geschossflächenzahl 81

Gesetzgebungskompetenz 4

Gewerbegebiet 100

Gewohnheitsrecht 59

Gleichheitsgrundsatz 296
Grenzabstand 218ff.
Grenzgarage 230
großflächiger Einzelhandelsbetrieb 103
Grundflächenzahl 81
Immissionsschutz 245,271
Innenbereich
– Abgrenzung 124 ff.
– Baulücken 129
– Baunutzungsverordnung 96ff.
– Einfügen 130
– Entwicklungssatzung 138
– Ergänzungsatzung 138
– Faktisches Baugebiet 136
– Fremdkörper 131
– Gebot der Rücksichtnahme 132
– Gemengelage 133
– Klarstellungssatzung 127
– Ortsbild 134
– Ortsteil 125
– Seveso II-RL 134
– Umgebung 130f.
Interkommunale Rücksichtnahme 24
Inzidentprüfung 354
Kellergeschoss 248
Kiesgrube 149
Kinderspielplatz 249,271, 336f.
Klarstellungssatzung 138
Lagerplatz 94
Landesentwicklungsprogramm 22f., 158
Landschaftsschutzverordnung 55,270
Landwirtschaft 143ff.
– Dienen 147
– mitgezogener Betriebsteil 148
– Pachtland 145
Mischgebiet 99
Musterbauordnung 6
Nachbarklage 368ff.
– aufschiebende Wirkung 375
– Aussetzung der Vollziehung 375
– Baugenehmigung 368ff.
– Bauvorbescheid 371
– Begründetheit 310,369
– Folgenbeseitigungsanspruch 336
– Freistellungsverfahren 372
– Klage auf Einschreiten 372
– Klagebefugnis 369
– öffentliche Bauvorhaben 374
– vorläufiger Rechtsschutz 375ff.

Nachbarrechtsgesetz 305
Nachbarschutz 305ff.
– Abstandsvorschriften 218ff.,330
– Anspruch auf Einschreiten der Baubehörde 334ff.
– Art. 2 GG 314
– Art der baulichen Nutzung 326f.
– Außenbereich 327
– Baugrenze/Baulinie 324
– Bauordnungsrecht 329f.
– Bebauungsplan 324
– Befreiung 325
– Dinglich Berechtigter 308f.
– Eigentumsverletzung 341
– Erschließung 328
– Folgenbeseitigungsanspruch 336
– Gebietserhaltungsanspruch 321
– Maß der baulichen Nutzung 324
– Mieter 308
– Nachbarbegriff 307ff.
– nachbarschützende Normen 330ff.
– öffentliche Einrichtungen 337
– Pächter 308
– planübergreifender Nachbarschutz 321
– privatrechtlicher Nachbarschutz 305
– Rücksichtnahmegebot 317ff.
– Schutznormtheorie 311
– Schwarzbau 315
– Sportanlagen 337
– tatsächliche Betroffenheit 310
– Übersicht 330Umweltrecht 331
– Veränderungssperre 325
– Verfahrensvorschriften 315ff.
– Verwirkung 333f.
– Verzicht 332
– Wohnungseigentümer 309
– zivilrechtlicher Abwehranspruch 306
– Zustimmung 275
Nachbarwiderspruch 370 ff.
– Widerspruchsfrist 370
s. auch Nachbarklage
Naturschutz 26,162
Nebenbestimmung 262
Normenkontrollverfahren 338ff.
– Antragsbefugnis 341
– Antragsfrist 339
– Behördenantrag 346
– Beiladung 357
– einstweilige Anordnung 352
– Entscheidung 351
– Objektive Rechtskontrolle 347
– Präklusion 340

Stichwortverzeichnis

- Rechtsschutzbedürfnis 347
- Umweltrechtsbehelfsgesetz 350f.
- Verwirkung 345
- Vorläufiger Rechtsschutz 352

Nutzungsänderung 222

Nutzungsuntersagung 300ff.

Ortsbausatzung 229

Ortsteil 125

Planfeststellung 92,273

Planungsermessen 15

Planungshoheit 11
- gerichtliche Kontrolle 55ff.
- vertragliche Verpflichtung 50
- Vorwegnahme der Planungsentscheidung 49

Planungsverband 12

Präklusion 275

Präventive Maßnahmen 304

Private Rechte 261

Privilegierte Vorhaben 142ff.
s. auch Außenbereich

Raumordnung 22f.

Rechtsnachfolger
- Baugenehmigung 263
- Beseitigungsverfügung 299

Rechtsschutz 338ff..
- Amtspflichtverletzung 356f.
- Antrag auf Einschreiten 334
- Baugenehmigung 356
- Bebauungsplan 339ff.
- Beseitigungsverfügung 366
- Flächennutzungsplan 338
- Fortsetzungsfeststellungsklage 356
- Gemeinde 378
- Maßgeblicher Zeitpunkt 356,366
- Nachbargemeinde 338ff.
- Nachbarklage 368ff.
- Schadensersatz 356
- vorläufiger Rechtsschutz 375ff.

Rücknahme der Baugenehmigung 280f.

Rücksichtnahmegebot 317ff.

Sachbescheidungsinteresse 254, 261, 284

Schlusspunkttheorie 259ff.

Städtebaulicher Vertrag 204f.

Standsicherheit 254,330

Stellplätze 232ff.
- Ablösesatzung 240
- Ablösevertrag 239

- Fußgängerzone 232
- Lage der Stellplätze 237
- Leistungsklage 240
- Nachbarschutz 235
- Nutzungsänderung 233
- Zahl der Stellplätze 232
- Zweckentfremdung 238

Straßenplanung 10,83

Technische Baubestimmungen 241

Teilbaugenehmigung 278

Teilungsgenehmigung 198ff.

Tekturgenehmigung 285

Typengenehmigung 2876

Umweltbericht 32

Umweltprüfung 32,60

Umweltrecht 331

Untätigkeitsklage 370

Untergeschoss 111

Veränderungssperre 188ff.
- Ausnahmen 191f.
- Außerkrafttreten 195
- Entschädigung 196
- Erneute Veränderungssperre 193
- faktische Zurückstellung 194
- Geltungsdauer 192ff.
- Planungskonzeption 188
- Rechtsnatur 189
- Verlängerung 192
- Voraussetzung 188

Verfahrensfehler 85

Verfassungsbeschwerde 354

Vergnügungsstätten 104

Versorgungsbetriebe 149

Verträge, städtebauliche 204f.

Verunstaltung 162, 213

Verwirkung 297,332f.,345

Verzicht 332

Vogelschutzgebiet 31, 73f.

Vollgeschoss 81

Vorhabenbezogener Bebauungsplan 209

Vorkaufsrecht 201ff.
- Ausübung 202
- Kaufpreis 203

Vorläufiger Rechtsschutz 352, 375ff.
- aufschiebende Wirkung 375
- Aussetzung der Vollziehung 375

Wasserrecht 269

Wasserversorgung 247

Werbeanlagen 214ff.
Wochenendhaus 152
Wohngebiet
- Allgemeines 98
- Reines 97
Wohnungseigentum 309

Wohnwagen 93
Zeltplatz 150f.
Zurückstellung 188
Zwangsmittel 299